철학적 사고와 과학적 원리로 풀어낸 명리학의 진화
과학명리

■ 일러두기

가. 본 저술서는 자평명리학의 원리를 현 과학사회가 이해할 수 있도록 언어의 생산과 재해석, 그리고 사고의 전환을 통한 명리학의 일반화문제를 향상시키고자 하는 것이 주된 목적이다.

나. 명리학 용어는 해당 파트 내용의 설명에 적합하도록 명리학, 사주명리학, 사주구조, 사주팔자 등으로 혼합하여 사용했으나 모두 명리학을 지칭하는 말이다.

다. 십신(十神), 육신(六神), 십성(十星) 등의 표현에서 특별히 신(神)을 붙여야 하는 내용 외에는 대부분 십성(十星)으로 표현하여 설명하였다.

라. 필자의 교육학박사 및 직업학박사 학위논문과 그동안 출간된 저술서 『사주심리치료학』, 『사주심리와 인간경영』 등의 내용을 부분 또는 맥락을 인용하였다.

마. 이 책이 시도한 학문융합의 창조적인 내용들은 필자가 오랜 기간 임상을 거치며 생산한 독자적인 이론이다. 그러므로 필자의 주관적인 설명이 있을 수 있음을 밝힌다.

철학적 사고와 과학적 원리로 풀어낸 명리학의 진화

과학명리

春光 김기승 지음

다산글방

〈과학명리〉를 펴내며

미래를 열어가는 힘은 우리들의 상상력에 있다! 명리학의 과학적 진화를 위해서는 비판을 두려워하기 보다 더욱 진취적이고 창조적이어야 한다. 왜냐하면 작금의 첨단 과학사회의 진화속도에 비하여 사주명리학의 진화는 구태를 답습하며 과학적 진화를 두려워하고 있기 때문이다.

그러므로 학문의 튼튼한 근간이 되는 명리학사와 고전은 심도 있게 연구되어야 한다는 전제하에서, 이 책은 필자의 사고전환으로 시작된 연구 행적을 발판삼아 한층 더 창조적인 과학 명리시대를 열어가기 위한 것이며, 초복잡성 사회에서 사주명리를 연구하는 사람들이 보다 명쾌한 해답을 찾아가길 바라는 목적을 갖고 있다.

오늘날 우리사회는 사주명리라는 주제가 낯설지 않게 되었을 뿐만 아니라, 지혜로운 사람들은 편견을 갖지 않고 자신의 건강한 인생을 위해 적극 활용하고 있다. 비공식 통계에 의하면 우리나라 연간 운명 감정 인구수가 약 1억 명이 넘고, 4조원의 시장이라고 하는 것 등이 이를 대변하는 것이다.

나아가 현대인들에게 사주명리는 자아성찰과 함께 선천적 고유성을 가진 자신만의 지능과 재능방향 및 직업체질을 해석할 수 있는 도구의 역할을 한다. 또 직면한 선택의 문제와 갈등의 기로에서 판단과 의사결정을 하기 위한 정보제공에도 그 가치는 크지 않을 수 없다.

또한 현대과학이 직면하고 있는 많은 문제점에 대한 돌파구로서 사주명리는 그 가능성을 기대할 수 있다. 현시대를 지배하고 있는 서양의 과학은 18세기 이후 급진적 발전을 거듭하여 전 세계의 정치, 경제, 사회, 문화 등 온갖 분야에 적용되었다.

그러나 서양의 과학적 사고방식은 과학의 한계성에 따른 필연적인 결과로 현재의 인구문제, 환경문제, 부의 불평등 문제, 전쟁의 문제, 이에 따른 사회, 도덕, 윤리, 인성의 문제 등 수많은 문제점을 야기하고 있으며, 그러한 문제점의 해결에 한계를 느끼고 있는 것이 현재의 상황이다.

이에 그들은 일찌감치 문제의 해결을 위해 수천 년의 역사로부터 비롯된 지혜를 배우기 위해 이미 동양 사상을 참조하기 시작했으며, 그로부터 많은 지혜와 해결책을 얻고 있다. 대표적인 것이 불교, 유교, 주역 등의 사상이다. 서양과학이 아직 채택하지 않은 마지막 동양의 지혜는 음양오행사상이고, 인간의 문제에 있어서는 사주명리학이 될 것이다.

시기의 문제가 있겠지만, 분명히 서양과학은 음양오행사상과 사주명리에서 그들이 해결하지 못한 문제에 대한 아이디어를 채택하고, 그로 인해 과학과 인류의 문명은 또 한 번의 위대한 걸음을 디뎌낼 것으로 생각한다.

여기서 명리학자라면 분명하게 인식해야 할 것이 있다. 사주명리는 인간의 길흉화복을 논하는 것이 맞지만, 오직 과거의 책에만 집착하거나 술수에 집착하는 한 낮은 수준의 활용가치에 대부분 몰입되어 있게 될 뿐 경쟁력은 없게 된다는 점이다. 이는 참으로 안타까운 일이 아닐 수 없다.

앞으로 명리학자들이 사회과학적 사고를 갖고 시대를 인식하는 연구를 게을리한다면 결국 사주명리의 고급(높은 수준)가치는 모두 과학자들에 의하여 연구될 것이며 과학자들의 몫이 되고 말 것이다.

예컨대 필자가 사주명리를 연구하여 개발한 '선천적성검사(AAT)'는 과학명리의 산실이다. 그러나 그 도구의 가치를 높이 평가하고 실제 활용하는 사람들은 명리업계종사자들이 아닌 정신분석학자, 산부인과 의사, 청소년소아과의사, 교수, 교사 등의 학자들과 심리상담사, 직업상담사, 진로전문가들이다. 그리고 대학은 물론 초등학교 진로캠프에서 과학명리(선천적성검사)가 채택되고 있으며, 이러한 것은 사주명리의 과학적 진화가치를 여실하게 보여주는 것이다.

우리가 사주명리업 종사자의 새로운 시장개척과 위상상승의 공익적 과업을 생각한다면, 최소한 사주명리의 과학적 진화를 칭찬하고 응원하지는 못할망정 폄하하거나 폄훼하는 시대착오적인 오류를 범하지는 않아야 한다. 그리고 '생각이 바뀌면 운명이 바뀐다'는 진리를 수용하여야 할 것이다.

이 책의 주요내용은 사주명리학의 과학적 준거를 찾아가는 길이다.
 그 첫 번째로 사주가 왜 맞는지에 대하여 명쾌하게 설명할 수 있도록 과학적으로 논의하였다. 나아가 명리학의 근원에 대한 철학적 사고를 통하여 우주와 인간관에 대한 폭넓은 이해를 이끌어내며, 과학적 활용가치를 전개하는 과정으로 시작하였다.
 그리고 인간중심의 상담이 되는 명리세계의 관점觀點에 대한 새로운 패러다임을 지향하기 위하여 신의 세계와 기후가 인간생활에 미치는 영향을 통하여 초자연의 세계와 신과 인간의 관계를 이해하고, 그 사이에서의 사주명리를 바라보았다. 특히 음양오행의 귀착인 십성을 중심으로 한 '진화론과 십성의 본능' 연구는 자연생태계와 인간의 본성이 십성과의 밀접한 연관성을 갖고 있다는 놀라운 사실을 밝혔다.
 그리고 '십성의 이즘과 철학'에서는 이즘의 사회적 현상이 십성의 기질 및 사회성과 공통분모가 있음을 비교 분석하였으며, '십성의 생애주기별 역할'에서는 십성의 단순한 작용 외에 십성이 인간의 생애주기별로 다르게 활용되고 있다는 사실을 밝혔다.
 '사주성격심리분석'에서는 처음으로 이성과 감성의 체계로 행동심리를 판단할 수 있는 해석방법을 제안하였다. 그리고 명리를 이용한 학습방법을 제안하였으며, 십성의 기질은 다중성을 가진 선천지능이라는 것과 사주를 이용하여 성격 및 적성검사의 도구개발 과정과 검사결과지를 제공하는 과정까지를 포함한다.

사주명리학은 규칙과 논리로 전개된다. 그러나 규칙에 집착하여 전체를 보지 못한다면 매우 불행한 일이다. 예컨대 사계절이라는 규칙이 있다고는 하지만 매년 겨울의 날씨가 다르고, 여름의 더위와 강수량도 다르다. 봄, 가을도 마찬가지다. 이와 같이 사계절이라는 규칙이 있더라도 해마다의 기후와 온도 강수량 등은 결코 일정하지 않다. 왜냐하면 사계절이라는 규칙은 지구 내의 자연 현상이지만, 우주행성들의 규칙성으로 지구에 나타나는 현상이 사계절이기 때문이다. 현상phenomenon은 규칙rule 자체가 아니기에 사계절의 온도나 강수량 등이 일정할 수가 없다. 이러한 규칙과 현상의 함수관계函數關係에 대한 거대한 진리 이치를 알지 못한 채 눈앞의 규칙만을 좇는 것은 어리석은 것이다. 명리의 세계관은 우주와 맞닿은 광의의 이성이며 통찰이라는 점을 강조하고 싶다.

이 책을 읽는 독자들은 변화와 창조에 대해 공감하여 통쾌하다고 생각하거나 또는 엉뚱하다고 생각할 수도 있다. 또한 필자의 진보한 사고에 대하여 긍정하거나 부정할 수도 있다. 이는 독자의 몫이며 필자는 독자의 여타한 평가에 겸허할 뿐이다. 다만, 한 가지 분명하게 말하고 싶은 것은 필자는 자평명리의 근간을 훼손하지 않는 전통계승자라는 것이다.

그리고 이 책은 첨단화된 현 문명사회의 진화 속도와는 많은 차이를 두고 있는 사주명리의 활용성 문제를 가치 있고 진보적으로 재해석하여 일반화하는 문제를 한층 긍정적으로 이끌어내기 위한 것이다. 즉, 현사회에서 명리학은 진보한 과학적 사고로 바라보아야 하며, 폭넓은 진화를 거듭해야 한다는 것이 필자의 일관된 주장이다.

이 책을 쓰는 동안 도움을 준 함혜수 박사, 김병삼 박사, 학위과정의 양성모, 이종훈, 남효순, 노선희, 이상천, 권영수 선생에게 고마움을 전한다.

丙申年 初 春光書齋에서
김기승

차 례

1. 명리학의 철학적 논의　　015

1. 철학과 명리 · 17
2. 占은 문화이고 四柱는 과학이다 · 20
3. 철학적 논쟁을 관통하는 사주명리학 · 25
4. 명리로 바라보는 시대성 · 33
5. 동서양의 차이와 사주명리 · 38

2. 명리학의 과학적 논의　　049

1. 과학과 명리 · 51
2. 태양계 오행성과 음양체계 · 54
3. 오행의 천문기원설 · 58
4. 사주는 왜 맞는 걸까? · 61
5. 음양오행의 자연론 · 64
6. 사주명리는 사계절 기후학인가? · 67
7. 우주가 인간에게 미치는 영향 · 69
8. 뇌와 사주와 기억정보 · 73

3. 신의 세계와 인류문화　　077

1. 神과 人間 · 79
2. 인간은 왜 神을 믿는가? · 81
3. 神의 종류와 문화 · 86
4. 神과 사주명리 · 89
5. 天과 人 · 94

4 기후와 인간의 정서 099

1. 왜 지구에는 기후가 존재할까? · 101
2. 위도, 경도와 기후 · 105
3. 기후와 인간생활 · 107
4. 기후와 사주 · 120

5 과학적 사고와 음양오행 131

1. 음과 양 · 133
2. 오행의 이해와 작용 · 149
3. 자연현상과 음양오행의 논의 · 159
4. 음양오행의 부피와 운동 · 162

6 십간십이지 十干十二支 167

1. 사주명리의 하드웨어 · 169
2. 十干十二支의 탄생배경 · 171
3. 十干十二支의 전개 · 184
4. 干支와 음양오행 · 209
5. 십신 十神의 성립 · 216

차 례

7 합 · 충 의 원리와 행동심리   221

1. 天干 五合의 행동심리변화 · 224
2. 地支의 합과 행동심리현상 · 242
3. 地支 沖의 행동심리변화 · 251
4. 십성의 沖과 행동심리현상 · 257

8 진화심리와 십성의 본능   261

1. 본능과 재능 · 263
2. 자연생태계와 십성의 본능 · 264
3. 현생인류의 진화적 특성에 따른 십성 본능의 강화 · 280
4. 십성의 문자적 의미 小考 · 282

9 십성의 이즘ism과 철학   285

1. 비견과 이즘 · 288
3. 식신과 이즘 · 292
5. 편재와 이즘 · 297
7. 편관과 이즘 · 301
9. 편인과 이즘 · 306

2. 겁재와 이즘 · 290
4. 상관과 이즘 · 294
6. 정재와 이즘 · 299
8. 정관과 이즘 · 303
10. 정인과 이즘 · 308

10 십성의 생애주기별 역할　313

1. 생애주기와 십성 · 315
2. 십성에 따른 세대별 상담 · 323
3. 십성 이원화 작용에 따른 심리행동특성 · 325

11 십성의 공간심리와 사회성　331

1. 비견比肩의 공간심리와 사회성 · 335
2. 겁재劫財의 공간심리와 사회성 · 337
3. 식신食神의 공간심리와 사회성 · 339
4. 상관傷官의 공간심리와 사회성 · 341
5. 편재偏財의 공간심리와 사회성 · 343
6. 정재正財의 공간심리와 사회성 · 345
7. 편관偏官의 공간심리와 사회성 · 347
8. 정관正官의 공간심리와 사회성 · 349
9. 편인偏印의 공간심리와 사회성 · 352
10. 정인正印의 공간심리와 사회성 · 354

12 사주성격심리분석　357

1. 사주심리학의 발전과정 · 359
2. 사주의 기본성격심리 · 362
3. 십성의 주관성과 객관성 · 367
4. 십성의 이성과 감성 · 375
5. 십성의 민감성과 교감능력 · 384
6. 스트레스와 분노조절 · 392

차 례

13 십성의 놀라운 선천지능   399

1. 자존지능 : 比肩 · 402
2. 경쟁지능 : 劫財 · 406
3. 연구지능 : 食神 · 409
4. 표현지능 : 傷官 · 413
5. 평가지능 : 偏財 · 416
6. 설계지능 : 正財 · 420
7. 행동지능 : 偏官 · 423
8. 도덕지능 : 正官 · 427
9. 사고지능 : 正印 · 431
10. 인식지능 : 偏印 · 435

14 뇌와 명리학습코칭   439

1. 뇌brain의 이해 · 441
2. 뇌와 정보처리 · 442
3. 뇌 정보의 변화와 액션 · 445
4. 십성에 따른 심리 및 학습전략 · 448

15 선천적성검사 AAT   467

1. 위대한 과학명리 AAT의 탄생배경 · 469
2. 선천적성검사 AAT · 476
3. AAT 검사결과 · 477

PART 1

명리학의 철학적 논의

1. 철학과 명리
2. 점은 문화이고 사주는 과학이다
3. 철학적 논쟁을 관통하는 사주명리학
4. 명리로 바라보는 시대성
5. 동서양의 차이와 사주명리

"명과학 전문인력이 100만 명이 넘고, 온라인 전파로 세계가 순간에 놓인 시대의 명리학을 고려해야 한다. 조선시대 정조께서 추길청(명과학을 다루는 기관)을 만들었듯이 이제 국가에서 나서서 전문 명과학 인물을 관리로 활용해야 할 때가 왔다."[1]

1. 철학과 명리

만물의 근원이 신神이라고 믿고 있을 때 최초의 수학자이자 최초의 철학자로 불리는 탈레스Thales는 그렇게 믿지 않았다. 수학과 천문학을 좋아했던 탈레스는 '만물의 근원은 물이다' 라고 하였다. 그렇기에 그는 고독하고 독립적인 상태였다.

신을 믿는 세계가 바로 인간이 설명할 수 없는 신화神話의 시대이며, 인간이 신의 믿음으로부터 독립할 수 있는 능력이 바로 '생각하는 능력' 이다. 신에 의한 믿음의 세계와 신화의 시대를 인간이 생각하는 능력으로 말하거나 설명할 수 있는 것이 철학(哲學)이다. 이때 믿음의 세계와 신화의 시대에

---

1) 구중회(2013), 『명리학의 첫걸음』, 국학자료원, -後面表紙 글 중에서 -

서 철학의 시대로 바뀌는 것이다. 이 시기에 동양에서 나타난 인물들이 공자와 노자다.

우주의 존재에 대하여 이해하는 생각의 능력이 철학이며, 생각의 결과들은 독립적이고 그것은 예민함과 연결된다. 무엇에 대하여 집요하게 관찰하면 궁금증과 호기심이 나오고 고독하고 예민하며 독립적이 된다. 그러다 관찰의 대상이 어느 순간 새롭게 보이고 비로소 창조하게 되는 것이다. 이 상태를 경이驚異; Thaumazein라고 한다.

칸트Immanuel Kant의 주장에 의하면, "있는 그대로의 세계는 우리에게 드러날 수 없다. 또 우리에게 드러난 세계(구상具象된 세계, 현상 세계)는 우리가 모두 공유하고 있는 현실의 이성에 근거한 형식을 따르며, 이성이 형식과 틀을 부여하지 않으면 세계는 존재하지 않는다"고 하였다.

집요한 관찰을 통하여 어느 순간 새롭게 보인 경이로운 상태가 창조이고 그것에 이성과 틀을 부여하는 것이 곧 새로운 세계와 존재이며 과학이다. 이는 철학적 사고가 없는 상태에서 창조적 과학을 기대할 수 없다는 해석이 가능하다. 그리고 왜 인문학(철학)을 공부해야 하는가에 대한 역설적인 이유가 된다.

현시대는 명리학의 철학적 사유체계의 논의가 매우 중요한 동시에 과학적인 창조가 이루어져야 하는 절실한 숙제를 안고 있다.

고전 자평명리를 있는 그대로 바라보면 기존의 상태에 머물러 있게 되지만, 궁금증과 호기심이 발동될 때까지 인내하며 집요하게 관찰하면 경이로운 창조의 결과물을 내어 놓을 수 있게 된다.

현 과학사회를 이해시키는 뉴 패러다임의 과학명리를 창조할지라도 칸트의 주장대로 이미 구성된 세계의 형식(자평명리의 틀)을 우리는 계승·공유하며 뒤따르게 된다. 즉, 우리가 명리학을 재해석하고 과학화시켜 나가도 명리학은 기존의 구성조건에 있다는 것을 이해한다면, 다소 비판이 따를 지언정 명리의 미래는 매우 창조적이어야 한다는 것이 필자의 변함없는 생각이다. 그리고 외롭고 고독한 창조자들을 다함께 응원하고 격려할 수 있는 양심良心이 확장되어야 이 사회에 공동체의 발전을 기대할 수 있다.

위와 같은 생각에서 좀 더 현실적으로 설명해보자. 인간이 미래와 운명을 예측하는 방법은 인류의 탄생과 더불어 시작되었다. 그리고 개인의 출생 연월일시를 통하여 개인의 선천적 특성을 파악하고 운에 따라 변화하는 환경 등을 살피는 사주명리학의 역사는 1,000년이다. 그러나 불과 100년 전만해도 우리나라에는 자동차, 기업, 컴퓨터, 전철, 공장, 스마트폰 등이 없었다. 또한 직업은 사농공상士農工商이 전부였다(현재 직종 14,000여 개). 하늘에는 별이 밝았고, 농사는 하늘의 뜻에 맡겨야 했다. 100년 사이에 참으로 많은 변화가 있었던 것이다.

그러한 역사 속에서 자평명리학 이론은 나름 발전한 부분이 있으나 안타깝게도 출생정보를 통한 사주해석 방법은 시대의 발전에 발맞춰 과학적인 재해석과 창조에는 미치지 못했다. 그러므로 필자는 현 과학시대에 맞는 재해석과 창조는 자평명리학의 발전에 중요한 과제라고 생각한다.

기존의 학문을 바라보며 '그렇구나' 하는 결론에만 안주하지 말고 자평명리의 한 부분에 집중하고 몰입하여 현 창조기반사회에서 경쟁력이 될 수 있는 희소가치를 창조해 나가야 한다. 왜냐하면 사주명리의 수준 높은 가치가 단순히 길흉화복을 논하는 운명예측 외에 더 이상 활용될 수 없다면 참으로 불행한 일이기 때문이다.

2. 占은 문화이고 四柱는 과학이다

1) 점과 문화

인류는 시간의 흐름에 따라 맹목적으로 살아가는 동물과는 달리 자연과 부딪치며 생존을 위한 경험과 지혜를 축적하고 그러한 과거를 되돌아보며 자연스럽게 미래를 예측하게 되었다. 또한 인류는 진화를 하는 동안 자연에 적응하고 이용하는 방법을 터득하여 닥쳐올 일들을 막연히 기다리기보다는 어떤 상황이 될지에 대하여 보다 적극적으로 예측하려고 노력해 왔다.

아득히 먼 원시시대를 상상해보자. 해가 동쪽에서 천천히 떠오르고 한 원시인이 동굴에서 걸어 나온다.[2] 눈을 비비고 이리저리 바라보니 동쪽 산 등성이로 붉은 태양이 오르고 있고 저쪽 높은 산꼭대기에서는 화산이 분출하고 있다. 가끔은 지진으로 땅이 흔들린다.

그 원시인은 그러한 대자연의 섭리를 바라보며 무슨 생각을 하게 될까? 아마 "오늘은 땅이 더 많이 흔들리고 갈라지지는 않을까?", "혹시 공룡에게 밟혀 죽지는 않을까?", "어느 쪽으로 사냥을 나가야 좋은 먹이를 잡게 될까?", "코가 큰 놈들과 만나서 싸워야 하나?", "또 하늘에서 물이 쏟아져 떠내려가면 어떻게 할까?" 등일 것이다. 그러한 상황들이 전개되는 방식은 사람들마다 달랐을 것이고, 그 상황을 대처하는 생각과 방법도 제각각이었을 것이다.

인간은 그러한 상황을 겪고 경험하는 동안 "내일은 또 어떤 일이 일어날

---

[2] 오종림(1997), 『나는 역술을 이렇게 본다』, 솔.

까?"하며 궁금해 했을 것이다. 인간의 심리는 알 수 없는 앞날을 미리 알고 싶은 본능을 자극한다. 동서양이 마찬가지다. 아득히 먼 원시시대의 사람들부터 현대인들까지 처해지는 상황이 다를 뿐 알고 보면 인류는 필연적으로 모두 점을 치고 살아간다.

점을 치는 방법은 각 문화권별로 다양하고 국가나 민족에 따라서도 다르게 나타난다. 서양의 '점성술'이나 동양의 '주역' 등이 있으며, 여기서 파생된 길흉판단의 점술과 미래를 예측하는 모든 방법 또는 행위들을 통칭하여 역술易術이라고 한다.

예컨대 원시시대부터 풀을 꺾어 햇빛에 말려 꼬부라지는 방향으로 사냥을 나가거나, 물에 돌을 던져 물탕치는 방향을 선택하거나, 구름이 뭉치거나 흘러가는 방향을 관찰하고, 동물의 울음소리를 듣고, 바람 부는 방향과 바람소리로 판단하고, 땅의 모양과 주변의 지형을 살펴 기거(基據)할 터를 잡기도 한다.

인류의 진화進化와 함께 점술도 진화하였다. 별을 관찰하여 길흉을 예측하고, 사람의 얼굴을 관찰하기도 하고, 손금을 자세히 들여다보기도 한다. 엿가락을 잘라 구멍크기로 점을 치는 등 인간은 선택이라는 숙제 앞에서 자연의 모든 도구를 활용하여 관찰觀察과 직관直觀으로 예측하고 판단하기에 이르는 점을 쳐왔다. 그리고 그러한 점술은 인류사회의 문화 중 하나가 되어 인류와 함께 해왔다.

세계인들의 축제인 월드컵 경기장에서도 주심은 동전을 하늘에 던지고 하늘의 뜻이 내려 준 답으로 공수를 정한다. 또는 아침에 집을 나서며 무엇을 보거나 만나거나 하면 재수가 좋다고 여기거나 한다. 인간은 자연을 의지하며 살아왔고 선택의 기로에서 그 자연에게 판단을 의뢰하는 것이다

이와 같이 역술이라는 테마는 인류의 일상과 접속되어, 선택을 해야 하는 상황에 처하면 각자의 사고방식대로 무엇인가의 변화에 자신의 의지를 투사하여 예측을 하는 것이다. 점은 그 순간 답을 주는 것으로 더 이상 연속성이 없다. 그리고 양쪽 면을 두고 미리 정해놓은 한쪽에서 답을 얻는 것으로 점을 치는 사람의 마음이 어느 쪽으로 동하는가가 중요하다. 그러니 점 치는 자신이 그 현상을 보고 직관하여 판단하는 것이라고 볼 수 있다.

실로 현대과학은 점을 부인하는 측면이 있으나 인간의 불안심리는 한 치 앞의 미래라도 미리 알고 싶은 본능을 자극한다. 즉, 인간이 알고 싶은 본능의 예민한 자극을 해결해 줄 수 있는 것이 점이며 그렇게 인류사회와 함께 해온 것이다. 그렇다. 점은 과학성의 문제가 아닌 인간의 정서에 깊숙이 밴 생활이자 문화이다. 참고로 인류사회에 있어 예측점술의 발전과 수준은 동서양에 차이가 있다.

① 지식과 상관없이 단순히 주변의 도구를 활용하여 예측하는 1차원적인 직관의 점술 [인류 공통]
② 삼황의 복희나 문왕 등 지성인들이 만들어내고 활용하는 주역 점 [동양]
③ 태양과 달, 별자리 등을 살피고 관찰하여 예측하는 점성술 [서양]
④ 동양점성술의 영향을 받아 시작되어 신법으로 발전한 사주명리 [동양]

주역周易은 동양의 지성인들이 점을 치기 위해 만들어낸 고차원적인 우주론의 이치와 방법이라고 본다. 그리고 주역의 태극太極론과 음양陰陽론의 이치와 철학적 사유는 서양의 학자들에게 지대한 영향을 주었다.

점성술占星術은 서양의 지성인들이 점을 치기 위해 개발한 고차원적인 별자리 지도와 해석방법이라고 본다. 이는 서양 천문학의 빛나는 발전에 기반이 되었으며 동양에도 영향을 주었다.

그러나 동양에서도 이미 하늘의 별자리를 살폈기에 천문天門은 동서가 어느 정도 동시성을 갖는다고 볼 수 있다.

오늘날 일간 중심의 신법사주는 무엇을 근거로 왜 그렇게 정해진 것일까? 1,000년 전 중국에서 만들어진 사주명리는 서양점성술의 영향을 받은 동양점성술(오성학)과 고법사주인 삼명학 등의 결합으로 탄생된 것이라고 추정할 수 있다. 사주 내 음양오행의 관계를 십성+星이라는 별 성星으로 지칭하는 이유도 그러하지 않은가?

그러한 궁금증에 대한 논의를 본장에서 펼쳐볼 것이다. 이러한 철학적 사유에 대한 논의 과정을 통하여 명리학자들은 인간중심, 인간이해, 창조기반시대의 미래사회를 위하여 한층 더 과학적 사고에 눈을 떠야 한다.

2) 사주명리의 진화환경

사주는 직관적直觀的 판단인 점과는 확연하게 다르다. 인간의 미래에 닥쳐올 일들을 예측해 본다는 동질성을 갖고 있어서 넓게는 역술의 범위에 속할 수 있으나 사주는 특정한 시간을 공간화시켜 분석한다는 점에서 다르다. 즉, 개인의 출생 연월일시[時間]에 육십갑자의 간지를 배속하여 사주팔자를 구성[空間]한다. 그리고 그 여덟 글자에 배속된 음양오행의 상대성 작용을 측정하는 것이다. 다시 말해 사주는 출생 연월일시라는 팩트가 명확한 정보 분석의 틀(사주)을 제공하며 사주에 담긴 음양오행의 상생상극이라는 상대성으로 성립되는 열 개의 십성으로 귀결된다. 십성은 독자적인 에너지를 형성하고 사상, 사회성, 직업정신, 지능, 성격 등의 선천성을 갖게 되는 것이다.

즉, 사주에 구성된 십성의 작용은 개인의 사상, 사회성, 직업정신, 지능, 성격 등의 선천성에 대한 평가를 할 수 있는 자료로 제공된다. 그 개인의 선천적 고유성을 평가하는 방법(일간 중심의 신법사주학)은 1,000년 전 서자평(徐子平: 서거이) 선생이 창안하였고 이후 많은 실증적實證的 연구가 이루어졌으며, 특히 격국, 용신법 등 매우 정교한 분석시스템을 갖추게 되었다. 즉, 성격심리나 적성, 지능 및 직업체질 등을 매우 과학적으로 분석해 낼 수 있다. 또한 시기와 때를 정확하게 제공해 준다.

그와 같은 사주의 시스템system과 매커니즘mechanism은 문명의 현대화와 과학의 발전에 힘입어 한 인간의 길흉화복에 대한 판단과 예측을 초월하여 진로와 직업, 교육, 경영, 심리, 뇌과학, 적성검사 도구개발 등과 융합하는 연구로 새로운 활용가치를 창출해내고 있으며 과학명리로서의 위상을 갖추어 나가게 된 것이다.

잘 아는 바와 같이 조선시대에는 관상감觀象監을 설치하고 명과학으로 과거시험을 치러 인재를 등용시키고 교육시키는 등 국가가 관리하였다. 모든 학문의 발전은 시대의 영향을 받지 않을 수 없다. 인간의 삶에 진로방향과 정서적 안녕을 제공해 줄 수 있는 고귀한 사주명리학문의 본질이 민족문화를 말살하려는 일제강점기의 핍박으로 중심을 잃었었고, 한국전쟁 이후 경제발전을 위한 구습타파라는 명분으로 근간이 흔들렸던 안타까운 역사가 있었다. 그러나 인류의 진보進步는 과거의 경험으로부터 새롭게 설계하는 것이다. 그리고 진보를 가능케 하는 원동력의 근원은 바로 이성理性이다. 세계경제규모 10위권으로 발전한 우리나라 국민의 수준 높은 인식과 이성으로 사주명리학의 진보를 어찌 수용하지 않을 수 있겠는가?

오늘날 사주명리학은 다시 제도권 학문으로 진입하였다. 국내 여러 대학에 학사과정과 대학원의 석·박사과정이 개설되어 연구 성과를 내어놓으며 빛나는 발전을 거듭하고 있는 것이다.

3. 철학적 논쟁을 관통하는 사주명리학

1) 체용體用의 관점

학문의 근간이나 배경에 대한 철저한 연구는 체體이고 창조적인 활용은 용用이다. 자평명리학의 논리적 줄기가 이해되는 순간부터 체용을 논하게 된다. 그리고 체용을 구분하면서 사회와 개인, 근본적인 선천성과 찾아오는 운運의 변화 등 구조화에 대한 통찰通察의 시각이 확보되는 것이다. 체용은 체와 용이 어떻게 조화를 이루느냐가 중요하다.

예컨대 컴퓨터는 하드웨어hardware라는 시스템이 소프트웨어software라는 프로그램을 담아 운용된다. 하드웨어는 체體이고 소프트웨어는 용用이다. 소프트웨어가 아무리 좋아도 이를 움직일 하드웨어가 약하다거나 하드웨어는 좋은데 소프트웨어가 못 따라 준다든가 하는 상호간 조화造化의 문제가 있다.

학문이란 학문의 근본根本과 원리原理를 연구하는 것과 인간사회에 현실적으로 활용活用해야 하는 두 가지의 조화가 이루어지는 것이다. 자평명리학도 학문의 근본과 원리를 연구해야 하고 문명문화가 과학화된 사회에 걸맞게 과학적 활용이라는 연구가 창조적으로 이루어져야 한다. 특히 자평명리학은 너무나 음지에서 점술문화처럼 은둔된 세월이 길기 때문에 철학적 고증考證은 물론이고, 과학적이고 창조적인 사고思考를 가진 학자들이 용用에 치중해야 하는 사회적 요구가 있다는 것을 인식해야 한다. 그것이 이 시대를 관통하는 명리학자들의 선행적 체용에 대한 진정성이라고 생각한다.

"사주명리가 인간의 미래를 안내하고 선천적성, 재능방향을 제공해 줄 수 있으며 직업진로 선택에도 도움을 줄 수 있다. 정말 좋은 학문이며 최고의 과학이다"라고 아무리 부르짖어도 공인되어 인정받는 사회적 구성체가 없고 우수한 인재들이 통합하지 못하면 여전히 국민들의 일반적 인식을 긍정적으로 이끌어내는 데는 한계가 있다. 즉, 체용이 조화를 이루지 못하면 진정성을 얻기에는 역부족이 된다.

필자는 명리학자의 시각으로 현대사회 명리업계 중심을 바라볼 때, 용用은 많으나 체體가 구성되지 못하여 사회적 동의와 존경을 받을 수 있는 일반화一般化에 상당한 어려움이 따르고 있음을 지적하고 싶다. 그리고 사주명리이론을 나름 통찰하여 체용론을 중요시하는 학자 분들조차 서책의 체용론에 집착할 뿐, 자평명리의 사회과학적 발전이라는 진보한 체용을 실천하는 사람은 흔치 않으므로 미래의 젊은 학자들은 더 큰 가치를 위한 체體의 정립과 창조적인 용用을 적극적으로 실천해야 한다고 생각한다.

2) 철학적 논쟁의 단계

필자는 사주명리의 진화론進化論에 대하여 크게 3단계로 구분하고 있다. 여기에서 1-2단계와 2-3단계의 배경이 각각 맞물려 있으며 또한 각 단계는 통합적인 논의와 논쟁의 발전 배경을 가지고 있다.

사주명리학의 철학적 논쟁 단계	
1차적 논쟁	우주창조설과 음양과 오행
2차적 논쟁	고법사주에서-신법사주의 탄생배경
3차적 논쟁	명리학의 현대적 진화 과정

첫째, 천지창조설이다.

무극, 대폭발, 빛과 어둠, 음과 양, 질과 기로 논의되는 우주의 탄생부터 인류의 탄생과 진화, 자연의 섭리와 신의 숭배, 원시적 점술 문화의 형성 등을 포함한다.

우주창조설은 인류가 존재하는 한 끊임없이 밝혀 보려고 하는 흥미롭고 신비로운 연구주제이자 즐거운 철학적 논쟁의 터전이다. 영원히 밝혀낼 수도 없고 밝혀지지도 않을 그 수수께끼 같은 천지창조에 대한 가설과 추측을 과학자들이 연역적演繹的 ; deduction으로 연구하여 빅뱅Big bang[3]이나 초끈이론 Superstring Theory[4]과 같이 긍정을 받아내는 학설이 나오는 순간 인류는 흥분하기에 이른다. 그러니 어찌 즐거운 철학적 논쟁의 터전이 아니겠는가? 물론 그러한 연구결과는 사실상 추정치일 뿐 확인할 수도 증명할 수도 없다. 그러므로 또 한편 많은 학자들은 그런 이론에 대하여 허무맹랑하다거나 반대논리를 펴고 반박하는 논쟁이 일어난다. 그렇다고 확인할 수 없는 그 연구결과를 과학이 아니라고 인류는 말하지 않는다. 어디까지나 인류사회에 학문이 발전하기 위한 대의적인 명분하에 그 학문의 근간을 밝히려는 철학적 논쟁이라고 여길 뿐이다.

우리 자평명리학도 이제는 누구나 그러한 시각으로 바라보고 그러한 인식을 가져야 한다. 그러기 위해서는 가장 먼저 명리학자들 간의 아우프헤벤 Aufheben[5]을 어떻게 이룰지에 대하여 생각하고 또 실천해야 한다. 즉, 현재 학자마다 제각기 구성한 연구단체들이야 과도기의 발전과정에서 매우 바람

---

3) 대폭발(大爆發) 또는 빅뱅(Big Bang)은 천문학 또는 물리학에서, 우주의 처음을 설명하는 우주론 모형으로, 매우 높은 에너지를 가진 작은 물질과 공간이 약 150억 년 전의 거대한 폭발을 통해 우주가 되었다고 보는 이론이다.

4) 우주를 구성하는 최소 단위를 연속해서 진동하는 끈으로 보고 우주와 자연의 원리를 밝히려는 이론, 1970~80년대 이후 미국 칼텍의 이론물리학자 존 슈바르츠와 영국 퀸 메리 대학의 마이클 그린 등이 발전시킨 이론이다.

5) Aufheben : 모순이나 대립을 고차원적 단계에서 통일하고, 종합하는 행위

직하고 긍정적인 역할을 하고 있지만, 한국 명리학계를 이끄는 수준 높은 연구인의 집합체가 없다는 것이다. 최소한 한국 명리학계 내에서 논쟁의 중심에 있는 여러 가지 이론 및 과제에 대하여 공신력을 줄 수 있는 판단과 정의正義를 내어 놓을 수 있는 수준 높은 통합적 단체가 필수적으로 구성되어야 한다.

둘째, 자평명리(사주)가 일간중심으로 발전한 논리적 준거다.

앞의 논의와 같이 대자연에 대한 인간의 정복과 복종으로부터 미래를 알고자 하는 점술문화가 발전되어온 과정이 있다. 그리고 이와 맞물려 발전한 고대 점성술astrology의 영향을 받은 것으로 추정되는 동양의 점성술과 운명술 등으로부터 사주가 탄생되었다.

먼저 자평명리학의 시원을 들여다보자.

오늘날 활용되는 사주명리의 원단은 서자평徐子平이 창시한 일간중심의 신법新法사주학으로, 즉 자평학子平學이다. 그 이전에 존재했던 고법古法사주라고 하는 삼명학三命學에서는 태월일시胎月日時를 사주四柱라고 정의하였다. 여기서의 태는 입태월入胎月;胎元을 말하는 것으로 삼명학에서는 오늘날의 년주年柱에 태원을 기록한 것이다. 삼명학에서의 삼명三命은 녹명신祿命身 삼자를 말하는 것으로, 녹祿은 년간年干, 명命은 년지年支이고 신身은 년주年柱의 납음오행納音五行을 말한다. 삼명학(고법사주)에서는 년주, 월주, 일주, 시주, 태원의 오주십자五柱十字를 구성하고, 삼명을 이루는 년주의 천간天干 지지地支와 납음納音, 십이신살十二神殺, 십이포태十二胞胎로 구성된 독자적인 격국格局 등을 사주의 체體로 하였다. 그리고 대운大運과 소운小運 및 태세太歲를 용用으로 하여 부귀빈천, 길흉, 질병, 육친, 출사(오늘 날의 직업문제) 등의 성패관계를 해석하고 판단했던 것이다.

그러나 서자평은 왜, 어떠한 근거로 일간중심으로 바꾸게 된 것인지에 대한 명쾌한 해답의 문헌을 남기지 않았다. 다만 여러 가지를 추정하여 볼 때 서양점성술의 영향을 받은 것으로 보며 그 이유와 근거는 다음과 같다.

문헌에 따르면 서양의 점성학은 인도를 경유하여 중국으로 전해졌다고 한다. 그 후에 여러 점성학과 관련된 문헌이 번역되어 출간되었으며, 동양의 점성학에 영향을 미쳤다. 중국점성학의 경우 음양설 혹은 오행설의 발생에 관하여 모두 과학과 결부시켰다. 동·서양에 공통적으로 나타나는 음양陰陽, 오행五行, 일월日月의 관련성으로 연관하여 보면 동양의 점술학과 관련된 학문이 서양의 점성학과 깊은 연관이 있을 것으로 유추하여 볼 수 있다. 서양의 점성학이 중국에 전래되어 발전한 대표적인 학문이 『칠정사여七政四餘』(五星學으로도 칭함)이다. 七政은 해, 달, 수성, 금성, 화성, 목성, 토성(일월 오성)의 일곱 개의 실성實星을 가리키며, 四餘는 나후, 계도, 자기, 월패의 네 허성虛星을 말한다. 『칠정사여七政四餘』는 中國의 역법曆法, 운명학運命學 체계에 커다란 영향을 미친 것으로 추정된다.[6]

즉, 당대唐代에 이르러서 명리학의 발전이 혁혁하게 이루어졌다. 그 원인을 찾아보자면 당대에 동서 간 활발한 문화교류와 함께 서양과 인도의 점성학占星學이 비로소 중국에 흘러들어 산명술算命術이 발달하는 데 영향을 끼쳤기 때문이다.

역법과 별자리를 대입시켜 응용한 운명술학은 당나라 정원貞元 연간(서기 785-805)에 인도의 성반명술星盤命術 『율사경聿斯經』을 당시 서역 강거국康居國에서 찾아온 술사 이필건李弼乾이 중국에 전파하면서 시작되었다.

명대 송염宋濂의 『녹명변祿命辨』의 기록에서는 당대 초기에 이필건李弼乾이 십일성행력十一星行曆을 중국에 최초로 전했다고 한다. 또 『신당서新唐書』〈예문지藝文志〉에는 이미건李彌乾이 정원 연간에 서천축西天竺에서 『도리율

---

6) 강은순·임동호(2014), '동양육임학과 서양점성학의 비교연구', 한국사상문화학회, 〈한국사상과 문화〉 73집, p.436

사경都利聿斯經』 2권의 번역본을 중국에 전달하였다는 기록이 있으며, 여기서의 이미건과 이필건은 같은 인물로 볼 수 있다.

『율사경聿斯經』의 내용은 명대 만민영萬民英이 오성학五星學의 저술을 집대성한 현존하는 『성학대성星學大成』에 수록되어 있다. 그러므로 『율사경聿斯經』과 같은 서양의 점성학占星學이 중국 전통의 음양오행설과 십간십이지와 오묘하게 결합되면서 자평명리학의 정립이 시작되었다고 볼 수 있다.

또 한편 일본의 추명학자 '나미키 세이류波本成龍'에 의하면 명리학은 서양식 점성술의 영향을 받은 것으로 보인다고 주장한다. 당나라 때 『율사경聿斯經』이라는 그리스식 점성술의 번역서가 존재했고, 점성술은 중국의 사고가 더해지며 『칠정사여七政四餘』라고 불리어지게 되었거나 혹은 영향을 준 것으로 보인다는 것이다. 이후 유사점성술인 『태을신수』, 『자미두수』, 『성평회해』라는 점술을 차차 탄생시켰다는 것이다. 특히 『성평회해星平會海』는 실제 점성술과 자평술을 합쳐놓은 것으로, 어떤 의미로는 점성술과 자평술을 조합시켜 운명을 감정하는 형식이 되었다는 것이다. 이와 같은 내용들을 살펴보는 것이 자평명리의 역사적 연구에 중요한 부분이다.

즉, 일반적으로 자평명리학은 당대唐代에 시작되어 송대宋代에 개선이 이루어지고 명대明代에 와서 널리 보급되었으며, 청대靑代에 이르러 거의 완성이라는 흐름을 보이고 있다. 이와 더불어 당사주가 유행하였고, 납음오행이나 28수, 삼명학(녹·명·신) 등이 유행했던 것이다. 결국 고대 중국의 음양학설과 서양에서 전해진 오성학의 접목으로 사주명리학의 이론이 발달했다고 볼 수 있는 것이다.

그리고 명·청대를 거쳐 사주명리가 학문적 체계를 갖추는 과정과, 우리나라 조선시대 관상감 설치로 제도권의 활용이라는 것까지 포함하는 과정이다.

그러한 과정 속에서 지금의 사주명리학은 어디서부터 어떤 근거를 바탕으로 연원이 되었을까? 천 년 전 서거이(서자평) 선생은 무엇으로 사주팔자를 구성하여 일간을 중심으로 분석하고 판단하는 신법 사주학의 근간을 삼았으며 어떤 이치를 적용하여 만들었을까? 이에 대한 궁금증은 더욱 증폭된다. 앞에서도 언급하였지만 추정할 수는 있으나 명쾌하게 해답을 주는 입증자료는 없는 실정이다. 다만 미약할지언정 그에 대하여 논한 고증考證적인 설說이 나타나 있으니 자평명리학의 연구자들은 변증법辨證法; dialectic적으로 답을 구해야 한다.

그렇기에 현재에도 미래에도 명리학자들이 치열하게 논쟁을 하여야 하는 부분이다. 물론 논쟁을 통하여 확연한 결과를 얻지 못한다고 해도 사주명리학 자체에 대한 불신이나 과학성科學性은 결코 상실하지 않는다. 왜냐하면 명리는 이미 과학성이 입증된 상태에서 보다 근본적인 근원을 밝혀보려는 철학적인 논쟁이기 때문이다.

셋째, 명 · 청대 발전과정부터 시작하여 현대적 진화과정이다.

조선시대 관상감 설치로 제도권의 학문으로서의 위상적인 존재가치에서부터 현대적 진화과정에서 매우 가치 있는 연구 하나를 기억해야 한다. 즉, 구중회는 '한국명리학의 역사적 연구(2010)'를 발간하여 한국 역사에서의 명리학 제도와 직제, 인물, 서적, 발전과정 등을 구체적으로 밝혀 놓았다. 이는 과거의 술수에 집중하는 명리학에서 한국적 명리학사의 연구에 새로운 단초를 제공하였으며 나아가 명리학의 한국적 권리와 위상을 찾고자 노력한 연구서라는 점에서 높이 평가하지 않을 수 없다.

이와 같은 연구과제의 제공과 함께 그동안 국내 명리학은 학자들의 재해석과 추가연구를 보탬으로써 보다 구체적인 이론적 체계를 갖추는 과정을 거쳐왔다.

사주분석의 중요한 규칙을 제공하는 용신 및 격국법은 하나의 시스템이라는 과학적 툴tool을 제공하는 것이다. 이는 오늘날 사주명리학의 백미로 불리는 『적천수滴天髓』와 『자평진전子平眞詮』, 『난강망欄江網』의 가치에는 그 이유가 있음을 말해준다. 이 시대에는 누구나 사주를 손쉽게 구성하는 컴퓨터 만세력은 물론이고 구조분석 방정식에 대입한 컴퓨터 프로그램의 개발과 함께, 사주를 단순히 길흉화복의 운명술을 초월하여 인간의 정신세계 탐구, 진로와 직업적성검사, 선천지능검사, 재능방향검사, 직업체질검사, 학습코칭자료 등 과학적이며 광폭적인 활용을 추구하는 것까지 확장된다. 즉, 과학명리는 팽창되어 있는 문화와 인간의 삶의 전반에 매우 가치 있게 활용되는 문제를 논한다. 현대는 체를 바탕으로 하더라도 화려한 용用의 시대라고 할 수 있다.

이와 같이 명리는 3단계의 진화과정으로 볼 수 있으며 여기에는 단계별로 모두 과거와 현재, 미래 또한 철학적 논쟁이 따르게 되고 그것은 당연한 것이다.

요약하면 우주창조설과 고법사주에서 신법사주가 탄생되고 연구되어오는 과정의 이론적 근간이 체體가 되는 것이며 과학사회의 모든 분야에 활용될 수 있도록 연구하여 과학화시키고 가치 있게 활용시켜 나가는 것이 용用인 것이다.

학문의 근간을 모르고 활용만 하는 것은 옳지 않다. 그러나 학문의 근간을 연구하며 논쟁을 하는 것이 당연하다고 해서 밝힐 수 없는 근원을 파헤치며 철학적 논쟁만으로 소모하는 것은 체용의 조화를 이루지 못하는 또 하나의 모순이다.

컴퓨터에서부터 스마트폰, 페이스 북 등과 같은 것들은 모두 과학과 인문학이 융합되어 나온 산물들이다. 이처럼 현대는 인문학[體]과 과학[用]이 조화롭게 결합되어야 새로운 가치가 창조된다.

이러한 사회적 추세에 따라 교육부에서는 고등학교의 문과와 이과를 통합하는 계획을 세우게 된 것이다.

4. 명리로 바라보는 시대성

인류사회의 발전과정에서 가장 눈에 띄는 것은 기득권으로부터 새로운 창조적 가설이나 창조적 결과를 내어 놓는 순간들이다.

명리의 십성으로 조망해 보면 관성官星과 인성印星의 기득권을 지키는 세력과 식상과 재성의 창조적인 세력으로 구분할 수 있다. 한편 기득권 세력과 창조적인 세력에 치우치지 않는 중도파가 있다. 이들 세력은 조화와 균형이라는 과제를 안고 보수정당과 진보정당의 공존을 통하여 한 나라의 정치를 하게 된다. 그러므로 민주주의의 대표적인 정치구도는 바로 보수保守와 진보進步라는 구도이며 두 축이 서로 견제와 이해와 양보를 통하여 안정적인 발전을 꾀하고 가는 것이다. 그 사이에 중도파들의 역할도 중요한 작용을 한다. 마치 통관오행처럼 말이다.

그러나 창조적이라는 과학적 발전은 식상食傷에서 재財를 만들어내야 하고 재財가 다시 관官을 세우게 되는 것으로 이는 현시대의 모든 시스템이다. 묵은 틀을 깨고 자유경쟁시장에서 창조가치를 선점하는 국가나 기업이 창조가치의 경제력을 주도하게 되는 것을 보면 국가나 정치, 경제는 물론이고 학계도 마찬가지다. 현재 세계적으로 우수한 대학들은 모두 훌륭한 창조적 연구 성과를 축적하며 전통과 역사를 만들어 온 것이다. 우리나라 대학들도 창조경제 시장에서 살아남기 위해 교수들의 연구실적 평가가 강화되고 졸업생들의 취업률과 사회적 활동의 지표가 대학을 평가하는 척도가 되고 있다. 그러므로 대학은 과거와 같이 관인상생官印相生을 잘해서만은 발전할 수 없고, 식상생재食傷生財를 잘해야 하는 시대가 되었다. 인문학이 도태되고 실용학문이 부상하는 현상이 이를 입증하고 있다. 그러나 식상생재의 활용이 잘되는 것은 결국 그러한 결과인 재성財星;富이 관官을 세워 역사와 전통을 공고히 하는 것이다.

십성을 통해 보는 우리나라의 문화와 역사

우리나라 역사에는 신분을 구별하는 반상班常의 법도가 있었다. 뛰고, 돌고, 깔깔거리며 웃고, 조급하게 언행하고 서서 밥을 먹는 행동들은 쌍것들이 하는 것으로 여겼고, 양반들은 언행과 품위를 손상하는 것은 가문과 부모를 욕보이는 불효가 되어 죄로 여겼다.

즉, 관인상생을 잘하여 가문의 뜻을 따르고 부모의 뜻만을 따르면 가문의 뜻을 살리고 효가 되는 시대로서 식상食傷을 하면 명예官가 상하고 재財를 취하면 전통사상印綬이 무너졌다는 의미다.

그러나 현대는 급하게 뛰고, 빙빙 돌며 춤추고, 어디서나 서서 조급하게 밥을 먹거나 킥킥거리며 웃어도 전혀 문제가 안 된다. 즉, 빨리빨리 해야 칭찬받고, 춤을 잘 춰서 성공하고, 웃겨야 최고의 인기를 누린다. 나아가 빨리해서 경쟁하는 법을 가르치고, 어디서나 쉽게 먹을 수 있는 인스턴트식품을 개발하고, 깔깔거리며 웃는 법까지 가르치는 '웃음코칭' 교육과정까지 있는 현대는 그야말로 과거와는 정반대인 것이다.

즉, 식상食傷으로 과거의 관습官印적인 틀을 깨고 재를 창조해내는 것이다. 그리고 재財가 다시 관官을 생하여 관을 지키는 것이다. 다시 말해서 식상食傷으로 부지런히 일하고 창조하여 부富를 이루게 되고 부가 이루어졌으니 귀貴하게 살 수 있다는 논리이다.

돌이켜 보건대, 1950년~1953까지 6·25 전쟁을 치른 우리나라는 세계에서 가장 가난한 나라였다. 그 후 60여 년이 지난 현재 우리나라는 세계경제 규모 10위권에 있다. 어찌 놀랍지 않을 수 있을까! 동남아 등 수많은 나라들이 우리나라의 급속성장 노하우를 배우려고 찾아왔고 찾아오고 있다.

참고로 독일은 전쟁이 끝난 후 철강 산업이 발전하였다. 지금도 세계적인 벤츠, 아우디 등 승용차들은 독일이 점령하고 있다. 일본은 원자폭탄까지 맞고 2차 세계대전에 패배한 후 전자산업이 발전하였다. 소니 등 수많은 업종의 전자산업이 세계를 점령하고 있으며 강대국이 되었다.

전쟁과 국민성의 변화를 통한 근대화

왜 우리나라는 급속한 성장을 했을까? 십성+星의 논리로 해석해 보면 해답은 명료하다. 6·25 전쟁을 치르며 우리나라 국민들은 양반이네 뭐네 할 것 없이 뛰고 달리는 법을 철저하게 배웠다. 적의 총칼 앞에서 살아남기 위해 체면이고 명분이고는 결코 통하지 않았다. 즉, 십성으로 볼 때 관인官印은 통하지 않았고 뛰어야 살고 어떻게든 먹이를 구해야 살아날 수 있는 식상생재食傷生財만이 통했던 것이다.

그리고 가문이나 부모형제, 이웃 등을 돌봐야 한다고 생각했어도 전쟁터에서 우선은 철저히 자기만 살고 봐야 하는 환경이었을 것이다. 그러한 환경은 자기 위주의 사상思想을 만들어 개인이라는 정체성을 강화시켜 놓았다고 생각한다.

이산가족이 되어 동떨어진 개인은 자연지형을 활용하고 먹이를 구하느라 무엇이든 응용해야 살아남는 법을 배웠을 것이다.

전쟁이 끝나고 세계에서 가장 가난한 나라가 되었지만 살아 있는 국민들

대다수가 전쟁터에서 뛰고 달리고 먹이를 구하는 일에 능숙한 사람이라면, 그 가난 속에서 부지런히 일하고 무엇인가 요령과 생산하는 방법을 터득하는 식상食傷을 통하여 먹이라는 재財를 구하는 것에 적극적이 될 것이다.

전쟁이 끝나고 1955~1963년 사이에 700만 명 이상의 출산(베이비붐 세대)으로 인구가 급격히 늘어나면서 국가는 일을 할 자원과 힘이 생기게 된다. 이것이 십성으로 말하면 비겁比劫이다. 비겁은 개인에게는 형제자매이고 친구와 동료이자 국가로서도 국력이 되는 노동력이자 체력이고 얼마든지 식상食傷을 생生해낼 수 있는 자원인 것이다.

그런 자원이 식상생재食傷生財를 하는 새마을사업 등으로 초가지붕을 걷어내고 전국에서 생산을 늘리는 일에 치중하여 먹이[財]를 만들어냈다.

그렇게 우리는 어느 정도 가난을 면하였으나 식상생재로만은 더 이상 발전이 안 되자 배움이라는 인수印綬를 적극 활용한다. 공단에는 배우면서 일하자는 슬로건이 걸리고 식상食傷으로 나온 일과 기술은 인수印綬를 더하며 고급기술을 활용하는 사회가 되었다. 그때까지도 상관傷官은 그리 주목받지 못하였으나 문민정부가 들어선 이후부터 언론의 자유가 보장되고 모든 창작활동은 규제에서 자유로워지게 된다. 상관傷官의 시대가 열렸다. 서태지와 같은 춤꾼이 아이콘이 되었고 예술과 과학의 융합, 인문학과 과학의 융합시대가 열렸다. 컴퓨터가 탄생하였고 스마트폰이 탄생하였다. 상상할 수도 없는 창조가 인류의 문화를 뒤흔들었다.

시 대	시대별 십성의 활용	체화된 국민성
조선시대	정인, 정관	가문, 가족, 효 중심
일제강점기	편인, 편관	도식, 인식강요, 문화변용, 편법
한국전쟁	비겁, 식상	빨리빨리, 생존, 요령
현대	상관, 비겁, 재관	창조, 개인주의, 부귀

그리고 사주명리학도 후발이긴 하지만 제도권으로 진입하였다. 그러나 사주는 근대화에서 시대를 역행한 부분이 있다. 즉, 사주는 일반 국민들 사이에서 관인官印이 정착되기보다는 식상食傷이라는 상담에 치중하였던 것이다. 술사들이 개인의 통찰력을 과시하며 술術에 치중하는 것이 대세였으나 결국 한국사회가 인수印綬를 받아들여 고급기술을 펼치듯이 인수가 제도적으로 마련되었으니 앞으로 지식이 겸비된 고급 상담이 될 것을 기대하게 된다.

세계적으로 가난한 나라들은 바로 부귀[財官]를 갖지 못한 탓이다. 그런 가난한 나라들이 부강해지기 위해서는 어떻게 해야 할까? 앞서 말한 대로 우리나라의 근대화가 그 해답을 주고 있다. 식상食傷이라는 부지런함과 도전정신 그리고 창조적인 국민성을 길러내야 한다는 것이다.

부귀를 얻기 위해서 어떻게 살아야 하는가? 재관財官을 취하기 위해서 각 격이 주관하는 체질에 따라야 한다. 그러나 재관財官을 얻으려면 인수印綬로 공부를 하거나 식상食傷으로 기술을 습득하고 재財를 만들어내어야 한다. 다시 말해서 공부하여 인재를 만들어내든가 아니면 식상食傷으로 기술력을 갖추고 생산을 하여 유통을 시켜야 한다. 특히 식상은 활동적이고 부지런한 성분이다. 식상食傷은 창조적이고 새로운 방향을 모방, 모색하거나 새로운 방식과 변화를 통한 새로운 환경을 만들어 낸다.

5. 동서양의 차이와 사주명리

인류의 문화와 정서에 지대한 영향을 미치며 인간의 활동에 기초가 되는 환경을 자연환경, 즉 풍토라고 한다. 비록 외면적으로는 인간이 대자연환경을 극복하고 있는 듯 보이지만 내면적으로는 기후나 풍토 등 알게 모르게 많은 영향을 받게 된다. 그렇다면 인간은 자연환경, 풍토에 어떻게 영향을 받게 될까?

몽테스키외Montesquieu는 자신의 저서 『법의 정신De l'esprit des lois』에서 냉대지방과 온대지방의 사람들을 대상으로 각각 그 성향이 어떻게 다른지 구분하였다. 그 결과 추운 지방의 거주자는 심장의 작용과 섬유 말단의 반작용이 활발해진다. 또 체액은 매우 균형을 잘 유지하고 있으며, 혈액은 심장을 향해 더 강하게 흐르므로 심장은 강한 힘을 갖게 되는데 이때 심장의 강한 힘은 그로 하여금 신뢰감과 커다란 용기를 심어준다. 또한 이러한 심장의 강한 힘은 체내의 섬유를 증식시키므로 추운 지방 사람들은 몸집은 큰 반면에 민첩성이 부족해지며 거친 섬유질 때문에 통증이나 고통이 적고 느낌 또한 둔한 편이다.

반면에 온대지방 사람들의 신체섬유질은 섬세하므로 외부적 자극에 상처가 쉽게 나거나 감각적인 것에 관한 영향을 많이 받게 된다. 그러니 똑같은 음악을 듣거나 영화를 감상해도 냉대지방 사람들의 반응과 온대지방 사람들의 반응은 크게 다름을 알 수 있다. 따라서 동·서양의 정신적 특징도 자연환경의 편차에 따라서 두뇌구조와 기능이 역시 다를 수 있으며 정신문화와 생활 문화 또한 다를 것이다.

이와 같은 전제하에 동서양을 비교해 볼 것이다. 여기서 '東洋'이라 함은 중국과 중국문화의 영향을 많이 받은 일본과 특히 우리나라를 지칭하고

'西洋'은 고대 그리스의 영향을 많이 받은 유럽문화권과 미국, 캐나다를 주로 칭한다.

1) 동서양의 정서적 차이

관계를 중시했던 동양

동양의 한국, 중국, 일본 등은 대체로 낮은 산과 평탄한 농지를 이루고 있으며 배를 띄울 수 있는 강들로 이루어져 자연환경이 비교적 농사에 적합하였다. 주식인 쌀농사의 경우 마을 사람들의 공동 작업이 필수였고 소작농들은 마을의 연장자들이나 힘 있는 권력자들의 지배를 받았으며, 또 지역의 권력자들은 왕의 지배하에 있었다. 그러므로 소작농들은 사회 속에서 자신이 스스로 원만한 인간관계를 잘 유지해야만 필요한 여러 가지 작업을 할 수 있다고 생각하였다.

이와 같이 고대 동양인들은 자신들의 생태환경에 따라 복잡한 상하 관계가 맺어져야 했고 동양인들에게 있어서 개인은 개인 이전에 나라, 지역·부락, 마을, 집안, 가족 등의 구성원이라는 점과 군사부일체와 같은 효를 가장 중요한 사실로 인식되도록 교육받았다.

또한 주변의 환경을 자신의 뜻에 맞추기보다 자신을 주변 환경에 맞추도록 인내하고 수양하는 일을 더욱 중시하였다. 즉, 끊임없는 자기 인내와 수양을 통해 가족과 마을사람들 및 권력자들과 조화를 이루고 통치자에게 오직 순종하는 경향이 지배적이었다. 이처럼 사람들과의 관계를 매우 중시하하게 되면 필연적으로 다른 사람들의 감정에 자신은 민감해질 수밖에 없다.

서양의 미국 어머니들은 자녀들과 놀이를 하게 될 때, 사물의 대상에 초점을 맞추고 그 특정된 사물의 속성(본질)을 아이들에게 가르친다. 반면에 동양의 일본 어머니들은 특별히 사물의 감정에 신경을 쓰면서 가르친다. 예컨대 "네가 밥을 먹지 않으면 고생한 농부가 얼마나 슬프겠니?"라며 밥을 먹지 않는 아이가 아닌 농부의 슬픔이라는 감정에 초점을 맞춘다. 또 하나 예를 든다면 "인형을 땅에 던져버리다니 인형이 아파서 울고 있잖아"라는 식으로 인형이 아파서 울고 있다는 감정에 초점을 맞춰 꾸중을 한다.

사물의 속성 자체에 관심을 기울이도록 교육받은 서양인들은 스스로 독립적인 행동을 하는 것에 능숙하지만, 다른 사람과의 관계에 초점을 맞춰 교육을 받은 동양인은 다른 사람들의 감정을 미리 예측하는 데 더 능숙하다는 것이다. 즉, 타인의 감정에 신경 쓰면서 성장한 동양 사람들은 독립적인 서양인에 비하여 타인의 속마음과 감정을 더 잘 읽어낸다고 한다.

서양은 별자리에 관심을 두고, 동양은 별들이 영향을 준 출생시간에서 해답을 찾는 오늘날의 점성학과 명리학의 사유를 보게 된다.

자율성을 중시했던 서양

서양의 그리스는 산악지역이 많고 건조한 서안 해양성기후로 인해 농업보다는 사냥, 수렵, 목축, 무역 등에 적합한 자연환경을 갖고 있다. 이러한 사냥과 목축, 무역 등은 농사일에 비하여 사람들과의 협동관계가 덜 필요하여 굳이 공동체를 통해 안정을 구할 필요성이 적다. 그리스는 중국보다 거의 2,000년 뒤에야 농경정착생활이 도입되었고 대규모의 농경으로 발전하였기에 사람들은 각각 사소한 일상생활과는 밀접한 관계가 적었다. 또한 그리스는 토양과 기후로 인하여 주로 올리브와 포도주 생산을 하였기에 동양의 고대 중국인들처럼 남들과의 원만한 관계유지를 위하여 많은 희생과 인내를 감내할 이유는 적었다. 따라서 동양인들보다 서양인들은 더 많은 영역에서 개인의 자율적 행동과 권리행사가 가능했다.

이와 같이 개인의 자율성이 존중되었던 고대 그리스 문화는 자연적으로 평민에서부터 왕에 이르기까지 누구나 참여가 가능한 논쟁의 문화를 꽃피우게 된 것이다. 그리스에서 논쟁은 어디에서든 가능했다. 일개 평민이 왕의 의견에 반대할 수도 있었으며 군대 내에서도 논쟁은 허용되었다. 그리고 국가의 중대사에서부터 사소한 일에까지도 공개적인 논쟁을 통해서 결정하였다. 그렇다보니 그리스에서는 독재가 많이 발생하지 않았고 민주주의(기원전 5세기경)가 발전된 것은 놀라운 일이 아니다.

2) 사회구조에 따른 주의注意, attention의 차이

전체를 보는 동양 – 전체 맥락에 주의를 기울임

고대 중국인들은 경제적 정치적 사회적 활동을 위해서 밖으로 주의를 기울여 다른 사람들의 눈치를 살펴야 했다. 이처럼 사회적 상황에 끊임없이 주의注意, attention를 기울이는 습관은 '전체 맥락'을 중시하게 된다. 부분 부분들에 주의를 기울이면 세상은 단순하다고 파악되며 큰 변화를 예측하지 않게 된다. 그리고 설사 변화가 일어난다 하더라도 그 변화는 현재와 전혀 다른 방향이 될 것이라고 추측하지 않게 된다.

그러나 전체 맥락에 주의를 기울이면 어떠한 사안의 발생이 일어나는 배후에 복잡한 변인들이 얽혀있어 변화는 자연스러운 것이며 변화의 속도나 방향까지도 바뀔 수 있다고 지각하게 된다. 따라서 개인을 보는 입장도 인간을 '사회적이고 상호의존적 존재'로 파악하고 인간에게 개인의 자유보다는 조화가 가장 중요하다고 생각했다. 그리고 우주는 초복잡성의 집합체이기 때문에 그 영역에서 발생하는 것은 상호 연관성이 높으며 사물이나 사람도 그 안에서 마치 그물처럼 얽혀있다고 생각했다. 따라서 전체적인 맥락에서 하나의 대상을 따로 분리하여 분석하는 것에 거부감을 느끼며 상호간 복잡하게 얽혀 존재하는 세상사를 특정한 개인이 모두 통제할 수 있을 것이라는 생각은 역시 가능하지 않았다. 동양 사회에서는 특히 인간관계가 서로 밀접하게 연결되어 있는 주변 맥락의 영향을 크게 받는다 하여 인류학자인 에드워드 홀은 이러한 사회를 '고맥락high context의 사회' 라고 하였다.

부분을 보는 서양 – 사물 자체에 주의를 기울임

농업이 주산업이 아니었던 고대 그리스는 굳이 다른 사람과의 협의를 거치지 않고 가축을 기를 곳과 팔아야 할 새로운 상품 등을 스스로 판단하고 결정할 수 있었다.

그리하여 그리스인들은 사물 자체에 초점을 두었다. 따라서 다음과 같은 경향을 가지게 되었다.

첫째, 사물(인간과 인간이 아닌 모든 것)의 속성 자체에 주의를 기울이고

둘째, 그 속성에 근거하여 범주화하고

셋째, 그 범주들을 사용하여 어떤 규칙을 만들고

넷째, 사물(인간과 인간이 아닌 모든 것)들의 움직임을 그 규칙으로 설명하고자 하였다.

고대 그리스의 철학자들은 우주가 입자로 구성되어 있다고 믿었고 우주의 구성단위가 원자atom인지 아니면 파장wave인지가 중요한 논쟁이었지만 고대 중국에서는 당연히 우주란 연속적인 파장으로 구성된 것이었다. 또 그리스인들은 개인을 하나의 독립적 주체로 바라보고 여타한 진리를 발견하는

수단으로 논쟁을 중시했다. 그들은 자신의 운명이 통제가능하다고 믿었다.

그리스 철학은 개별 사물 자체를 분석의 출발점으로 삼아 개별 사물의 내부 속성을 중요하게 생각하였다. 우주는 원칙적으로 단순하고 따라서 파악 가능한 것이었다. 따라서 철학자의 과제는 사물의 독특한 속성들을 파악하고 파악된 속성에 기초하여 사물을 범주화하여 그 범주의 보편적인 규칙을 발견하는 것이었다. 현상의 원인을 설명할 때도 사물 자체의 내부 속성을 고려했다. 결국 세상은 사물들로 구성되어 있고 각 사물의 행동은 그 사물의 내부 속성에 의해 결정되므로 그들에게 세상은 비교적 안정적이고 고정된 곳이었다.[7]

3) 동서양의 자기개념 self concept

"당신 자신에 대해서 말해보시오"라는 자기 개념 self-concept에 관한 질문에 대해서는 문화에 따라 천차만별의 대답이 나온다.

미국과 캐나다 사람들은 대부분 '친절하다', '근면하다'(성격 형용사)로 표현하거나 '나는 낚시를 자주 간다' 등으로 자신의 행동을 표현한다. 이에 반해 중국, 한국, 일본은 주로 '나는 직장에서 열심히 근무한다', '나는 친구들과 오락하는 것을 좋아한다' 등으로 자신이 소속되어 있는 사회적 입장에서 대답한다. 또한 자신의 현재 사회적 입장과 역할에 대하여 언급하고 있다. 일본인들은 맥락을 제시해 주지 않으면 자신을 기술하기를 어려워 하지만, 친구들과 같이 있을 때나 직장에서와 같은 특정한 맥락을 기술해주면 자신을 능숙하게 표현한다. 그러나 미국인들은 이와는 정반대의 패턴이 나

---

7) 리처드 니스벳 저, 최인철 역(2004), 『생각의 지도(the geography of thought)』, 김영사.; EBS다큐멘터리, 동과 서.

타난다고 한다. '나는 내 동생과 요리한다', '나는 친구와 나무를 심는다' 등과 같이 일본인은 미국인에 비해 자신을 기술할 때 제 3자를 언급하는 횟수가 2배나 높았다고 한다.

'모난 돌이 정 맞는다' 라는 우리의 속담에서 보듯 동양에서는 개인의 언행이 자유롭게 표현되지 못하고 억눌려 왔음을 알 수 있다. 자기의 독특성에 대해서도 미국인들은 당당하게 스스로를 평가하는 편이나 동양인들은 매우 겸손하거나 소극적으로 자신을 드러내고 있다.

자신을 칭찬하는 면에 있어서도 미국과 캐나다인들은 매우 자연스럽게 스스로를 '평균 이상' 이라고 여기는 반면 동양인들은 자신을 '평균 이하' 라고 느끼는 경향이 있다. 동양인들이 자신을 일부러 부정적으로 보는 것은 아니나 관계를 중시하는 동양사회에서는 그저 '남들만큼', '남들과 마찰 없이' 사는 법을 가르치지만 서양사회에서는 '특별하다', '남들보다 탁월하다' 라고 믿게 하는 문화적 압력이 있기에 동·서양의 자기 개념에 대한 차이점이 있다.

결론적으로 고대 중국인과 고대 그리스인이 상이한 형이상학적인 신념을 가지게 된 것은 중국인들은 전체 맥락과 주변 환경에 주의를 기울였고 그리스인들은 사물 자체에 주의를 기울였기 때문이다.

분석

▶ **1991년 아이오와 대학 박사과정의 중국인 학생 루강의 총기난사사건**

- **미시간대 신문** : 성격이 매우 안 좋았다. 본성이 사악했다. 성공과 파괴에 몰두한 성격. 타인이 자신에게 공격하거나 도전하는 것을 못 견디는 성향.
- **중국 신문** : 현 지도교수와의 불화, 경쟁이 치열한 학교생활, 일상생활이 중국인 간의 단절된 커뮤니티, 학력에 대한 중국사회의 압력, 총기구입이 쉬운 미국사회.

▶ 미국 미시간주 오크밸리市 우편배달부 토머스 매킬의 총기난사 사건
- 뉴욕타임즈, 월드 뉴스 : 급한 성격이었다. 무술에 과도하게 빠져 있었다. 정신적으로 매우 불안정했다.
- 중국 신문 : 그는 최근에 해고당했다. 적대적인 상사와의 관계가 있었다. 최근에 텍사스에서 발생했던 살인사건이 영향을 미쳤을 것이다.

4) 의학 및 사고체계에 있어서 동서양의 차이

동서양 의학의 차이를 간단히 언급한다면 서로 다른 진리의 눈을 가졌기 때문이다.

서양의학
문제를 사물의 대상에 초점을 맞추어 훈련하는 서양의 교육은 의학도 질병이 발생한 인체를 수술하는 방식이다. 그러므로 수천 년 전부터 이어져 온 분석적 전통을 가지고 문제가 된 신체부분을 직접 떼어내거나 고치는 적극적인 수술적인 치료방법을 보편적으로 사용한다.

동양의학
몸의 각 기관의 상호 관련성을 굳게 믿어 특정 부위가 제대로 작동하지 않는다고 해서 그 부위만을 치료대상으로 고려하지 않는다. 즉, 도려내는 수술보다 몸속에 있는 기氣들의 균형을 바로잡는 것으로 건강이 유지되도록 하며, 약초와 같은 자연 치료제의 힘으로 치료한다.

동양과 서양의 사이는 인터넷이란 전 세계인들이 실시간 소통할 수 있는 매개체가 있어도 여전히 매우 상이한 사고체계가 오랫동안 계속되어 왔고,

그 차이가 유지되고 있다.

여러 가지 이유들이 있겠지만 동서 간 생태환경이 경제적 차이에 이어서 사회적 구조의 차이까지 가져오게 되었다. 나아가 사회적 구조의 차이는 각각 사회를 유지시키기 위하여 사회적 법규와 규범과 양육방식을 만들어냈다. 이는 어느 부분의 환경에 주의attention를 기울여야 하는지를 결정했다.

그리고 이는 지각과 사고 과정의 차이를 가져왔던 것이다. 물론 지구의 위도와 기후요인 또한 인간에게 직접적으로 미치는 원인으로 동서양의 생태환경의 다름이 곧 기후와 위도 차이로 근원적인 차이도 있다고 생각한다.

5) 서양의 점성학, 동양의 사주명리 탄생의 배경

서양	동양
• 부분을 봄	• 전체를 봄
• 사물에 집중	• 현상에 집중
• 논쟁에 익숙함	• 타협에 익숙함
• 논리를 중시	• 경험을 중시
• 한 번 체결된 계약은 바꿀 수 없다.	• 계약은 상황에 따라 바뀔 수 있다.

앞에서 보듯 동서양은 서로 다른 사고와 시각을 가지고 있다. 특히 여기서 가장 분명하게 느낄 수 있는 것은 바로 점성술과 사주명리의 발전 배경이다.

서양西洋은 사물 자체에 주의를 기울이므로 운명 예측방법으로 점성술이 발전했다. 즉, 우주의 행성이 인간의 운명에 영향을 미치고 있다는 것에 대한 해답을 대상인 우주의 행성, 별자리에 초점을 맞추게 되어 점성술이 발전했다고 본다.

동양東洋은 사물의 전체를 보며, 관계된 맥락에 주의를 기울이므로 우주가 인간에게 영향을 주는 것이 별자리에서 기인되지만, 그 영향이 인간을 대상으로 하기에 출생 연월일시를 사주로 구성하고 판단하는 인간중심으로 발전되었다고 본다.

PART 2

명리학의 과학적 논의

1. 과학과 명리
2. 태양계 오행성과 음양체계
3. 오행의 천문기원설
4. 사주는 왜 맞는 걸까?
5. 음양오행의 자연론
6. 사주명리는 사계절 기후학인가?
7. 우주가 인간에게 미치는 영향
8. 뇌와 사주와 기억정보

1. 과학과 명리

과학은 무엇이든 증명할 수 있는가? 그 대답은 물론 한마디로 '아니다'이다. 우리가 어떤 논쟁에서 이기기 위해 어떤 것이 과학으로 증명되었는가 또는 증명되지 않았는가를 질문하는 사람들이 있다. 이 경우 그들은 과학의 본질을 이해 못하고 있는 사람이거나 아니면 그들은 과학이라는 것이 절대적인 증명이 가능하다는 것을 암시하여 우리를 오도하려는 뜻이 있는 사람들일 수 있다는 것이다(Miller Jr, 1996; 장동순 외, 2000). 실로 과학과 물리학, 그리고 화학분야에는 많은 법칙이 존재한다. 그러나 생태계나 기상학 분야 등에는 그러한 과학적 법칙이 절대적일 수가 없다. 즉, 수없이 복잡한 에너지와 관계되어진 보이지 않는 역학적 작용의 변수들을 오직 법칙에 입각한 과학으로 설명할 수는 없는 것이다.

사주명리는 역법과 같이 일정한 규칙성과 논리를 가지고 있다. 그렇더라도 개인의 생리학적 유전자, 그리고 에너지와 환경이라는 역학적 작용의 복잡한 변수들과 맞물려 있으므로 절대적 증명에 의한 과학성을 입증할 수는 없다. 그러나 사주명리학은 동양인들이 최소한 수천 년 이상 의지해왔고, 입증할 수는 없을지라도 명쾌하게 설명할 수 있는 과학이다. 이를 부정한다면, 이 책을 다 읽고 난 후에 부정해도 늦지 않다고 생각한다.

이에 대한 부연 설명을 하자면 다음과 같다. 서양에서 적극적으로 발현된 과학은 전통적으로 자연의 물질만을 대상으로 하여 왔다. 과학의 강력한 힘은, 과학의 대상이 되려면 동일한 조건에서 동일한 실험을 하면 동일한 결과가 나와야 한다는 원칙을 기본으로 하며, 가정과 결론 사이에 논리적 모순이 없어야 한다는 원칙을 고수한다. 이러한 원칙은 논리적 사고에 따라 결과의 예측을 가능하게 함으로써 현재의 물질문명을 구축하였다. 여러 가지 현상들을 분석하여 그 중심을 관통하는 법칙을 발견하는 귀납적 방법에 의해서 본질에 가까운 원리를 밝혀내고, 그 본질에 가까운 원리가 밝혀질수록 현상에 적용할 수 있는 연역적 기술의 진보가 대칭적으로 발전한 것이다.

진리를 알고자 하는 서양인들의 욕망은 철학, 수학, 과학을 동시에 태동하였고, 지식의 축적에 따라 각기 고유의 영역으로 발전하였다. 논리적 사유를 기본으로 하는 서양의 학문은 과학을 통해 현대의 물질문명을 구축하였고, 이에 논리적 사유의 가치를 알게 된 인류는 모든 분야에 과학적 사고, 즉 논리적 사유를 적용하게 되었다. 그래서 현재에는 과학과는 거리가 먼 인문학은 물론 정치 분야에서조차 정치 과학 혹은 정치 공학이라는 용어를 쓰게 된 것이다. 이는 정치가 과학의 대상이라는 의미가 아니라 논리적으로 정치를 하겠다는 의미인 것이다.

그러므로 현대에 있어서 과학적이라는 말은 전통적인 의미의 물질을 대상으로 하는 학문으로서의 의미와, 물질이 대상이 아닌 모든 분야에 과학의 특징이었던 논리적 사유를 적용하는 것을 의미하기도 한다. 후자의 경우, 동일한 조건하에서 동일한 실험을 할 경우 동일한 결과가 나오지 않는 대상들도 과학적인 대상이 될 수가 있는 것이다. 한편, 이러한 비과학적 대상들이 과학적 대상으로 전환되는 이유는 순수한 과학적 대상만으로는 복잡한 이 세상, 특히 인간과의 관계에서 일어나는 일들을 설명할 수 없기 때문이다. 이러한 예는 순수한 과학적, 물리적 원리에 의해서 작동하는 스마트 폰이지만, 이를 사용해서 발생하는 인간들의 복잡다단한 사건들은 예측할 수 없는 것을 들 수 있다. 최근에는 이러한 것들조차도 예측해 보려 빅데이타, 패턴 분석 등을 활용하지만, 완벽한 예측은 영원히 불가능할 것이다.

그렇다면 동양의 위대한 학문적, 정신적, 문화적 유산인 명리는 고전적 의미와 현대적 의미에서 과학이라고 말할 수 있을까?

분석을 통해 진리를 밝히고자 하는 서양과학과는 다른 동양 사상의 특징은 통찰을 수단으로 하고 통합을 목적으로 삼는 경향이 많았는데, 명리의 경우 누군가의 통찰에 의해 음양 사상이 발현되고, 이후 오행 사상의 출현, 음양과 오행의 통합, 음양오행을 인간의 인생에 적용하려는 노력으로 사주가 발생하게 되었다. 이후 서자평에 의한 일간을 중심으로 하는 신법 사주가 정착하게 되었다. 이러한 과정을 볼 때, 고전적 의미의 과학이라는 측면에서 명리는 비과학적이라고 말할 수 있다. 명리의 기본이 되는 음양오행에 대한 원리가 분석을 바탕으로 이루어진 것이기 아니기 때문이다. 그러나 이는 비과학이라기보다는 오히려 초과학이라고 봐야할 것이다. 왜냐하면 현대 과학의 한계로 인해 음양오행이 잘못되었다는 것에 대한 과학적 분석을 해내지 못하고 있기 때문이다.

한편, 현대적 의미의 과학이라는 측면, 즉 논리적 사유체계라는 의미에서 명리는 과학이라고 말할 수 있다. 음양오행을 기본 원리로 논리적 추론을 통해 결론을 이끌어내는 연역적 방식이 과학과 동일하기 때문이다. 이는 현대의 대부분 사회과학과 방식을 같이한다. 현재 명리학에 종사하고 있는 많은 사람들이 논리적 추론 등을 적용한 과학 명리를 진행하고 있는가에 대해서는 회의적일 수는 있지만, 또한 위와 같은 의미에서 그 대상이 비물질적이기는 하지만, 과학의 논리적 사유를 명리에 적용한다는 의미로 봐야 할 것이다. 특히, 언젠가 서양과학자들의 분석에 의해 음양오행이 고전 과학의 엄격한 원칙에 따라 진실임이 밝혀진다면, 명리는 고전적 의미이든 현대적 의미이든 모두를 충족하는 과학임이 증명될 것이다.

시간에 따른 명리와 사회 발달 과정 및 연구과제들을 표로 나타내면 다음과 같다.

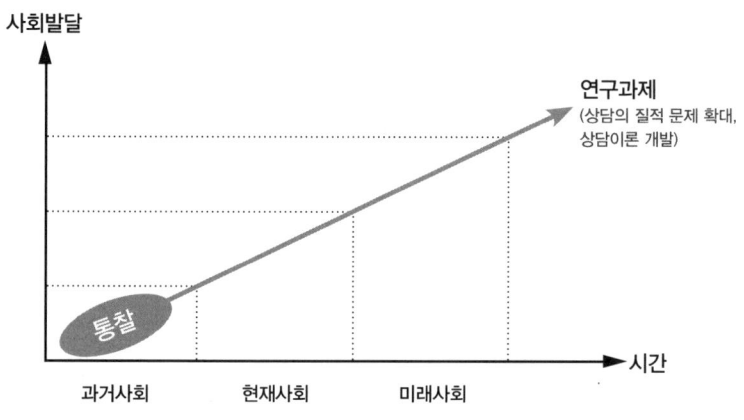

〈사회 발달에 따른 명리 연구 과제〉

2. 태양계 오행성과 음양체계

우리는 사주명리가 존재할 수 있는 음양오행을 이해하기 위해서 우주 천체에서 태양계[8]를 이해할 필요가 있다. 태양계에서 특히 우리가 살고 있는

---
8) 태양(太陽)은 태양계중심에 있으며 지구에서 가장 가까운 항성(또는 별)이다. 본래 우리말로 해라고 하며, 태양이란 한자어는 음양(陰陽): "물과 불", "그늘과 볕", "차가움과 뜨거움" 등)가운데 가장 큰(太) 양(陽)이라는 뜻이다. 지구를 비

지구를 중심으로 해와 달 오행성의 일곱 개 별은 이미 앞장에서 칠정으로 논한 바 있다. 여기서는 우주과학에서 밝혀진 사실적 내용으로 음양과 오행의 체계를 이해하여 보자.

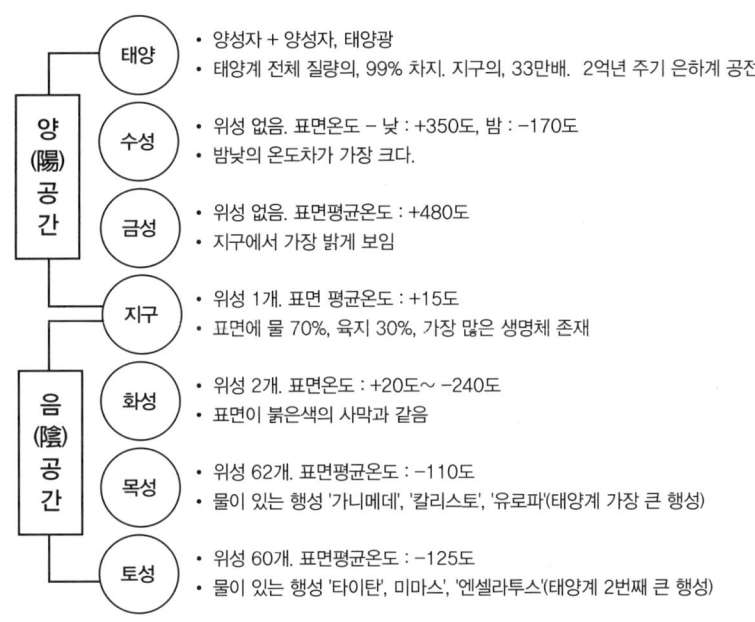

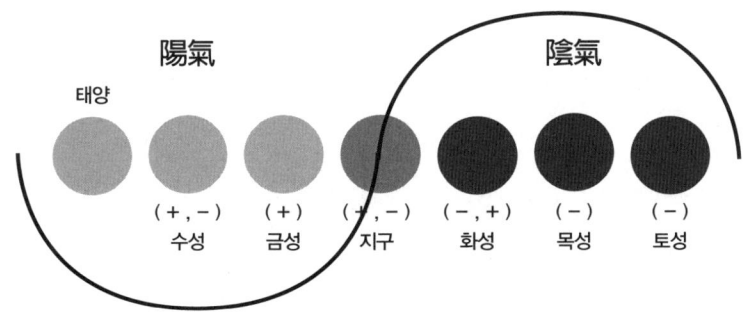

〈태양계와 오행성의 배열〉

롯한 태양계의 여러 행성과 소행성, 유성, 혜성 등의 천체가 태양을 중심으로 돌고 있다.

위 행성들의 특징은 음양과 오행에 대한 아주 의미 있는 형태를 보여주고 있다.

첫째, 표에서 보듯이 태양으로부터 양기陽氣운의 공간에는 음기陰氣운을 가진 수성水星과 금성金星이 차지하고 있다. 그리고 음기운의 공간에는 양기운을 가진 화성火星과 목성木星, 토성土星이 차지하고 있다. 이는 양기陽氣 속에 음물陰物이, 음기陰氣속에 양물陽物이 배속되어 있으니 음양의 공존성과 일치하고 있으며, 세상의 모든 음양의 이치와 배합되는 것이다.

둘째, 수성水星은 태양과 가장 가까이에 있으면서도 낮에는 +350도이지만 밤에는 -170도이며, 화성火星은 표면온도가 +20도에서 -140도까지로 수성水星과 화성火星 두 행성은 신비스럽게도 -음과 +양의 온도가 공존하고 있다는 것이다. 이는 다른 행성에서 찾아볼 수 없는 특징이다.

셋째, 양기운의 공간에 있는 수성水星과 금성金星은 자체 위성이 없다. 그런데 음기운의 공간에 있는 화성火星, 목성木星, 토성土星들은 모두 자체 위성들을 가지고 있는데, 이것은 마치 음기운에 속한 행성들이 자녀를 생산하는 이치와 같다.

넷째, 양공간에 있는 행성표면에는 수기水氣가 없으나 음공간에 있는 행성, 또는 그 행성이 가지고 있는 자체위성에는 수기水氣가 존재하고 있다는 사실이다. 미 항공우주국NASA은 우리 태양계 곳곳에 물과 바다가 있다고 하였다. 나사과학자들은 "우리 태양계에 물이 있는 천체가 9곳"이라며 구체적인 천체명을 거론했다. 먼저 지구는 표면의 70%가 수분으로 수많은 생명체가 살고 있다. 그리고 화성火星에는 없으나 화성火星과 목성木星 사이 '왜소 행성 세레스'에 물얼음이 존재한다고 하며, 목성木星의 위성 중에는 '가

니메데', '칼리스토', '유로파' 3개의 위성에 물이 존재하고, 토성土星의 위성 중에 물이 있는 위성은 '타이탄', '미마스', '엔셀라두스' 3개가 있다.

참고로 천왕성은 표면온도 −170도이며 거느린 위성이 27개가 있으며, 해왕성은 표면 온도 −200도이고 위성 13개이며 '트리톤'이라는 위성이 수기水氣를 지녔다고 한다. 마지막으로 명왕성 또한 유사한 저수지를 가지고 있는 것으로 보인다고 한다.

다섯째, 각 행성별로 보면 수성水星이 밤낮의 온도차가 가장 많이 나고 있는 것은 실제 수水오행이 고체(얼음)와 액체(물), 기체(증발) 등 가장 변화가 많음을 나타내고 있는 것과 같으며, 금성金星은 빛나는 보석과 같이 가장 밝게 빛나고 있는 것과 같다. 화성火星은 표면이 붉은색이라는 것이 같고, 목성木星은 가장 크고 거느린 위성이 63개로 가장 많은 것을 보면 생명체를 가진 오행으로 번식을 상징하고 있으며 나아가 수기(水氣, 바다)를 가지고 있는 위성이 3개나 된다. 토성土星 역시 두 번째로 큰 행성이고 또 60개의 위성을 거느리고 있으며 수기(水氣, 바다)가 있는 위성이 3개나 있는데 이는 마치 생명체와 간지干支를 축장蓄藏하는 토土오행과 비교하지 않을 수 없다.

지구의 기후를 주관하는 것은 태양이다. 그리고 각 행성들이 형성한 간격에 따라 규칙이 존재하고 있다. 그 행성들 간의 사이에는 에너지 파장이 형성되어 있으며 상호간 영향을 주고받는다. 그와 같이 태양을 중심으로 오행성 사이에 현재의 환경과 기후가 있는 지구가 있다. 그러므로 음양과 오행으로 이루어지는 사주명리학의 시원에 대한 준거인 오행 천문기원설이 가장 설득력 있다고 생각하는 것이다.

3. 오행의 천문기원설

오행의 천문기원설天文起源說과 관련한 필자의 생각은 다음과 같다. 지금으로부터 약 20만 년 전, 짧게 잡아도 약 15만 년 전에 발생한 현생인류現生人類는 그 신체적 구조가 현대인류와 동일한 형태인데, 뇌 구조 또한 마찬가지다.

즉, 15만 년 전 인류나 현대인류나 사고의 능력은 동일하다고 볼 수 있는데, 초기 현생인류는 뇌腦의 신피질이 효과적으로 작동할만한 충분한 지식의 데이터베이스가 없었으므로, 고성능 CPU를 장착한 자료 없는 컴퓨터와 같았다. 이러한 상태는 인류의 지식이 급속히 늘어나는 14세기 르네상스 시대, 18세기 산업혁명 시대, 20세기 컴퓨터 시대까지 그 단계에 따라 계속 이어졌다고 볼 수 있는데, 신피질을 모두 사용할 필요가 없는 시대의 인류는 에너지, 기운氣運 혹은 감성感性으로 정보情報를 받아들일 수 있는 포유류哺乳類의 뇌인 구피질의 활용 비율이 현시대보다 높고도 또 정확하였다. 그런 이유로 현대인과 같은 신피질의 적극적 활용 이전에는 논리적 사유보다는 느낌과 통찰에 의한 구피질의 사고가 주를 이루었다.

오행의 에너지에 대한 인류의 인식은 이러한 통찰의 기능으로 기원전에 이미 그 존재를 확인하였던 것으로 보이고, 그것을 표현하는 방식으로 그 시대의 언어인 한문을 이용했던 것이다. 오히려 수단의 한계가 인식의 표현을 제한하였다고 본다. 오행에 대한 개념 수립 이후 동양의 인류는 모든 사물을 오행으로 분류했는데, 이 분류의 기준은 서양의 방식처럼 논리적으로 전개한 것이 아니라 뇌腦가 느끼는 대로 통찰을 통해 분류한 것이다.

그 수많은 식물과 동물, 하다못해 광물질과 사회적 대상에 대해서까지 오행으로 구분한 것은 논리적 사유의 결과가 아닌 통찰의 결과인 것이고,

이는 대부분의 사람들이 동일하게 느끼고, 서로 간의 정합성에 문제가 없었기 때문에 별다른 반발 없이 받아들여졌던 것이다. 당연히 논리적 반박은 불가능하다. 오행을 에너지로 받아들였던 동양의 인류는 오행이 우주를 구성하는 근원적 에너지임을 알았고, 하늘로부터 내려온 기운임을 알고 있었다. 땅의 인류에게 특별하게 큰 영향을 주는 우주에너지의 변화를 대변하는 특정한 별들의 움직임을 관찰할 수 있었고, 그 별들의 이름을 각각의 별이 오행의 에너지와 가장 잘 어울리는 목성木星, 화성火星, 토성土星, 금성金星, 수성水星으로 이름 지었던 것이다.

오행성은 오행성에 대한 인류의 인식 이전에 이미 존재하고 있었고, 오행의 에너지에 맞는 영향력을 땅과 땅에 속해 있는 인간들에게 영향을 주고 있었으나, 인류의 인식이 뒤늦게 그것을 발견하고, 각각의 별들이 주도적으로 갖고 있는 에너지의 형태대로 이름을 붙인 것이다. 그러므로 오행성에서 오행이 기원되었는가의 문제는 일부는 맞고 일부는 틀리다. 맞는 부분은 오행성에서 이미 오행의 많은 에너지가 지구에 미치고 있었다는 부분이고, 안 맞는 부분은 오행성의 오행 에너지가 인류에게 미치는 오행 에너지의 전부가 아니기 때문이다. 특히, 오행성에 이름이 먼저 붙여진 상태에서 오행성의 이름을 따라서 오행이 기원됐다는 이론은 말이 안 되는 것이다.

인류는 전 우주로부터 오행 에너지의 영향을 받는다. 전 우주의 오행에너지는 많은 부분 오행성五行星을 통해서 지구에 전달된다. 17세기 뉴튼Sir Isaac Newton의 만유인력 법칙이 발표된 후, 오행성의 지구에 대한 영향력의 지대한 부분이 중력gravitation, 重力이라는 것을 알게 된 현대인들은 오행의 기원을 오행성의 배열에 의한 중력 분포로 설명한다.

이러한 설명의 바탕에는 중력의 성질 자체가 오행의 성질을 갖고 있거나 중력이 오행의 성질을 전달한다는 의미이다. 이는 통찰에 의한 것이지 과학적 논증의 절차를 거친 것이 아니다. 언젠가는 이러한 주장도 과학에 의해 밝혀질 것이라 기대한다. 그렇다고 이것이 완벽한 오행의 기원에 대한 설명은 아니나, 잘못되었다고 말할 수 있는 내용도 아니다. 지구상의 오행에너지는 태양계 오행성 중력의 절대적 영향을 받고 있기 때문이다.

혹자는 오행성이 오행을 대변한다면 오행의 상생상극을 적용해서 목성木星이 화성火星을 생하거나, 목성木星이 토성土星을 극하는 것을 증명할 수 있는가 질문한다. 개념적 상생상극의 성질을 물상적 현상으로 설명한다는 것은 한계가 있다. 이는 木을 상징하는 간肝이 火를 상징하는 심장心腸을 생하고 土를 상징하는 위胃를 극하는 것을 증명하라는 것과도 같다. 물상에 있어서 오행 발현의 현상이 오행의 성질을 모두 증명할 수 있는가는 한계가 있다고 본다.

위와 같은 이유로 오행의 천문기원설은 많은 부분 옳다고 보는 것이다.

인간은 영혼靈魂을 가진 특별한 동물이다. 생각할 수 있으며, 감성을 느낄 수 있으므로 인간은 항상 존재하는 현재의 공간과 시간 외의 자신을 궁금해 하는 호기심으로부터 영적인 세계가 강하다. 우수한 두뇌의 소유자일수록 더욱 그렇다. 그러므로 인간은 두뇌가 우수할수록 미래에 대한 호기심이 더 많게 되고, 그들은 새로운 세계를 밝히거나 창조하는 것이다.

그러니 영리한 인간이란 미래를 알아보는 도구를 만들 수밖에 없으며 또 과거와 현재, 현재와 미래를 연결할 수 있는 신神을 항상 불러다 쓰고 있는 것이다. 그러므로 아래와 같은 다섯 가지 체계의 범주에서 과학적 명리를 설명할 수 있다.

① 칠정七政인 태양과 달과 오성이 지구에 미치는 에너지 영향
② 그 영향으로부터 발생된 지구 내 기후환경(자연)의 영향
③ 정보를 에너지氣로 받을 수 있는 인간의 뇌腦기능

④ 생명체의 근원인 인간의 수력본능水力本能

⑤ 신神을 불러다 쓰는 인간의 영혼과 정서

이와 같은 논리는 필자의 주관적인 사고일 수 있으나 최소한 이 책이 전개하는 내용들을 보다 명쾌하게 이해하도록 해줄 것이다.

4. 사주는 왜 맞는 걸까?

"사주는 왜 맞는 거지?" 문득 어처구니없는 질문이라고 생각할 수 있다. 그러나 필자는 사주명리四柱命理에 입문하여 공부하면서 그 사주팔자에 따라 성격이나 사건 등에 대하여 맞는다는 것이 신기하고도 흥미로웠던 만큼, '사주는 왜 맞을까' 라는 단순하고도 막연한 의문을 많이 가졌었다. 사주가 인간의 선천적인 고유성을 분석한다는 입장에서 볼 때 다음과 같은 연구결과는 간접적인 해답을 준다.

잭 햄브릭 미시간주립대 교수 연구팀은 노력과 선천재능의 관계를 조사한 88개 논문을 대상으로 연구를 진행했다. 지금까지 진행된 이 분야 연구 중 가장 광범위한 것이다. 논문의 결론은 아래의 표가 보여주는 바와 같이 아무리 노력해도 선천재능을 따라잡기 힘들다는 것이다.

	게임	음악	스포츠	교육
선천재능	74%	79%	82%	96%
노력	26%	21%	18%	4%

〈전체 성과에서 노력과 선천재능의 비중〉

이와 같은 결과는 어떤 분야든 선천재능이 없으면 아무리 노력해도 대가가 될 수 있는 확률은 그리 높지 않다는 결론을 내릴 수 있다. 그리고 잭 햄브릭 교수는 "한 분야에서 최고가 되기 위해서는 꾸준한 노력이 필수적이지만 선천재능과 비교했을 때 대부분의 사람이 생각하는 것만큼 절대적인 요소는 아니다"라고 설명했다.[9]

이러한 간접적인 긍정을 스스로 찾아보며 이해하는 것 외에 사주가 왜 맞는지에 대한 설득력 있는 논리와 과학적科學的 설명은 명리서적 그 어디에서도 찾아보기 어려웠다. 그리고 명리학계의 알려진 술사術士나 대가大家라는 사람들에게도 그 대답을 들을 수는 없었다. 다만 동양철학東洋哲學의 사상思想으로 음양오행陰陽五行을 논하고, 사주는 음양오행의 학문으로 자연自然의 이치理致로 설명되어 이해된다. 물론 철학적哲學的으로 논한다면 누구나 이해 못할 것은 없다. 나아가 자연에서 형성된 기운이 오행五行이고 오행은 사계절이 주관한다는 논리도 우리가 실제 살아가면서 피부로 느끼는 계절적 요인要因이므로 틀리다 할 수 없다. 일반인들도 동양철학 사상과 자연의 이치로 설명되는 것에는 충분히 동의하고 있는 것은 사실이다.

그런데 왜 자꾸 사주명리를 점술占術이라고 하는지에 대하여 생각해 볼 필요가 있다. 하나의 요인은 사주를 활용하지만 점과 혼용하여 활용하는 사람들이 제공하는 것이고, 또 하나는 동양철학사상과 자연의 기후학으로 설명되는 것이 일반인들을 확실하게 설득하지 못하는 것이라고 생각한다. 그러므로 이제는 사주명리학이 왜 맞는지에 대하여 과거보다 더 과학적이고 설득력 있는 논의가 필요하다. 비판을 두려워하지 말고 사주의 그 과학적 사실에 대한 논리적 설명에 대하여 세계인들이 이해할 수 있는 근간을 세워야 한다.

---

9) 자료: 미국 심리학회, 인터내셔널뉴욕타임스INYT 2014년 7월 16일 자.

천 년 전 서자평徐子平 선생은 왜 연주年柱중심의 삼명학(고법사주학)을 일간日干 중심의 신법사주로 바꾸는 과감한 변화를 단행했을까? 그분은 지금의 결과를 예견했다기보다는 태양계를 중심으로 오성五星이 운행되는 것에 초점을 맞춰야 한다고 생각했을 것이다. 즉, 일日을 나로 삼고 오성五星을 대입하는 것이 더욱 타당한 논리論理라고 판단했다면 서자평 선생은 비판을 두려워하지 않고 자신의 창조적 가치를 실행하여 후대에 경이로운 지혜를 남기게 된 것이다.

세상의 모든 일을 증명할 수는 없다. 밝힐 수 없는 신화의 세계를 믿어야 하고, 그 증명할 수 없는 믿음의 세계를 무조건 믿는 것이 아니라 인간의 생각하는 능력으로 설명하고자 하는 것이 철학이며 학문의 근간이라고 하였다.

서양의 천문학은 점성학에서 그 출발이 이루어졌고 서양점성술은 별자리(행성)를 원점으로 하고 있다. 그리고 동양의 명리학은 자연의 에너지를 형성시키는 원점! 즉, '우주의 질서'라고 표현한 태양과 달과 오행성(일월오성)을 출생 연월일시에 배합한 사주를 이용해 명命을 논하는 것이다.

앞에서 태양계 오행성의 음양체계에 대한 우주질서와 작용을 설명하였다. 그리고 사주가 왜 맞는지에 대한 문제제기를 던져놓고 비판적 사고와 설득력으로 풀어가 보도록 하자.

5. 음양오행의 자연론

그동안 사주명리학을 설득할 수 있는 근간은 동양철학적 음양오행陰陽五行 사상과 우주질서에 따른 자연의 섭리와 순리에 입각한 음양오행의 기氣와 물상物象적인 존재론이다. 그러므로 비과학적이지 않다고 주장해 왔다. 충분히 타당한 설명이다. 그러나 필자는 현대사회에서 명리학의 일반화를 이끌어내는 데에는 보다 과학적 설명이 뒷받침되어야 한다는 문제를 제기하는 바이다. 먼저 음양오행을 논한 내용 중 몇 가지를 살펴보자.

동양은 자연과 하나가 되는 자연주의自然主義 사상이기 때문에 명리학은 바로 음양오행으로 동양철학의 중류라고 할 수 있다. 명리학은 음양오행이라는 가장 기본적인 이론에 대한 이해가 없이는 학문적인 정립이 불가능하다. 그중에서 음양이란 우주와 생명탄생의 시작을 의미하는 심오한 의미를 담고 있으나 오행이란 이 음양에서 파생된 보다 구체적이고 실질적인 기질에 대한 의미를 담은 이론으로서 이러한 오행에 대한 탐구는 인간 이해를 위한 가장 깊고 심오한 접근이 된다. 그리고 우주만물의 근원과 시종始終을 설명해서 우주운행원리가 나타나있는 천부경天符經이나 단군신화 또는 고조선의 통치이념인 홍범구주를 기자箕子가 중국에 전한 것으로 보아 사상체계가 형성되기 이전부터 고대 씨족이나 부족사회에 있던 것으로 추정된다.[10]

태극도설이 들어온 후 유儒, 불佛, 선仙 사상과 합일된 사고체계로서 국가전례國家典禮뿐 아니라, 민간 신앙과 함께 가례家禮와 일상생활 규범에도 지대한 영향을 끼쳤으며, 지금까지 순환론적 세계관인 음양오행 사상에 근본을 두어 지켜져 내려왔다.[11]

음양오행은 우리의 사고유형에 기반을 두고 있는 음양오행사상陰陽五行思想은 조화와

---

10) 함혜수(2014), '감정노동종사자의 직무적합성 평가를 위한 사주명리학적 연구', 박사학위논문, (재인용)
11) 김의숙 저(1993), 『韓國民俗祭儀와 陰陽五行』, 집문당.

통일을 강조한 세계관으로 동의학의 근원사상이고, 풍수지리, 음악, 건축, 무용, 의복에까지 문화예술 전반에 걸쳐 영향을 미치고 있다.[12]

우주의 순환질서와 자연변화의 원리에 대한 개념으로, 과학적 지식, 인생의 지혜, 종교적 신앙까지 내포하고 있다. 표상하는 자연관은 자연을 구성하는 모든 존재들이 상호유기체적인 관계에 있다는 인식에서 출발한다.[13]

우주의 만물을 현상적으로 직관直觀해 볼 때 그 구성성분으로서 이상의 木, 火, 土, 金, 水 오행으로 규정한 것은 당연한 관찰법觀察法이라 하겠다. 진리는 평범한 데 있다고 한 것처럼 오행관五行觀은 어디까지나 현상직관법現象直觀法이라 할 수 있으니 이것을 결코 피상적皮相的, 비과학적인非科學的인 것으로 보아서는 안 된다. 따라서 무기물질이나 유기물질이나, 산 육체肉體든 죽은 물형이든 형태를 가지고 있는 모든 존재는 다 이 오행의 원리에 귀착되지 않는 것이 하나도 없다.[14]

음양오행은 장구한 세월 중국 내지는 동양 민족의 문화적 심리와 사유방식에 영향을 주어 왔으며 또한 과학기술과 예술의 발전에 영향을 미쳐 왔다. 이러한 의미에서 음양오행陰陽五行은 동양 민족의 문화적 유전자라고 할 수 있겠다(Li xianhan, 2002).

고대古代의 인간이 최초로 느낄 수 있는 대표적 자연현상은 밤과 낮의 변화일 것이다. 낮에 왕성한 활동을 하다가 밤이면 어둡고 아무것도 보이지 않아 활동을 할 수 없게 되며, 이렇게 인지되는 변화의 현상은 태양太陽으로부터 기인[15]한 것이며, 이러한 자연현상을 설명하는 원시적 음양의 이념은 춘추전국시대를 거치며 그 의미가 보완 및 전이轉移되어 복합적인 음양설의 이념이 성립된다.[16]

---

12) 유승국 저(1983). 『동방철학사상연구』
13) 나정선·고유선·이현정(1999, 재인용). '타고난 陰陽五行의 목(木)기운이 건강체력 요인 유연성에 미치는 영향'. p161-p173. 숙명여자대학교 건강 생활과학연구소(학회저널)
14) 박재완(1999), 『명리요강』, 신지평. p 28
15) 陰陽說의 기원은 周易의 爻象인 陽爻(-)와 陰爻(--)에서 나왔다는 '周易基源說' 男女성기에서 나왔다는 '性器基源說', 자연현상의 변화로부터 나왔다는 '自然取象說' 등이 있다.
16) 소재학(2006), '陰陽五行說에 관한 硏究'. 원광대학교 동양학대학원 석사학위논문.

위에서 논한 내용을 요약해보면, 음양오행사상은 세계관이고 모든 영역에 걸쳐 영향을 미치고 있으며, 우주의 순환질서로 자연변화의 원리에 대한 개념으로, 과학적 지식, 인생의 지혜, 종교적 신앙까지 내포하고 있다고 하였으며, 음양설은 자연현상으로 밤과 낮의 변화로 보기도 하였다. 또한 음양설은 주역기원설과 성기기원설, 자연취상설로 추정하기도 한다. 그리고 우주만물의 현상적 직관은 오행의 성분으로 유무有無형의 존재로서 비과학적으로 봐서는 안 된다고 하였다. 이는 모두 틀린 말이 아니며 논리적으로 설명하고 있음을 알 수 있다.

그러나 일반인들의 시각에서 이러한 설명은 우주 만물의 근원인 음양오행에 대하여 심오한 우주질서이고 과학적이라고 말할 뿐, 뭔가 신비주의적인 사고를 벗어나게 하지 못하고 있다. 즉, '사주가 과학이구나' 하고 시원하게 인정할 수 있는 팩트를 보여주지 못하고 있다는 것이다.

그러므로 선학들이 논한 음양오행은 우주의 질서이고 자연의 순리이며 우주 만물의 근원이라고 주장한 논리에 보다 과학적이고 명쾌한 설명을 보태야 한다. 왜냐하면 출생연월일시로 구성되는 사주는 음양오행의 사상이나 기후학적인 요소 외에 태양을 중심으로 태양과 달, 오행성의 사이클이 지구의 생명체에 미치는 영향이 지대하기 때문이다.

즉 일반인들은 물론 과학자들에게도 사주가 우주학적 시스템이 적용된다는 초월적超越的인 과학적 설명으로 설득력을 이끌어내야 한다. 필자는 21세기 과학시대를 관통貫通하는 명리학자로서 왜 사주가 맞는지에 대한 과학적 설명이 새롭게 정의되어야 한다는 의무감을 갖기에 본 저술을 통하여 논거論據하는 것이다.

그에 대한 문제제기와 함께 그 해답을 풀어가 보도록 하자.

6. 사주명리는 사계절 기후학인가?

혹자들은 사주는 사계절 학문이라고 한다. 그리고 자연의 기후학이라고 더 세련되게 말한다. 분명하게 말하지만 사주를 이루는 음양오행을 인간의 삶에 가장 설득력 있게 비유하여 설명할 수 있는 것이 사계절이며 기후인 것이지, 사주명리학 자체가 사계절이나 기후학문은 결코 아니다.

필자는 지구의 기후는 태양계로부터 영향을 받는 것에서 비롯된다고 하였다. 그렇기 때문에 음양오행을 자연론自然論적으로 설명하는 것은 이미 인정하였다. 그러나 자연론에서 설명되고 있는 그 한계를 분명하게 지적하고 있는 이유가 있다. 즉, 사주명리가 자연론과 사계절四季節 학문이라는 기후학氣候學적인 논지는 다음과 같은 문제가 있다.

우리나라는 사계절이 뚜렷하고 연평균 온도가 18도 정도다. 하지만 연평균온도가 약 25도인 아열대 기후의 대만臺灣에서 명리가 후속적으로 발전을 이룬 것과 현재도 왕성하게 연구 활용되고 있다는 점이다. 그리고 연평균온도가 25.6도인 홍콩 역시 아열대기후이나 위천리韋天里 선생의 제자들이 왕성하게 활동하고 있고 사주명리가 대중화되어 있다. 또한 연평균온도가 31도인 싱가포르의 열대성 기후에서도 풍수나 명리 등이 일상화되어 있다는 것이다.

세계적인 기후변화에 따라 한국도 아열대기후가 되어가는 과정이기에 만약 자연론과 사계절기후학으로 국한되어 설명된다면 현재는 물론 앞으로 닥쳐올 기후변화에 따라 사주명리의 신뢰도에 커다란 오점이 남게 된다는 것이다. 이는 사주명리학 의 근간根幹이 흔들릴 수 있는 여지가 충분하다.

그러므로 음양오행陰陽五行이 형성된 자연은 결국 태양과 달과 오행성五行星의 에너지가 지구에 영향을 미쳐 형성된 것이라는 관점에서 시작되고 이해되어야 한다. 음양오행의 원점은 자연을 형성시키고 존재시키고 있으며 끊임없는 변화를 주도하는 행성들이라는 것이다. 그 역할 중에 지구에 직접적이고 가장 강력하게 에너지 전달을 하는 태양과 달 水·金·火·木·土의 오행이다. 우리가 사용하는 일주일一週日도 태양과 달과 오행성의 배열이다.

지구地球가 태양을 일 년간 공전空轉하는 동안과 자전自轉하는 하루 동안에도 지구의 모든 생명체는 엄청난 변화를 가져온다. 달의 위치에 따라서도 어패류 등 수많은 생명체가 변화를 겪게 된다. 오행성의 에너지 역시 복합적으로 이러한 영향을 미치고 있다는 것이다.

다시 말하지만 자연의 기후가 인간에게 영향을 미치지 않는다는 것은 아니다. 이미 필자는 2004년 『사주심리치료학』에서 세계기후의 특성에 따라 인간의 진화進化에 영향을 미쳤고 나아가 성격심리, 직업행동에 대한 특성과 문화발전에도 영향이 있음을 밝혔다. 즉, 한습寒濕한 지역 사람들은 사색적이고 분석적이며 내밀성이 강하여 철학가나 예술가 작가 등이 많이 나오는 반면, 난조暖燥한 지역의 사람들은 자유분방하고 개인적이고 외향적이고 율동적이므로 춤을 잘 추고 마라톤 등의 운동선수나 개인기에 능한 영역에서 우수하다는 내용들이다.

그렇다면 사주명리학이란 자연계自然界의 기후氣候와 계절季節만이 아닌 행성行星들의 영향이 인간의 출생에 영향을 미쳤거나 미치는 작용이 있으며, 사주는 이러한 작용을 분석해 낼 수 있는 도구인가라고 묻는다면 필자의 대답은 '예스'다.

필자는 이러한 의문을 풀기 위해 우리나라와는 다른 경도와 위도의 위치에 있는 외국인과 사계절 기후가 없는 열대지방과 극지방에 거주하는 외국인들의 사주를 분석하여 실증한 경험이 있다. 그때 그들의 반응은 의외로 자신의 성격이나 직업을 잘 맞추거나 이해한다고 대답하였다.

이를 뒷받침하는 연구의 하나가 김승택[17]의 석사논문이다. 그는 경도의 시간을 환산하여 적용하고도 위도가 차이 나는 남반구南半球 지역에 거주하는 사람들 약 250명에게 설문을 받아 통계분석을 하였다. 그 결과 남반구 지역 사람들도 사주유형에 따라 성격과 직업체질과 직무만족 등에 유의미한 관계가 있음이 나타났다. 이 연구결과는 사주명리학이 단지 사계절기후에 국한된 학문이 아닌 객관성을 얻는 데 있어서 그 의미가 크다 할 수 있다.

사주는 출생지역과 거주지역의 기후적인 측면의 영향을 감안하더라도 분명 행성들의 영향으로 입력되는 에너지가 있다. 사주는 특정 시간時間을 공간空間으로 환산해 놓는 것이다. 그렇다면 출생시간까지가 왜 중요한지 살펴보자.

7. 우주가 인간에게 미치는 영향

1) 출생의 생리적 작용에 미치는 우주에너지

음양오행의 기운이 가득 차 있는 우주 속에서 태어나는 생명체는 탄생과 동시에 우주의 기운을 받게 된다. 엄마의 자궁 속에 있는 아기는 코와 입으로 양수를 들이마시고 내뱉고, 폐는 양수로 가득 차 있다. 그리고 좌심실과 우심실은 연결되어 있다. 오직 탯줄을 통해 영양분과 산소를 공급받고 있는

---

17) 김승택(2010), '남반구 출생자의 사주구조와 직업관계 분석', 국제문화대학원대학교 석사학위논문.

상태이다. 그러나 자궁 밖으로 나오고 탯줄이 잘리는 동시에 놀라운 변화가 일어난다. 폐肺에서 양수가 빠져나가며 우주의 기운, 곧 음양오행의 기운을 들이마신다. 그리고 좌심방과 우심방이 분리되고 폐에 들어온 산소를 우심실 혈액을 통해 전신에 공급하게 된다. 즉, 아기는 자궁 밖으로 나와 탯줄이 잘리는 동시에 호흡을 통하여 우주의 기운을 전신에 포맷시키는 것이다. 그리고 미숙한 육신은 대기에 존재하는 기로부터 압력을 받게 되며 우주의 기가 투입되어 체내에 흡입되는 동시에 선천적 체질을 형성시키게 되는데, 이것이 곧 개인의 고유한 정보가 입력된 우주유전자(사주)라고 볼 수 있다.

2) 인간과 수력본능

우리 인간은 수력본능水力本能을 가지고 있다. 인류 역사의 초기단계에서 큰 강 문명水力文明이 형성된 것은, 물[水]이 있는 곳에는 식물양식이 풍성하고, 물을 찾는 사냥감, 물고기, 식수 등이 있다는 생존본능이었다. 즉, 세계사적으로 본다면 유프라테스강 유역의 메소포타미아 문명이 발달했고, 나일강 유역의 이집트 문명, 인더스강 유역의 인더스 문명, 황하강 유역의 황하문명의 발달이 그렇다.

인간 존재의 시작이 水分으로 시작했고 모태의 양수羊水 ; liquor amnii 속에서 10개월 동안 성장하고 태어났다. 그리고 눈도 못 뜬 채 엄마의 젖을 찾아서 빨아 먹었다. 이와 같이 인간은 이미 수력에 대한 본능을 가지고 출발한다.

인간은 보통 70%가 수분이고 30%가 뼈와 살이다. 노인이 되면 수분은 50%까지 줄어들고 사망하게 된다. 그런데 신생아의 몸은 수분水分이 90% 이상으로 이루어져 있다. 이렇듯 생명체의 탄생에 있어 수분은 절대적인 것이다. 수분 없이 생명체는 존재할 수 없으며, 그런 이유로 우주의 기운은 수분에 가장 많은 영향을 끼친다.

에모토 마사루가 자신의 저서 『물은 답을 알고 있다』에서 밝힌 내용 중에, 스위스의 전 취리히 공대 교수 조안 데이비스가 태양계의 행성 위치가 물에 어떤 영향을 끼치는가 하는 실험을 했는데 토성土星이 지구에 강한 영향을 끼칠 때 납이 녹아있는 물이 종이를 타고 올라갔다는 연구결과가 나온다. 이는 오행성이 수분에 영향을 주고 있다는 잠정적인 결과이다.

또한 미국의 기후관측 연구소의 발표에 따르면, 보름달이 떠있을 때는 구름에 달이 가려져 있어도 범죄율이 증가하며, 수많은 어패류의 산란에는 보름달이 많은 영향을 준다고 한다. 곧, 달이라는 행성이 인간이나 지구상의 다른 생명체에 영향을 준다는 결과인 것이다. 그리고 바다의 생명체들은 태양이나 달, 다른 행성의 움직임에 따라 그 이동이나 산란 등에 많은 영향을 받는다는 연구결과도 있다.

이러한 연구결과는 몸의 90% 이상이 수분인 아기는 출생시점에 우주로부터 받는 영향이 매우 클 수밖에 없으며, 그것은 곧 대기에 가득 차 있던 음양오행의 기운에 의해 영향을 받는다는 의미이다.

그렇게 태어나면서부터 받은 우주정보를 파악하기 위하여 역법曆法이 만들어졌고 다시 역법에 따라 만들어진 달력에 육십갑자六十甲子를 배속하였다. 그러니 동·서양인을 막론하고 누구나 출생 연월일시에 따라 배속된 육십갑자를 환산하면 바로 사주팔자가 구성된다.

그와 같이 한 사람의 타고난 출생정보를 측정, 분석하는 과학적인 방법론이 바로 사주명리四柱命理이다.

이를 그림으로 표현하면 다음과 같다.

〈인간의 탄생에 미친 우주의 기운(에너지)〉

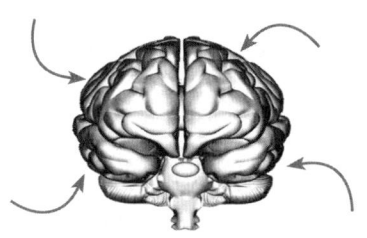

〈피가 온 몸을 도는 시간 – 46초〉

엄마 뱃속에 있다가 출생과 동시에
탯줄이 잘리는 순간부터

- 1차 변화 : 폐에서 양수가 빠져나감
- 2차 변화 : 열려 있던 좌심방 우심방이 닫히고 나뉨
- 3차 변화 : 첫 호흡과 함께 혈액순환을 통해 산소 공급(피가 온몸을 도는 데 걸리는 시간 = 46초)
- **1, 2, 3차 변화와 동시 : 우주의 강력한 기운이 몸과 뇌에 포맷!!!**
- 인간의 뇌(腦)는 정보를 에너지로 받는 기능이 있다는 놀라운 사실! 아기의 정수리(숨골)로 들어온 우주 에너지(기=음양오행)가 정보로 저장됨
- 신생아 : 90% 이상 수분! 행성의, 기운을 많이 받음
- **미숙한 육신의 외부에서 강력한 우주에너지가 침투하여 체질(뉴런이 기억)을 만든다.**
- 이와 같은 인간에게 포맷된 우주 에너지 정보를 측정할 수 있도록 출생연월일시에 육십갑자 적용!

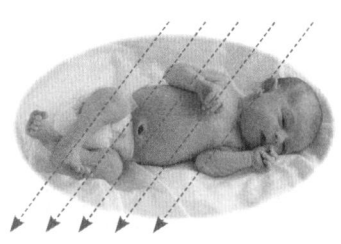

〈정보를 에너지로 받는 뇌〉

〈출생 시 우주에너지를 받는 몸〉

46초의 기적

출생 시점에 처음 접하는 것들

눈 : 빛, 물체의 형태 …
귀 : 소리, 음악, 초음파 …
코 : 냄새, 계절, 밤낮 …
입 : 공기의 맛 …
몸 : 공기(기압), 습도, 온도, 세균, 파동 …
마음 : 주변 사람들의 생각(축복, 기도, 저주) …
기타 : 육각수, 꽃가루, 지역적 계절, 날씨,
우주선(Cosmic Rays), 암흑물질(Dark Matter),
암흑에너지(Dark Energy), 초끈들(Super-strings) …

8. 뇌와 사주와 기억정보

　과학명리科學命理의 시각으로 논하자면, 인간의 타고나는 선천적先天的 지능知能은 아기가 출생하여 첫 호흡呼吸을 하는 순간 우주기운이 체내에 들어가게 되고 혈액血液이 체내體內에 들어온 우주의 기운을 온몸에 전달하면서 뇌腦와 심장心腸 등에 포맷되어 형성된다.

　그 우주의 기운이 포맷되어 정보로 저장(기억)되는 곳이 바로 뇌腦이며, 심뇌는 고통을 기억하며 몸속에 신경전달물질 도파민을 만드는 뉴런neuron은 의지뿐만 아니라 기억도 담당하고 있다는 주장이 나왔다. 이는 우리 몸은 모든 것을 기억하는 기능이 있음을 시사한다.

　그리고 좌뇌左腦는 언어나 문자를 통하여 정보를 받아들이지만, 우뇌右腦는 정보情報를 에너지로 받아들인다. 그러니 주변의 에너지를 느끼며 정보를 받게 되는 우뇌는 아기가 출생 당시 우주에서 내려온 강력한 기운氣運; Energy을 정보로 받는다는 것이다. 즉, 출생 당시에 호흡을 통하여 체내에 유입된 우주의 기운을 기억시키며, 인체를 감싸고 있는 주변의 에너지로 정보를 받아 기억시킨다는 것이며, 그 정보를 측정할 수 있는 도구가 사주四柱이다. 우리의 뇌는 기억하는 기능이 있고 기억된 정보는 그 상황에 맞게 활용한다. 이제 현대 명리학은 뇌과학의 발달과 함께 새로운 연구의 장을 열게 되었다.

　다중지능multiple inteligence을 발표한 하워드 가드너Howard Gardner 박사도 마치 블랙박스처럼 취급해왔던 인간의 뇌腦 영역을 이제 활짝 열어젖히고 뇌 자체를 연구하여 인간에 대한 심층적인 연구에 들어가야 한다고 주장하고 있다. 즉, 인간의 행동에 주목하는 행동주의적 관점, 하나의 생명체로 보고 연구하는 생명학적 입장 그리고 인간의 인지능력에 주목하는 인지주의적 관점 등 이 모든 것을 융합하여 인간 자체의 특징과 기질의 근원인 뇌를 연구해야 한다는 것이다.

뇌에 포맷되는 우주의 기운(에너지)에 대해 좀 더 살펴보면, 우주의 모든 물질은 무한한 자유도自由度를 가진 끈의 진동에 의해 모든 물리적 성질이 결정되고 형성된다는 초끈이론string theory처럼 '뇌 호흡'을 다룬 책에서도 세상이 근본적 실체가 끊임없이 진동하고 변화하는 에너지의 흐름이라는 것을 기본으로 시작한다.

사주명리 역시 음양오행의 상생상극相生相剋이 기본적 이론이 되어 현재 가장 골자를 이루는 십성十星, 즉 10개의 선천지능先天知能으로 많은 것을 분석해내고 있다. 필자는 다중지능개념을 도입하여 열개의 십성을 지능이론화 시켰는데 출생사주의 선천적 특징으로 붙여 선천지능Apriority Inteligence 이론으로 언어를 조작적操作的 정의하였다. 그리고 임상연구와 논문을 통하여 객관적 신뢰도를 축적하였으며 일반 독자들을 이해시키기 위하여 『놀라운 선천지능』을 출간하였다. 이 책에서 개인의 선천지능은 개인의 성공가능성이 높은 독창성과 재능방향, 직업체질 및 직업스타일 등을 분석할 수 있는 놀라운 정보를 제공하고 있는 과정을 구체적으로 설명하였다.

이어서 이러한 놀라운 선천지능을 개인의 타고난 재능코드로 분석하여 진로직업적성과 아이와 엄마의 지능궁합까지 해석하는 『타고난 재능이 최고의 스펙이다』를 출간하여 학부모들에게 공감과 호응을 얻게 되었다. 일부 독자들께서는 고전명리를 과학명리로 진화시키는 필자를 향하여 소중한 발판을 마련했다고 격려도 보내주신다.

결국 우주과학적인 차원으로 근간을 삼지 않으면 안 되는 이유를 설명했다. 그리고 한 생명의 존재가 모태의 자궁 밖으로 나오는 순간 일어나는 신비로운 신체의 생리적 변화에 따라서 우주의 에너지가 뇌와 심장, 인체의 뉴런에 기억되어 정보가 된다는 설명도 하였다. 이는 사주에 있어서 출생 연월일시라는 시간이 매우 중요한 분명한 이유이다.

즉, 어떻게 태어났느냐가 중요한 것이 아니라, 언제 태어났는가 라는 시간時間이 중요하다. 그러므로 제왕절개cesarean delivery로 출산할 경우 좋은 사주가 되게 택일을 하는 것은 그 의미가 있다고 본다. 제왕절개란 로마의 황제였던 율리우스 카이사르Julius Caesar가 출생 당시 머리가 너무 커서 엄마의 배를 가르고 태어났는데 후일 제왕이 되었다는 데서 유래한 출산방법이다.

이 순간도 태양과 달과 오행성의 에너지가 지구의 모든 생명체에 막강한 영향력을 행사하고 있음은 세계 모든 인류가 인정하고 있다. 지구의 생명체 중 가장 민감한 세포와 감성感性을 소유하고 있는 생명체! 바로 인간에게 막강하게 미치는 행성에너지 분포를, 육십갑자 도구를 출생시점에 적용하여 측정하는 방법이 사주명리이다.

예컨대 과학의 첨단이라 하는 천문학의 기저基底인 점성술은 서양에서 개발되었으나 사주명리학은 동양에서 개발된 방법이므로 동양학문이라고 하는 것이다. 두 학문은 방법이 다를 뿐 모두 태양과 우주행성의 움직임과 영향력을 살피고 측정하는 시스템이다. 그러니 사주명리학을 형이상학적形而上學的이라고만 치부하는 것은 옳지 않다.

필자가 사주를 일컬어 '우주가 인간에게 미치는 영향' 이라고 표현하는 이유는 바로 사주는 우주가 인간에게 미치는 영향으로부터 비롯되는 개인의 본질적 특성에 대한 정보 자료를 제공하는 과학科學이기 때문이다. 그리고 개인의 사주가 가진 오행은 생리학적으로 설명할 수 없는 영혼 호르몬과 같은 것이다. 호르몬이 복잡한 인체 내에서 규칙적인 생산과 활동을 통하여 인간의 행동과 건강을 운영하듯이 음양과 오행도 사주 내에서 상생상극, 형충회합 등 복잡하고 규칙적인 활동을 지속하고 있다.

한편 인간은 자신의 몸에 작용되는 규칙을 깨는 제3의 바이러스로 인해 호르몬의 문제를 일으켜 암이나 희귀 질병에 걸리기도 한다. 마치 사주에서 신살의 작용이 그 보이지 않는 바이러스와 같을 수 있다. 길신은 행복바이러스로 흉신은 불행바이러스로 말이다.

사주가 왜 맞는지 다시 한 번 간단히 정리하면 다음과 같다. 인간은 태어나는 시점에 자궁 밖으로 나오면서 양수의 보호와 탯줄의 연결에서 벗어나게 된다. 이때 전 우주에 분포되어 있던 그때만의 음양오행의 에너지 분포가 오행성의 중력, 빛, 소리, 냄새, 맛, 온도, 분위기 등 감각을 통해서, 혹은 감각이 인지하지 못하는 파동이나 에너지 형태로 태아에게 일시에 강력한 영향을 미치고, 이 영향들은 그 당시만의 에너지 분포 형태로 미약한 태아의 전신에 영향을 주며, 특히 민감한 뇌세포에 영향을 줌으로써 특정한 신체적, 정서적 정체성을 이루고, 이는 성장을 하면서 좀 더 큰 작용으로 나타나 한 인간의 특성을 결정짓게 된다. 그래서 태어나는 바로 그 시점의 에너지 분포를 알 수 있으면 태아의 성장 후의 정체성을 알 수 있는 것이다. 또한, 몸에 각인된 태어나는 시점의 에너지 분포가 인생을 살아가면서 변화되는 시간 속의 우주 음양에너지 분포와 어떻게 서로 영향을 미치게 될 지 예측할 수 있고, 이는 한 인간의 생애를 통한 길흉화복을 예견할 수 있는 근거가 되는데, 이렇게 태어나는 시점의 음양오행 에너지 분포를 앎으로써 한 인간의 정체성과 생애 주기의 길흉화복을 예견할 수 있는 일, 바로 이것을 사주라 부르는 것이며, 앞에서 설명한 이유로 사주는 맞는 것이다. (다만, 사주에 대한 개인들의 해석 능력에 대한 차이는 논외로 한다.)

PART 3

神의 세계와 인류문화

1. 神과 人間
2. 인간은 왜 神을 믿는가?
3. 神의 종류와 문화
4. 神과 사주명리
5. 天과 人

1. 神과 人間

인간의 영靈은 왜 항상 신神들을 요청하고 있는 것일까? 우리는 자신도 모르는 사이에 어느 순간 하느님을, 천지신명天地神明을 찾는다. 힘들면 구원신을 찾고 기쁘면 행운을 준 신에게 감사한다. 그리고 인간의 일상은 늘 기복祈福의 연장선상이라고 해도 과언이 아니다.

인간은 유한하면서 가능성을 지닌 변화하는 존재이다. 이러한 인간의 유한성은 필연적으로 완전무결한 신을 관념할 수밖에 없었을 것이다. 그런가 하면 인간은 신의 속성을 닮아가려는 유일한 생명체일지도 모른다. 이러한 가능성을 뒷받침해 주는 것이 끊임없이 변화하는 존재의 특징에 있다. 두려움에 떨면서 신을 찾고 그 신을 닮아가려는 부단한 여정이 인생일지도 모른다.[18]

그와 같이 신神은 인류를 창조했다는 것이며, 나약한 인간은 자연의 섭리에 적응하기 위하여 기원할 대상의 신神을 스스로 존재시켰다. 그러므로 신을 빼놓고 우주와 인간의 사이를 연결시켜 가기란 어렵게 되는 것이다. 인류의 이성이 우주와 인간의 존재를 지탱시키는 보이지 않는 거대한 힘(에너

---

18) 인간 존재(구조)의 특징인 유한성, 가능성, 변화성을 설명해주는 좋은 예로는 $y=1/x$ 이라는 쌍곡선 모형이 있다.

지)의 작용에 대하여 그저 순응할 뿐 비과학성이라고 논할 수 없는 철저한 이유가 바로 그것이다. 그 위대한 규칙을 동양에서는 음양오행이라는 언어로 정의하여 표현하고 있으며 육십갑자의 글자로 형상화시켜 육신六神, 십신十神으로 불러들여 정의한 것이다. 그러한 규칙성에 대한 체계가 사주명리학이며 그 규칙 내에 있는 신을 해석하고 예측하는 것이 운명감정술이라고 이해하면 될 것이다. 결국 부귀빈천 길흉관계 등의 운명을 감정한다는 것은 개인의 사주팔자四柱八字 내에 있는 신神과 인간의 관계를 인간의 생각하는 능력으로 설명하는 것이라고 볼 수 있다.

원시인들은 존재하는 모든 것에 대해 영원히 현존하지만 보이지 않는 것을 어떠한 영적 주체로 귀속시켰다. 현대인들 역시 보이지 않는 무형적 에너지 작용의 과학적 연구와 함께 인간의 사고로 설명할 수 없는 것은 여전히 신이라는 영적 세계로 설명하게 된다.

인간은 하늘과 땅의 음양조화로 생성되어 생명활동을 영위한다. 일반적으로 죽음이라 부르는 현상은 우리 몸속에 있는 정기가 소진되어 영혼과 육신이 분리되는 사건을 말한다(精氣神의 原理).[19]

사람에게는 혼魂과 넋魄이 있어, 혼은 하늘에 올라가 神이 되어 제사를 받다가 4대가 지나면 영靈도 되고 혹 선仙도 되며 넋은 땅으로 돌아가 4대가 지나면 귀鬼가 된다고 한다. 사후에도 천상에서 神明으로서 4대 동안의 시간여행을 하면서 영적 성숙을 향한 수행을 계속한다. 이러한 끊임없는 정진을 통해서만 영적으로 진화 발전하여 궁극적으로는 성령이나 하늘신선仙의 경계를 성취할 수 있다. 이 때문에 인간은 영원한 구도자이며 수행의 길을

---

19) 사람의 생명활동을 가능하게 하는 요소로, 精氣神은 인체 내에서 활동을 하며 왕쇠를 보인다. 精은 물질적 차원의 것이고 氣는 생명활동의 에너지이며 神은 정신적 차원의 것이다. 「참동계」를 비롯한 도가서에는 精은 하단전의 신장 및 귀와 연관되고 氣는 입 및 코와 깊이 연관되며 神은 눈 및 심장에 배당된다고 보았다. 또한 동양의학에서는 인체를 정기신으로 구분하여 精은 복부, 氣는 척추, 神은 뇌로 상응된다. 우리 선조들은 가위 바위 보 놀이에 정기신의 원리를 쉽게 담아 놓았다. 「원불교대사전」, 「동의보감」 내경편 참조

걸어야만 하는 운명적인 존재인 것이다.[20]

2. 인간은 왜 神을 믿는가?

우리의 의식 속에서 신神은 인류에게 복福과 화禍을 내린다고 믿는 초월적인 존재로 여겨지며 또한 종교적 신앙의 대상이 되는 초인간적인, 초자연적인 위력을 가진 존재로 본다. 우주를 창조하고 주관하는 신이 있다고 믿고 창조주를 의지하는 부류와 우주를 본래부터 있는 것으로 보고 우주의 섭리를 그대로 받아들이고 섬기며 경외하는 부류로 나눌 수 있다. 이렇듯 신을 바라보는 관점은 매우 다양하고 믿는 방법 또한 우리가 헤아릴 수 없을 만큼 존재한다.

신神의 한자를 보면 보일 시示에 환할 신申이라는 글자로 이루어져 있는데, 이는 우주 만물을 훤히 비춰볼 수 있는 능력의 존재라고도 해석할 수 있다. 인류 탄생 이래 인간의 능력으로 다스릴 수 없는 일이 거듭 발생할 때마다 아마도 우리 인류의 조상들은 어떤 초월적인 존재가 있다고 생각하게 되었고 그 존재에게 두려움과 경외심을 가지며 숭상하게 되었을 것이다.

신神의 존재存在에 대해 예로부터 철학자들을 비롯한 다양한 분야의 학자들은 저마다의 논리를 펼치며 신의 존재 유무를 논하여 왔다. 신神의 존재를 인정하는 유신론有神論과 부정하는 무신론無神論, 그리고 존재를 알 수 없다는 불가지론不可知論으로 크게 나눌 수 있다.

자연신학적 입장에서의 증명은 이렇게 아름답고 합리적인 완전한 질서

---

20) 『道典』, 2편 98장, 9편 97장 참고. ('도전' 은 1992년 간행된 증산도의 법전으로 전체11편으로 구성 됨).

를 지니고 있는 세계를 창조하려면 현명한 신神이 존재해야만 한다는 것이고, 우주론적 관점의 학자들은 자연계의 인과관계因果關係를 거쳐 지속적으로 원인을 규명해 간다면 최초의 원인으로 신을 인정할 수밖에 없다는 주장이며, 존재론적 관점에서는 인간은 불완전하므로 완전무결하다고 생각되는 신神이 존재해야만 한다는 것이다.

목적론적 증명은 자연은 목적에 적응한 질서를 지니고 있으므로 자연 전체의 설계자로서의 신神이 존재해야만 한다는 것이고, 그 외에도 도덕적으로 신神을 증명하거나, 미술의 아름다움을 통해 신神의 존재를 미학적으로 증명하거나, 오직 성령의 역사로 하나님의 존재를 믿게 되는 믿음의 유추 방식의 증명 등이 있다. 무신론적 관점에서 보자면 존재에 대한 증명이 많다는 것은 성공적인 증명이 아니었다는 것을 반증하는 것으로 본다.

아래는 대순전경大巡典經에 나오는 신神과 인간人間에 대한 의미 있는 내용이다.

> 人爲陽 神爲陰 陰陽相合然後 有變化之道也. 不測變化之術 都在於神明,
> 感通神明然後 事其事則謂之大仁大義也. 事有決斷然後 有變化之道也.
> 春夏秋冬秋爲義 義則決斷也[21]

사람이 양이고, 신은 음이다. 음양이 서로 합친 후에야 변화하는 도가 있다.
측량할 수 없는 변화의 술이 도都에 있는 신명에게 있다.
신명과 응하여 통한 후에 하는 일과 법칙을 알면 대인대의라고 한다.
일의 결단이 있고 난 후에 변화의 도가 있다.
춘하추동의 가을은 의義이고 의義는 결단이다.

---

21) 『大巡典經』제생 43절, 고견원려왈지(일부 내용)

神無人後無托而所依, 人無神前無道而所依, 神人和而萬事成, 神人合而百工成.
神明俟人人俟神明, 陰陽相合神人相通, 然後天道成而地道成, 神事成而人事成,
人事成而神事成[22]

신은 인간이 없으면 뒤로 의탁할 곳이 없어 의지하고
사람은 신이 없으면 앞으로 이끌어 줌이 없어 의지하니
신과 사람이 화목하면 만 가지 일이 이루어지고
신과 사람이 합쳐지면 백 가지 공도 이루어진다.
신명은 사람을 기다리고 사람은 신명을 기다리니
음양이 서로 합쳐지고, 신과 사람이 서로 통한다.
그런 뒤에 하늘의 도가 이루어지고 땅의 도가 이루어진다.
신의 일을 이루는 것이 사람의 일을 이루는 것이요
사람의 일을 이루는 것이 신의 일을 이루는 것이라 했다.

위 두 단락의 내용에서 유형의 존재인 인간을 양陽으로 무형의 존재인 신을 음陰으로 표현하고 신(神, 음)과 인간(人間, 양)이 합쳐져야(통해야) 변화를 이룰 수 있다고 한다. 그리고 신과 인간의 관계가 서로 의지하며 화목할 때 만 가지 일이 이루어진다는 것으로, 즉 음양이 서로 합하고 통하여야 하늘과 땅의 도道가 이루어지고 신과 인간이 합쳐지면 백 가지 공도 이루어진다는 것이다.

이는 인간과 신의 관계는 불가분不可分의 관계임을 말하고 있다. 이러한 신과 인간의 음양이치는 인간의 신명을 논하는 사주명리이론의 근간인 음양의 공존성과도 일치한다.

인간과 신의 세계를 더욱 긴밀한 관계로 설명해주는 '理神事의 原理'가 있다. 인간세상의 모든 일事은 우주의 섭리理가 神을 통해 인간에게 작용하

---

[22] 『大巡典經』교운 2장 42절, 陰陽經(일부내용)

고 최종적으로 인간이 움직임으로써 일어난다는 것이다.[23]

이렇듯 다양한 주장을 통해 신神의 존재를 논하고 있으며, 우리 인간은 삶 속에서 알게 모르게 언제나 신을 부르고 있으며 신에게 기원하며 도움을 청하고 있다. 스스로 해결하기 어려운 일이 닥치거나 선택의 기로에 놓였을 때 우리의 마음속에서는 자신도 모르게 하늘을 향해 아니면 그 어떤 대상에게 도움을 청하게 된다. 천지신명天地神明 등 신神의 존재 유무의 확인과는 별개로 기대고 의지할 수 있는 어떤 대상과 합하고 통하고 싶어한다.

만일 죽음이 모든 것의 끝이라면 인생은 참으로 의미 없는 것이 될 것이다. 정말로 우리가 영혼을 가지고 있다면 그 영혼은 죽은 후에 어디로 가서 어떤 여정을 겪으며 윤생輪生 또는 소멸하는가에 대해 온전한 답을 갖고 있는 사람은 없다. 유독 인간만이 일상적인 삶을 꾸려 나가기 위해 죽음의 공포를 눌러두고 살아야 한다는 것은 역설이다. 우리 영혼에는 영혼의 정체성을 망각하게 하는 기능이 있으며 이것은 영혼과 인간의 두뇌가 합치는 의식 차원을 돕는 역할을 한다.[24]

또 마이클 뉴턴은 그의 저서 『영혼들의 여행』에서 죽는다는 것은 어떤 것인지, 죽은 뒤의 세상으로 건너가면 영혼의 세계에서 누가 우리를 맞아주

---

23) 『道典』 2편 개벽과 신도, 4편 신도와 조화정부, 참조. 理(理法,principle)는 만물이 태어나고 살아가는 이치요, 神(神道, spiritual world)은 God나 spirit(영)을 말하며,事(歷事,事件,historical event)는 인간이 만들어 가는 역사적 사건을 뜻한다. 즉, 대우주의 모든 현상과 인류 역사에는 반드시 신이 개입을 하게 되며, 자연의 이법과 그것을 다스리는 신도세계 그리고 신도와 음양으로 하나 되어 인간역사가 전개된다.

24) 마이클 뉴턴 著, 김도희·김지원 옮김(2015), 『영혼들의 여행』, 나무생각. "영혼의 계급에 관한 개념은 이미 희랍의 플라톤이나 플로티누스에서 찾아 볼 수 있으며, 마이클 뉴턴은 영혼의 여섯 레벨을 제시하고 빛깔로 구분되는 영혼의 세계를 최면요법을 통한 전생체험을 통해 보여주고 있다. 인체는 제각기 빛깔을 띤 영기(aura)를 지니고 있다는 것은 킬리언 사진들이나 UCLA의 초심리학 연구를 통해 잘 알려져 있다. 인체에는 이온화된 에너지를 발산하는 곳이 있고 그 곳에서 발생된 기는 차크라고 불리는 혈의 망을 통해 전신을 흐르고 또 발산되기도 한다. 인체의 영기는 각 개인의 생각이나 감정 그리고 건강을 반영한다고 한다. 그리고 어떤 면에서 양자물리학은 우주가 진동하는 주파에 의해 이루어졌음을 암시하기도 한다. 그 진동하는 파장은 제각기 다른 파장으로 뒤섞이는 물체의 덩어리들에 영향을 준다. 빛과 운동, 소리 그리고 시간은 모두 지구의 공간에서 서로 연관을 갖게 된다. 그런 연관이 영혼의 세계에서도 존재한다. 영혼의 영기는 개개인이 자아내는 진동의 파장에 의해 결정된다고 본다."

며 우리가 어디로 가는지, 그리고 다시 태어나기 위해 새로운 육체를 선택하기까지의 경로들을 보여준다.

"영혼이 지구로 윤회하는 것은 영혼이 성장을 위한 변화를 시도하려고 영적 전쟁이 있는 동안만 지구에 배치된다. 영혼들은 수많은 인생을 거치면서 육체 속에 깃든 두려움으로 인해 생기는 부정적인 모든 감정들을 인내심으로 극복하려는 시도 속에서 성장한다."[25]

이렇게 시공의 차원을 달리하는 인식의 지평이 확장된다면, 우리는 어린 영혼에서부터 수만 년의 윤생을 거듭한 영혼을 대면하게 된다. 우리는 그들의 안내자나 동반자로서 우주적인 유대가 있게 된다. 또한 영혼이 육체에 깃드는 것을 컴퓨터에 비유한다면 소프트웨어(영혼)가 하드웨어(육신)에 생년월일시라는 지구의 시간대에 포맷되는 것과 비슷하다는 생각이 든다. 사주명리학에서는 이러한 영혼을 신神 또는 기氣로 환치해 분석하고 상담에 임할 수 있다고 본다.

그렇다면 결국 자신의 운명을 감정하는 사주감정 행위도 인간이 힘들고 어려운 일에 닥치거나 또는 판단하기 힘들 때 하늘의 뜻이 어디에 있는지를 알고자 신과 소통하고 합하고자 하는 것으로 이해할 수 있다.

---

25) 마이클 뉴턴 著, 전게서

3. 神의 종류와 문화

전 세계에 신神의 종류는 약 2,800여 종류[26]가 있고, 신神과 반대 개념인 악령惡靈 또한 3,000여 종류[27] 이상이 된다고 한다.

성질 또는 있는 곳에 따라 본체本體를 지닌 자연신自然神과 태양신太陽神·월신月神·수신水神·풍신風神·산신山神·동물신動物神·식물신植物神 등, 또 인격신人格神·조상신祖上神·영웅신英雄神·문화조신文化祖神 등 그리고 선신善神·악신惡神과 천상신天上神·지상신地上神·지하신地下神 등으로 분류된다.

기능에 따라 농업신·수렵신·상업신·복신·빈곤신·사신死神·무신武神·문신文神·감시신·창조신·수호신 등으로 분류할 수 있다.

모습에 따라서는 인간형태신·식물형태신·동물형태신·반인반수신半人半獸神, 무형의 신 등으로 분류할 수 있고, 신령의 수數에 따라 다신교多神教·이신교二神教·일신교一神教·범신교汎神教 등으로 불리는 종교체계의 분류방식도 있다.[28]

이 많은 종류의 신神은 어떻게 생겨났을까? 우리는 바로 신神이 탄생한 배경에 대해 주목을 해야 할 것이다. 동서양의 신의 탄생 배경을 알기 위해서는 삶의 배경과 자연에 대한 인식 등을 살펴볼 필요가 있다.

서양의 대표적인 기독교 문화의 신god은 자연의 변화와 순환에 대한 인식을 구체적으로 알 수 없었던 사막문화에서 탄생한 반면 동양은 중동과 다른 자연환경으로 농경생활을 하면서 사계절의 변화에 매우 민감하게 대응

---

26) 마이클 조던·강창현 역(2014), 『신 백과사전』, 보누스.
27) 프레드 게팅스·강창현 역(2014), 『악마 백과사전』, 보누스.
28) 네이버 두산백과, 神

해야 했다. 이런 민감함은 자연의 변화 및 순환에 대한 인식을 갖게 할 수밖에 없었다.

동양은 자연스럽게 계절의 변화에 순응하며 자연적· 순환적 사고가 자리 잡았을 것이고, 서양은 열악한 자연환경에서 절대자에게 구원의 약속을 얻어냄으로써 절망적인 시련을 극복하고자 했을 것이다. 동양과 서양의 신의 대한 개념이 바로 이러한 자연환경적인 배경을 토대로 발전하게 되었던 것이다.

1871년 타일러Tylor, E. B.는 원시 부족 사이에 널리 퍼져 있는 영적인 존재들이 인간의 일에 관여 및 개입할 수 있다는 믿음인 애니미즘Animism, 즉 정령신앙精靈信仰에서 종교가 시작되었다는 『원시문화Primitive Culture』를 저술하였다.

같은 19세기에 멜라네시아 원시인들의 종교문제를 연구한 코드링턴Codrington, R. H.은 원시적인 삶 속에서 지배적으로 작용하는 것이 초자연적인 힘Mana이고, 이는 고정된 것이 아니며 고정된 사물에도 들어갈 수 있다고 하였다.

예를 들어 나무나 바위, 짐승의 뼈나 물 등을 중간 매개로 하여 그 에너지를 발휘하거나 또는 정령의 형태로 나타나 힘을 발휘할 수도 있다. 이러한 것은 어떤 주술적인 파워나 생명관의 존재로 종교의 기본요소를 갖추고 있고 이 기본적인 힘에 관한 관념이 발전하여 여러 신들의 모습이 되었다고 한다.

또한 독일의 언어학자 뮐러Muller, M.는 여러 신들의 이름을 조사한 결과 대부분 자연현상과 관련되어 있는 점을 발견하고 자연현상이 최초의 숭배의 대상이 되었다고 보고 모든 신들은 자연현상을 의인화한 것이라고 생각했다.

그 외 토테미즘Totemism[29]이나 조상숭배Ancestor worship 등을 통해 신의 기원을 찾는 사람들도 있었다. 이런 신神에 대한 믿음을 기반으로 인류의 삶이 발전되어 왔으며 그 발전 모습은 찬란한 문명 속에 그대로 남아 있다. 신神의 분류에서 보듯 신神은 특정한 시대나 환경 속에서 우리와 같이 사회생활을 영위하고 각기 제 나름대로 인간의 문화 속에 존재해 왔다.

우리 전통놀이 문화인 칠교七巧놀이[30]의 유래를 보면 별을 관리하던 천성왕은 별 하나를 떨어뜨리는 죄로 아버지인 옥황상제에게 벌을 받아 인간 세상으로 쫓겨나 나무꾼이 되어 결혼도 하고 일곱 아들을 낳아 행복하게 살던 중 옥황상제가 다시 불러들여 금빛조각 일곱 개가 담긴 붉은 주머니를 남기고 떠나게 되었다. 장성한 아이들은 아버지를 찾아 떠나면서 일곱 개의 금빛조각을 맞추면 그대로 나타난다는 사실을 알게 되었다. 지혜를 모아 드디어 아버지인 천성왕을 만나게 되었고 하늘의 별이 되어 어머니를 보살필 수 있게 간청하여 북두칠성이 되었다고 하는 이야기처럼 하나의 놀이문화에도 성星·신神과 연결지었다.

이처럼 우리의 전통놀이 문화에도 우리가 섬기는 신神에 대한 의식이 고스란히 남아 있다.

놀이 문화 외에도 옛 선조들은 집안에도 신神이 깃들어 있다고 생각하여 조왕신, 터주신 등을 잘 모시는 것으로 가족이 평안해지고 복이 온다고 믿었던 것이다. 보름달이 뜰 때 정갈하게 하고 기도를 하거나, 돌탑을 쌓아 놓고 기도를 하는 모습, 여행지에 가면 동전을 던지며 소원所願을 비는 모습 등은 TV 드라마 속에서만 보는 것이 아니라 가까이에 우리네 할머니, 어머

---

[29] 토템을 숭배하는 사회 체제 및 종교 형태. 심리적으로는 특정한 토템과 각 집단이 특수한 관계를 맺고 있다는 믿음을 가지고, 의례적으로는 토템에 대한 외경이나 금기로 표현되며, 사회적으로는 집단의 성원을 통합하는 힘이 되는 동시에 외혼제를 발생하기도 한다. 오스트레일리아, 멜라네시아, 폴리네시아, 인도, 아프리카 등지에 넓게 분포되어 있다.

[30] 7개의 조각으로 이루어진 정사각형의 도형을 이리저리 움직여 여러 가지 형상을 만드는 놀이.

니, 우리 자신만을 보더라도 쉽게 알 수 있다.

4. 神과 사주명리

1) 열두 동물과 십이신十二神

십간十干으로 불리는 열 개의 천간天干은 마치 천신天神과 같고, 열두 개의 십이지十二支는 지신地神과 같으며 이들 간지는 짝을 이루어 나가며 육십갑자를 이룬다. 특히 열두 지지는 십이신十二神 또는 십이신장十二神將 그리고 판수나 무당이 경을 욀 때 부르는 신장神將이 되기도 한다(신장은 십이신장의 상위어이다). 또한 십이신은 구나驅儺[31]에서 쥐, 소, 호랑이, 토끼, 용, 뱀, 말, 양, 잔나비, 닭, 개, 돼지 형상의 탈을 쓴 귀신貴臣을 쫓는 역할을 맡은 사람들이라고 한다.

열두 지지는 명리에서도 12신살神殺의 겁살劫煞, 재살災煞, 천살天煞, 지살地煞, 연살年煞, 월살月煞, 망신살亡身煞, 장성살將星煞, 반안살攀鞍煞, 역마살驛馬煞, 육해살六害煞, 화개살華蓋煞의 길 · 흉신을 적용하여 해석하고 있으며 열두 동물을 중심으로 삼재三災액운을 논하기도 한다.

삼재三災는 도병재刀兵災 · 질역재疾疫災 · 기근재飢饉災와 세계를 파계破戒하는 수재水災 · 화재火災 · 풍재風災가 있다. 사람에게 드는 삼재三災는 매년 드는 것이 아니다. 십이지十二支로 따져 들게 되는데, 巳酉丑이 든 해에 태

---

31) 음력 섣달그믐에 궁중은 물론 민가에서 마귀와 잡신을 쫓아내는 의미로 베풀던 의식.

어난 사람은 亥子丑이 되는 해에 삼재가 들고, 申子辰이 든 해에 태어난 사람은 寅卯辰이 되는 해에 삼재가 들며, 亥卯未가 든 해에 출생한 사람은 巳午未가 되는 해에 삼재가 들고, 寅午戌이 든 해에 출생한 사람은 申酉戌이 되는 해에 삼재가 든다. 따라서 사람은 9년마다 주기적으로 삼재년을 맞이하게 되는데,

삼재운三災運이 든 첫해를 '들삼재', 둘째 해를 '누울삼재', 셋째 해를 '날삼재'라 한다. 가장 불길한 삼재년은 들삼재이고, 그 다음 불길한 삼재년은 누울삼재·날삼재의 차례이다. 삼재액이 들면 그에 대한 예방법으로 『동국세시기東國歲時記』에서는 세 마리 매鷹를 그려 방문 위에 가로 댄 나무[門楣]에 붙인다고 하였다.[32]

풍속에서는 머리가 셋이고 몸뚱이가 하나인 매를 붉은 물감으로 그려 방문 위에 붙이거나, 삼재가 든 사람의 옷을 세 갈림길에 나가서 태우고 빌거나, 첫 호랑이날[初寅日]과 첫 말날[初午日]에 세 갈림길에 나가서 밥 세 그릇과 과실을 차리고 촛불을 켜놓고 빈다. 또한 정월 보름에 삼재가 든 사람의 버선본을 종이로 오려 대나무에 끼워 지붕의 용마루에 꽂아놓고 동쪽을 향해 일곱 번 절을 하거나, 달집 태울 때 자기 옷의 동정을 태우거나 삼재 부적符籍을 무당이나 경문쟁이[經文匠]로부터 받아 몸에 지니는 풍속이 있다.[33]

이와 같이 사주팔자를 이루는 열두 지지의 글자들은 여러 가지로 신神과 관련이 매우 많음을 볼 수 있다.

---

32) 한국민족문화대백과 2010, 한국학중앙연구원

33) 네이버, 한국민족문화대백과사전

2) 사주명리와 십신十神

그렇다. 인간은 자기능력으로 해결할 수 없는 것을 해결하기 위해, 무엇인가를 결정해야 하는 상황에서 어려울 때 신神을 부르게 된다. 무엇인가 하나만 있을 때는 선택할 필요가 없지만 하나 이상이 될 경우에는 반드시 선택의 기로에 놓이게 되고 그때 우리는 많은 방법론과 에너지를 가져다 사용하게 되는 것이다. 바로 이것이 인간이 신神을 불러서 사용한다는 의미로 볼 수 있다. 인간이 신神을 불러다 놓고 그에게 뜻을 물어보는 것! 바로 모든 만물에 혼령이 깃들어 있다는 정령精靈이다.

사주명리의 근간은 음양과 오행이다. 그러므로 사주를 해석할 때 가장 중요하게 다루는 것은 음양과 오행이다. 십간十干 십이지十二支가 결합된 육십갑자六十甲子라는 글자에게 음양과 오행신을 부여하여 상생상극의 상대성 원리에 따라 열 개의 십신十神으로 귀결시켰다.

즉 일간[나]을 중심으로 관계를 형성하는 열 개의 별이란 뜻으로 십성十星이라고도 하며 이는 정인, 편인, 비견, 겁재, 식신, 상관, 정재, 편재, 정관, 편관으로 십신十神 또는 육신六神이라고도 불린다.

이러한 사주명리학의 십신十神 또는 육신六神과 같은 신神의 세계를 이해하기 위하여 간단한 물리학 공부를 기억해 보자.

0차원은 점이다. 위치만 있고 길이, 넓이, 부피가 없다.
1차원은 점과 선이다. 길이가 있다. [선의 세계]
2차원은 평면도형이다. 면적이 있다. [평면의 세계]
3차원은 입체도형이다. 공간(부피)이 있다. [공간의 세계]

4차원은 공간+시간이다. 공간에 시간이 흐른다. [시공의 세계]

5차원은 인간이 아직은 이해할 수 없다.

인간의 세계는 3차원이다. 면적에 3층 높이의 집을 짓는 부피와 공간의 세계. 물론 우리가 사는 현재는 시간이 흐르고 있다. 그렇다고 시간을 타고 다른 세계로 이동할 수 없다. 그것은 4차원에서 가능하기에 신의 세계를 4차원으로 보는 것이다. 4차원은 과거세계나 미래세계 등 시간을 타고 다른 세계로 통할 수 있다. 우리 인간이 불러다 쓰는 신은 과거와 미래의 세계에서 오고 갈 수 있다는 말이다.

사주팔자에는 시공의 세계인 신神이 있다. 즉, 사주를 이루는 육신六神, 십신十神을 통하여 과거에 있었던 길흉관계나 다가올 미래시간에 대한 운명을 예측할 수 있는 것이다. 예컨대 60년을 살았어도 60년 전이라는 과거 출생시간을 육십갑자로 치환하여 과거와 미래를 해석하고 예측하는 사주는 바로 육신六神 또는 십신十神이라는 신神을 통해 설명되고 있는 것이다.

다른 측면에서 얘기하면, 사주명리학이라는 것은 신이 주신 개인 출생시점의 특정한 사주를 갖고, 신의 계획에 따라 시간을 타고 변화하는 우주에너지와의 상호간 영향력을 분석하여 개인의 과거와 현재, 미래를 알 수 있는 수단인 것이다. 이는 일반적 종교가 신의 계시啓示 등을 통한 신과의 직접적 교류를 하는 것과는 달리, 신이 주신 시간에 따른 상징을 인간의 능력으로 분석하는 방법으로써, 일정한 논리와 절차, 재현성을 갖고 있다는 측면에서 현대의 과학 프로세스와 유사한 방법이라고 볼 수 있다.

이와 같은 십신은 각자 독자적인 신의 특성과 성향이 있으며 사주 내의 타 육신과 형성된 간섭관계에서 기질과 작용력이 본래의 것에서 또 다르게 변화하고 나타나게 된다.

그러므로 우리는 십신十神의 각 글자마다 에너지를 불러 넣어 생극제화生剋制化로 이루어진 사주구조 내 십신十神의 각 에너지 흐름의 분석을 통해 길흉화복, 부귀, 성격, 직업정신, 미래 등을 해석할 수 있는 것이다.

전술하였듯이 결국 인간은 언제나 신과 함께 하고 있으며 자신의 상황에 따라 불러다 쓰며 살아가고 있다는 결론이다.

우리의 뇌腦는 자신에게 기억된 정보를 가지고 생각하고 판단하며 행동한다. 그리고 뇌의 정보는 언어와 문자를 통하여 입력된다. 그러나 우리가 알아야 할 매우 중요한 것은 바로 인간의 뇌는 정보를 에너지로 받는 기능이 있다는 것이다.

여기서 에너지는 바로 보이지 않는 '기氣=신神'을 말한다. 이와 같이 인간의 뇌는 정보를 신(神, 에너지)으로 받을 수 있으니 사주명리를 공부한 사람들은 육신六神, 십신十神으로 구성된 사주에서 당사자의 보이지 않는 미래에 대한 길흉관계나 성격, 숨겨진 재능, 적성 등을 분석해낼 수 있는 것이다. 나아가 뇌腦가 정보를 에너지로 받는 기능이 강한 사람일 경우 신기神氣가 강하고 직관력直觀力이 뛰어나거나 혹은 어느 순간 매우 초월적인 능력을 보이게 되는 경우가 있으며 이러한 점은 빙의憑依[34])에 대한 설명도 가능하다.

---

34) 사전적 의미로 ① 영혼이 옮겨 붙음 ② 몸이나 마음을 의지하다 이다. 종교적 측면에서는 일반적으로 '귀신들림', '귀신에 씌움'을 의미하는 것으로 다른 靈(영)이 들어온 것을 말한다. 이와 같은 빙의를 경험한 사람들은 특정한 때에 평소와 다르게 전혀 다른 사람처럼 말과 행동을 한다. 그러나 정신의학적 측면에서는 빙의현상을 개인이 가지고 있는 또 다른 자아인 다중성격적인 증상으로 진단한다. 이는 평소에 자제되어 있던 내재된 다른 인격이 표출되는 것이라고 함.

5. 天과 人

天門, 天文, 天運, 天命, 天性, 天才, 天福, 天氣, 天罰

위 단어들을 보듯 인간사에서 하늘을 말하지 않고는 그 무엇 하나도 근원을 담아낼 수가 없다. 그 인간사와 우주의 근원을 철학적으로 논의하거나 과학적으로 논의한다고 해도 그 원형은 언제나 천天이다.

천운天運은 하늘이 내리는 것을 말한다. 똑같이 노력했음에도 남들보다 더 큰 부를 이루거나, 남들처럼 작은 선행을 했을 뿐인데 때마침 이를 보게 된 기자가 '우리 사회의 숨은 인간미'라고 기사를 써서 언론에 화제가 되자 큰 공이 되어 표창을 받거나, 연구개발을 하다가 실수를 한 결과가 오히려 대박이 난다거나, 승진을 못할 것 같은 사람이 승진을 하거나, 복권에 당첨되거나 등등 일반적이고 객관적인 상황으로 결코 설명되지 않는 행운을 잡은 사람들에게 천복天福을 받았다고 한다.

동서양을 막론하고 절실하고 간절한 순간에 찾는 것은 하늘이다. 하늘이 굽어 살펴주길 바라고, 기적이 일어나게 해주길 바라고, 병이 낫게 해주길 바라고, 간절한 소원의 순간들과 막다른 순간순간에 인간은 모두 천天을 향한다.

우리의 머리 상부에는 정수精髓가 있다. 그 정수는 바로 천운이 들어오는 길이다. 아이가 태어나면 머리는 단단한 뼈로 뇌를 보호하는데 정수리는 한동안 열려 있다가 우주의 천기를 받고난 후 차츰 골이 차며 맨 나중에 닫힌다. 우리의 뇌는 언어와 문자로 정보를 받아들이고 다시 그 정보를 자기의 지적수준으로 가공하여 말하고 행동하고 하게 된다. 그것을 정보의 in-put과 out-put이라고 한다.

한편 놀라운 사실은 우리의 뇌가 정보를 에너지로 받는다는 것이다. 그렇게 에너지로 받아들인 정보는 언어와 다른 탁월한 직관력, 느낌, 창조와 생각하는 힘으로 정신적, 영적 능력이 된다. 그러므로 출생 및 성장과정에서 정보를 에너지로 받는 능력이 뛰어난 사람은 직관력과 통찰력이 우수하게 된다.

그러니 똑같이 공부를 해도 다르게 이해하거나 다르게 활용하고, 똑같은 소리를 듣고도 다른 해석을 한다. 예컨대 명리학습자들 중에도 뇌가 에너지를 정보로 받는 능력이 우수하여 직관력과 관찰력이 뛰어나 내담자의 여러 가지 모습을 보고 정보를 수집하여 상담을 잘하는 사람이 있고, 그렇지 못한 사람이 있게 된다.

명리학을 공부하거나 업業으로 삼는 사람들의 성향을 분류해 보면 크게는 일반명리적 사고와 과학명리적 사고의 차이로 분류된다. 그리고 물상론적인 사고와 특별한 종교적 사고를 갖기도 한다.

일반명리적 사고의 사람들은 명리 고전이론과 격국 시스템은 수용하되 디테일한 구조분석 중심보다는 운명론과 숙명론적인 관점으로 바라보고 근원적 논리에 접근해 해학적으로 말하고자 하며 삼재, 십이운성, 신살 등도 중요하게 생각하거나 적용하는 성향이다.

반면, 과학명리적 사고의 사람들은 명리이론의 규칙과 원리에 충실하고 사주를 구조적으로 분석하려는 성향이라서 격국과 용신의 체계를 매우 중요시한다. 그리고 명리이론의 학문과 사주팔자의 기능적 대상에 고독하게 몰입하고 예민하게 집중하여 새로운 가치를 발견하고 새로운 가치를 창조하게 된다.

물상론적인 성향의 사람들은 일반명리적 사고와 맞물려 있으면서도 인간의 자연환경에 대한 적응성향을 십이지 동물의 행동특징과 비교하여 해석하게 된다. 나아가 계절적 생태환경에 따른 생존경쟁 차원의 해석과 사물 및 동물의 형태, 행동 같은 자연현상 등을 사주에 적용하여 해석하는 성향이다.

그리고 종교적 사고가 강한 사람은 일반명리적 사고 및 물상론적 사고와 차이가 있는데, 자신의 정신적 영역의 상위에 믿음이라는 신화적인 대상을 설정하고 그를 숭배하며 절대적으로 믿는다. 믿음이란 과정 속에서 그의 계시에 따라 판단하거나 예측하고 해답을 구하는 것이다. 그러므로 자신이 설정한 각종 신화적인 대상을 현실화시킨 모형模型의 상像을 모시고 숭배하면서 고객들에게도 그 상을 숭배하게 하고 물질로 정성을 보이도록 하는 등 그 신의 힘을 빌려 자신의 뜻이나 목표를 이루고자 하는 것이다.

이와 같이 사주명리학은 우주가 인간에게 미치는 에너지 작용으로 이루어지는 타이밍 시스템과 인간人間과 천天과 신神의 메커니즘mechanism 관계를 연구하는 학문으로서, 특히 과학명리적 사고의 사람들이 연구하는 사주명리학이 과학성을 가지고 있음은 충분히 명쾌하다.

종교와 신체 이미지

우리는 자신의 신체를 얼마나 존중하고 신체의 가치관에 대하여 어떤 생각을 가지고 있는지, 신체 존중감과 신체 가치관에 대하여 생각해 본다.
먼저 종교를 통하여 알 수 있고 국가적 사상과 인종 간의 관습으로 알 수 있을 것이다.
한, 중, 일 삼국의 대학생 조사 결과 건강보다 외모에 가장 신경 쓰는 나라가 한국이다. 오직 예쁜 것만을 추구한다. (세계에서 가장 성형을 많이 하는 나라 - 남미, 한국)

* 기독교 : 영혼과 육신이 분리된다고 본다. 사후에 다시 부활에서 최후심판을 받기 위해 돌아와야 하기 때문에 신체가 훼손되지 않도록 매장을 한다.

* 불교 : 육신은 해탈하는 데 장해가 된다고 생각한다. 육신의 욕구를 억제하기 위해 참선하고 끊임없이 다스린다. 사후에 아무 필요 없는 육신은 화장시킨다.(다비식)

* 유교 : 육신은 조상과 부모가 준 것으로 내 몸이라도 내 마음대로 할 수 없다. 신체가 상하면 불효하는 것으로 간주되기에 성형수술도 안 된다. 몸은 그대로 자연으로 돌아가야 하므로 매장을 한다.

* 여호와의 증인 : 수혈도 안 된다.

* 천주교 : 임신을 하면 낙태를 시키지 않는다.

그리고 기독교가 사막의 나라 이스라엘, 불교도 사막의 나라 인도 등지에서 발전한 것과 같이 대부분의 종교는 피폐하고 척박한 토양의 인간사회에서 발생하는 것을 볼 수 있다.

PART 4

기후와 인간의 정서

1. 왜 지구에는 기후가 존재할까?
2. 위도, 경도와 기후
3. 기후와 인간생활
4. 기후와 사주

사주명리학은 규칙과 논리로 전개된다. 그러나 규칙에 집착하여 전체를 보지 못한다면 매우 불행한 일이다. 예컨대 사계절이라는 규칙이 있다 하지만 매년 겨울의 날씨가 다르고, 여름의 더위와 강수량도 다르다. 봄가을도 마찬가지다. 이와 같이 사계절이라는 규칙이 있더라도 기후와 온도, 강수량 등은 결코 일정하지 않다는 것이다. 사계절이라는 규칙은 지구의 자연 현상이다. 그러나 우주행성들의 규칙성으로 지구에 나타나는 현상이 사계절이다. 현상phenomenon은 규칙rule 자체가 아니기에 사계절의 온도나 강수량 등이 일정할 수가 없다. 이러한 함수관계적인 이치를 알지 못한 채 규칙만을 쫓는 것은 어리석은 것이다. 명리의 세계관은 우주와 맞닿은 광의의 이성이며 통찰이라는 점을 강조하고 싶다.

1. 왜 지구에는 기후가 존재할까?

우리가 살고 있는 지구별에는 기후氣候가 존재한다. 단순하게 말해서 춥거나 덥거나 춥지도 덥지도 않거나 사계절이 있거나 등이다. 그런데 왜 이러한 기후가 지구 내에 존재하여 모든 생명체들이 기후에 따라 탄생하거나 적응하고 살아가야 하나? 필자는 그 이유를 사주명리학의 탄생 근거가 되는 칠정사여七政四餘[35]에서 찾는다. 왜냐하면 지구의 존재는 칠정(태양과 달과 오행성)의 존재와 에너지가 지구의 존재를 유지하고 있으며, 그 칠정의 에너지 파장이 지구의 표면에 닿아 형성된 기운이 바로 우리가 살아가는 지구환경인 기후이기 때문이다.

사주명리학을 사계절 학문, 자연학 등이라고 표현하는 것은 이러한 지구 내의 환경이 주는 영향을 판단하는 것으로 이해할 수 있으나 그것은 협소한 표현이다. 사주명리학은 태양과 태양계의 행성이 지구에 미치는 영향으로 이루어진 학문이라고 해도 과언이 아니다. 왜냐하면 실제로 태양과 태양계 행성들이 지구에 미치는 영향이 절대적이기 때문이다.

지구의 기후에 영향을 미치는 천문학적인 원인으로는 태양의 활동변화, 지구 자전축自轉軸 경사의 변화, 지구 공전궤도의 이심률 변화와 세차운동 등이 있다. 태양 활동의 변화는 태양은 표면에 있는 흑점의 개수가 주기적으로 증가, 감소를 반복하여 지구 대기권에 태양풍, 태양복사 에너지 등을 통해 영향을 미치고 있다. 지구의 자전축 경사변화는 지구 자전축 기울기가 41,000년 주기로 증가, 감소하며 그로 인해 계절별 일사량이 변하고 나아가 기후가 변화한다는 것이다. 자전축이 기울어질수록 계절의 변화가 크다. 또 하나는 지구 공전궤도 이심률의 변화이다. 즉, 지구가 태양을 중심으로 공전을 하고 있는 타원 궤도의 찌그러진 정도를 이심률이라 하며, 이러한 찌그러짐 정도가 약 10만 년을 주기로 변화하여 지구기후에 영향을 미친다는

---

[35] 김미석(2014), '신살의 연원 및 재해석에 관한연구', 국제뇌교육종합대학원 박사학위논문, p.32. "운행의 변화 주체인 3원(垣)과 28개의 별자리인 28수(二十八宿)의 순서를 정하고 오성과 해, 달을 헤아린 하늘의 형상을 해석하는 것을 통해 과거와 현재를 가늠하여 미래의 길흉(吉凶)을 알 수 있는 것이다. 따라서 고대 동양에서의 천문이 가지는 의의는 단순히 천체를 실측하는 것을 넘어서 하늘의 현상을 인간사의 길흉과 관련지어 해석하는 즉, 점성학적(占星學的) 의미를 반드시 포함한다. 그리고 이에 연관된 학문이 바로 오성학(五星學)이며 이에 대한 이론이 칠정사여(七政四餘)이다."

것이다. 아울러 세차운동은 마치 팽이가 돌아갈 때 팽이의 중심에 붙어 있는 중심축이 고정되어 있지 않고 회전하듯이, 지구의 자전축이 약 26,000년을 주기로 회전함으로써, 계절에 영향을 미치고 기후에까지 영향을 미친다는 것이다.36)

달도 지구에 미치는 영향이 크다. 달이 밀물과 썰물에만 영향을 주는 것은 아니다. 보름달이 뜨면 고양이가 평소와는 다르게 불안해 하고 울음소리도 거칠어진다고 하는데, 실제로 보름달이 뜨면 응급실을 찾는 동물의 수가 고양이는 23%, 개는 28% 가량 늘며 원인은 주로 심장마비와 정신착란이라고 한다.37)

Science times에 의하면38) 뉴욕 대학의 월터 매니커Walter Menaker 박사는 뉴욕시민 50만 명의 출생 기록을 분석해본 결과 보름 전날부터 출생률이 증가해서 보름달이 뜰 때 최고를 기록하고 그 다음 날부터 출생률이 급격히 하락한다는 통계를 발표한 적도 있다.

동물들의 성행동 또한 달과 상관관계가 많다. 캘리포니아 연안에 보름이 되면 정어리가 알을 낳는다거나 홍해의 성게와 사모아의 연충들도 보름 등의 달과 관련하여 성행동을 보이고 있다.

미국의 정신과 의사 아놀드 리버Arnold Lieber 박사는 마이애미 데이드 카운티에서 15년간 일어난 살인사건을 분석해 보름달과 초승달이 뜰 때 살인사건이 가장 많이 발생했다는 사실을 발견했다. 이후 리버 박사는 달의 인력이 바다에 밀물과 썰물을 일으키듯이 사람의 인체에 있는 수분, 호르몬, 전해질 등에도 영향을 미칠 수 있다는 가설로 그 이유를 분석했다.

지구의 70%가 바다[水]이며 인체도 70%가 수분이니 의미 있는 주장이다.

---
36) 네이버 지식백과, 「과거의 기후, 지구 환경의 변화」(통합논술 개념어 사전, 2007. 12. 15. 청서출판).
37) 헤럴드경제 자매지 캠퍼스헤럴드, 박슬기 대학생기자.
38) Sciencetimes, November 29, 2015.

이밖에도 보름달이 뜰 때 자살이나 강력범죄 등의 사건발생률이 상승했다는 조사결과들이 많이 나타나 있다. 또한 식물의 성장에도 달의 영향이 미친다고 한다. 지구 표면에 미치는 달의 인력은 태양의 2배 이상이며, 바다의 조수간만에 미치는 거대한 힘이 작물과 모든 생명체에 엄청난 영향을 미치고 있다. 따라서 작물재배에 있어 1~15일을 생장의 단계로 15~30일을 발육의 단계로 보고 있다.[39]

이와 같이 태양과 태양계의 위성들이 태양의 주위를 돌면서 지구에 엄청난 영향을 미치게 된다는 것은 상식으로 알고 있는 사실이다. 옛날에는 천왕성, 해왕성의 위성은 태양의 주위를 1회전하는 데 84년 이상 되므로 인간이 일생을 사는 동안에는 그 미치는 영향이 크지 않다고 생각했고, 그래서 지구에서 사는 우리들 인생에게는 직접적인 영향을 주는 것은 5행성(水星, 金星, 火星, 木星, 土星)과 태양 그리고 지구의 위성인 달로서 7성七星이라고 보았다. 이 행성들이 지구를 중심으로 좌우로 둘러싸고 배치되어 태양계의 조화를 이루면서 영향을 주고 있다. 이러한 지구에서 사는 사람이 잉태하고, 출생할 당시에 7개의 행성들이 어떠한 위치에 있었으며, 그로 인하여 어떠한 별의 에너지를 받았는가를 연구하기 시작하여 출생년월일시로 풀어보는 것이 사주명리학인 것이다.[40]

그러나 현대과학으로는 태양과 달의 영향을 아직도 명확히 밝히지 못하고 있다. 다른 행성들의 영향은 더욱 증명하지 못하고 있다. 결국 인간은 현상으로 보여지는 태양과 달이 미치는 영향에 집중하였으나 지구의 공전축이나 자전축을 감안할 때 오성(수금화목토)의 보이지 않는 거대한 영향력 범주에 있는 것을 알 수 있다. 우리 태양계의 오행성에 대한 비밀을 밝히고 나

---

39) (사)한국포도회지, 2006년 가을호 회보.
40) 이목영(2014), 『사주명리학과 동양천문학의 만남』, 북랩, pp.84-85.

아가 지구에 미치는 영향을 구체적으로 알 수 있다면, 우리 명리학과 인류의 미래는 더욱 명확해질 것이라 생각된다.

　필자는 과거 자평명리학에서 계절과 기후를 논한 난강망欄江網을 이해하고 호기심이 침입하여 세계기후 분포에 따른 차이점을 알아보게 되었다. 그리고 지구촌의 한습寒濕하고 추운지방과 온열溫熱하고 더운 지방의 확연한 차이를 알게 되었다. 그 후 『사주심리치료학(2004)』을 출간하면서 한습하거나 난조한 지역 간의 경제활동, 문화발달의 차이와 사람들의 심리행동양식에 대하여 발표하였다.

　사계절에 입각한 사주명리의 이해와 활용도 중요하지만, 이제는 지구촌의 기후생태계와 환경, 문화, 경제, 스포츠 등 포괄적 이해와 함께 지구는 우주의 사이클과 맞닿아 존재하고 있다는 점까지 고려하는 폭넓은 사주명리의 이해가 필요하다.

2. 위도, 경도와 기후

　위도緯度는 경도經度와 함께 지구상에 있는 어떠한 지점의 위치를 나타내기 위한 좌표로서 동서 방향의 가로선 눈금으로 나타내며, 적도를 0도로 하여 남북으로 각각 평행하게 90등분하여 지구 표면을 재는 좌표이다. 북쪽으로 측정한 것을 북위北緯, 남쪽으로 측정한 것을 남위南緯라 한다. 북극점은 북위 90도이며 남극점은 남위 90도이다. 하여 양극兩極에 근접할수록 고위도高緯度라고 하고, 적도에 근접 할수록 저위도低緯度라고 한다.

　경도는 본초자오선本初子午線이 통과하는 영국의 그리니치 천문대를 중심으로 하여 지구를 세로선으로 각각 180도씩 나눈 것이다. 영국 그리니치 천문대를 기준인 0도로 하여 이곳으로부터 동쪽과 서쪽방향으로 등분하여 동경, 서경 등으로 표기를 한다. 0~360도까지 있는데 0도를 기준으로 동쪽 180도까지를 동경이라 하고 경도 15도마다 1시간씩 빨라지는 것으로 계산한다. 서쪽 180도까지를 서경이라 하고 15도마다 본초자오선 시간보다 1시간 늦다.[41]

우리나라의 중심부를 통과하는 중앙 경선은 동경 127.5도이나 불행하게도 표준시가 도입된 시기가 일제강점기였기 때문에 우리나라의 표준시는 동경 135도로 정하여 우리나라는 본초자오선이 통과하는 영국의 그리니치 천문대보다 9시간 빠르다. 이러한 시간대에 따른 세계 각 지역의 시간차를 시차라고 하는 것이다.

경도는 시간을 계산하는 중요한 기준이 된다. 사주는 출생시간을 기준 삼아 구성되므로 사주명리를 인간생활에 적극 활용하는 동양권의 나라들은 경도에 민감하지 않을 수 없다. 우리나라는 과거에 일본 표준시인 동경 135도를 기준으로 사주를 구성하였으나, 최근 사주명리 학자들은 우리나라의 중앙경선인 동경 127.5도를 기준으로 하여 사주를 구성하고 있다. 따라서 과거의 동경 135도 기준보다는 30분이 느린 시간으로 산정된다. 예컨대 자시子時는 23:00-01:00이 아닌 23:30-01:30기준으로, 丑時는 01:00-03:00가 아닌 01:30-03:30을 기준으로 한다.

위도는 지구 내의 기후를 주관하는 요인이 된다. 기후는 인간 생활에 영향을 미치는 가장 집적이고 중요한 환경을 제공한다. 기후를 구성하는 요소는 대체적으로 기온, 강수, 바람, 습도, 증발량 등이다. 이와 같은 기후요소는 위도, 고도, 격해도隔海度, 수륙분포, 기단氣團, 지형, 해류 등의 기후의 요

---

41) 네이버 지식백과, 「지도읽기와 이해 : 위도」(두산백과).

인에 따라 다르게 나타난다. 만약 다른 기후요인이 동일하다고 전제한다면 일반적으로 위도가 낮을수록 기온이 높고, 위도가 높을수록 기온이 낮다.

3. 기후와 인간생활

1) 기후와 신체 기능

인간의 몸은 기후에 대한 적응성을 가지고 있다. 그리고 이러한 적응성 때문에 연평균기온이 29도인 열대지방에서부터 영하 20도가 넘는 극한 지대에까지 생존이 가능하다. 우리는 우리가 살고 있는 기후에 따라 인간의 몸이 적응성을 통하여 어떻게 적응하였으며 그러한 적응이 신체적 특징으로 어떻게 나타나는지 여러 사례를 찾아볼 수 있다.

① 기후와 신진대사 新陳代謝

한랭한 기후에서의 생리적 순화로는 우선 신진대사의 수준이 상승함을 손꼽을 수 있다. 이누이트인의 체온은 열대 지방의 사람과 같지만 기초대사는 15~30%나 활발하다는 것이다. 또 손과 발에 흐르는 혈액의 양이 50~70% 가량이 많아서 추위를 이겨내기 쉽게 되어 있고 피부가 냉각된 후에 회복되는 속도도 매우 빠르다고 한다.[42]

---

42) 네이버 지식백과, 「인체와 기후」(기상백과).

열대기후에서의 생리적 순화는 다습한 지방과 건조한 지방이 다소 다르다. 기온이 높고 습기가 많은 곳에서는 땀이 잘 증발하지 않으므로 땀을 흘려서 열을 방출하는 효과가 낮아 체온이 높아지고 호흡이 빨라지는 등 신체에 악영향을 주게 된다. 그러나 고온 다습한 열대 기후에 순화되면 기초대사는 10~15% 낮아지고 혈압이 혈압계의 수은 기둥으로 볼 때 15~25mm 쯤 낮아지게 된다. 게다가 땀의 지방산 함유량이 증가하고 그에 따라 땀방울의 표면장력이 내려간다. 땀이 막의 형태로 되어 방울방울 맺힐 때보다 증발하기가 쉽게 되기 때문이다. 이러한 순화로 해서 체온은 상승하지 않고 혈압도 높아지지 않게 된다. 또 실제로 열대 지방에 사는 사람들의 땀샘 수가 추운지방의 사람들보다 많은 것은 그만큼 땀을 많이 흘려서 체온이 높아지는 것을 방지하기 때문이다.[43]

② 기후와 코鼻

코의 형태鼻型는 협비狹鼻, 중비中鼻, 광비廣鼻, 과광비過廣鼻로 나누어질 수 있다. 코의 형태는 그 지역의 기온과 습도에 따른 구조적 순화의 결과이다. 유로포이드형은 협비, 몽골로이드형은 중비, 니그로이드형은 광비, 니그로이드의 일부 종족에서 보이는 과광비가 된다.

이것은 호기呼氣는 항상 수분이 포화된 상태로서 습기를 대량으로 내보낼 수 있으나 흡기吸氣는 지역의 기후에 따라 결정되기 때문에 체내 수분 조절을 위해서는 비형의 형태적 적응을 하지 않으면 안 되기 때문이다.[44]

코는 공기조절장치air-conditioning plant로 기후가 건조하게 되면 점막으로 된

---

43) 네이버 지식백과, 「인체와 기후」(기상백과).

44) 宋成大(1994), 『文化地理學講義』, 法文社 pp.182-186.

비강벽이 말라서 건조한 공기가 폐포肺胞[45])에 닿아 여기서의 가스교환이 어렵게 되고, 또 흡입되는 분진을 흡착 배출시키지 못하기 때문에 대사작용의 장애로 항체온유지에 어렵게 된다. 따라서 이런 환경에서는 비공을 세장하게 해서 호흡구를 최소화하게 되면 동일한 둘레(길이)라도 세장의 형태일수록 호흡구의 면적은 작아지게 되고 여기에 비고를 높게 해주면 흡입되는 건조한 공기가 가습되는 데에 유리하게 된다.

한편 비공의 크기(면적)는 고온다습한 기후와 상관을 갖는데, 그 상관계수는 0.7w로 고온다습할수록 호흡구의 면적을 크게 하여 체내의 수분을 빨리 그리고 많이 배출토록 하여 호흡구가 원형이 되어가고 따라서 광비형이 되어가는 것이다.[46])

코의 모양은 높이보다는 폭이 기후의 영향을 많이 받는다. 저위도로 갈수록 코의 높이에 비해 폭이 넓어지고, 고위도로 갈수록 폭이 좁아진다. 이것은 열 방산과 비강鼻腔 내의 습도 유지를 위해 적응된 것이다. 즉, 더운 지방에서는 콧구멍이 넓고 밖으로 드러나 통풍이 잘되어 열 방출이 용이하고, 추운 지방 사람들은 콧구멍이 좁고 콧등이 높아 열 방출이 적다. 그래서 동양인의 대부분은 서양인들에 비해 코가 낮다.

사주에서도 금金기운이 강한 사람들은 그렇지 않은 사람에 비하여 코가 높은 것이 특징이다.

③ 기후와 피부색

인류의 피부색은 일반적으로 저위도로 갈수록 짙어진다. 피부색은 적도

---

45) pulmonary alveolus : 이산화탄소가 혈액에서 빠져나오고 산소가 혈액으로 들어가는 장소이다.
46) Mark R. Rosenzweig/Arnold L. Leiman저, 張鉉甲 譯(1987), 『生理心理學』, 교육과학사, p.419.

를 기준으로 북쪽, 혹은 남쪽으로 갈수록 그 색이 옅어지는 경향이 있다. 온난한 곳에 사는 지중해인은 피부와 모발의 색이 짙은데, 북유럽인의 피부색이 하얗게 밝은 것은 자외선이 적은 환경에 적응하기 위해 이것을 흡수하는 데 유리하도록 하기 위함이다.

북유럽의 한대지방(툰드라)에 살고 있는 북방계 몽골리안의 경우 추운 기후 특성상 두꺼운 옷을 입어야 한다. 이럴 경우 햇빛을 많이 쐬지 못해 비타민 D가 결핍될 수도 있기에 온몸을 두꺼운 방한복으로 감싼 상태에서도 햇빛을 받아 비타민 D를 흡수할 수 있는 지금의 피부색을 갖게 된 것이다.

반면 열대 지방처럼 더운 지역에 살고 있는 흑인종 즉 니그로이드는 강한 햇빛으로 인해 피부색이 짙고 더위에 강한 것을 볼 수 있다. 이는 검은 피부가 햇볕에 의해 타는 것을 막아 주고 피부암도 방지해 주기 때문이다.

저위도 지역은 자외선의 과다조사過多照射 지역으로 다른 곳에 비해 피부암, 백내장, 화상, 발한정지發汗停止 등의 외형적 증상과 체내에 칼슘과다증이 더 빈번하게 나타난다. 자외선 흡수가 과잉되면 과過 칼슘으로 인한 혈증이 발생해 폐, 위, 심장, 갑상선, 그리고 피부 등의 연부에 칼슘이 침착해 기관의 기능이 약화된다. 이들은 피부색뿐 아니라 눈과 모발까지도 검게 순화된다. 멜라닌 색소는 어느 인종에게나 있지만 온대지방에서는 계절에 따라 피부색이 변하며, 이 현상은 비타민 D의 생성량에 의해 결정되는 칼슘을 조절하려는 절묘한 인체의 생물학적 조응調應이다.

④ 기후와 체모體毛·모발毛髮

사람의 체모도 기후의 영향을 받는다. 고대에는 사람의 몸 전체에 상당량의 털이 나 있었는데, 그것은 의복이나 주거환경이 열악하고 심한 기후변동으로부터 신체를 보호, 적응하기 위한 순화였을 것으로 추측된다. 현대에도 한랭한 곳에 사는 북유럽이나 아이누족 등은 털이 길고 많으며, 따뜻한 장소에 사는 인종일수록 털이 적고 피부가 드러난 경향이 있다.

모발의 형태도 기후에 따라 달리 나타나는데 모발은 저위도로 갈수록 길이가 짧아지고 곱슬이 된다. 이는 자외선을 차단하고 발한을 촉진시킴으로서 모발 내에 함기량을 극대화시키고 통기성通氣性을 높이기 위해서다. 고위도로 올라가 유럽을 보면 대륙서안의 냉량다습하고 편서풍이 부는 기후 탓에 웨이브형인 파상모波狀毛가 된다. 또 아시아는 대륙동안의 한랭건조하고 바람이 약한 기후 탓에 직상모直狀毛가 된다.

한랭 환경의 자극이 있을 때는 입모근立毛筋이 수축해 머리털의 각도가 변하고 일어서게 되고, 이때 모발층의 두께는 단열재 구실을 하도록 함기량이 최대가 됨과 동시에 열방산은 최소화되어 항체온恒體溫 유지에 유리하다. 다시 말해 화기火氣가 강하면 곱슬머리 형태가 되고, 금수기金水氣가 많으면 직모가 된다고 볼 수 있다. 이는 기후와 관련된 모발의 관계이며, 사주에서는 아직 한난조습으로 인한 모발의 관계가 밝혀지지 않았지만 한의학에서는 머리가 곱슬머리일수록 몸에 열이 많다고 보고 있다. 그러나 부모가 곱슬머리인 사람은 자녀도 곱슬머리인 유전적 요인을 배제할 수 없다.

⑤ 기후와 신장身長 · 체중體重 · 안면顔面

기후가 한랭한 때는 키가 크고 체중이 많이 나가며 온난한 때는 키가 작았고 한랭한 기후보다 체중이 덜 나가는 경향을 보인다. 이것은 생태학의 법칙으로 설명할 수 있다.

신체 외부에 관한 버그만의 법칙Burgmann's Rule에서 우리 신체는 추운 기후일수록 체중이 더 비대해지는 경향이 있다고 가정한다. 형체가 유사한 두 신체를 비교해 보면, 비대한 쪽이 신체 크기의 단위당 외부 표면적이 작기 때문에, 한랭한 기후에서 체열유지를 비교적 잘할 수 있다고 주장한다.

알렌의 법칙Allen's Rule은 비교적 한랭한 지역에서는 외부 면적을 줄여 체열손실을 줄이는 효과를 유지하려고 사람들의 사지가 짧다고 주장한다. 이 법칙은 한랭한 기후에 생존하는 많은 동물들의 짧은 주둥이, 귀, 꼬리 등 생김새에서 알 수 있다. 이누이트들과 같이 한랭한 기후에서 사는 인간들 역시 비대한 신체에 비해 짧은 사지의 체형을 가지고 있다.[47]

저위도로 갈수록 신장이 작으며 체표면적이 넓고, 고위도로 갈수록 신장이 크고 체표면적이 좁다. 신장 같은 경우는 온도뿐 아니라 습도에도 영향을 받았다고 볼 수 있다. 그 예로 초원이나 고원에 사는 수단인이나 나일인은 장신이고 같은 흑인종이긴 해도 삼림에 사는 기니아인이나 콩고인은 키가 작은 것을 볼 수 있다.

또한 안면顔面도 저위도는 표면면적이 넓은 둥근형이고, 고위도로 갈수록 표면적이 적은 길쭉한 형으로 변한다.

사지四肢의 길이는 저위도로 갈수록 동체의 길이에 비해 길고, 고위도로 갈수록 동체의 길이에 비해 짧다. 이것은 저위도에서는 열 발산을 최대화시키기 위해 체표면적을 넓힌 것이고, 고위도로 갈수록 항체온恒體溫 유지를 위해 체표면적을 최소화하는 것이 유리하기 때문이다.

안면의 광대뼈 모양도 저위도로 갈수록 불거져 있고, 고위도로 갈수록 광대뼈가 없다. 사주에서도 상관傷官이 발달하거나 화기火氣가 많으면 광대뼈가 튀어나온 것과 일치하는 경향이 있다.

위와 같은 외형적으로 드러나는 인종 간 특징들 이외에도 신체 구조상 인종적 차이가 나타나는 경우도 있다.

예컨대 아프리카 흑인들은 겸상 적혈구 유전자를 대부분 가지고 있어 성

---

47) Dave Phillips(2000), 'Neanderthals are still Human' ICR, Impact No. 323 May 2000, ttp://www.icr.org/pubs/imp/imp-323.htm, 번역 : IT 사역위원회

인이 되기 전 일부가 사망하지만, 스웨덴인은 이러한 특질을 지니고 있지 않다. 이는 그러한 유전자로 인해 많은 아프리카의 사람들을 죽음으로 내모는 열대병 말라리아를 예방하는 역할을 하기 때문이다.

이외에도 안데스 인디언들이 유독 폐활량이 큰 것은 고산지대의 희박한 공기로부터 산소를 받아들이기 쉽기 때문이고, 북아시아 인의 눈이 가는 것은 추위와 눈의 반사로부터 눈을 보호하는 데 좋기 때문이다. 이와 같이 지역 및 기후에 따라 그 신체 구조상의 차이가 현저한 경우가 많다.

2) 기후와 행동심리

인간은 누구에게나 내적 심리가 존재한다. 이러한 심리는 행동을 낳고 때로는 밖으로 표출될 때도 있고 성격과 같은 심리 형태는 습관으로 형성되기도 한다. 문화에 따른 차이 없이 일정한 형태로 표출되는 심리들은 선천적인 것으로 보인다. 인간의 심리는 오랜 옛날부터 타인과의 관계, 인간의 생활, 경험 등에 의해 진화적으로 형성된 것으로 보인다. 따라서 누구나 인과관계에 의한 일정한 방식으로 인간의 심리가 나타난다고 볼 수 있다.

심리를 하나의 행동으로만 연결지을 수는 없지만 대부분은 주어진 상황과 심리표출의 연속 속에서 인간의 심리를 파악해야 한다. 아울러 이러한 행동과 심리를 이해하기 위해서는 음양오행의 영향과 함께 기후의 영향 등을 알아야 한다.

기후는 사람의 성격과 심리에도 영향을 주어 사회를 구성하는 사람의 성격과 행동이 달라지게 해서 문화, 문명의 내용이나 그 사회의 짜임새나 발달에 영향을 끼치게 된다. 추운 지역에서 살아가는 사람들은 햇빛이 약하고 기온이 낮기 때문에 정적이고 이론적이며 과묵하고 인내심이 많고 사색적이며 근면하고 부지런한 경향이 있다. 추운 북방인들의 사고체계는 사색적, 분석적, 탐색적, 내밀성이 기조를 이루게 된다. 또한 추운 북방인들은 자연의 혜택을 상대적으로 덜 받아 부족한 식량문제를 해결해야 하므로 자연스럽게 강인하고 정복자적인 기질을 가지고 있다.

반면 따뜻한 지역에서 살아가는 사람들은 햇빛이 강하고 밝고 기온이 높기 때문에 성격도 밝고 율동적이며 명랑하지만 식량이 풍족하여 별다른 노력을 기울이지 않아도 되므로 게으른 성격이 형성되는 경향이 있다. 일반적으로 따뜻한 저위도 지방의 남방인들은 고온에 명광明光의 혜택에 힘입어 궁핍이 덜한 삶을 살 수 있으므로 나태함을 보인다.

이를테면 북유럽인의 기질적 특징은 아폴론형의 점액질로 근면, 인내, 둔감, 과묵, 냉정, 이성 등으로 표현되고 남유럽인은 디오니소스형의 다혈질로 나태, 다변, 민감, 쾌활, 다언, 감성 등으로 표현된다.

더운 지방에 사는 사람은 화火의 특성이, 추운 지방에 사는 사람들은 수水의 특성이 나타난다. 흔히 '두한족열頭寒足熱'이라는 말이 있다. 이것은 정신이라고 표현할 수 있는 두뇌활동과 기상, 기후와의 관계가 있음을 시사하는 것으로 기온이 냉량할 때 두뇌활동이 적절하다는 것을 가리키는 말이다. 오행으로 보아도 상체부위는 목화木火에 해당해 열을 식힐 필요가 있고, 하체는 금수金水에 해당해 열이 필요한 것과 일치하는 말이다.

3) 기후와 정서 문화

① 한습寒濕 지역의 정서 문화

기후가 한습하면 정적이고 이론적이다. 따라서 고위도 지역의 사람들은 실내공간에서 사색을 통해 발현하는 예술 집약적 구성력이 발달하게 된다. 이러한 사고력 체계는 분석적, 탐색적, 내밀성을 바탕으로 한 음악, 작곡, 그림, 분석 철학, 경제이론, 물리학, 사상이론, 건축공법 등의 심층적인 이론의 탄생과 발전에 유리하게 작용한다. 따라서 북서유럽에서 세계적인 사상가, 철학자, 심리학자, 음악가, 작곡가 등이 배출되었다.

지동설을 주장한 폴란드의 천문학자 코페르니쿠스, 영국의 계몽사상가 로크, 미생물을 발견한 네덜란드의 현미경학자 레벤후크, 근대 이론과학의 선구자인 영국의 물리학자 뉴턴, 프랑스의 계몽사상가 루소, 영국의 경제학자로 고전 경제학의 창시자인 애덤 스미스, 마르크스주의를 창시한 독일의 경제학자 카알 마르크스, 유전 법칙을 발견한 오스트리아의 유전학자 멘델, X-선을 발견한 독일의 물리학자 뢴트겐, 증기 기관을 발명한 영국의 기계 기술자 와트, 영국의 세계적인 극작가인 셰익스피어, 낭만파 음악의 창시자이자 고전파 음악을 완성한 독일의 작곡가 베토벤 등은 인류문명 발전에 기념비적인 업적을 남긴 대표적인 북유럽 출신의 인물들이다.

또한 밤은 정적이며 인간의 활동을 제약하고 고요하다. 추위와 어둠 등의 요인으로 인간의 외부활동이 제약을 받으면 자연스럽게 실내 활동이 증가하게 된다. 따라서 밤 시간이 길면 생각하고 사색하는 시간이 많은 것을 의미하고 이를 글로 남기면 저술활동이 된다. 실제로 겨울에 춥고 밤 시간이 긴 북극권 지역에서 세계적인 철학자, 물리학자, 수학자, 화학자, 음악가, 미술가 등이 배출되었다.

② 온난溫暖 지역의 정서 문화

기후가 온난하면 동적이고 실천적이며 개방화된 생활패턴을 가지게 된다. 주로 실외에서 인간과의 직접적 사교에 의한 리듬에 맞춰져 있다 보니 정서가 타인 지향적이며 행복지수를 고조시키는 대중문화가 발전하게 된다. 열광적이며 쾌락적인 성향으로 자유분방한 테크닉을 구현하는 스포츠, 무용, 유흥, 오락 등의 분야에서 두각을 보인다. 남부 유럽, 남미, 아프리카 지역의 사람들이 스포츠에 능하고 현란한 율동의 춤을 잘 추는 것은 이러한 기후적 요인이 작용했기 때문이다.

단거리 육상종목의 세계 정상급선수들은 흑인들이며, 그 이유는 대부분 열대기후 출신으로서 선천적으로 유연성과 순발력이 뛰어나기 때문이다. 중미 아메리카 카리브해 연안에 위치하여 열대기후에 속하는 인구 280만 명에 불과한 자메이카는 단거리 육상의 최강국이다. 글래스고대와 서인도대의 공동연구 결과에 따르면 선천적인 조건이 절대적이다. 이 대학들은 자메이카 육상선수를 대상으로 조사한 결과, 200여 명 선수 중 70% 이상이 근육 이완과 수축을 빨리 일으키는 '액티넨A'라는 특이 유전자를 가지고 있음을 밝혀냈다. 그러나 호주 선수들을 조사한 결과 그 유전자를 가지고 있는 선수는 단 30%에 불과했다. 이처럼 자메이카 선수들의 폭발적인 스퍼트가 근육 이완과 수축이 빠를수록 더 큰 힘을 발휘할 수 있어 타 지역선수보다 유리하다는 분석이다.[48]

남부 유럽, 남미, 아프리카 등 저위도지역은 현란한 율동의 춤과 음악으로 유명하다. 스페인 민속춤인 플라밍고는 빠르고 경쾌한 음악에 맞춰 화려한 의상의 집시들이 손을 옆으로 세우고 손뼉을 치며 발을 구르는 동작으로 이루어진다. 역시 스페인 민속춤인 '살사'는 정열적인 라틴댄스로 건전하고 율동감이 넘치는 춤이며 파소도블레도 스페인에서 유래되었고 기본 스텝은 행진곡 형식이며 대중적이며 투우를 묘사한 라틴댄스의 꽃이라 할 수 있다. 훌라댄스Hula Dance는 하와이에서 남성에 의한 민속춤으로 애초에는 종교예

---

48) 매일경제(2008.08.19.), '자메이카·케냐 육상 왜 강한가?'

식의 일부로서 신이나 왕에게 받치는 신성한 춤이었다. 룸바Rumba는 쿠바의 토인들로부터 시작한 민속무용이다. 태국의 대중민속춤인 람-옹Ram-Wong은 드럼의 흥겨운 리듬에 맞춰 친목도모에 이용되는 오락춤으로 젊은 남녀들이 함께 추는 전통 공연예술이다.

4) 기후 지역과 정서 풍토

① 열대기후 지역의 정서 풍토

- ▶ 열대우림지역 – 아마존강 유역, 뉴기니아, 말레이 반도, 콩고 분지
- ▶ 열대몬순지역 – 필리핀 북부, 인도 남서부, 기니아만 연안, 브라질 동해안
- ▶ 사바나지역 – 사막과 열대 우림의 중간 지역

고온다습한 지역의 습한 기운은 더위보다 인간이 참기 어려운 요소이며 더위와 습기가 합쳐져 폭풍, 홍수, 태풍 등은 인간이 대항할 수 있는 것이 아니라고 인식하여 인간을 자연에 대항하지 않고 순응하게 만들었다. 그러나 풍부한 동·식물의 분포로 자연의 혜택이 많아 먹거리를 얻는 데 어려움이 없었다. 따라서 자연에 순종적이며, 인간관계도 투쟁적이지 않고 편안한 관계를 유지하는 성격이기도 하나 나태하고 게으른 경향이 뚜렷하다.

더운 지방에 사는 사람들은 火의 특성이 나타나는데 동적이고 기교적인 사교성이 보이는 특징들이 있다.

풍토 심리학자는 헤르더는 "몬순지역(특히 동남아시아)의 사람들은 격정에 타오르며 항상 흥분하고 있는 상태의 단조로움이 있다. 이 넘치는 힘을 움직일 수 있다면 거기에 당연히 눈부신 발전이 있을 것이다. 그러나 이 지

역에는 문화적 발전이 없었다"고 했는데, 이것은 인간이 자연에 대항해 갈 때 인간의 지혜가 발현되며 문화 발전의 원동력이 된다고 보지만 자연에 순응적인 형들이므로 두뇌활동이 부족하여 문화의 발전이 별로 없었다고 보는 것이다.

헌팅톤E. Huntington은 그의 저서 『문명과 기후』에서 기후변화와 기후가 인류사회에 미치는 영향에 대해 지리학적으로 접근, 인간 활동에 바람직한 기후란 1년간에 저기압이 20회 내외로 통과하는 기후로 매월의 평균기온이 4~8℃의 범위에서 변화하고 습도는 70% 이하라고 보고 있다.[49] 이러한 기후가 인간의 정신활동에 미치는 자극이 문명 향상의 원동력이라 보았다.

이것은 두뇌활동과 기상, 기후가 연관이 있음을 시사한다. 덥고 습한 지역의 문화적 발전이 더디다는 것을 암시하기도 한다.

② 건조기후 지역의 정서풍토

▶ 사막지역 - 아프리카 사하라, 칼라하리 아라비아 몽골의 고비 등
▶ 스텝지역 - 시나이반도, 메소포타미아 등

건조지역의 생활은 물을 구하는 생활이다. 연 강수량이 500㎖를 넘기 힘든 지역으로 건기는 길고 우기는 짧다.

특히 스텝기후는 농사를 짓기에는 부적합하고 초원이 발달되어 주로 목축업을 한다. 유목생활은 초원이 있는 지역을 따라 수시로 이동하고 기온과 강수량 등의 기후조건에 따라 식량의 확보 정도가 심하게 나타나는데 이는 주민의 기질로도 연결된다. 즉, 식량사정이 늘 불안정하기 때문에 식량 확

---

[49] 네이버 지식백과, 「살아있는 지리 교과서, 기후 문명에게 말하다」(학생백과).

보를 위해 도둑질이나 침략을 쉽게 하는 경향이 있다.

건조지역 사람들은 자연을 '죽음의 위협'으로 생각하고 자연이 물의 은혜를 준다고는 여기지 않기에 열대지역 사람처럼 자연에 순응하는 삶이 아닌 능동적으로 자연 속에 공격해 들어가 자연으로부터 약간의 노획물을 얻는 것으로 생각한다. 따라서 이 지역사람들의 정서적 특징은 인간에 대해서도 대항적이고 전투적인 경향을 보이는데 기후조건이 좋은 지역으로 진출하려는 정복자적 기질을 가지고 있다.

또한 자연을 위협적으로 여기기에 개인으로써 삶은 힘들다고 여겨 공동체 형성이 이루어지는데 공동체에 대한 절대적 복종과 타 종족에 대한 배타적이고 전투적인 성격이 나타난다.

이것은 종교에서도 성격이 나타나 절대자에 의존하는 성향이 강했고 기독교, 이슬람교 등의 종교가 탄생한 배경이기도 하다.

③ 온대기후 지역의 정서풍토

- ▶ 온대기후지역 – 여름 고온다우, 겨울 건조한 기후. 중국의 화남, 타이완, 인도 북부, 남아프리카 등

벼의 2모작이 가능한 지역으로 기후조건이 좋아 농업생산력이 높다. 식량사정이 풍부하므로 자연에 순응하고 평화롭고 부지런한 생활 패턴을 가지고 있으며, 역사적으로 수많은 침략을 받음으로 인해 방어적 기질을 가지고 있다.

- ▶ 온대습윤기후지역 – 여름 고온 다습, 겨울 춥고 건조한 기후. 우리나라, 중국, 일본, 미국 동부, 남아메리카 팜파 등

4계절이 뚜렷하여 기후에 대한 적응성이 뛰어나 해외이주가 활발한 특성이 있다. 특히 동아시아는 사주명리학이 탄생하고 발전한 지역이다.

▶ 지중해성 기후 – 여름은 기온이 높고 건조하여 건조기후에 가깝다. 겨울은 온난하고 다소 습윤한 지역. 지중해 연안, 남아프리카 남단, 미국의 캘리포니아, 칠레 중부 등
▶ 서안해양성 기후 – 기온의 연교차가 적고 여름에는 무덥지 않고 겨울은 온난하다. 서유럽의 독일, 프랑스, 영국, 스웨덴, 네덜란드, 벨기에, 캐나다 서해안 등.

위도 40~60도의 고위도에 위치한 대륙의 서해안지역이다. 인구밀도가 높고 생활수준이 높아 세계 유수의 문명과 문화지역으로 수많은 과학자, 철학자, 의학자 법학자 정치학자 등을 배출하였으며, 각종 스포츠를 하기도 좋아 스포츠 스타도 많이 배출하였다.

4. 기후와 사주

1) 위도, 경도와 사주

현재, 위도는 시간을 주관하지 않으므로 출생시간에 제외되어 사주구성에 적용하지 않게 되어 있다. 따라서 경도에 해당하는 동일 출생일시간에 태어날 경우 위도와는 상관없이 사주는 모두 동일하게 구성된다. 이때 위도에 따라 차이나는 기후(온도)의 요인은 고려되지 않으므로 사주해석은 모두 동일할 수 있다. 실제는 경도時間에 따라 같은 사주라도 위도의 차이로 기후

는 많이 차이 나게 되어 있다. 즉, 열대지방의 여름 출생 사주와 북극지방의 여름 출생 사주는 같을 지라도 기후의 차이는 분명히 다르다는 것이다.

이러한 문제는 두 가지로 생각해 볼 수 있다. 첫째 사주는 기후와는 큰 관계 없이 출생연월일시에 따라 구성되는 육십갑자의 음양오행 분포로 분석하는 것이라는 점이다. 즉, 태양과 달 그리고 水金火木土의 행성 별들이 인간에게 미치는 영향이 중요하다면 위도는 크게 문제될 것이 없다. 그리고 둘째로 인간은 물론이고 지구 내 모든 생명체들은 기후와 풍토의 영향을 받지 않을 수 없다는 사실이다. 특히 인간은 기후환경에 따라 신체발달, 정서, 행동심리의 차이가 있고, 사회, 경제활동 정치, 문화 등의 환경적인 발달도 차이가 있으므로 경도에 따라 구성된 사주분석이 위도가 주관하는 기후가 적용이 안 된 사주분석이라면 취약점이 있게 된다는 것이다.

그러므로 경도와 위도 이 두 가지를 모두 적용할 수 있는 방법은 더 연구되어야 할 필요가 있다. 다만 현재 동양권에서 사주분석에 적용하고 있는 조후이론은 사계절에 해당하는 출생 월에 따라 기후적 자연론에 접근시켜 설명하므로 어느 정도 그 타당성이 분명하다. 하지만 지구 내 위도의 차이를 대변하여 논의하기에는 분명 역부족이다.

2) 기후와 난강망爛江網

자평명리학의 발전에 지대한 영향을 끼친 책들 중에서 가장 핵심적인 저술서는 『자평진전子平眞詮』과 『적천수滴天髓』 그리고 『난강망爛江網』이다. 이 저서들은 사주 간명방법의 특징이 각각 다르다. 그 각각의 특징들은 사주를 감정하는 데 모두 중요한 역할을 하고 있으므로 자평명리를 공부하는 사람들은 누구나 입을 모아 3대 보서寶書라고 하는 것이다.

서락오徐樂吾가 평주評註한 심효첨沈孝瞻 원저原著의 『자평진전子平眞詮』은 "팔자의 용신은 오로지 월령에서 찾는다", "일간이 월령과 동일한 건록격과 월겁격은 본신은 용신으로 삼을 수 없고 월지 밖에서 용신을 찾는다"고 주장하며 월령에서 이루어지는 격국법을 중요시 한다. 또한 4길신은 순용하고 4흉신은 역용하는 법에 중점을 두었으며 성패成敗를 중요시 하였다.

『적천수』의 간명법은 먼저 〈형상장形象章〉 이하에서 형상기국形象氣局을 말하고 있고, 다음 〈팔격장八格章〉 중에 "재성과 관성, 인수는 편정으로 나누고 식신과 상관을 아울러 논하면 팔격이 정해진다"[50]고 하며 격국을 논하고 있으나 오행의 편중된 기세를 중요시하여 4종격從格 등을 논하고 있다.

『난강망欄江網』은 필사본筆寫本으로 흩어져 있었기에 언제 누가 집필했는지 잘 모른다. 청대 초기 강희제[1662-1722] 때 일관의 손에 입수되어 조화원약造化元鑰[51]이라 했다.

명나라 시대의 여춘태余春台가 필사본을 수집해서 『궁통보감窮通寶鑑』이라는 책으로 편집한 후 현재까지 전해지며 자연과 계절의 이치를 담고 있다. 즉, 십간십이지十干十二支의 환경이 되는 월령을 중심으로 한난조습寒暖燥濕의 조후용신을 적용하여 사주를 기후학적으로 추명하는 데 크게 기여하였다. 『궁통보감』도 체용體用에 중점을 둔다는 것이 『자평진전』과 공통점이나 『궁통보감』은 환경環境과 시간적時間的 개념에 직관되는 통변술通辯術이다.

---

50) 구경회(2013), 『적천수강해』 팔격장 "財官印綬分偏正 兼論食傷八格定", 동학사, p.23.
51) 구중회(2010), 『한국명리학의 역사적연구』, 국학자료원, p.183.

서락오가 주장한 5가지 용신법에는 억부抑扶, 통관通關, 병약病藥, 조후調候, 전왕專旺이 있는데 그중 하나가 조후용신調候用神법이다. 실제 동양권의 사계절이 뚜렷한 지역 국가들은 사주명리를 사계절 학문이라고 불릴 만큼 사계절의 자연론과 상당히 연관지어 해석하였다.

즉, 사주의 조후란 기후를 조절하는 것을 말하는 것으로 한습寒濕과 조열燥熱로 나누어진다. 대체로 金水는 차고 木火는 따듯하다. 한습한 기후는 음성적으로 사주가 대부분 金水로 이루어져 있으며 서늘하고 추운 기운이 많아 균형을 잃게 되며, 木火나 火土로만 이루어진 사주일 경우 덥고 조열한 기운으로 陰陽의 배합이 어그러지게 된다. 기후의 균형을 이루기 위해서 한습할 때는 따뜻한 五行을 보충하고, 난조할 때는 차가운 五行을 보충하는 조후용신이 필요하게 된다.[52]

金水한랭의 사주는 金氣와 水의 기운으로 치우쳐 오행이 중화를 이루지 못하고 일신에 고난이 많고 건강에 결함을 갖게 되며, 화염토조火炎土燥한 사주 또한 火氣가 태왕하여 마치 땅에 습기가 없는 것과 같이 매사 결실을 맺지 못하게 된다. 조후의 불균형은 평생을 통해 여러 가지 질병과 재난으로 나타날 수 있으며, 목적한 바를 이루기 어렵고 쉽게 뜻이 꺾이게 된다. 사주가 냉하고 습하면 정적이고 고독하고 비애스럽고 우울증과 공포증, 불안의식 등의 정서적 특성을 보이며, 조열한 사주는 기억력 쇠퇴, 정서불안, 적개심 등의 정서적 특성을 보인다.[53]

사주의 조후가 한습이나 난조로 중화를 잃게 될 경우 일이 잘 풀리기 어렵고 질병에 시달리는 등 고초를 겪게 된다는 견해들이 대부분으로, 재난과 병이 많은 사람이 정서적으로 안정적이고 행복할 수 없다는 것은 자명한 일

---

52) 이성우(2008), '사주가 개인의 정서적 안녕에 미치는 영향, 경기대학교국제문화대학원 석사학위논문, pp.13-15.
53) 김기승(2005), 『사주심리치료학』, 창해

일 것이다. 일반적으로 한습한 사주가 우울과 같은 부적정서negative affect; 負的情緒를 경험할 가능성이 많은 것으로 말하고 있으나 사주에서 조후의 중화가 깨어짐으로 인해 다양한 스트레스에 노출되고 이러한 스트레스로 인해 개인이 불안해지고 우울해지며, 감정의 조절에 어려움을 겪게 되는 결과를 초래할 가능성이 많다고 보아야 할 것이다. 따라서 조후의 중화가 깨어진 한습조열의 사주는 모두 중화된 사주에 비해 더 우울하고 불안의 수준도 높아지기 쉬울 것으로 보인다.[54]

기후는 인간의 삶 속에서 심리적인 문제에 많은 영향을 주고 있다. 밤의 길이가 짧아지는 가을겨울에는 날씨가 흐려서 햇빛을 받지 못하면 인간의 심리는 우울해진다. 이와 같은 심리적 현상을 계절성 우울증, 또는 계절성 정서 장애seasonal affective disorder, SAD라고 한다. 어두운 시간이 증가되며 뇌腦가 화학적 변화를 느끼는 것이 원인일 것으로 본다. 이 또한 햇빛과 어둠이라는 음양의 문제이다.

3) 사례분석

① 한습한 사주의 특징

한습寒濕한 구조의 명조에서 많이 나타나는 예가 금수한랭金水寒冷의 사주이다. 단지 습함만이 아니라 오행이 '金水'로만 이루어져 있으니 꽁꽁 얼어 냉기가 감도는 것을 말하는 것으로 이런 사주는 일점 태양을 볼 수 없으니 나무가 자랄 수 없다. 즉, 생산은 하되 결과를 얻지 못하는 것과 같으므

---

[54] 이성우(2008), 앞의 논문.

로 배우자나 자식과 인연이 없으며, 고독하고 비애스럽거나 편협한 삶이 될 수 있다. 또는 음천하여 서비스 계통 등에 종사하게 된다는 것이 일반적인 이론이다.

평균적으로 그런 삶의 확률이 높게 나타나고 있는 것은 사실이지만, 그렇지 않고 가정을 거느리며 훌륭한 작가나 심리학자 또는 의학, 종교, 철학 등 다방면에서 성공한 예들도 종종 볼 수 있다.

이를 정신적인 측면에서 본 심리구조는 다음과 같다.

내면지향적 사고로 사물의 관점, 사고계의 정보수집 방법에 있어서 사물의 이면성과 내면적 접근을 취한다. 따라서 현실적 원거리 사고로 정신적 이상향을 추구하게 된다.

나타나는 현상으로는 사색적이며 분석적이고 이상세계의 신비성을 접할 수 있으며, 직관력이나 예지력이 뛰어나다. 한 곳에 정착을 싫어하며, 변덕스럽고 쉽게 포기하는 형이다. 성공과는 상관없이 총명하고, 고독하고 비애스럽다. 자신의 감정을 쉽게 노출시키고, 혼자 생활하는 것을 즐기나 외로우며, 권모술수에 능한 현상으로 나타난다.

건강과 관련해서는 우울증, 과민증세, 사지신경통, 공포증, 불안의식, 심장기능 저하, 근육위축증, 시력장애, 신체의 왜소, 호흡기와 기관지, 신장 및 혈압관계에 병리적 측면으로 나타난다.

⊙ 스티븐 호킹

時	日	月	年
壬	辛	辛	辛
辰	酉	丑	巳

스티븐 호킹 박사는 천재적인 영국의 우주물리학자이다. 그는 근육위축증이라는 악성 질병에 시달리면서도 비상한 두뇌 작용을 현실적 과학에 활용하였는데, 한랭한 사주의 특성인 질병을 안고 있으며 총명을 바탕으로 하는 직관력이 필요한 우주의 신비를 탐구하는 면을 보였다.

직업적 측면에서는 종교계, 임상병리학, 무속인, 역학계, 간호사, 정신과, 유흥업, 서비스업에 종사한다. 대체로 한습한 사주는 요식업계 종사 등 저급한 직업과 한직의 전문성에 많이 종사하게 된다.

⊙ 故 박재완 선생

時	日	月	年
丁	乙	甲	癸
亥	亥	子	卯

⊙ 故 박재현 선생

時	日	月	年
癸	丁	戊	乙
酉	卯	子	亥

한국 역학계에 이름을 남긴 두 분의 사주이다. 공히 子月생으로 사주가 한랭한 것이 특징으로 박재완 선생은 『명리요강』, 『명리사전』, 『명리실관』 등 저술서를 남겼고, 박재현 선생은 저술서적은 없으나, '박도사'라는 별칭이 말해주듯 사주 감정에 탁월한 예지력을 발휘했었다.

금수한랭金水寒冷은 사주구성이 金水의 기운으로 인해 한랭한 사주를 말하는 것으로 사색적이고 분석적인 면과 직관력이 뛰어난 점에서 공통점을 보이는 대표적인 예이다.

```
時 日 月 年
己 辛 癸 壬
丑 酉 丑 寅

丁戊己庚辛壬
未申酉戌亥子
```

위 사주는 辛金이 丑月에 태어났으나 사주 내에 火氣가 하나도 없고 壬癸 水가 투간하여, 엄동설한에 서릿발이 중중하다. 기세를 따라 종從한다고 해도 이미 엄동설한에 꽁꽁 얼었으니 발복하기 어려워 고난을 면하기 어렵다. 대운마저 서북방으로 흘러 일찍 결혼을 했으나 남편은 객사를 하고, 신을 접하여 무속인으로 전전하는 사람의 사주이다. 금수한랭 사주에서는 무속인이 많은 것도 볼 수 있다.

② 조열한 사주의 특징

조열燥熱한 사주 중에는 대부분 화염토조火炎土燥한 명이 많다. 화염토조 火炎土燥란 火氣가 태왕하여 땅이 마르고 갈라진다는 것을 의미한다. 무릇 땅은 습기濕氣가 있어야 씨앗이 배양되며 초목이 뿌리를 내리고 잎을 내고 꽃을 피워 결실을 맺지만, 메마르고 갈라진 땅에서는 아무런 소득을 낼 수 없기 때문이다.

이런 사주는 재물이 모아지지 않고 부모와 배우자 운도 없으니 종교계로 귀의하는 경우가 많다는 것으로 알려져 있다. 하지만 모든 사람이 다 자녀를 양육하는 면에 손색이 없는 경우도 있으므로 단편적으로 치부하는 것은 큰 잘못이다. 또한 종격從格은 종한 것으로 성격과 파격을 판단해야 하며,

이에 따른 연구가 더 필요함을 말해주고자 한다.

이를 정신적인 측면에서 본 심리구조는 다음과 같다.

심리구조상 정서순환이 되지 않는 것이 특징이다. 그 때문에 호환적이거나 공생심리와 공감기능이 떨어진다. 정신분열과 조울증적 증후가 잠복하고 있다. 사회성이 낮으며, 집단생활이 어렵다.

나타나는 현상으로는 동적이며, 기교적인 사교성을 가지며, 이기적이고 지기를 싫어한다. 꼼꼼히 따지고 손해 보는 일에는 인색하며, 타인과의 관계 속에 있기를 원한다. 지구력과 협동심, 근로의지 결여, 경쟁력, 기획력, 비현실성이 나타나고, 자신의 감정을 은폐하며, 무상심을 동경한다. 조급함과 강박증에 사로잡히고, 내면의 자아독립심이 강하다. 불의에 대한 반발이 강하고 부정적인 생각이 들 경우 타협을 하지 않는 현상으로 나타난다.

⊙ 불의와 타협 않은 故 김두한

時	日	月	年
己	辛	戊	戊
丑	丑	午	午

위 사주는 辛金일간이 午月에 생한 중 金水가 투간되지 않고 火土가 중중하여 조열하다. 일지와 시지의 丑土가 조열함을 겨우 면하고 있으나 그의 성정은 불의에 대한 반발이 강하였고, 이기적이며, 지기를 싫어한 면이 두드러진다. 그리하여 왜적의 틈에서 주먹세계를 평정하고 시대의 영웅으로 탄생하였으나 알고 보면 그는 비운의 인생이었다. 정치깡패로 국회의원에 당선되었으나 국회 내에서 오물을 뿌리는 비현실성을 보이기도 했다.

⊙ 그레고르 멘델

時 日 月 年
乙 丁 丁 壬
巳 未 未 午

乙 甲 癸 壬 辛 庚 己 戊
卯 寅 丑 子 亥 戌 酉 申

위 사주는 丁火일간이 丁未月에 생하고 사주가 화염火焰한 상태이다. 연간의 壬水는 丁壬合으로 化하였다. 火土從旺格으로 설기함을 기뻐하는 사주인데, 火土從旺格은 정신세계가 강하여 불가佛家 등으로 귀의하기도 하고 과학자나 발명가가 되기도 한다. 위 사주의 주인공인 멘델은 1856년부터 교회 뒤뜰에서 완두로 유전에 관한 실험을 하여, 7년 뒤에 멘델의 법칙을 발견했다. 이후 1865년 브륀의 자연과학협회 정기회의에서 논문 '식물의 잡종에 관한 실험'을 발표하였으나 당시에는 학계로부터 인정과 이해를 받지 못했다. 金水 기신忌神 대운으로 향했기 때문이라는 생각이다.

⊙ 불가에 귀의한 사주

時 日 月 年
壬 戊 庚 丁
戌 午 戌 巳

癸 甲 乙 丙 丁 戊 己
卯 辰 巳 午 未 申 酉

위 사주는 지지가 火土로 이루어져 燥熱함이 극을 이루고 있다. 시간 壬水가 있으나 일점 뿌리가 없어 증발되었고, 월간 庚金으로 조후하려 하나 감당하기 어려운 형국이다. 초년 戊申대운은 부모덕에 유복하였으나 丁未대운에서 재산을 모두 탕진하고 丙午 대운에 庚金이 녹으니 생사의 귀로에서 간신히 몸을 추슬러 불가에 귀의했다는 옛 사람의 사주이다.

PART 5

과학적 사고와 음양오행

1. 음과 양
2. 오행의 이해와 작용
3. 자연현상과 음양오행의 논의
4. 음양오행의 부피와 운동

1. 음과 양

음양陰陽은 우주가 분화하면서 탄생되었다고 볼 수 있으며 두 기氣(가스와 먼지)의 축에 의해 우주가 탄생되었음을 설명할 수 있다.

스티븐 호킹Stephen W. Hawking 박사도 그의 저서 『시간의 역사』에서 최초의 대폭발로 우주가 시작되었고, 이와 함께 시간도 시작되었다고 밝힌 바 있다. 즉, 우주의 탄생은 곧 음(어둠)과 양(태양)이라는 시간과 공간의 탄생이며, 두 요소는 알의 흰자와 노른자처럼 생명체가 존재할 수 있는 핵과 원소로[55] 진화되었다. 그 후 두 핵의 분화과정에서 파생된 물질들이 우주로 흩어지며 별들이 된 것이다.

그중에서 다섯 개의 행성들은 지구와 근접한 거리를 유지하고 있으며 각기 목, 화, 토, 금, 수라는 오기五氣와 질質로 이루어진 세상의 모든 만물을 생장시킨 요소이다. 이처럼 우주의 별에서 오는 기氣를 받았기 때문에 인류라는 생명체도 존재할 수 있었으며, 음(어둠)과 양(태양)의 적당한 영향력(온도)과 오행성 기운에 힘입어 인간은 지구상의 생명체 가운데 우수하게 진

---

[55] Stephen W. Hawking저, 전대호 역(2006), 『시간의 역사』, 까치.

화할 수 있게 되었다.[56] 이처럼 음양이 인류의 진화에 생존환경으로 기후와 관련되어 절대적인 영향을 끼쳤다고 본다.

본 장에서는 음양오행 에너지의 공존共存과 불확정성원리不確定性原理, 상대성원리相對性原理에 대하여 소고하여 보고자 한다. 옳고 그름이 아닌 다소 주관적일지언정 과학적 사고를 통하여 음양오행의 기질적 작용과 균형과 변화의 속성을 살펴본다.

동양의 음양론은 서양의 초끈이론super-string theory과 유사한 가정을 내포하고 있다. 즉, 우주를 이루는 물질들은 입자粒子덩어리가 아니라 아주 작은 진동하는 끈으로 음陰과 양陽이라는 대립되는 기운에 의해 생성生成 소멸消滅된다는 해석과 유사성이 높다. 그 진동하며 우주를 이루는 끈의 크기는 거의 0에 가까운 10^{-31}cm 라고 한다.

이와 같은 유형有形과 무형無形의 공존, 즉 음陰과 양陽은 동시성同時性의 원리에서 출발한다. 더욱 구체적으로 빅뱅이론의 호킹 박사는 블랙홀에 대한 연구로 무에서 우주가 탄생했다는 것을 입증하였고, 이에 반대되는 개념인 화이트홀에 대한 가정을 이끌어 냈다.

우주의 기운과 음양, 그리고 오행은 인간의 삶을 주도하는 가장 핵심적인 원리임이 분명하다. 그러나 모든 학문의 근원이 그렇듯 음양과 오행도 이를 명쾌하게 증명하거나 설명할 수 있는 방법론적인 문제는 여전히 남게 되는 것이니 명리학문의 과정에는 과학적 사고와 철학적 사고가 모두 필요하게 된다.

---

56) 김배성(2006),「사주심리와 인간경영」, p.44.

〈닐스보어[57]의 상보성의 원리〉

양자세계의 이중성을 설명하는 상보성의 원리

기사작위를 받은 닐스 보어의 문장. 상보성의 원리를 태극으로 표현하였다.

닐스 보어가 불확적성원리를 해명하기 위해 도입한 상보성 원리(Complementarity Principle)는 원자를 구성하는 양성자나 전자와 같은 입자는 파동과 입자와 같이 전혀 다른 두 가지 성질을 가지지만 원자를 구성하는 입자들과 관계된 현상을 완전히 기술해 내는 데에는 두 가지 성질 모두가 필요하다는 이론이다. 빛은 간섭이나 회절과 같은 실험에서는 파동의 성질을 보여주고, 광전효과 실험에서는 입자의 성질을 나타낸다. 그러나 한 가지 실험에서 두 가지 성질이 동시에 나타나지는 않는다. 전자나 양성자와 같은 입자들도 같은 성질을 가진다는 것이 확인되었으며, 닐스 보어는 빛이나 입자들이 가지는 이러한 이중성을 상보성 원리로 정리하였다.

1) 음양陰陽의 우주론

음양의 우주론을 이야기하기 위해서는 본질과 현상에 대한 동서양의 접근 방식을 돌아볼 필요가 있다. 서양西洋은 현상의 관찰을 통해서 그 이면에 있는 원리를 찾아 본질本質을 이해하는 방식으로 인간의 사유를 발전시켜 왔고, 그 방식을 우리는 과학科學이라 한다. 이는 기본적으로 귀납적歸納的인 방식이며, 세상의 본질을 조망하기 위해서 벽돌을 하나씩 쌓아 올려 바벨탑을 구축하는 것과 같은 방식이다. 반면, 동양東洋의 사유는 본질에 대한 개념을 바탕으로 현상을 이해하는 방식이다. 과거 어떠한 시기에 우주의 에너지와 교감交感한 위대한 한 인간의 통찰通察이 그 시대에 맞는 언어言語로 본질에 대한 개념을 정립하고, 그 개념에 의해 세상 만물인 현상을 해석

---

57) 닐스 헨리크 다비드 보어(Niels Henrik David Bohr, 1885-1962). 원자구조의 이해와 양자역학의 성립에 기여한 공로로 1922년 노벨물리학상을 수상한 덴마크의 물리학자이다.

하고, 이해하고, 활용한다. 이는 연역적演繹的인 방식이며, 세상의 현상을 조 망하기 위해 하늘에서 내려온 동아줄을 타고 보는 것과 같은 것으로 비유할 수 있다.

동양은 본질을 기氣로, 본질의 나툼(물질화 된 것)인 현상을 질質로 통찰하였으며, 또 다른 표현으로 기氣를 양陽으로, 질質을 음陰으로 표현하였다. 그러므로 기는 본질이며 양이며, 반면 질은 현상이며 음이다. 기(본질, 양)와 질(현상, 음)은 다르지만 같은 것이며, 기(본질, 양)가 없이는 질(현상, 음)이 존재할 수 없으며, 그 반대도 마찬가지이다. 기(본질, 양)는 질(현상, 음)과의 상호 전환을 통해 이 세상을 생성하고, 유지하고, 변화시키며, 또한 발전시킨다. 기질의 변화 발전의 방식을 동양의 통찰은 오행五行으로 표현하였으며, 이에 대해서는 다음의 관련 장에서 다루도록 한다.

기원전에 이미 주역으로 정리되어 동양 사상에 뿌리 깊이 박혀 수천 년을 이어온 기질(음양, 본질과 현상)의 사상은 아이러니하게도 20세기 초에 서양 과학에 의해 본의 아니게 과학이라는 수단으로 증명을 받게 되는데, 미시세계의 원리를 밝힌 하이젠베르크의 불확정성의 원리와 거시세계의 원리를 밝힌 아인슈타인의 상대성원리가 어떻게 음양사상을 증명하는지 살펴보도록 하자.

독일의 물리학자 하이젠베르크Werner Heisenberg[1901~1976]의 불확정성의 원리Uncertainty Principle는 입자의 위치와 운동량에 대한 원리로 불연속적인 물리량을 가지는 입자를 파동함수로 다루고, 그 결과를 수학적 확률로 해석하는 물리학이다. 원자 단위 이하의 미시세계에서 입자는 입자인 동시에 파동이라는 것인데, 입자의 성질이 확연해질 때, 입자의 특징인 위치정보는 구체화 되지만, 그에 상응해서 파동적인 성질인 운동량(에너지)은 측정하기가 어려워진다는 것이다. 역으로 운동량을 정확히 측정하려고 한다면 입자의 특징인 위치정보를 알기가 어려워진다는 것이다. 입자를 현상계에 나툰 [58] 질이라고 본다면, 운동량으로 표현되는 에너지는 기로 표현할 수 있다. 빅뱅의 초기 에너지는 우주 내에서 입자로의 생성과 파동으로의 소멸을 거듭하며, 질과 기의 세계를 순환하는데, 20세기 초에 이미 증명된 미시세계의 이러한 기괴한 현상은 뉴턴 역학의 현실 세계(입자의 세계, 즉 질의 세계)를 사는 대다수의 (서양) 인간들에게 현상 너머의 본질(기)에 대한 의문을 제기하게 되었다. 이에 대한 동양의 통찰은 고대부터 질과 기의 상호전환, 즉, 기질의 개념으로 인식하고 있었던 것이고, 불확정성원리는 미시세계에서의 기질의 문제, 즉 음양의 개념을 설명한 원리인 것이다.

불확정성의 원리가 미시세계의 원리를 밝힌 것이라면, 아인슈타인Albert Einstein[1879~1955]이 제창한 상대성 이론은 일반 세계(뉴턴 세계)를 포함한 거시 우주를 설명하는 이론으로, $E=mc^2$라는 공식을 도출해 내었다. 이 공식이 의미하는 바는 에너지와 질량(물질)은 서로 호환되는데, 그 관계가 공식과 같다는 것이며, 이는 질량인 물질(질)과 에너지(기)가 다른 모습의 같은 존재라는 것을 말한다. 이 또한 동양에서 일찌감치 인식한 기질, 음양의 개념인 것이다. 좀 더 자세히 살펴보자.

우주에는 모든 것을 빨아들이고 사라지게 하는 진공청소기와 같은 역할을 하는 블랙홀black hole[59]이 있다. 반대로 내뿜는 역할을 하는 것이 있을 거라는 가설로 나온 이론이 화이트홀White hole[60]이다.

화이트홀은 사상의 지평선으로부터 블랙홀과 달리 물체를 뱉어내는 원

---

58) 나툰 : 발현된, 현상으로 나타난, 인간이 인식할 수 있는 형체를 갖춘 등의 뜻을 가진 불교용어.

59) [천문] 질량이 아주 큰 별이 진화의 마지막 단계에서 자체 중력에 의해 스스로 붕괴되어 강력하게 수축함으로써 엄청난 밀도와 중력을 갖게 된 천체. 주변의 다른 천체를 끌어들인다고 한다.(우리모두의 백과사전).

60) 모든 것을 빨아들이는 블랙홀에 반하여 모든 것을 내놓기만 하는 천체를 말하며 아직까지 이론적으로만 존재할 뿐 직접 혹은 간접적인 방법으로 그 존재가 증명되지는 않았다.(네이버 지식백과).

천으로서 행동한다는 것이다. 즉, 화이트홀은 웜홀worm hole[61](아인슈타인-로젠의 다리) 때문에 블랙홀의 반대개념으로 생겨난 이론상의 천체天體이다. 다시 말해서 블랙홀이 모든 에너지와 물질을 집어삼키면 빨려 들어간 이런 물질이 웜홀을 통해 반대편으로 다시 빠져 나와야 한다는 생각에서 생겨난 것이 화이트홀이다. 우주의 천체가 생성되는 곳을 의미한다.

이것은 음양의 속성이 어우러진 것으로 음이 있어야 양이 존재할 수 있으며 양이 있음으로 음이 존재할 수 있다는 음양陰陽이론과 같으며 아인슈타인의 시간과 공간에 대한 상대성이론theory of relativity, 相對性理論에서 나온 내용이다.

아인슈타인 물리학적 해석인 상대성이론을 보자.

$E = mc^2$

이 공식에서 E는 에너지, m은 질량, c는 상수(광속)를 말한다.

이는 곧 에너지가 곧 질량이라는 것을 의미한다. 눈에 보이지 않는 것이 에너지(무형)이며 눈에 보이는 것은 유형(질량)이라는 것이다. 이는 눈에 보이지 않는 것이 곧 보이는 것이고, 실제 눈으로 볼 수 있는 것이 곧 보이지 않는 것이라는 우주변화의 원리 속 대자연의 순환법칙에 대한 철학적 의미를 담아내고 있으며, 거시세계에서의 음양사상을 증명하는 것이다.

음양은 그 입자粒子의 크기가 0의 상태로서 유, 무형으로 존재하면서 유형에서 무형으로 무형에서 유형으로 끊임없이 순환하는 동안 우주가 존재한다고 볼 수 있는 것이다.

---

61) [천문] 블랙홀(black hole)과 화이트홀(white hole)로 연결된 우주 내의 통로.(위키백과)

그러므로 음양陰陽은 곧 거대한 에너지가 균형을 유지하며 두 축을 이루고 무한한 변화變化와 조화, 여기에 창조創造를 주관하고 있는 무형 유형의 존재이며 또 시간과 공간 그 자체인 것이다.

그렇다면 경계나 끝이 없는 시간과 공간은 하나인가 아니면 둘로 나누어져 있나?

종교적 관점에서 음양사상을 살펴보자. 다음은 불경佛經 중 반야심경般若心經에 나오는 말이다.

색즉시공色卽是空 공즉시색空卽是色

색色은 보이는 것이고, 공空은 보이지 않는 것을 의미한다. 즉, '보이는 것은 곧 보이지 않는 것이고', '보이지 않는 것은 곧 보이는 것이다'는 것으로써 보이는 색色은 공간空間이고, 보이지 않는 공空은 시간時間이 된다. 이 논리는 아인슈타인의 상대성이론에서 시간과 공간에 대한 물리이론으로 증명되고 있으니 깨달음을 가진 부처의 이와 같은 시공에 대한 우주통찰력은 놀랍지 않을 수 없다.

다음은 성경聖經 창세기 1장 3절~4절에 나오는 말이다.

"하나님이 가라사대 빛이 있으라 하시매 빛이 있었고 그 빛이 하나님의 보시기에 좋았더라 하나님이 빛과 어두움을 나누사 빛을 낮이라 칭하시고 어두움을 밤이라 칭하시니라"

천지창조 이래 빛과 어둠에 대하여 최초로 나오는 말이다.

빛이 양이고 어둠이 음이라고 볼 때, 빛과 어둠은 눈으로 볼 수 있는 것이지만 그 형체가 없으며, 비로소 어둠이 있어야 빛이 있고 빛이 있어야 어둠이 있을 수 있는 것이다.

빛과 어둠, 시공간 … 모두 상대성이론으로 증명되는 것이며 음양이론과 동일한 것이다. 음양은 무형과 유형으로 끊임없는 변화를 주관하고 우주를 존재시키고 있음이다.

태양계를 중심으로 하는 사주명리四柱命理의 입장에서 생각해보자.

태양의 입장에서는 태양이 양陽이고 태양으로부터 3번째 별인 지구는 멀리서 빛을 받고 있는 음陰일 것이다. 지구 입장에서 보면 지구는 양이고 지구를 돌고 있는 달은 음이 되는 것이다. 지구 중심에서 본다면 광활한 육지가 양이 되고 바다가 음이 된다. 기후 상으로 더운 지역은 양이고 추운지역은 음이다. 경위도經緯度상 사계절이 뚜렷한 나라들은 봄여름이 양이고 가을겨울이 음이다.

태양계에 있어서 하루와 일주일의 순환, 매월과 매년의 순환 그 자체는 무형無形과 유형有形, 시간時間과 공간空間의 음양 변화의 주체가 되고 순환의 연속성을 나타내며 존재하는 우주이다. 지구 내에 존재하는 우리 인간과 수많은 생명체들은 오직 그 변화를 수용하고 적응하면서 살아간다.

변화變化 : Change

우주변화의 커다란 섹터를 인간의 입장에서 간략하게 논해보자. 하루라는 시간, 즉 태양이 뜨고 지는 동안에 나타나는 변화는 환경의 변화, 마음의 변화, 생각의 변화, 활동의 변화, 행동의 변화 등이 일어나고 있다. 인간은 물론 지구촌의 모든 생명체들은 생존을 위한 전략적 변화 속에서 그 나름대로의 생존과 삶이라는 여정을 수행하게 된다. 음양이라는 것은 세상의 존재 存在이다. 그리고 우주변화의 원리이자 우주질서에 해당하며 오행五行과 더불어 지구별에 살고 있는 인간의 생명체로부터 일상생활 속에까지 깊숙이 관여하고 있다.

◉ 음양은 변화하지만 평등하다.
음이 영원히 음이 아니며 양도 영원한 양이 아니다.
여성의 남성화, 남성의 여성화로 인하여 평등을 이룬다.

◉ 음양은 공존하며 소멸과 생성한다.
음과 양은 언제 어디서든 공존하지 않으면 존재할 수 없다.
음이 죽으며 양이 생하고, 양이 죽으며 음이 생한다.

2) 水昇火降과 인체의 원리

災 : 재앙 재

음양의 원리와 이치를 위의 '재앙 재' 자가 대표하고 있다. 火는 치솟는 성질이고 水는 하강하는 성질로 음양이 위와 아래로 치우치면 결국 재앙이 일어난다는 의미다. 그러니 水氣는 위로 火氣는 아래로 내려 균형을 이루게 해야 평화롭고 건강하다.

자연론으로 보면 모든 음에 해당하는 수水는 오르게 된다. 태양의 기운에 의하여 水는 위로 증발하고 대기에 머물다가 수증기가 응집 팽창하여 비가 되어 내린다. 자연에 비를 골고루 내려주는 이치는 생명체가 살아갈 수 있도록 하는 이치이다.

태양太陽의 기운은 대지에 내려 땅을 덥히고 싹을 틔우며 성장을 도모한다. 양의 기운이 내리지 않으면 대지는 얼어붙고 초목과 동물들의 생명체는 활동이 중지되거나 죽음에 이르게 된다.

양의 기운은 오르는 성분이고 음의 기운은 가라앉는 성분이다. 木은 하늘을 보고 위로 자라고 火는 위로 치솟는 양의 기운이며, 金은 땅속에 저장되고 내려앉는 성분이고 水는 아래로 내리며 지하로 흐르는 음의 기운이다. 이와 같이 음양은 언제나 오르고 내리는 성분이니 인체에서도 아래로 내려가는 陰음의 기질을 가진 수水는 올라가야 되고, 위로 솟구치기 쉬운 화火기운은 아래로 내려가서 음양陰陽의 회전이 잘 되어야 상하기운이 조화를 이루어 우리 인간의 몸은 건강하게 된다.

인체의 조화를 보면 자궁子宮 속에서 처음 생명이 만들어지는 순간 100%의 수분으로 된 생명체였다가 태어나는 순간 아기는 90%의 水分을 소유하고 성장하는 동안 지구의 바다와 육지 비율인 7:3의 水分을 지니고 살아가게 된다.

水分이 많은 어린아이들일수록 얼굴과 몸에 물이 가득하여 촉촉하고 탄력이 있으나 나이가 들수록 수분이 줄어들어 피부가 거칠어지거나 주름이 진다. 그리고 더욱 늙어가면서 수분이 50% 이하가 되면 온 몸이 심하게 주름지고 병들어 죽게 된다.

또 한편 어린아이 때는 수승화강水昇火降이 잘되니 발에 화火기운이 가득하므로 맨발로도 하루 종일 뛰어다니며, 청년기에는 火의 기운은 몸의 중심부로 옮겨와서 성性에 눈을 뜨고, 성인이 되면 가슴으로 화火의 기운이 올라와 드디어 사랑을 알고 가슴이 뜨거워진다. 40~50대가 되면 화火기운이 입으로 올라가 수다가 늘어나고 말하기를 더 좋아하는 것이며, 화火기운이 눈으로 올라온 노인들은 말도 잘 안하고 째려보고 눈에 힘만 주며 살게 된다. 그러다 수水기운도 빠져나가고 화기운도 뇌腦를 지나 빠져나가면서 세상을 떠나게 된다. 이와 같이 세상의 모든 이치는 음양陰陽의 조화造化라고 해도 과언이 아닌 것이다.

지구의 모든 생명체와 음양을 대변하는 수화水火의 기운은 한결같이 그 조화를 요구하고 있다. 생명체가 적응해야 할 환경에도 수화水火의 조화는 절대적으로 필요하고 인간의 생명에도 수화水火의 조화는 절대적이다.

한편 음양은 강약의 문제도 있게 된다. 강자가 있으면 항상 그 상대적으로 약자가 있다. 강자는 양陽이고 약자는 음陰이다. 모든 동물은 생존경쟁 속에서 그 나름대로 천적이 있음으로써 약육강식弱肉強食의 꼬리에 꼬리를 물고 돌아가는 동안 종족 번식을 하여 유전자를 이어간다. 이것이 음양陰陽의 이치이다.

▶ 몸의 열기는 80%가 정수리로 빠져나가기 때문에 발을 따뜻하게 하려면 모자를 쓰는 것이 양말을 신는 것보다 더 효과적이다.

3) 水와 火의 작용

水는 저장, 火는 소모시키는 역할을 한다. 水는 씨앗을 냉동하여 저장하고 火는 그 씨앗을 움트게 하듯이 水는 응집시키고 火는 발산시키는 것이다. 강이나 호수는 물론 바다 속에 어마어마한 생명체들이 살아가고 있으며, 만물은 태양이나 빛으로 그 형태가 분산되고 소모된다.

오행 水는 생명과학을 담당하고 있으며 火는 우주와 전자통신과학을 담당한다. 과학은 새로운 가치를 창조하는 것이다. 水는 기존의 생명체나 물질 등에 유전자를 변이시켜 그동안 치료할 수 없었던 질병의 신약 등을 개발하고 또는 수확량이 많고 맛있는 곡식이나 채소, 과일 등과 동물을 생산해 낸다. 火는 기존의 응집된 체계를 빛과 열로서 변화시켜 그동안 볼 수 없었던 것을 보는 영상시스템이나 레이저 등으로 치료할 수 없었던 질병을 치료하고 여러 가지 시스템이나 도구 등을 만들어내는 것이다.

그러나 水火는 다른 역할을 담당할 뿐 공존하는 것이다. 水가 생명과학을 담당하는 동안 火가 그 상대적 역할을 해주고 있으며, 火가 전자통신과학을 담당하는 동안 水가 그 상대적 역할을 해준다. 각각 상대적 역할이 없이는 과학은 이루어질 수도 존재할 수도 없다.

水火는 음양陰陽을 대표하는 공존과 동시성의 오행이며 생명탄생과 가장 관련이 깊다. 그리고 천간오행은 극하는 관계에서 음양의 합을 이룬다. 즉, 甲己合, 乙庚合, 丙辛合, 丁壬合, 戊癸合과 같이 剋하는 오행과 합이 이루어진다.

오행으로 보면 水는 火를 剋하는 것이지만 천간합중에 水와 火의 합인 丁壬합은 생명의 근원인 물[壬]이 아주 차가운 상태에서 불[丁]을 만나 새로운 생명체 木을 탄생시키는 원리를 설명해 주는 天干合이다. 水火의 기질을 논하여 보자.

① 水의 기질

水와 모습		水의 조화
고체	얼음	• 水는 변화무쌍하다. 고요하다가 흐르고 증발하고 고체로 변한다.
	수증기	• 다정하나 냉소적이고, 때론 굳어서 두 번 다시 움직이지 않는다.
기체	뜨거움	• 들떠서 자유롭다가도 기분이 급 다운되어 의기소침 해진다.
액체	차거움	• 펄펄 끓다가 식어서 조용히 가다 차갑게 얼어붙기도 한다.
	시원함	• 얼어 있다가 갑자기 火가 오면 기체가 되어 날아다니기도 한다.

가. 水는 생명의 근원

- 정자와 난자가 처음 만난 수정체는 100%의 물로 이루어진다.
- 어디서든 물이 있는 곳에는 생명체가 탄생하고 생존하게 된다.
- 동물, 식물 등 살아있는 모든 생명체는 水가 있어야 가능하다.
- 음양의 시작이 水이고 오행 탄생의 시작도 水이다.
- 태극무늬도 수화는 각기 水는 火의 씨를 火는 水의 씨를 갖고 있다.
- 여자의 몸에도 남성호르몬이 남자의 몸에도 여성호르몬이 흐른다.
- 동지冬至에서 一陽이 시작, 하지夏至에서 一陰이 다시 시작된다.

나. 사주상담에 적용되는 水의 기질

- 水는 항상 수평이고 평형감각을 유지한다(귀먹으면 잘 넘어짐).
- 사주에 水가 없거나 부족한 사람은 평상심을 갖기 어렵다.
- 모든 성장과정을 알고 있는 씨앗은 모두 물로 구성되었다.
- 물은 인간사에 재물에 해당한다. 그러므로 욕심과 관련이 있다.
- 사주에 水가 많은 사람은 욕심이 많다. 水가 적은 사람은 욕심이 적다.
- 탐욕이 생기면 눈에 눈물이 고이고 침이 꼴깍 넘어간다. 군침이 돈다.
- 사주에 水가 많으면 성적 욕구가 강하다.
- 봄의 水는 인기, 여름의 水는 홍수와 가뭄으로 굴곡이 많고, 가을의 水는 청하나 쓸모가 떨어짐, 겨울의 水는 타이밍에 문제가 있다.

다. 장단점

[장점]

- 총명하고 대처능력과 정보력이 우수하다. 흐르는 성질
- 화가 나거나 열을 받았을 때 물을 마셔야 진정되는 이유다.

- 물은 강한 접착성과 응집력이 있다. 종이를 물로 접착시킨다.
- 미세한 틈에도 스며드는 침투력의 성질이 강하다. 삼투압현상.
- 담기는 모양에 따라 그대로 변하는 적응력이 뛰어나다.

[단점]
- 水는 침투하고 가라앉는 성질로 속을 알기 어렵다.
- 집요하게 달라붙는 기질과 스파이 기질이 있다.
- 계절에 따른 水의 기질은 매우 다르게 나타나므로 변덕스럽다.
- 비밀스럽고 엉큼한 면이 있다.
- 물이 많으면 망설임이 많고 일을 화끈하게 추진하지 못한다.
- 감수성에 예민하고 지나치게 감성적이다.

라. 水와 계절적 사고

寅卯辰 月(액체) : 생산성 문제 – 지지 金 · 水 필요
        가치 있는 소모가 되니 에너지 고갈의 문제가 있다.

巳午未 月(기체) : 존립성 문제 – 간지 金 · 水 필요
        가치는 높으나 존재할 능력의 문제가 있다.

申酉戌 月(액체) : 활용성 문제 – 천간 木 · 火 필요
        가을의 수는 활용성이 없을 수 있다.

亥子丑 月(고체) : 타이밍 문제 – 천간 木 · 火 필요
        흐르는 속도가 느리거나 정지되는 속도 문제다.

② 火의 기질

火와 모습		火의 조화
열 빛 자원	폭발력 전 기 화 력 뜨거움 따듯함	• 火는 성냥, 화약, 전기, 초, 석유등의 물질자원으로 존재한다. • 빛과 전기, 전파 등의 밝음과 세상의 속도를 주관한다. • 열, 화력, 원자력 등의 에너지로 모든 환경을 변화시킨다. • 불꽃처럼 치솟는 성질로 열정적이며 소모와 감정을 주관한다. • 자원으로 존재하다가 자극에 의하여 환경을 무시하고 폭발한다.

가. 火는 세상을 존재시키는 에너지

- 어둠에서 빛이 발하듯이 양은 음에서 빛나게 된다.
- 모든 생명체는 水에 의해서 탄생되나 성장은 火가 담당한다.
- 지구의 생명체는 태양[火]에 의해서 생존을 유지한다.
- 모든 화는 에너지로 활용되며 온도를 조절한다.
- 화는 확산하고 상승하고 변화를 주관하는 에너지다.
- 고체와 액체의 물질로 존재하고 자극에 의해서 화기를 발산한다.
- 원자력이나 전기 등의 엄청난 파워의 에너지 자원이다.
- 정신적 영역을 담당하며 대기 중에 빛과 열로 존재한다.
- 위험물질이다 위험한 것은 모두 빨간색으로 표시하는 이유다.

나. 사주상담에 적용되는 火의 성질

- 변화를 주도하는 에너지로 세상만물의 본 모습을 변화무쌍하게 한다.
- 사주에 火가 없으면 변화에 능하지 못한 사람이 될 수 있다.
- 사주에 火가 없으면 본 모습을 유지하는 편이다.
- 치솟고 확산하는 기질로 열정적이나 비밀을 지키지 못한다.
- 화가 많으면 인간관계, 주변의 환경을 자주 바꾸고 변화시킨다.

- 정신세계와 명분, 즉 예禮를 중시한다.
- 水는 감추며 일을 하지만, 火는 드러내 놓고 적극적으로 행동한다.

다. 장단점

[장점]

- 밝게 보는 능력으로 판단력과 눈썰미가 있다.
- 火는 정신영역으로 영감靈感이 발달한다.
- 명랑하고 밝으며 적극적이고 열성적이다.
- 매사에 애매한 것을 싫어하며 확실하게 진행한다.
- 정열적이며 확실하게 추진하고 결과를 낸다.
- 예의 바르고 속이거나 감추지 않는 솔직함이 있다.

[단점]

- 火가 없으면 기분이 저조하고 갑갑한 면이 있다.
- 火가 너무 많으면 눈 뜬 장님처럼 오히려 판단력이 흐리다.
- 비밀을 잘 못지키며 너무 떠벌리는 것이 문제다.
- 매사에 분별없이 끼어들고 참견을 잘한다.
- 일을 잘 벌이는 동시에 너무 앞서고 드러내며 즉흥적·충동적이다.
- 싫증을 잘 내고 인내심이 부족하며 끈기가 부족하다.

라. 火와 계절적 사고

寅卯辰 月(자원) : 소모성 문제 - 지지 金·水 필요
　　　　　　　 가치적 소모이니 지속적인 에너지공급 문제가 있다.

巳午未 月(열) : 주체성 문제 - 간지 金·水 필요
　　　　　　　 열로 분화焚火되어 자신의 존재문제가 있다.

申酉戌 月(빛) : 활용성 문제 – 천간 木·火 필요

　　　　　가치와 희생을 수반한 결실에 문제가 중요하다.

亥子丑 月(자원) : 환경의 문제 – 천간 木·火 필요

　　　　　적재적소와 타이밍의 문제가 중요하다.

2. 오행의 이해와 작용

　명리학은 천지와 만물은 하나라는 천인합일사상에 근거하여 천도변화의 원리를 통해 사람의 현재와 미래를 예측하려는 시도라고 할 수 있다. 이 같은 목적 달성을 이루어가는 법칙을 설명하는 코드가 음양오행의 원리라고 할 수 있다. 따라서 천지가 낳은 사람의 명은 하늘이 준 것이고, 이 명을 알기 위해서는 천지변화의 원리 파악이 필요하며, 그것은 음양오행의 이해에서 출발한다.[62]

　또한 명리학의 고전에 속하는 『연해자평』에서도 "사람은 천지의 기운을 품수하여 태어났고, 사람의 명은 음양에 속하는데 그 모든 것이 오행의 원리 가운데 있다. 사람이 二五의 수를 품수한 것은 천지가 만물을 생성하고 형체를 이룸과 같다. 사람은 만물의 신령스러운 기를 얻었고 마침내 천지의 정기가 사람이 되었으며 사람이 속한 바가 음양오행이다. 그러므로 金, 木, 水, 火, 土를 떠나지 않는다"[63]고 하였다.

　오행五行이란 각각 고유한 모양과 성정, 계절, 방향, 숫자, 속성 등의 의미

---

62) 공주대학교 정신과학연구소(2010), 『사주명리학총론』, 명문당, pp.29-30

63) 徐升 編著(2011), 『淵海子平評註』 「繼善篇」, 武陵出版社, "人稟天地命屬陰陽生居覆載之内盡在五行之中. 人稟二五之數猶天地之生物以成形人得萬物之靈乃天地之正氣方爲人所屬陰陽五行不離 乎金木水火土也".

와 속성을 함축하고 있는 개념으로 목, 화, 토, 금, 수를 말한다. 이것은 바로 명리학의 근본이 음양오행에 있음을 표현한 것이다. 명리학을 이해하기 위해서는 음양과 오행에 대한 이치와 특성을 이해하는 것이 무엇보다 중요하다.

오행은 다섯 가지의 유행流行하는 에너지다. 음양에서 설명했던 것처럼 오행도 유무형의 에너지이며 시공간 그 어디에도 함께 하고 있다. 그러므로 음양과 오행은 씨줄과 날줄과 같으며 우주는 씨줄과 날줄로 얽어 놓은 것과 같다.

오행은 여러 가지로 설명될 수 있다. 그러나 태양계로부터 지구를 제외한 다섯 개의 수·금·화·목·토 행성들을 빼놓고 생각하지 않을 수 없다. 태양이 지구에 빛을 비추면 낮이 되어 양陽이 되고 빛이 가려지면 밤이 되면서 음陰의 어두운 공간과 달이 제 모습을 나타내듯이 오행성五行星들도 각각 에너지를 전달하여 지구에 오기五氣를 형성시킨다. 기氣는 곧 질質이라는 공식에 따라 지구 내에 존재하는 모든 만물은 음양오행으로 이루어졌으며 이 순간도 생성과 소멸을 통한 순환을 끊임없이 연속하고 있다는 설명이 가능하다.

오행에 대하여 동중서董仲舒는 『춘추번로春秋繁露』에서 "하늘에는 오행이 있으니 목, 화, 토, 금, 수가 그것이다. 목에서 화가 나오고, 화에서 토가 나오며, 토에서 금이 나오고, 금에서 수가 나오며, 수는 겨울이 되고, 금은 가을이 되며, 토는 계하가 되고, 화는 여름이 되며, 목은 봄이 된다"[64] 하였다.

사물이 변화하며 흐르는 법칙을 아주 간단하고도 상징적으로 오행을 표현한 것이다. 바로 오행의 각 기운이 이어지는 다음 기운을 무한히 생성하는 동시에 한 칸 건너의 기운을 무한히 소멸하는 규칙, 곧 상생과 상극의 법

---

64) 董仲舒, 『春秋繁露』 「五行對」: "天有五行, 木火土金水是也. 木生火, 火生土, 土生金, 金生水. 水為冬, 金為秋, 土為季夏, 火為夏, 木為春".

칙을 끌어내어 사물의 변화를 유추할 수 있기 때문이다.[65] 따라서 오행은 상생과 상극의 작용이 공존하면서 끊임없이 발전되고 새로운 변화를 가져올 수 있는 것이다.

명리학에서는 이러한 오행이 독자적인 성정과 지식체계를 지니고 있다는 것[66]으로 설명된다.

목木은 인仁으로서 '사고와 정신'을 관장하며 오랜 세월이 흘러도 끊임없이 성장하는 나무와 같이 자기 발전을 위한 노력을 아끼지 않으며 언제 어디서나 우뚝 서고 싶은 리더 기질을 가진다.

화火는 예禮를 나타내며 '정열과 표현의지'를 관장, 형체가 없어도 주변에 존재감을 확실하면서 강하게 어필하는 기질을 가진다.

토土는 신信으로서 '수용력과 생성력'의 근원이며 모든 것을 받아주는 중용의 의미를 지니며 생명 탄생의 기반이 되어 주는 흙처럼 자신을 숙임으로써 자신과 주변의 모든 이를 돋보이게 만드는 기질을 가진다.

금金은 의義로서 '판단력과 추진력'의 힘을 상징하며 새로운 시작을 위하여 멈추고 잘라야 할 때를 정확히 구별하여 실행에 옮기는 강력한 기질을 가진다.

수水는 지智로서 '적응성과 탐구력'의 주체이며 강한 생명력은 어디서나

---

65) 김학목(2015), '命理學, 미신인가 학문인가?', 사단법인 퇴계학부산연구원, 〈퇴계학논총〉 25권, p.219.
66) 김기승(2015), 앞의 논문, pp.35-36.

적응할 수 있는 환경적응력이 탁월하며 순응할 줄 안다. 하염없이 흐르는 물처럼 제자리에 머무는 법이 없이 언제나 지혜와 지식을 갈구하는 기질을 가진다.

　이러한 오행의 성정과 지식체계는 상생과 상극의 공존으로 각각의 성정과 행동양식으로 나타난다.[67] 즉, 사주명식 내 간지에서 일간을 기준으로 이루어지며, 상생은 배려와 희생정신이 우선 수반되며, 자신의 성장, 노력과 서비스 정신, 특기와 노하우를 기반으로 하여 활동하는 동시에, 소모와 소비, 과욕, 배설, 욕구충족 등의 성정과 행동양식을 만들어낸다. 반면에 억제와 권위정신이 우선 수반되는 상극은, 통제와 절제, 인내와 판단정신, 자신의 권력, 힘과 분배를 기반으로 활동하는 동시에 억압하고 지배하며 과시욕, 과감성, 잔인성 등의 성정과 행동양식을 만들어낸다는 것이다.

1) 오행의 生과 洩의 이해

　오행五行의 상생相生은 木이 火를 생하고, 火가 土를 생하고, 土가 金을 생하고, 金이 水를 생하고, 水가 木을 생하는 일방적인 생으로 논한다. 모母가 자식을 낳듯이 당연한 것이며 틀린 것은 아니다. 그러나 상생相生의 어원語源은 서로 생한다는 의미가 있다. 즉, 木이 火를 생하나 火가 木을 생 할 수는 없다. 그러나 火가 木을 설기洩氣할 수는 있는 것이다. 즉, 木이 火를 생하는 동안 火도 木을 설기하게 된다는 것이다. 모든 오행은 마찬가지다.
　사주의 구조를 분석하는 조건과 함께 신강신약의 판단에도 이와 같이 상

---

67) 김배성(2006), 전게서, p.96.

생相生의 조건이 적용되어야 된다 생각한다. 예컨대 부모가 자식을 지극히 사랑하지만 자식이 부모의 사랑을 가져오기도 한다. 또 한 남자가 한 여자를 좋아하고 사랑한다면 남자가 여자를 좋아하지만 여자도 남자의 마음을 빼앗았다는 것이다. 단 그와 같은 오행의 상생은 환경과 조건에 따라 어느 한쪽이 더 많이 생하거나 설기洩氣하는 조건이 있을 수 있다.

◆ 木生火

木이 火를 생한다. 그러나 火가 木을 설기해온다.
기본적으로 火가 木을 설기해오는 힘이 더 강하다.
- 甲乙 → 丙 · 巳 · 午 : 火의 설이 강
- 甲 → 丁 : 木의 생이 강

◆ 火生土

火가 土를 생한다. 그러나 土가 火를 설기해온다.
기본적으로 火가 土를 생하는 힘이 더 강하다.
- 丙丁 → 戊 · 未 · 戌 : 火의 생이 강
- 丙丁 → 己 · 辰 · 丑 : 土의 설기가 강

◆ 土生金

土가 金을 생한다. 그러나 金이 土를 설기해온다.
기본적으로 金이 土를 설기하는 힘이 더 강하다.
- 戊己→庚 · 申 · 酉 : 金의 설이 강
- 戊→辛 : 土의 생이 강

◆ 金生水

金이 水를 생한다. 그러나 水가 金을 설기해온다.
기본적으로 金이 水를 생하는 힘이 더 강하다.

- 庚辛 → 壬·癸·亥·子 : 金의 생이 강
- 辛 → 壬 : 水의 설기가 강

◆ 水生木

水가 木을 생한다. 그러나 木이 水를 설기해온다.
기본적으로 水가 木을 생하는 힘이 더 강하다.

- 壬癸 → 甲·乙·寅·卯 : 水의 생이 강
- 癸 → 甲·寅 : 木의 설기가 강

위와 같이 생生과 설洩의 작용을 유추하여 사주 내 십성이 갖는 에너지의 상대적인 작용을 판단할 수 있으며 신강신약의 측정하는 데 참고할 수 있다. 또한 사주 내 십성의 분포가 상생상극을 이루며 선천적인 마음의 구조를 담고 있는데 이를 성격심리학적으로 분석하는 중요한 단서를 제공한다. 추가로 타 간지에서 개입하는 상황을 고려해야 한다.

사례 1) 식신 – 설기의 여성

時	日	月	年
戊	己	己	壬
辰	酉	酉	子

己土 일간이 酉月에 생하여 식신생재격을 이루었다. 천간의 戊己 비겁이 일간을 도와 식신을 생하는 힘보다는 식신이 설기해가는 힘이 강하다. 이럴 경우 일간을 생하는 인수 火가 없으니 그런 현상은 더욱 분명하다.

이 여성은 식신의 강력한 설기로 마음의 구조가 오픈되어 있으니 언어를 절제하지 못하고 함부로 내뱉는 성향이 있고, 식신으로 관성을 검증하려는 성향이 강하여 남편이 자신의 욕구 충족이 되지 않는다면 스스로 스트레스를 받아 남편이나 시댁에 상처를 주게 된다.

사례 2) 인성의 생이 강한 남성

時	日	月	年
癸	辛	戊	丙
巳	亥	戌	申

辛金일간이 戊戌월에 생하여 인수격을 이루었다. 戊土는 辛金일간을 생하는 힘이 더 강하다. 더욱이 연간 丙火의 생을 받게 된 인수 戊土는 일간에게 지적 에너지를 강력하게 부여하는 동시에 정직성과 긴 시간을 강요하고 있는 것이다. 일간은 식신 癸水가 설기하는 것보다 자신이 식신을 생하는 힘이 강하다 보니 辛金일간은 외부의 도움이 없어 이래저래 활동능력이 저조하게 된다.

사고는 바르나 속도를 요하는 현실과는 늘 거리가 나타난다. 정직하고 순리적이지만 순기능만 있을 뿐 상대적인 인센티브의 역기능을 기대하기 어렵게 되었다.

주인공은 대학에서 법학을 전공하고 원하는 진로에 타이밍을 놓쳤으며 결혼도 40이 넘은 늦은 나이에 하였다. 결국 戊土의 강요에 의한 성격을 수용할 수 있는 인문학적 직업을 선택하여야 한다.

2) 음양의 전이성轉移性 : Metastatic

이심전심以心傳心이라는 말이 있다. 같은 오행은 가까이 있을 경우 동질성을 느껴 자연스럽게 마음이 오고갈 수 있다. 객지에서 누군가와 연고가 같을 경우 이내 마음이 열어지는 것과 같은 자연적인 법칙이다. 사주에 있는 오행으로 마음을 읽어내듯 마음은 오행으로 귀결되어 흐른다. 오행의 전이轉移는 반드시 같은 오행일 경우이나 대표적으로 수水와 화火오행의 작용이 뚜렷하다.

예컨대 계수癸水일간이 정해丁亥 월에 생하였다면 계수癸水는 해亥 중의 壬水에게 전이하여 丁火를 정재正財로 바라볼 때가 있다. 그러니 癸水가 丁火를 편재偏財로 활용하지만 마음속으로는 정재로 바라보고 있는 이원적二元的인 심리心理를 파악하게 된다.

그리고 일간이 合·沖 등의 변화變化에 직면하는 시기는 전이하고자 하는 심리작용이 나타나며, 부담을 주는 대세운도 일간의 전이에 영향을 미친다. 그러므로 사주의 일간에게 변화를 주는 시기에 초점을 맞춰 그 당시의 전이되는 심리상태를 면밀하게 분석할 수 있다. 또한 전이하여 장점과 단점의 작용으로 나타나는 현상도 측정할 수 있다.

전이는 일간대비 월지와 가장 강하게 작용한다. 그다음이 일지이다. 천간에서도 전이작용이 나타난다.

사례 1) 전이하여 편재를 정재로 바라본다.

```
時 日 月 年
戊 癸 丁 庚
午 未 亥 申
```

　癸水는 丁火 편재를 亥 中 壬水로 전이하여 정재로 바라보는 심리가 있다. 편재로 씀씀이가 크고 화통한 듯하지만 亥 中 壬水로 전이할 때는 정재로 바라보기에 내면은 섬세하고 꼼꼼하다. 또한 일간이 운에서 합이나 극할 경우는 당할 때는 전이하는 심리가 있다. 만약 어젯밤에 술이 취해 기분에 따라 한턱냈다면 다음날 亥水로 전이되어 후회하는 마음을 느낄 것이다.

사례 2) 전이하여 식신을 상관으로 바라본다.

```
時 日 月 年
己 壬 甲 丁
酉 子 辰 巳
```

　壬水일간은 甲木을 식신으로 활용한다. 그러나 일지 子水로 전이하게 되면 甲木을 상관으로 활용하게 된다. 외향적으로 품성이 좋고 명랑하지만 子水 中 癸水로의 전이성이 있으므로 내면에서는 甲木을 상관으로 바라본다. 때론 파격적인 언행이 가능한 것이다.

사례 3. 전이하여 편관을 정관으로 바라본다

```
時 日 月 年
庚 丁 癸 丙
子 卯 巳 午
```

丁火일간이 巳月에 丙火가 투출하여 겁재격이다. 비겁이 왕하여 편관 癸水와 정재 庚金이 길신이다. 재생관으로 직장생활을 하여야 하나 미술학원을 20여 년간 운영하였다. 丁火는 월령 巳에서 투간한 丙火 겁재로 전이하여 癸水 편관을 정관으로 바라보므로 개혁과 보수적인 두 가지 심리가 있다. 또 정재 庚金을 편재로 바라보니 마음이 움직이면 행동이 따라가 교육사업을 하게 되었을 것이다.

사례 4) 전이하여 편재를 정재로, 식신을 상관으로 바라본다

```
時 日 月 年
辛 癸 丁 乙
酉 未 亥 未
```

癸水일간이 亥月에 생하였다. 신강한 일간은 乙木 식신과 丁火 편재를 쓴다. 식신생재를 이루었고 丁火 편재는 辛金 편인을 제화制化시켜 도식倒食을 막고 겨울생으로 조후까지 담당하는 희신이다. 편재 丁火의 직업정신이 투철하여 음식점을 운영하여 부를 이룬 여성이다. 여기서 해월亥月의 壬

水 겁재에 癸水가 전이하므로 丁火 편재를 정재로 활용하고 乙木 신식은 상관으로 활용하는 이원적 작용이 나타난다. 사주의 주인공은 실제 내면적으로는 상관의 창조능력과 정재의 치밀함을 갖추고 행동하는 사람이다.

3. 자연현상과 음양오행의 논의

현대과학은 우주의 힘이 중력, 전자기력, 강한 핵력, 약한 핵력의 네 가지로 구성되어 우주를 이루고 있다고 보는데, 결정적으로 이 네 가지 힘을 포괄하는 원리를 밝히지 못하고 있다.

거시세계를 지배하는 중력은 아인슈타인에 의해 증명되었고, 미시세계에 대한 규명은 하이젠베르크에 의해 증명되었으나, 미시세계의 합으로 이루어진 거시세계가 불확정성의 원리로는 상대성원리를 설명할 수 없고, 그 반대도 마찬가지인 이 모순적인 현실 앞에 현대 물리학은 100년 가까이 한 걸음도 전진하지 못하고 있는 것이다.

이에 대한 대안으로 아직까지는 이론으로만 존재하는 초끈이론Super String Theory이 대두되고 있고, 이는 동양의 음양오행과 매우 유사한 구조를 보이고 있다. 암흑 에너지와 암흑 물질 이론은 음양 이론, 혹은 기질의 개념을 대변하는 이론이다. 또한 음양오행 사상은 불확정성원리와 상대성원리의 어느 것과도 대립하지 않고 있으며, 이런 점에서 볼 때, 궁극적인 우주의 실체를 밝히는 대통합 원리는 고대 동양의 통찰의 결과인 음양 오행이론으로 정리되지 않을까하는 기대를 해본다.

또 다른 측면인 엔트로피entropy[68]라는 관점에서 우주를 이해한다면 다음과 같이 음양오행을 적용하여 설명할 수 있다.

엔트로피라는 것은 한마디로 '무질서도'라고 표현할 수 있는데, 예를 들어 빨간 모래와 흰 모래가 각각 다른 병에 담겨 있을 때를 엔트로피가 낮다고 한다면(질서도가 높다), 두 모래를 커다란 한 병에 섞어 놓으면 이것을 다시 원상태로 돌려놓기는 너무 힘들고, 질서가 없다는 뜻에서 무질서도가 높다, 즉 '엔트로피가 높다'라고 표현하는 것이다.

이러한 개념은 우주를 설명하는 데 있어서 매우 중요한데, 우주 초기의 빅뱅 이후 지속적으로 엔트로피가 증가하여 현재는 절대온도 약 3K(-270℃)이며, 좀 더 엔트로피가 증가하여 우주의 모든 에너지가 소멸하는 열사망 heat death의 0K(-273℃)가 되면, 우주는 마침내 모든 작용을 멈추게 되는 것이다. 즉, 우주의 법칙 중 하나는 엔트로피가 높아지는 방향으로 모든 현상이 진행된다는 것이며, 이는 모든 에너지가 평형을 이루려는 쪽(온도가 절대온도 0K(-273℃)로 낮아지는 것)으로 우주 만물의 현상이 일어난다는 것이다.

여기에 음양오행을 대입하면 우주의 역사에 있어서 빅뱅 초기에는 아주 낮은 엔트로피 상태(즉, 질서도가 최고로 높은 상태)로 음양오행의 에너지가 섞이지 않고, 동등한 초고에너지의 상태로 존재했었다는 것이며, 빅뱅 이후 시간이 지나면서 우주의 확장에 따라 음양오행 에너지가 공간에 퍼지는 동시에 서로 섞이면서 상생상극의 과정을 통해 엔트로피가 높아지는 상태로 옮겨 가고 있다고 볼 수 있는 것이다.

음양오행 에너지가 상생상극 작용을 거치면서 완전히 혼합되어 에너지

---

[68] 물질계(物質系)의 열적(熱的) 상태를 나타내는 물리량의 하나로, 한 체계 안에 존재하는 무질서의 정도에 관한 양적인 척도. 물질계의 엔트로피가 항상 증가한다는 개념에 근거한 엔트로피 법칙은 열역학 제2법칙이다. 열역학 제1법칙은 에너지 보존의 법칙으로서, 우주의 에너지가 한 형식에서 다른 형식으로 그 형태가 변화될 수는 있지만 에너지 자체는 일정하여 새로이 창조되거나 소멸될 수 없다는 것이다. 이 때 자연 현상의 변화는 언제나 우주의 질서 있는 상태에서 무질서, 즉 엔트로피가 증가하는 방향으로만 진행한다.(세계미술용어사전, 1999, 월간미술)

의 활동이 완전히 멈춘 상태, 빠르게 소멸된 상태가 바로 우주의 죽음의 시점인 열사망heat death이 되는 것이다.

그러므로 우주는 원리적으로 음양오행 에너지를 포함한 모든 에너지가 평형을 이루어 움직임이 없는 상태로 가는 기본적인 특징을 갖고 있으며, 어떤 상황에서든 에너지의 평형을 이루는 것이 우주의 방향과 같은 것이므로 편안함을 가져오게 된다.

자연현상 또한 이 원리의 지배를 받는데, 예를 들어 뜨거운 火 에너지가 응축되어 있는 화산은 폭발을 통해 火 에너지가 土 에너지로 전환되고(용암, 석회암, 화산재, 화산토 등), 동시에 金 에너지를 상쇄하는 형태(광물질 용융, 기존 질서인 자연 환경 파괴, 인류 문명 파괴 등)로 에너지 평형 상태를 이루면서 안정을 이루는 것이다.

사람의 경우에 있어서도 사주의 분석에 있어 억부로 용신을 잡는 경우, 이것은 전형적인 자연과학적 방식으로 사주의 부족한 오행에너지를 용신으로 삼아 에너지 평형을 이루어 개인의 삶을 안정시키겠다는 의미인 것이다. 격국으로 용신을 잡는 경우는 억부 용신보다 좀 더 고차원적인 사회적 관점의 에너지 평형을 이루는 방식으로, 사회적 관계 속에서 개인의 역할을 사회 전체의 에너지 평형을 이루는 쪽으로 의도하는 것이다.

그러므로 격국格局용신用神을 잡는 것은 사회를 구성하는 인간만이 구현할 수 있는 에너지 평형화平衡化 수단이며, 억부抑扶용신用神을 잡는 것은 자연물로서의 인간을 위한 한 개체의 에너지 평형화 수단이라고 볼 수 있다. 이처럼 음양오행은 우주와 사회를 설명하는 과학적 수단으로써 현대의 어떤 과학적 원리와도 상반되지 않는, 그러나 그 모든 원리를 포용할 수 있는 유일한 원리라고 생각한다.

4. 음양오행의 부피와 운동

음양오행을 그 자체로 논할 경우에는 철학적인 논의의 과정이 되어 대체적으로 이견이 없으나 이를 물질, 물상 등으로 해석하고 표현할 때는 논자들의 관점에 따라서 매우 엇갈리거나 다양한 해석이 나오게 된다.

이러한 엇갈린 해석 자체나 문제 제기가 잘못되었다는 것은 아니다. 그러나 근래 학습자들은 이미 과학사회에 체화되어 과학적 잣대로 사고하게 되니 매우 혼란스럽다고 말한다.

음양과 오행은 언제나 변함없이 기氣와 질質로 논하여 왔다. 그리고 음양오행은 끊임없는 운동의 연속으로 존재하고 표현한다. 이는 초끈이론으로 잘 대변하고 있다. 그러므로 음양오행은 부피와 운동량에 의하여 음양의 강도를 평가하고 바라보는 시각도 다르다. 즉, 음양오행은 어디서 어떤 입장으로 바라보는가에 따라 해석이 다르고 설명이 다르게 되는 부분이 매우 많다는 것이다.

학습사고와 논리가 모두 같을 수 없는 명리학자들의 관조적 입장이 만들어내는 해석의 프레임frame은 언제나 통일시킬 수 없는 주장이 될 것이므로 입장 차이라는 합의선 상에서 상호 간 바라보아야 할뿐 결코 각을 세워 대립할 필요는 없다. 예컨대 열 개의 천간天干을 오행과 음양의 분류에 따른 기氣와 질質, 에너지 운동에 대하여 논하면 다음과 같다.

1) 甲 · 乙 木의 활동량과 음양

甲木은 대들보와 같고 乙木은 초목과 같다고 한다. 여기서 木의 음양에 다른 형태와 강도強度가 그대로 표현된다. 그러나 음은 정적靜的이고 양은 동적動的이라는 기준으로 볼 때는 다르다.

甲木은 활동이 정지[死]된 죽은 나무이고 乙木은 싹이 자라며 성장生하는 활活목이라고 한다. 즉, 甲木은 성장이 정지되어 활동에너지가 없으니 정적이고, 乙木은 활발한 성장에너지 운동을 하고 있으니 동적이며 기운이 강하다고 할 수도 있다.

또 한편 乙木이 아무리 쑥쑥 성장하는 기운이 왕성할지라도 甲木의 가지에 불과할 수 있다. 甲木은 지난 세월 성장하여 내면에 활동에너지를 가득 담고 단단하고 굳게 서있으니 乙木이 甲木의 크기와 단단함을 이길 수 있을까? 이처럼 어느 프레임에서 보냐에 따라 인식과 해석이 다르게 되므로 유연하게 바라봐야 한다.

2) 丙 · 丁 火의 활동량과 음양

丙火는 태양과 같은 빛이고 丁火는 달빛이며 등불과 같다고 한다. 또 丙火는 태양이니 빛이고 丁火는 열熱이라고 한다. 태양은 멀리서 빛을 발하는 조용한 기운이고 丁火는 화려한 불꽃이고 진열장을 찬란하게 비추는 조명으로 매우 활동적이라 오히려 활동하는 양陽 기운이라고 할 수 있다.

그러나 태양[丙]이라는 빛은 여름과 겨울을 보듯 생존을 관장하고 있으며 모든 생명체가 태어나고 존재할 수 있는 생명전자인 것이다. 즉, 丁火는 불꽃놀이나 조명처럼 화려하고 찬란한 에너지 운동을 하지만, 지구조차 어둠과 빛으로 관장하는 거대한 에너지의 丙火와는 비교할 수 없다.

3) 戊·己 土의 활동량과 음양

戊土는 넓은 대지나 큰 산에 비유하고 己土는 옥답과 담장에 비유한다. 넓은 대지나 큰 산은 정적이고, 옥답이나 작은 농토는 활발하게 일구고 곡식 등을 생산해내고 있으니 활동적이다. 그러나 조용하게 보이는 큰 산속에는 계곡에 물이 흐르고 커다란 바위가 있으며 산속의 아름드리나무들이 바람을 일고 있다. 예컨대 멀리서 바라보는 백두산은 戊土이겠으나 산의 정상에 서서 발아래 한줌의 흙은 己土일 것이니 이를 두고 공존이라고 하는 것이며 현상세계의 활동량과 음양의 관계이다.

4) 庚·辛 金의 활동량과 음양

庚金은 무쇠에 비유하고 辛金은 가공된 보석에 비유한다. 庚金은 큰 바위와 강철처럼 조용하고 정적으로 존재하며 辛金은 찬란한 금은보석과 장식품으로 화려하고 빛나게 활동하는 에너지라고 볼 수 있다. 그러나 庚金에 비유되는 큰 바위나 강철봉 등이 활발한 에너지 운동을 하지 않는 것처럼 보일 뿐, 폭포수를 내려 보내고 바람과 태풍을 감당하며 수없이 높은 빌딩을 지탱하는 등 매우 커다란 활동과 강력한 힘을 가지고 있는 것이다.

5) 壬·癸 水의 활동량과 음양

壬水는 강물이나 바다에 비유하고 癸水는 도랑물이나 이슬비에 비유한다. 바다는 고요하여 정적이고 계곡물은 쉼 없이 흐르는 동적인 것을 비유하여 논하자면 癸水가 활동적인 양이라고 할 수 있다. 그러나 바닷물이 고요한 陰陰과 같이 보일 뿐, 그 속은 거대하고 엄청난 속도로 물살이 휘돌고 집채만큼 커다란 고래와 상어 등이 거칠게 살고 있다.

이슬비나 계곡물이 흘러가 강과 바다를 이룬다면, 바닷물이 증발되어 비와 개천을 만드는 것이니 음양오행은 언제나 공존성과 동시성이 있는 것이다.

음양오행은 자연현상 속에서 연속적인 공존, 공동체의 존재이다. 다만 인간의 존재와 삶이라는 환경의 입장에서 만난 음양오행이 어떠한 시기에 어떠한 위치와 조건이었는가에 따라 현상적으로 그 보이는 부피와 운동량의 에너지가 다르므로 통섭적인 논의가 되어야 한다. 즉, 음양오행을 사계절이나 물상으로 논하는 것은 그 음양오행이 어떠한 시기에 어떠한 위치와 조건이었는가를 판단하고자 하는 것이지 그 자체가 음양오행의 본질이거나 결정론적 근거나 판단의 기준이 될 수는 없다.

결과적으로 음양오행은 기와 질로서 당시에 어떠한 위치와 조건 등 환경에 있느냐가 중요하다고 볼 수 있다. 하여 그 본질을 현상적 추정에 대입한 규칙에 초점을 맞춰 논의하는 것도 중요하지만, 시간時間과 공간空間, 동動과 정靜, 기氣와 질質등에 대한 현상과 변화와 동시성同時性을 이해하여야 한다. 결국 초월적인 공존共存의 상태는 기氣가 응축되어 질質이 되고 질이란 현상이 기를 존재시키며 지구 내 모든 생명체와 물상은 환경에 의하여 그 존재와 역할이 개별적, 동시적으로 활용된다는 것이다. 그러므로 음양과 오행은 우주와 인간의 이해라는 통찰에서 바라보고 해석될 때 세계관이 열리지 않겠는가?

그렇다. 우리는 음양과 오행을 천문학적으로 바라보기도 하고 철학적이나 종교학적으로 바라보기도 한다. 또 물리학적으로 바라보기도 하며, 수학적으로 바라보기도 한다. 예술적으로 바라보기도 하며, 심리학적으로 바라보기도 한다. 또는 음양오행을 문화와 생활방식에 적용하기도 하고 건강론에 적용하기도 한다. 기복祈福과 행운에 적용하기도 하고 운명론에 적용하기도 한다. 이는 모두 옳거나 그름이 아니며 지식으로 습득한 정보와 가치관에 따라서 받아들이고 해석하거나 활용하는 것이다.

이러한 음양오행의 사고와 활용체계는 무엇이 옳고 그른 것이 아닌 삶의 지혜로운 방법과 방향을 선택하고 활용하는 것으로부터 존재하는 인간의 미래행복을 위한 태반이자 호흡이며 호르몬과도 같은 것이다.

다음 장에서는 이러한 음양오행이란 소프트웨어를 운용하는 하드웨어 시스템인 십간십이지에 대하여 살펴보겠다.

PART 6

십간십이지 十干十二支

1. 사주명리의 하드웨어
2. 십간십이지의 탄생배경
3. 십간십이지의 전개
4. 간지와 음양오행
5. 십신十神의 성립

1. 사주명리의 하드웨어Hardware

사주명리학의 체계는 음양오행陰陽五行의 에너지가 현상적으로 존재하는 인간人間과 인간의 삶에 활용하는 사물에 배속되어 있음을 인정하는 것이다. 특히 인간의 육신肉身 및 정신情神에 깃들어 있는 우주의 음양오행 에너지가 외부의 에너지를 만나면서 어떻게 변화하는지를 판단하는 것이라고 할 수 있다.

그러므로 무형無形의 음양오행은 소프트웨어Software이고, 사람의 인체와 사물은 하드웨어Hardware와 같다. 즉, 출생과 함께 존재가 시작되는 시점은 개인이라는 하드웨어가 탄생된 것이고, 그 순간 타고난 육신과 영혼에 우주의 에너지가 포맷되어 정보情報가 기억記憶되는 것이다. 그 후 포맷된 음양오행 정보와 학습을 통한 다양한 언어정보가 입력되고 환경에 대한 정보도 저장되며, 그의 뇌腦에서는 늘 기존의 정보와 새로 입력된 정보를 혼합 가공하여 생각하고, 말하고, 행동하게 된다. 또한 환경의 정보들은 그의 타고난 유전적 요소에 더하여 체질형성에 영향을 주게 되므로 각자 다른 체질을 갖게 된다.

그렇다면 인간에게 포맷된 우주에너지(음양오행)정보와 현재 운행運行되고 있는 우주에너지(음양오행)가 만나 이루어지는 작용과 변화들을 어떻게 측정해내어 인간의 선천성을 파악하고 길흉관계와 미래예측을 할 수 있을까? 측정 도구가 있어야 하는 것이다.

동양인은 그 측정도구를 만들어 활용하게 되었던 바, 그것은 바로 열 개의 천간天干과 열두 개의 지지地支이며 천지가 짝을 이루는 육십갑자六十甲子인 것이다. 그러므로 인간의 안팎으로 작용하는 음양오행에너지라는 소프트웨어를 담아 규칙과 논리적으로 운용하는 하드웨어가 바로 십간십이지이며 육십갑자인 것이다. 즉, 기氣와 질質은 소프트웨어와 하드웨어의 관계와 같다.

음양오행이 배속되어 있는 육십갑자의 탄생배경과 기원에 대하여 알아보자. 본 책의 서두에서 말했듯이 인간은 지구에 나타나있는 모든 현상의 근원을 밝힐 수 없다고 하였다. 그리고 그 모든 신화神話의 세계를 밝힐 수 없다고 해도 믿지 못할 이유는 없다고 했다. 왜냐하면 현재 나타나 있는 현상은 그냥 믿을 수밖에 없기 때문이다. 또한 모든 것은 인간의 생각하는 능력으로 설명할 수 있는 한계까지가 과학이고 철학적 근원이기 때문이다.

이제 소프트웨어의 시간時間과 하드디스크의 공간空間을 담고 사주팔자를 구성시키는 천간지지와 육십갑자에 대한 문헌적 고찰을 통하여 성립배경을 살펴볼 것이다.

2. 十干十二支의 탄생배경

소길蕭吉은 『오행대의五行大儀』[69]에서 "천간에 음양이 있는데, 甲은 陽이고 乙은 陰, 丙은 陽이고 丁은 陰, 戊는 陽이고 己는 陰, 庚은 陽이고 辛은 陰, 壬은 陽이고 癸는 陰이다. 地支에도 음양이 있는데, 子는 陽이고 丑은 陰, 寅은 陽이고 卯는 陰, 辰은 陽이고 巳는 陰, 午는 陽이고 未는 陰, 申은 陽이고 酉는 陰, 戌은 陽이고 亥는 陰이다"[70]라고 하여 천간과 지지의 음양을 모두 언급하였다.

이러한 천간과 지지의 음양 구분은 사주를 분석하는 데 있어 가장 근본이 되는 출발점이다.

육십갑자六十甲子 간지干支의 기원起源은 크게 문헌文獻으로 찾아보면 신화적神話的 기원과 실제로 육십갑자 사용이 확인된 역사적歷史的 기원으로 나눌 수 있다. 신화적 기원으로 육십갑자 간지의 기원에 대해 문헌에서는 대체로 천황씨天皇氏나 황제黃帝를 지목해 왔다.

만민영萬民英은 『삼명통회三命通會』에서 간지는 천황씨가 창제하였다는 천황씨 창제설을 주장하면서 한편으로는 육십갑자는 黃帝의 스승인 대요大撓가 만들었다는 대요창제설大撓創制說을 제기하였고, 서대승은 『평주연해자평評註淵海子平』에서 간지는 黃帝때 하늘에서 내려왔다는 간지천강설干支天降說을 주장하였다.

天皇氏는 역사시대 이전의 전설적인 신화시대의 인물이나 黃帝는 사마

---

[69] 隋代의 蕭吉이 편찬한 오행설을 집대성한 것으로 '五行記' 라고도 한다. 先秦때부터 수에 이르는 경위, 諸子의 책과 사서 등에서 오행에 관한 주장을 수집, 정리, 분류하였으며, 그 내용이 현재 통용되는 오행설과 거의 일치한다.

[70] "干自有陰陽甲陽乙陰丙陽丁陰戊陽己陰庚陽辛陰壬陽癸陰. 支亦自有陰陽子陽丑陰寅陽卯陰辰陽巳陰午陽未陰申陽酉陰戌陽亥陰.", 蕭吉(2001), 『오행대의 제팔론합』, 제기출판집단 상해서점출판사, p.46.

천의 『사기史記』〈오제본기五帝本紀〉에서 중국역사의 시작점으로 황제를 언급한 것으로 보아 역사적인 인물에 해당하는 것으로 보이나 황제시대에 육십갑자 간지의 사용을 역사적 관점에서 증명하기에는 논란이 있는 만큼 황제시대의 기원은 신화적 기원으로 다루고자 한다.

1) 신화적 기원神話的 起源

① 천황씨창제설天皇氏創製說

이 설은 명대 만민영萬民英이 『삼명통회三命通會』에서 언급한 것으로 간지干支는 신화시대神話時代인 천황씨天皇氏가 창제하였다고 하였다.

"대체 木의 줄거리 간幹은 강하여 양陽이 되고 기枝란 약하여 음陰이 된다. 반고씨盤古氏는 천지天地의 도를 밝혀 음양陰陽의 변화에 통달하여 삼재三才의 수군首君이 되었다. 天地가 이미 나뉘어진 후에 하늘이 먼저 있고 후에 땅이 있었고 두 기운이 화化하여 사람이 생기었다. 고로 천황씨 일성天皇氏 一姓 13인이 반고씨盤古氏를 이어 이를 다스리게 되었다. 이때를 일러 왈曰 천령이라 하니 담백하고 무위해서 풍속이 저절로 순화되매 비로소 세歲의 소재로서 정하는데 간지干支의 이름을 지었으니 그 십간十干의 이름 왈曰 알봉, 전몽, 유조, 강어, 저옹, 도유, 상장, 중광, 현익, 소양이고, 십이지十二支의 이름은 왈曰 곤돈, 적분약, 섭제격, 단알, 집제, 대황락, 돈장, 협흡, 군탄, 작악, 엄무, 대연헌이다. 채옹이 단정 짓기를 간干은 간幹이요, 그 명칭에 십十이 있으니 왈曰 십모十母인즉 지금의 甲 · 乙 · 丙 · 丁 · 戊 · 己 · 庚 · 辛 · 壬 · 癸가 그것이다. 지支는 지枝요 그 이름이 十二가 있으니 왈曰 십이자인즉 지금의 子 · 丑 · 寅 · 卯 · 辰 · 巳 · 午 · 未 · 申 · 酉 · 戌 · 亥이다. 천황씨天皇氏가 子에 하늘이 열림을 취하는 것을 의義라 하고 천황씨地皇氏가 丑에 땅을 두들겨 취함을 의라 하며 인황씨人皇氏가 寅에 사람이 생기는 것을 취함을 의라 한다. 고로 간지干支의 이름이 천황씨天皇氏에서 비로소 만들어지고, 지황씨地皇氏가 이로부터 삼진三辰을 정하여 주야晝夜를 나누니 이로써 30일이 1개월이 되어서, 간지干支가 각기 배속되었으며, 인황씨人皇氏는 임금이 허虛하지 않음으로 王이고 신하가 虛하지 않음으로 귀貴함을 주로 삼으니, 정교政敎와 군신君臣의 관계가 저절로 일어나게 되었고 음식과 남녀관계가 저절로 이루어지기 시작하여 천지음양天地陰陽의 기氣를 얻어 비로소 시작함으로써 부모 자식의 나뉨이 생겼으니 이로부터 간지干支에 각기의 소속所屬이 생기게 되었다."[71]

干支를 天皇氏가 창제하였다는 만민영의 주장이 제기되기 이전인 송대에 이미 유서劉恕는 태고 이래 주의 위열왕 때까지 사기나 춘추좌씨전春秋左氏傳에 실리지 않은 것만을 채집하여 수록한 『유서외기劉恕外紀』에서 이미 天皇氏가 干支의 이름을 만들어 차례로 표시하는 기호를 정하였다고 한 바 있다.

② 황제기원설黃帝起源說

중국 역사에서 황제시대黃帝時代는 은대殷代보다 1천년 정도 앞선 BC 2,700년 경부터 시작된 것으로 보고 있다.[72] 중국은 BC 6,000~5,000년 사이에 신석기 시대로 진입하여 수천 년 동안의 모계 씨족사회를 거쳐 BC 2,000년경인 신석기 시대 말기에 이르러서야 부계 씨족사회로 넘어가게 되는데 黃帝는 이 시대의 인물로 보인다. 黃帝는 사마천의 『사기史記』〈오제본기五帝本紀〉에서 중국 역사의 시작점으로 언급하여 한족漢族의 시조로 받들어졌고, 육십갑자六十甲子를 비롯한 중국 고대문명의 창시자로 문자·법

---

71) 萬民英(2008), 『三命通會』, 中央圖書館藏本,育林出版社印行, p.9~10.
72) 『史記』에는 黃帝의 생몰연대나 즉위 등에 대한 언급이 없으나 李鉉淙의『東洋年表』,탐구당, 1992년, p.152.에 의하면 황제의 생몰연대는 BC2,706-BC2,596년이고, 즉위는 BC2,696년이라고 한다.

제·예제·병기·역법·음악·농업·의약 등을 만든 사람으로 알려져 있다. 六十甲子 干支의 기원起源과 관련하여 서대승은 黃帝 때 하늘에서 내려왔다는 간지천강설干支天降說을 주장하였고, 만민영萬民英은 黃帝 때 黃帝의 명을 받아 黃帝의 스승인 대요大撓가 만들었다며 대요창제설大撓創制說을 제기하였다.

간지천강설干支天降說

서대승은 『연해자평淵海子平』에서 간지는 黃帝가 치우의 난을 다스리기 위해 목욕재계하고 천신에 제사지내니 하늘에서 내려준 것이라며 다음과 같이 적고 있다.

"황제黃帝 때에 치우蚩尤가 난을 일으킴에 황제黃帝가 백성의 고통을 심히 염려하여 탁록涿鹿의 벌판에서 치우蚩尤와 전쟁을 하니 흐르는 피가 백리나 되었지만 항복시킬 수 없었다. 이에 황제黃帝는 목욕재계하고 단을 쌓아 천신에 제사하고 방구에서 지기에 예를 다하니 하늘에서 십간十干과 십이지十二支를 내려 주셨다. 황제黃帝는 십간十干을 원圓으로 펼쳐 하늘 모양을 본뜨고, 십이지十二支를 방方으로 펼쳐 땅의 모양을 본뜨니 이로써 간干은 천天이 되었고 지支는 지地가 되었다. 이를 문에 걸쳐놓아 빛이 모아지도록 한 연후에 능히 다스릴 수 있었다."[73]

대요창제설大撓創制說

육십갑자六十甲子를 대요씨大撓氏가 만들었다는 내용의 언급은 『여씨춘추呂氏春秋』, 『통감通鑑』, 『후한서後漢書』, 『오행대의五行大儀』, 『통감외기通鑑外紀』, 『해여총고陔餘叢考』, 『평주연해자평評註淵海子平』, 『삼명통회三命通會』,

---

73) 黃帝時有蚩尤神 擾亂當時之時 黃帝甚憂民之苦 遂戰蚩尤於涿鹿之野 流血白里 不能治之 黃帝於時齋戒 築壇 祀天 方丘禮地 天乃降十干十二支 帝乃將十干圓布象天形 十二支方布象地形始以干爲天 支爲地 合光仰職門 放之 然後 乃能治也 , 徐大升,『評註淵海子平』

『오행정기五行精綺』 등 고전에 두루 나타나고 있다.

『오행대의五行大儀』는 간지干支를 대요大撓가 만들었다며 다음과 같이 기록하고 있다.

"간지干支는 오행五行을 따라 세운 것이니, 옛날에 헌원씨軒轅氏가 나라를 다스릴 때에 대요씨大撓氏가 만든 것이다. 채옹蔡邕이 쓴 『월령장구月令章句』에 이르기를 대요씨大撓氏가 오행의 정수를 뽑아 북두성의 기틀을 세우는 기준을 정한 것으로 갑을甲乙로 시작하여 이름을 붙인 것을 간干이라 하고, 자축子丑으로 시작하여 월月에 이름 붙인 것을 지支라 한다."[74]

또한 『평주연해자평評註淵海子平』에는 干支는 大撓氏가 완성하였다며 다음과 같이 적고 있다.

"대저 갑자甲子는 대요씨大撓氏가 비로소 완성하였고, 납음納音은 귀곡자鬼谷子가 완성하였다. 상象은 동방만천자, 동방삭東方曼倩子: 東方朔이 완성하였는데 동방삭東方朔이 그 상을 완성한 후에 이름 하기를 화갑자花甲子라 하였다."[75]

『삼명통회三命通會』에는 대요大撓가 黃帝의 명을 받아 六十甲子를 만들었음을 다음과 같이 적고 있다.

"황제黃帝가 대요大撓에게 오행의 정精을 연구하도록 명하매 천서삼식을 연구하여 십간십이지十干十二支로써 육십六十이 되게 했다."[76]

---

74) 蕭吉著, 김수길·윤상철 譯(1998), 『五行大義』, 대유학당, p.10. 원문 "干支者 因五行而立之 昔軒轅之時 大撓之所制也 蔡邕月令章句云 大撓採五行之精 占斗機所建也 始作甲乙 以名日 謂之幹 作子丑 以名月謂之支".

75) 徐子平著, 오청식 譯, 『淵海子平』, p.47. 원문 "夫甲子者 始成於大撓氏 而納音成之於鬼谷子 象成於東方曼倩子 時曼倩子旣成其象 因號曰花甲子".

76) "黃帝命大撓 探五行之情 考天書三式 以十干十二支 衍而成六十" 萬育吾, 『三命通會』, 中央圖書館藏本, 育林出版社印行, 2008년, p.10

생각하건대 六十甲子 干支의 기원을 황제黃帝로 볼 것인지, 천황天皇으로 볼 것인지는 黃帝와 天皇의 실존 여부가 불분명하고, 시대적인 연대고증이 불가능한 상황이므로 역사적 관점에서 六十甲子 干支의 기원이 天皇氏 때인지 또는 黃帝 때인지 단정하기 어렵다.

다만 전국시대戰國時代 여불위呂不韋의 식객들이 편찬한 『여씨춘추呂氏春秋』, 북송北宋 때 사마광司馬光의 『통감通鑑』을 비롯한 여러 문헌에서 황제黃帝때 대요大撓가 간지干支를 만들었다고 설명한 것에 주목하면 육십갑자六十甲子 간지干支의 창제는 黃帝시대 大撓와 관련성이 있을 것으로 추정된다.

특히 사마표司馬彪가 편찬한 『후한서後漢書』에 "是始作甲乙 以名日謂之幹作子丑以名月謂之枝(大撓가 처음 갑을甲乙을 만들어 일日이라 이름하였고 이를 일러 간幹이라 하였다. 자축子丑을 만들어 월月이라 이름하여 지枝라 하였다)"고 하였다.

또한 『오행대의五行大義』에 "干支者因五行而立之昔軒轅之時大撓之所制也 蔡邕月令章句云大撓採五行之精占斗機所建也始作甲乙以名日謂之幹作子丑 以名月謂之支(干支는 五行을 따라 세운 것이니, 옛날에 헌원씨가 나라를 다스릴 때에 대요씨가 만든 것이다. 채옹이 쓴 『월령장구月令章句』에 이르기를 大撓氏가 오행五行의 정수를 뽑아 북두성의 기틀을 세우는 기준을 정한 것으로 갑을甲乙로 시작하여 日에 이름을 붙인 것을 干이라 하고, 子丑으로 시작하여 月에 이름 붙인 것을 支라 한다)"고 한 것 등을 비롯하여 『통감외기通鑑外紀』, 『해여총고陔餘叢考』 등 많은 고전에서 六十甲子는 大撓가 천문天文에 근거하여 幹과 枝를 상배相配하여 만든 것임을 지적한 것으로 보아 六十甲子는 大撓에 의해 이루어진 것으로 생각된다.

2) 역사적 기원歷史的 起源

은殷나라의 역사와 왕조에 대해서는 사마천의 『사기史記』〈은본기殷本紀〉에 그 역사가 서술되어 있었으나 그 실체는 1899년 이후 주목받기 시작한 갑골문甲骨文 연구를 통해 규명되기에 이르렀다.

甲骨文은 거북의 복갑腹甲과 소의 어깨뼈에 새긴 문자로 그간 십만 편 가량 수집되어 1,700여자 정도가 해석되었고 해석된 甲骨文의 내용으로는 점복占卜을 행한 복사卜辭를 새긴 것이 대부분이고 그 외 간지표를 기록한 것이나 구갑龜甲의 공물헌상과 소장현황, 기사각사記事刻辭 등이 있다.[77]

은나라의 유물인 갑골문甲骨文 연구를 통해 은나라는 정확하게 역사적 실체가 밝혀진 가장 오래된 나라로 BC 1,600년 경부터 BC 1,046년 경까지 실재했던 나라로 세상에 드러나게 되었다. 또한 갑골문甲骨文 연구를 통해 은대왕명殷代王名에 모두 천간天干을 사용하였음과 동시에 은대殷代에는 六十甲子 干支를 역일曆日로 사용하였음이 밝혀졌다.

① 은대殷代 왕명에 天干사용

은나라 왕의 이름에는 모두 천간이 사용되었다. 사마천의 『사기史記』〈은본기殷本紀〉에 의하면 은나라는 은계殷契 → 소명昭明 → 상토相土 → 창약昌若 → 조어 曹圉 → 명冥 → 진振 → 미微 → 보정報丁 → 보을報乙 → 보병報丙 → 주임主壬 → 주계主癸의 제후를 거쳐 천을天乙에 이르러 제후를 정벌하고, 삭朔을 바로잡고, 복색을 바꿔 조회를 하는 등 국가로서 면모를 갖춘 후 천

---

77) 陳煒湛 저, 李圭甲 외 3인 譯(2002), 『甲骨文導論』, 學古房, p.145.

을天乙에 이어 외병外丙 → 중임中壬 → 태갑太甲 → 옥정沃丁 → 태경太庚 → 소갑小甲 → 옹기擁己 → 태무太戊 → 중정中丁 → 외임外壬 → 하단갑河亶甲 → 조을祖乙 → 조신祖辛 → 옥갑沃甲 → 조정祖丁 → 남경南庚 → 양갑陽甲 → 반경盤庚 → 소신小辛 → 소을小乙 → 무정武丁 → 조경祖庚 → 조갑祖甲 → 름신廩辛 → 경정庚丁 → 무을武乙 → 태정太丁 → 제을帝乙 → 제신帝辛이 왕으로 재임하였음을 기록하고 있다.

이를 보면 은대殷代에는 제후 상태에서도 보정報丁부터 이름에 천간天干을 사용하였으며, 은나라는 공식적인 왕조로서 실체를 갖춘 천을天乙 이후 30명의 왕의 이름에 모두 천간을 사용하였다. 뿐만 아니라 천을天乙의 태자太子 태정太丁은 왕이 되지 못하고 죽었으나 이름자에는 천간이 들어 있었고 마지막 왕인 제신帝辛의 아들 무경武庚은 왕이 되지 못한 채 은殷이 주周에 망하여 주로부터 녹부祿父로 봉해져 은殷의 제사를 지냈으나 역시 이름에는 천간이 사용되었다.

이렇게 왕계의 이름에는 천간이 사용되었음을 알 수 있다. 이에 반해 〈은본기殷本紀〉에서 마지막 왕인 제신帝辛에게 폭정과 음행을 그치기를 간청하였던 미자微子, 비간比干, 기자箕子는 왕이 아닌 사람들로 그 이름에는 천간天干이 사용되지 않았다. 따라서 한정된 자료로 볼 때 모든 고대 왕조와 마찬가지로 은殷나라는 왕의 권력이 신성시 되었던 시기로, 왕 또는 왕이 될 사람의 이름에만 천간을 사용되었다는 것은 천간을 신성시 했던 것으로 추측된다.

사마천의 『사기』 〈은본기〉에 나오는 은대殷代의 역사와 역대 왕의 이름은 역사적인 고증이 없이 사서史書로만 전해 오다 갑골문甲骨文 연구를 통해 『사기』 〈은본기〉에 언급된 은나라의 역사가 사실임을 확인하였고, 그 결과 殷나라의 존재는 신화에서 역사로 발을 내딛게 되었다.

갑골문甲骨文 연구에 의하면 은대殷代의 세계世系는 제사복사祭祀卜辭를 근거로 하면 위차位次·세차世次·직계直系·방계旁系를 알 수 있다. 상갑上甲 이하의 선공의 순서가 보을報乙·보병報丙·보정報丁·시임示壬·시계示癸라는 점을 알 수 있고, 이것을 통하여 보정報丁·보을報乙·보병報丙의 순으로 기록한 『사기史記』의 잘못을 수정할 수 있었다.[78]

또 "상갑上甲으로부터 대을大乙·대정大丁·대갑大甲·대경大庚·대무大戊·중정中丁·조을祖乙·조신祖辛·조정祖丁에 이르는 10명의 직계 선왕에게 제사를 드리려 하는데 수컷 양을 솔법제率法祭를 써서 할까요?"[79]라고 한 것으로 보아 十示(선조 열 분)는 上甲·大乙·大丁·大甲·大庚·大戊·中丁·祖乙·祖辛·祖丁의 순서로 모두 직계에 속하며 이름에 십간을 사용하였음을 알 수 있다.

〈은대왕실계보도殷代王室世系圖〉

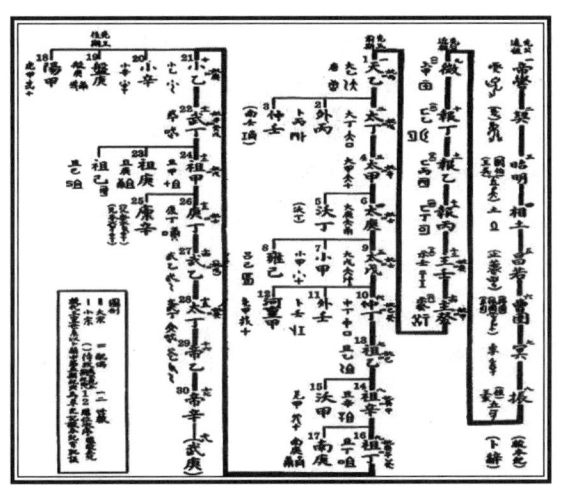

출처 : [역대제왕세계도] (세계서국, 민국 55년, 대만)

---

78) 陳煒湛 著, 李圭甲 외 3인 譯, 전게서, p.266
79) 陳煒湛 著, 李圭甲 외 3인 譯, 전게서, p.163

殷代의 선공先公과 선왕先王은 上甲 이후로 모두 十干의 명칭으로 이름을 삼았다. 上甲은 『사기史記』〈은본기殷本紀〉의 上甲 미微로 殷의 선공先公이며 수많은 복사卜辭에서 자字 上甲이라 하여 上甲으로부터 비롯됨을 언급하고 있다. 이렇게 殷代 先公과 先王의 명칭에 모두 十干을 사용하였음을 알 수 있으나 先公과 先王의 이름에 십간을 붙인 연유에 대해서는 태어난 날의 十干에 따라 이름을 붙였다는 생일설, 죽은 날의 十干에 따라 또는 죽은 후의 干支에 따라 이름을 붙인다는 추명설追名說 등이 있으나 어떤 설이 사실인지 알 수는 없다.

"생일설生日說은 『사기史記』〈은본기殷本紀〉 사마정司馬貞의 『색은索隱』에서 '황보밀皇甫謐이 말하기를 미微는 자字가 상갑上甲이다. 그의 어머니가 갑일甲日에 낳았기 때문이다. 상나라에서 아들을 낳으면 태어난 날에 따라 이름을 지었는데 미微에서 시작되었다皇甫謐云 微字上甲, 其母以甲日生故也 商家生子, 以日爲名, 蓋自微始'라는 구절이 있다. 또 『백호통白虎通』〈성명편姓名編〉에서는 '은나라 사람이 태어난 날로 자식의 이름을 삼은 까닭은 무엇인가? 은나라 사람들은 성품이 질박하여 태어난 날로 자식의 이름을 삼았는데 상서尙書에서 은나라 태갑제무정太甲帝武丁이라 하였다殷人以生日名子何? 殷家質直 故以生日名子也 以尙書道殷家太甲帝武丁'고 하였다. 이에 대해 갑골문甲骨文을 연구하였던 왕국유王國維는 '상나라 사람이 날짜로 이름을 붙인 것은 아마도 성탕 이후의 일이 아닌가 한다. 그 이전의 선공의 생졸일은 탕이 천하의 사전의 명호를 정할 때에는 이미 알 수가 없었기에 십일간의 순서에 따라 이름을 붙인 것이다. 그렇지 않다면 이렇듯 잘 맞아 떨어지지 못할 것이다'라고 하여 사일설死日說 또는 추명설追名說을 주장하였다고 하였다."[80]

다만 殷代 先公과 先王의 이름에만 十干이 사용되었으며, 先公과 先王의 제사를 지낼 때 모두 그 이름의 天干에 해당하는 날, 즉 甲의 이름은 甲

---

80) 陳煒湛 著, 李圭甲 외 3인 譯, 전게서, p.151-152

일에, 乙의 이름은 乙일에 제사를 지냈고,[81] 다른 고대의 왕처럼 殷代의 왕들도 제사장으로 하늘에 제사 지내며 하늘의 뜻을 헤아리는, 즉 하늘과 소통하는 역할을 하는 위치에 있었음에 비추어 볼 때, 이미 殷代에 십간의 의미는 하늘의 뜻을 인간에게 이어주는 신성의 징표로서 왕이나 왕족에서만 제한적으로 사용했던 것으로 보인다.

② 은대殷代 역일曆日에 육십갑자六十甲子 사용

갑골문甲骨文과 은허殷墟가 발견되기 이전 은나라의 역사는 신화와 흔적 속에 묻혀 있었다. 1899년 이전 하남성河南省 안양현安陽縣 소둔촌小屯村의 북쪽과 원하洹河 이남의 논밭에서 끊임없이 발견되던 甲骨에 대해 그곳의 농민들은 용골龍骨이라고 부르면서 약방에 내다 파는 등[82] 약재로 사용되다가 1899년에 이르러서야 甲骨에 새겨진 문자가 주목을 받기 시작하였다.

甲骨에 새겨진 문자는 많은 학자들의 연구를 거쳐 그 자형과 의미가 살아나게 된다. 처음으로 甲骨文을 발견하고 수집한 이는 금석학자金石學者였던 왕의영王懿榮이었고, 이후 나진옥, 왕국유, 곽말약, 동작빈 등의 연구를 거쳐 자전의 편찬 단계에까지 이르렀다. 약 80년간의 甲骨文 연구를 종합하면 약 10만 편의 甲骨文 중 중복되지 않는 낱글자는 4,500~4,600여개 정도이고 학자들의 연구로 판독된 글자는 1,700여 개인데 그중 『설문說文』에 수록되어 있고 음과 의미가 거의 확실한 글자는 약 1,000여 개이다.[83] 결국 甲骨에 새겨진 문자 중 약 1/3정도가 해석이 된 셈이다.

은대殷代 甲骨文의 해석에 의하면 은대에는 干支가 두루 사용되었다. 복

---

81) 陳煒湛著, 李圭甲 외 3인 譯, 전게서, p.165
82) 陳煒湛著, 李圭甲 외 3인 譯, 전게서, p.15
83) 陳煒湛著, 李圭甲 외 3인 譯, 전게서, p.358

사卜辭에 수 없이 갑신복甲申卜, 계미복癸未卜 식으로 간지를 복사한 날을 표시하는 데 사용하였다.

또 甲骨 중에는 육십갑자六十甲子 干支가 새겨져 있는데 어떤 것은 가로로 쓰여 있고, 어떤 것은 세로로 쓰여져 있으며, 전체의 6행 간지표를 쓴 것도 있고, 반만 쓴 것도 있는 등 간지표干支表를 새긴 여러 甲骨이 발견되었다. 간지를 새긴 甲骨 중 특히 연경燕京대학에서 매입한 甲骨에는 각 행마다 10일의 간지를 좌행으로 새긴 육행간지표에 六十甲子 干支가 온전하게 새겨져 있고, 글자체는 제을帝乙·제신帝辛시기의 것으로 글자가 명확하고 완전무결한 것이 발견되었다.[84]

또 六十甲子를 정일월, 이월과 같이 병기하여 2개월여의 일력日曆을 우행으로 8행에 새기고 있으나 癸未의 未자와 癸亥의 亥자가 빠져 있지만 나름대로 六十甲子가 온전히 새겨져 있는 것도 발견되었다. 이들 干支表가 기재된 甲骨이 발견됨에 따라 殷代에는 오늘날과 같은 형태와 순서로 六十甲子를 역일曆日로 사용하였음을 확인할 수 있었다.

나아가 殷代에는 10일을 1순으로 삼고, 매순每旬의 첫째 날은 甲일, 마지막 날은 癸일로 하였고, 발견된 복사卜辭에는 癸일에 순망화 하는 식으로 다가오는 열흘 동안의 안위와 길흉을 점쳤던 복사卜辭가 다수 발견된 것으로 보아 殷代인들의 정순복사貞旬卜辭는 甲부터 癸일까지 하늘의 기운의 길흉을 물었던 것으로 생각된다.

또 당시의 복사卜辭[85]를 보면 날짜 개념도 역일曆日에 따라 六十甲子 干支로 정확히 표기하였다. 즉, 아래와 같이 曆日의 계산과 관련된 갑골복사가 있다.

---

84) 陳煒湛著, 李圭甲 외 3인 譯, 전게서, p.185
85) 陳煒湛著, 李圭甲 외 3인 譯, 전게서, p.155-185.(갑골복사 내용 참조).

癸未卜, 爭貞 : 旬亡禍
三日乙酉夕, 月有食.
계미일에 쟁이 점쳐 묻기를 열흘 동안 재앙이 없을까요?
삼 일째인 乙酉日저녁에 월식이 있었다.

癸酉卜囗貞 : 旬亡禍 …
五日丁丑王賓中丁 ….
癸酉일에 囗이 점쳐 묻기를 열흘 동안 재앙이 없을까요? …
5일째 되는 丁丑日에 왕이 중정에서 빈 제사를 드리고….

癸未卜囗貞 : 旬亡禍 …
六日戊子子囗囚一月.
癸未日에 점쳐 묻기를 열흘 동안 재앙이 없을까요? …
6일째 되는 戊子日에 아들 囗가 쓰러졌는데 때는 1월이다.

庚子卜, 囗貞 :
翌辛丑其又妣辛, 鄕.
庚子일에 囗이 점쳐 묻기를
내일 辛丑日에 비신에게 유제사를 드리는데 향제로 할까요?

이들 갑골복사甲骨卜辭에 나타난 曆日 개념을 살펴보면 癸未일로부터 3일째 되는 曆日은 乙酉일이라 하였고, 癸酉일로부터 5일째 되는 曆日은 丁丑일이라 하였다. 또 癸未일로부터 6일째 되는 曆日은 戊子일이라 하였고, 庚子일의 다음날은 辛丑일이라고 하여 오늘날의 六十甲子 차서와 일치한다. 결국 殷代의 甲骨卜辭에 나타나는 六十甲子 순서는 오늘날의 六十甲子 차서와 일치하는 것으로 보아 殷代에는 이미 六十甲子를 曆日로 사용하였음을 추측할 수 있다고 하겠다.

〈갑골문 십간십이지〉

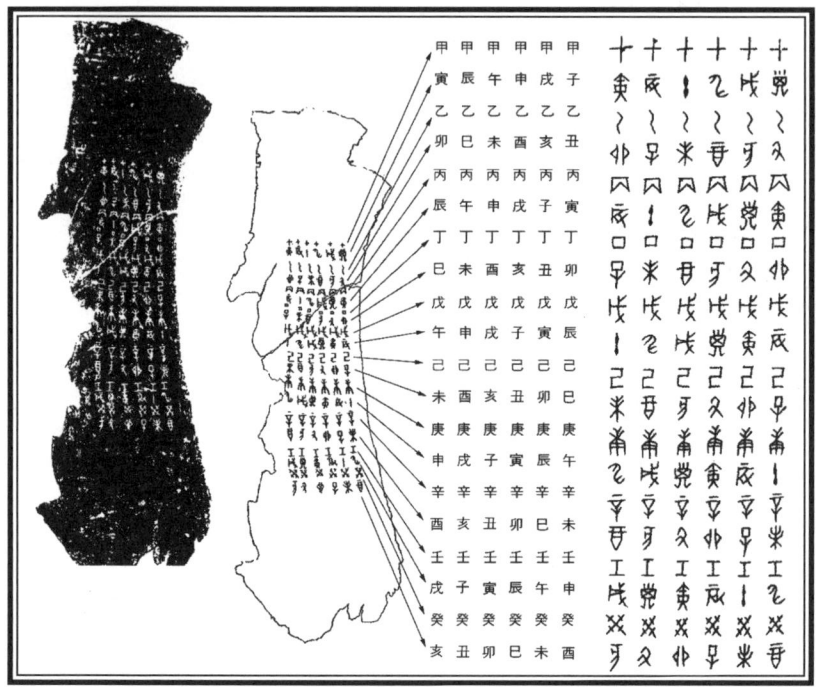

출처 : 2003.6.13. 오길순吳吉淳 작성, 심재훈 甲骨文이야기에서 인용

3. 십간십이지十干十二支의 전개

간지干支는 천간天干 지지地支 혹은 十干과 十二支라고도 부르며 10개의 天干과 12개의 地支로 형성되어 있다. 그리고 음양오행陰陽五行은 음양과 오행이 합쳐진 용어로 동양 고유의 사유체계이다. 간지와 陰陽五行은 서로 다른 환경 속에서 형성되어 춘추전국시대와 한대를 거치면서 결합하여 오랫동안 한의학, 주역학, 풍수지리학 등 동양학 전반에, 특히 동양의 미래예

측학 각 분야에서 이론체계로 활용되고 있다. 본 장에서는 이러한 간지와 陰陽五行의 연원과 개념 변화과정에 대하여 『설문해자說文解字』, 『사기史記』 〈율서律書〉, 『한서漢書』〈율력지律曆志〉, 『시경詩經』 등 고전의 기록들을 통하여 분석해 보겠다.

1) 십간十干

十干은 10개의 天干으로 甲·乙·丙·丁·戊·己·庚·辛·壬·癸를 말한다. 십간의 유래는 중국고대 왕조의 하夏·은殷·주周 시대부터 왕의 이름이나 날짜를 표시하는 데 사용되어 왔다.

이러한 十干에 대하여 후한의 허신許愼이 편찬한 『설문해자說文解字』[86]의 기록을 살펴보면, 甲의 옛글자는 甲, 𠇑으로, 방위는 동방東方이며 시작을 뜻하고, 양기陽氣가 처음으로 움직이는 모습 등을 의미한다. 乙의 옛글자는 ⌇로, 아직 음기陰氣가 강강하여 초목草木이 억눌려 굽어 나오는 모습을 나타내고, 아래로부터 위로 통하는 '뚫을丨'과 같은 의미이며, 사람의 목을 의미하기도 한다. 丙의 옛글자는 丙으로, 남방을 뜻하며 사람의 어깨를 나타낸다. 丁의 옛글자는 ↑이고, 여름에 만물이 왕성하게 자라 충실해지는 것을 나타낸다. 戊의 옛글자는 ⽊이고, 己의 옛글자는 ⼰로, 둘 다 오행에서 중궁中宮인 土에 속한다. 庚은 서방을 뜻하며 가을에 만물이 단단하게 열매를 맺는 것을 나타낸다. 辛은 가을에 만물이 성숙한 것으로 땅을 형상화한 '一'과 찌른다는 의미의 '辛'이 합쳐 이루어진 글자이다. 壬은 북방을 뜻하

---

86) 『說文解字』는 총 15편. 後漢의 許愼이 편찬하였다. 그중 말미의 敍 1편은 秦漢 이래 문자정리의 연혁을 밝힌 것으로 100년에 완성되었다. 그 당시 통용된 모든 한자 9,353자를 540部로 분류하고, 親字에는 小篆의 字體를 싣고, 그 각 字에 字義와 字形을 說解하였다. 소전과 자체가 다른 古文·籒文은 重文으로서 1,163자를 수록하였다.

며 陰이 극도極度에 이르러 양이 나타나는 것이다. 壬은 마치 임신한 여인의 배처럼 불룩 튀어나온 장딴지를 표현한 것이다. 癸는 겨울에 새로운 봄을 맞아 다시 생명이 소생할 것을 나타내며, 옛글자는 ※로 물이 사방으로부터 땅속으로 유입流入되는 모습을 본뜬 것이다. 干支에 관계된 『설문해자說文解字』 원문을 살펴보면 다음과 같다.

"甲(宀)은 소전체小篆體로[87] 지금의 甲자이다. 甲은 동방東方의 시작始作이고 양기陽氣가 처음으로 동動하여 나무가 부갑孚甲을 이고 있는 모습을 하고 있다. 乙은 소전小篆의 ⌇字로 지금의 乙자이다. ⌇字는 봄에 초목草木이 억눌려서 굽어서 나오는 모습을 본뜨고 있으니 음기陰氣가 아직 강강强强하여 그 나오는 상태狀態가 구부러져 있는 것이다. 아래로부터 위로 통하는 丨과 같은 뜻이다. 乙은 甲을 이어 사람의 목을 본뜨고 있다. 丙(丙)은 남방南方으로 만물萬物이 성숙되어 음기陰氣가 나오기 시작하고 양기陽氣 장휴將虧라 종일입경從一入冂하니 일자一者는 양陽이라 丙은 乙을 이어 사람의 어깨를 나타내고, ↑(丁)은 여름에 만물萬物이 씩씩하게 자라 충실充實해지는 때이다. 戊(戊)는 己와 함께 오행五行에서 중궁中宮인 土에 속한다. 소전小篆의 戊字는 육갑六甲[88]과 오룡五龍[89]이 서로 잡고 엮어서 꼬여진 모습을 하고 있다. ⼰(己)는 중궁中宮으로 만물萬物이 반벽盤辟하여 수렴收斂하는 모습으로 글자의 모습은 힐굴詰詘되어 있는 형태形態를 하고 있다. 庚은 서방西方으로 가을에 만물萬物이 단단하게 열매를 맺는 것이다. 辛은 가을에 만물萬物이 성숙成熟하는 것이다. 金은 강강剛하고 맛은 맵고, 매우면 눈물이 난다는 것이다. 一과 䇂으로 이루어진 글자이니, 䇂은 辠字이다. 壬은 북방北方으로 陰이 극도極度에 이르러 양陽이 생生하는 것이다. 그러므로 역易의 곤坤 상육효上六爻에서 "용龍이 들에서 싸운다" 하였으니 전戰이라는 말은 안按한다는 뜻으로 陰이 극極하여 양陽이 계승繼承하는 것이다. 사람이 임신姙娠한 모습을 본떴다. 亥는 壬을 이어서 자식이 태어나는 차례이다. 壬이 무巫와 동의同意라는 것

---

87) 십체서의 하나로 . 중국 진시황 때 이사가 大篆을 간략하게 변형하여 만든 것으로, 조선 시대에는 시험 과목으로 실시하기도 하였다. 팔체서의 하나이다.

88) 甲子, 甲戌, 甲申, 甲午, 甲辰, 甲寅.

89) "五行".

은 무巫는 사람이 양수兩袖로 춤추는 모습을 본떴고, 壬은 사람의 배가 커진 것을 본
뜬 것이다. 壬은 辛을 이어서 사람의 장딴지를 상징하니, 장딴지는 임신姙娠한 것처
럼 불룩 튀어 나왔다. 癸는 겨울에 水土가 활동活動을 그치고 고요히 있어 새로운 봄
을 맞아 다시 생명生命을 소생蘇生할 것을 헤아릴 만하니 물이 서방四方으로 부터 땅
속으로 유입流入되는 모습을 본뜨고 있다."90) 91)

다음으로 干支가 나타나는 고대의 문헌으로는 사마천의 『사기史記』가 있
다. 그러나 『사기』〈율서律書〉편에 나타나는 十干은 戊·己가 나타나지 않
은 것이 특징이다. 하지만 다른 내용의 해석은 『설문해자說文解字』와 비슷하
다. 『사기』의 〈율서〉에 나타나는 十干의 내용을 살펴보면 아래와 같다.

"甲이란 만물萬物의 씨앗이 뒤집어썼던 껍질을 뚫고 나오는 것이다. 乙은 만물萬物이
땅위로 나오는 것이고, 丙이란 양도陽道가 드러나 밝기 때문에 '丙' 이라 말한 것이
다. 丁이란 만물萬物이 씩씩하게 자라 성한 것을 말하고, 庚이란 음기陰氣가 만물萬物
을 키운 열매를 맺게 하기 때문에 '庚' 이라 말한 것이다. 辛이란 만물萬物이 새롭게
생명의 뿌리내리고 맛이 나타내기 때문에 '辛' 이라 말한 것이다. 壬이라 한 것은 아
이를 가졌다는 뜻이다. 양기陽氣가 아래에서 만물萬物을 기름을 말한다. 癸라 한 것은
만물萬物을 헤아릴 수 있기 때문에 '癸' 라 말한 것이다."92) 93)

---

90) "甲甲：東方之孟, 陽气萌動, 从木戴孚甲之象。一曰人頭空爲甲, 甲象人頭。乙乙：象春艸木冤曲而出,陰气
尚彊, 其出乙乙也。與丨同意。乙承甲, 象人頸。丙丙：位南方, 萬物成, 炳然。陰气初起, 陽气將虧。从一入冂。
一者, 陽也。丙承乙, 象人肩。丁丁：夏時萬物皆丁實。象形。丁承丙, 象人心。戊戊：中宮也。象六甲五
龍相拘絞也。戊承丁, 象人脅。己己：中宮也。象萬物辟藏詘形也。己承戊, 象人腹。庚：位西方, 象秋時
萬物庚庚有實也。庚承己, 象人齎。辛：秋時萬物成而孰；金剛, 味辛, 辛痛即泣出。从一从辛。辛, 辠也。辛承庚,
象人股。壬：位北方也。陰極陽生。癸：冬時, 水土平, 可揆度也。象水從"。許愼撰, 段玉裁注(2006),『說文解
字注』, 浙江古籍出版社, p.740-742.

91) 尹暢烈(1996), '十干과 十二支에 對한 考察', 大田大學校韓醫學硏究所, 論文集 8, p.1-3.

92) "甲者, 言萬物剖符甲而出也；乙者, 言萬物生軋軋也。丙者, 言陽道著明, 故曰丙；丁者, 言萬物之丁壯也, 庚者, 言
陰氣庚萬物, 故曰庚；辛者, 言萬物之辛生, 故曰辛。壬之爲言任也, 言陽氣任養萬物於下也。癸之爲言揆也, 言萬
物可揆度, 故曰癸。". 司馬遷,『史記』, 宏業書局, p.1242-1249.

93) 任應秋著, 李宰碩譯(2003),『운기학설』, 동문선, p.44-45.

다음 표는 『이아爾雅』와 『사기史記』에 나와 있는 十干의 옛이름이다.

〈『爾雅』와 『史記』에 나타난 십간의 옛 이름〉

	甲	乙	丙	丁	戊	己	庚	辛	壬	癸
爾雅	閼逢 알봉	旃蒙 전몽	柔兆 유조	彊圉 강어	著雍 착옹	屠維 도유	上章 상장	重光 중광	玄黓 현익	昭陽 소양
史記	焉逢 언봉	端蒙 단몽	浮兆 부조	彊梧 강오	徒維 도유	祝犁 축리	商陽 상양	昭陽 소양	橫艾 횡애	商章 상장

후한 반고班固에 의해 완성된 『한서漢書』[94]에는 십간十干을 식물이 자라고 성장하고 익어가는 모습으로 표현한 것이 특징이며, 다른 부분들은 『설문해자說文解字』와 『사기史記』의 내용과 비슷한 것을 알 수 있다. 다음은 『한서漢書』〈율력지律曆志〉에 실려 있는 十干의 내용이다.

"甲에서 껍질이 벗어져 나오고, 乙에서 분발하여 가까스로 자라고, 丙에서 밝게 나오고, 丁에서 크게 성장하고, 戊에서 풍성하게 만들어지고, 己에서 줄기가 이어지고, 庚에서 거두어 다시 익어지고, 辛에서 온전히 새로워지고, 壬에서 懷妊이 되고, 癸에서 헤아려진다."[95] [96]

북송北宋의 유온서劉溫舒가 저술한 『소문인식운기론오素問人式運氣論奧』에서는 干支가 조금 더 구체적으로 표현되었으며, 사람에 비유한다면 태어나

---

94) "AD 90년경에 만들어진 책으로, 고조의 건국과 무제의 흉노 정벌 등 前漢 제국의 역사를 기록했다. 『漢書』란 한나라의 사적을 기록한 책이라는 뜻으로, 後漢의 班固가 편찬하였으며, 紀 12권, 表 8권, 志 10권, 傳 70권으로 이루어져 있다". 다케우치미노루(2006), 『중국지식』, 이다미디어, p.87.

95) "出甲於甲, 奮軋於乙, 明炳於丙, 大盛於丁, 豐茂於戊, 理紀於己, 斂更於庚, 悉新於辛, 懷任於壬, 陳揆於癸". 班固, 『漢書』, 鼎文書局, p.956.

96) 任應秋著, 李宰碩譯(2003), 『운기학설』, 동문선, p. 45에서 재인용.

고 자라서 성숙해지고 잉태하는 것을 나타내고 있다. 아래는 『素問人式運氣論奧』에 나타나는 十干의 내용이다.

"甲은 陽에 속하지만 아직 陰에 쌓여 있는 상태이다. 이때는 陽이 발생은 시작했지만 아직 陰에 의해 굴억屈抑을 당하여 기氣를 펴지 못하는 상태를 설명한다. 乙은 갑양甲陽이 자라 그 쌓여 있는 陰을 뚫고 나왔으나 음기陰氣가 아직 다 물러가지 않아서 양기陽氣가 여전히 억압된 상태인 것이다. 丙은 火요, 화기火氣는 밝은 양이고 안으론 음을 가지고 있는 상이다. 등불의 뿌리가 탁濁하여 검게 보이는 것은 안으로 음을 가지고 있기 때문이다. 丁은 양기陽氣가 성하여져 앞으로 나아가 강하게 된 것을 말한다. 丙丁은 모두 하화夏火로, 시기적으로 이때가 되면 만물萬物이 양화지기陽火之氣를 얻어 모두 밝게 빛나고 분명히 드러난다. 戊는 "戊는 茂也라" 양토陽土로 만물이 무성히 자라는 모습을 표현한 것이며, 己는 "己는 起也라" 음토陰土로 만물이 그 음기陰氣에 억제를 당하여 비록 정지停止해 있지만 여전히 복기復起의 조짐이 있다고 한 것이다. 庚과 辛은 모두 금기金氣이다. 庚은 金의 陽이되고 辛이 金의 陰이 된다. 庚은 양기陽氣가 바뀌어 음기陰氣가 되는 시기로서 만물은 음기陰氣로써 엄숙嚴肅해지는 때로 '숙연肅然'이라고 표현한다. 辛은 양기陽氣가 쇠衰하여 밑으로 가라앉고 음기陰氣가 성盛하여 위로 드러나는 모습이다. 壬은 '수태受胎'를 의미하며 어머니 배속에 자식을 잉태孕胎하는 것에 비유할 수 있다. 壬은 陰이오, 壬의 陰이요 일양一陽의 기를 임신姙娠한다는 것은 십이지十二支 中에서 북방北方 子와 의미하는 것이 같다. 子는 자식의 뜻이다. 壬의 陰속에 임신姙娠한 태胎가 子이다. 癸는 '揆'이고 그 뜻은 '헤아릴 탁度'과 같다. '회임기하懷姙其下'는 癸가 성음폐장지하盛陰閉藏之下에서 양기陽氣를 그 속에 회임懷姙하고 있음을 말한다. 천령天令의 운행運行이 癸에 이르면 다음 봄의 발생승동發生升動하는 때를 기다렸다가 만물로 하여금 생발맹아生發萌芽하게 하여 다시 갑을지위甲乙之位로 전환轉換하게 한다."[97]

동한東漢의 훈고학자訓詁學者인 유희劉熙[98]는 『석명釋名』 27권을 지었는

---

97) 尹暢烈,(1996), '十干과 十二支에 對한 考察', 대전대학교한의학연구소 논문집 4권2호, p.4-8.
98) 字는 成國, 지금의 山東省에 해당하는 北海의 사람

데, 『석명釋名』은 음音에 근거하여 사물의 명칭이 그렇게 불리게 된 연유를 설명한 책으로 여기에서도 초목이 자라고 성장하고 소멸하여 다시 탄생하는 것에 비유하여 논하고 있다

"甲은 만물萬物이 껍질을 깨고 나오는 모습이고, 乙은 알軋로 싹을 틔워 힘들게 나오는 것이다. 丙은 빛남이니 만물이 자라나 드러나는 것이고, 丁은 물체物體가 씩씩하고 강强한 것이다. 戊는 만물이 무성해지는 것이고, 己는 자라서 일정한 형태가 있어 기억하여 알 수 있는 것이고, 庚은 만물이 견강堅剛한 모습으로 바뀌는 것이며, 辛은 새로워지는 것으로 만물이 처음으로 새롭게 바뀐 것이다. 壬은 임신姙娠함으로써 음양陰陽이 교합交合하여 물체가 회임懷妊되는 것으로 子에 싹이 트게 하는 것이고, 癸는 헤아리는 것으로 봄이 되기를 살피다가 生하여 비로소 땅에서 나오는 것이다."[99]

수나라 초기의 음양학陰陽學과 산술학算術學의 대가인 소길이 저술한 『오행대의五行大義』는 수나라 초기까지 전개되어 온 오행학설을 24종류로 분류해서 정리한 책이다. 내용은 오행의 정의에서부터 천문·지리·인사적 요소는 물론, 왕조의 변천, 각 동식물의 분류와 맛, 인체의 오장육부에 이르기까지 오행에 영향을 받지 않는 것이 없음을 밝히고 있다. 다음은 『五行大義』에 나오는 十干의 설명이다.

"甲乙은 「시위추탁재詩緯推度災」에 "甲은 억누르고 잡아 가두는 것으로, 봄에는 열고 겨울에는 닫는다"고 하였고, 정현이 『예기』의 월령月令에 주註를 달아 "甲은 싹틔우고 잡아당기는 것으로, 乙은 꼬불꼬불한 것으로, 봄이 되면 모든 물건이 씨앗의 껍질을 뚫고 나오는 것이다"라고 했다. 丙丁은 "丙은 자루[柄]이다. 물건이 생겨나 자라면 각각 줄기자루를 잡는 것이다"라는 말에 정현이 주를 달아 말하기를 "丙은 빛나

---

99) "甲孚也. 萬物 解孚甲而生也. 乙軋也. 自抽軋而出也. 丙炳也. 物生炳然皆著見也. 丁壯也. 物體皆丁壯也. 戊茂也. 物皆茂盛也. 己紀也. 皆有定形可紀識也. 庚猶更也. 庚堅 貌也. 辛新也. 物初新者皆收成也. 壬妊也. 陰陽交物懷妊也 至子而萌也. 癸揆也. 揆度而生乃出之也". 劉熙撰, 『釋名』, 國立中央圖書館, 影印本, p.17.

는 것으로, 여름에 모든 물건이 강대해져서 빛나게 나타나 보이는 것이다"라고 했다. 丁은 머무를 亭자와 같으며, 亭은 그쳐 쉬는 것으로, 물건이 생겨나서 성장하다가 그치게 되는 것이다. 戊己의 戊는 '바꿀 貿'와 같아, 생겨나서 극에 달하도록 크면 당연히 이전의 몸체를 변해서 바꾸게 된다. 己는 '벼리 紀'와 같은 것으로, 이미 이루어지면 줄기와 바탕 되는 것이 있게 된다. 정현이 말하기를 "戊는 무성한 것이고, 己는 일어나는 것이다. 즉, 모든 만물의 가지와 잎이 무성하여, 그 중에서 빼어난 것이 억눌리고 굽혔다가 일어서는 것이다"라고 했다. 庚辛은 庚은 고치는 것이고, 辛은 새롭게 하는 것이다. 만물이 이루어짐에 교대하고 고쳐져서 새롭게 됨을 말한다. 정현이 말하기를 "만물이 모두 엄숙하게 고치고 변경되어서, 열매가 빼어나고 새롭게 이루어지는 것이다"라고 했다. 壬癸의 壬은 맡기는 것이고, 癸는 헤아리고 계책을 하는[揆] 것이다. 즉, 음이 양에게 맡겨서 물건이 싹트도록 계획하는 것이다. 정현이 말하기를 "만물을 닫아 감추는 때로, 아래에서 회임을 해서 싹이 돋아나도록 하는 것이다."[100] 하였다."

이와 같이 『설문해자說文解字』, 『사기史記』, 『한서漢書』〈율력지律曆志〉, 『소문입식운기론오素問入式運氣論奧』, 『석명釋名』 등 고문헌古文獻들의 분석을 통하여 十干의 어원語源과 상징체계 등을 알아보았다. 이들에 나오는 十干에 대하여 정리해 보면 다음과 같다.

甲이라고 하는 것은 '갑옷 甲'자라고도 하며, 밭 가운데에 씨를 뿌리면 땅 밑으로 뿌리를 내린다는 뜻이고, 물건을 감춰두는 '상자 갑匣'자라 하여 甲의 뿌리를 땅속에 감춰둔다는 의미라고도 하였다. 또 그 뿌리를 내린 甲이 꼬불꼬불 싹이 터 나오기 때문에 乙은 '싹날 얼櫱'자에서 따와서, 싹이 굽은 모양으로 돋아난다는 뜻이다. 丙은 밝게 나타난다는 '빛날 병炳'자에서 따온 것으로 싹이 완전히 몸을 드러낸다는 뜻이다. 丁이라고 하는 것은 丙으로 드러낸 생물이 정녕하고 장실하다는 '장정 丁'자를 그대로 놓은 것으로 실하고 분명해진다는 의미이다. 戊라고 하는 것은 정실해진 물건이 아

---

100) 金秀吉, 尹相喆譯(1998), 『五行大義』, 대유학당, pp.12-13.

름답고 무성하다는 '성할 茂' 자에서 따왔으니 아름답고 무수하게 자란다는 뜻이다. 己라고 하는 것은 무성하게 자란 물이 자기 몸을 완전히 일으킨다는 '일어날 起' 자에서 따왔으니 몸체가 완전히 성립했다는 의미이고, 庚이라고 하는 것은 성숙해진 생물이 모습을 고친다는 '고칠 更' 자에서 따왔으니 정기를 견고하게 수렴하여 열매를 맺는다는 뜻이다. 辛이라고 하는 것은 庚으로 모습이 바뀐 생물이 열매를 맺어 완전히 새로워진다는 '새 新' 자에서 따왔으니 새롭게 이루었다는 의미이다. 壬이라고 하는 것은 壬子를 임신한다는 '애 밸 姙' 자라 하여 모든 생물이 壬의 정액으로 포태한다는 뜻이다. 임신한다는 姙자에서 따온 것이다. 癸라고 하는 것은 헤아리고 분별한다는 '헤아릴 揆' 자에서 따왔으니 壬水로 잉태한 생물이 남녀로 분별한다는 뜻이다. 생물이 임신이 되지 않으면 나올 수 없듯이 甲乙의 木이 나오는 것은 壬癸의 수분을 받아 잉태하여 나오는 것이다.[101]

2) 십이지 十二支

十二支는 子·丑·寅·卯·辰·巳·午·未·申·酉·戌·亥로 12개의 지지를 말하며, 이 十二支는 태음력太陰曆을 표준으로 하는 은대殷代의 역법체계에서 1년 동안 12번에 걸쳐 달이 차고 기우는 것을 기록하는 수단으로 사용되었다. 이러한 지지기월地支紀月의 기원은 아주 오래 되었으며 하나라 때는 寅으로, 은殷나라 때는 丑으로, 주나라 때는 子를 세수歲首를 삼았다고 한다. 두병斗柄이 이 子丑寅의 방향을 가리킬 때는 모두 歲首로 사용하였으며, 하은주 3대에 걸쳐 인정, 지정, 천정의 삼정을 때에 따라 바꿔

---

101) 金碩鎭(2005),『대산주역강의1』, 한길사, p.106-107.

쓴 것이다. 그 후 진대秦代에서는 亥로써 정월을 삼았다가, 한무제漢武帝 태초원년太初元年에 태초력太初曆을 만들고 寅月로써 歲首를 삼았는데 이것이 지금까지 사용되고 있다. 이러한 十二支에 대하여 『설문해자說文解字』의 기록을 살펴보면 아래와 같다.

"子는 십일월에 양기가 동하여 만물이 불어나기 때문에 사람으로서 취상한 것이다. 丑은 묶는다는 뜻이다. 십이월에 만물이 움직인다고 하였고, 손의 모습을 본떴다. 寅은 『설문해자說文解字』에 빈에 대해 "서개가 말하길 빈은 빈척지의髕斥之意니 인양기人陽氣가 예이출銳而出이나 토애어면구土閡於宀臼하니 소이빈지야所以擯之也"라 하였다. 卯는 무릅쓰다는 뜻이다. 이월에는 만물이 땅을 뚫고 나오게 된다. 문을 여는 모습을 본뜨고 있으니, 그러므로 이월이 천문이 된다. 辰은 천둥이 크게 울리는 것이다. 삼월에 양기가 동하여 천둥과 번개가 쳐서 백성이 농사를 짓는 때니 만물이 다 소생한다. 소전체 ꔤ는 巳이다. 사월에 양기가 다 나오고 음기가 다 숨어 만물이 드러난 것이다. 午는 거스른다는 뜻이다. 오월에 음기가 양을 거슬러 땅을 뚫고 나오는 것이다. 未는 맛이다. 유월에는 만물이 다 성숙하여 각자의 맛을 낸다. 오행의 木이 未에서 노쇠하니 나무에 지섭이 중첩된 모습을 본뜬 글자이다. 申은 단옥재는 '신자는 인장이고, 속자는 약결'이라 하여 음기가 자라나 물체를 약속한다는 뜻으로 보았다고 한다. 酉는 이루는 것이다. 八月이 되며 주주를 빚을 수 있다. 戌은 멸의 뜻이 있다. 구월에 양기가 미약하니 만물이 다 이루어지고 양기가 내려가 땅속으로 들어간다. 亥는 풀뿌리이다. 시월에 미양이 일어나 성음에 접하게 된다. 亥에서 자식을 낳으면 다시 一을 좇아 시작한다. 이 말은 一에서 시작하여 亥에 끝나고, 亥에서 마치면 다시 一로 시작한다는 뜻으로 순환무단함을 나타내고 있다. 『설문해자說文解字』는 실제로 一에서 시작하여 亥에서 책이 끝나고 있다."[102]

『한서漢書』〈율력지律曆志〉에서는 十二支를 다음과 같이 설명하고 있다.

"子에서 싹이 트고, 丑에서 얽혀 나오고, 寅에서 끌려 나오며, 卯에서 뚫고 돋아나고,

---

102) 許愼撰, 段玉裁注(2006), 『說文解字注』, 浙江古籍出版社, 2006, p.742-752.

辰에서 제 모습이 나타나며, 巳에서 성하고, 午에서 널리 펴지며, 未에서 우거지고, 申에서 크고 단단해지며, 酉에서 머물러 잡히고, 戌에서 마쳐들며, 亥에서 음양이 서로 해당하여 관계를 맺는다. 그렇기 때문에 음양이 베풀고 변화되어 만물은 종시終始를 이루는 것이다."[103]

류온서劉溫舒의 『소문입식운기론오素問入式運氣論奧』에 나타나는 十二支에 관하여 알아보면 다음과 같다.

"子는 북방지음의 한수지위에 해당하여 음극하면 양생하기 때문에, 子는 음성지극한 곳이지만 일양이 또한 처음으로 시생하는 곳이 된다. "丑은 뉴紐야"라 하여 뉴紐자로 丑을 해석하였다. 子時에 일양이 시생하고 丑時에 이양이 生하지만 이때에 사음지기가 아직 성하니, 이는 음기가 양기를 잡고 억제하는 시기이다. '뉴紐'는 사음이 이양을 잡아 그치게 하여 출발하지 못하게 하는 뜻이 있다. '寅은 正月也'는 '양이재상 음이재하'는 丑時에는 이양이 생하고 寅時에는 삼양이 생하니, 이때가 되면 삼음삼양지기가 양기는 상부하고 음기는 향하침루하는 형세를 이룬다고 하였고, '卯者는 주야로써 이야기하면 평단에 야음이 사라지고 일양의 광명이 시출하는 때의 기상이다. 辰은 '양이과반'은 卯時에 사양이 생하고 辰時에 오양이 생하니 양기가 생장하는 것이 이미 반을 지난 것이다. 巳는 사월로 '정양'은 순양이다. 巳四月에는 육양이 다 생하여 그 사이에 일음도 존재하고 있지 않기 때문에 정양이라 한 것이다. 午는 午時에는 음이 시생하니 비록 오양이 아직 성하여 굴하지 않았지만, 음이 시생하는 때이므로 이 음기가 주장이 된다. 未는 오시에 일음이 생하고 未時에 이음이 생하여 四陽이 있게 되므로, 未六月中에는 음양이 상교하여 초목의 지섭이 번성하고 무거운 기세를 이룬다. 申은 申時에 삼음이 생하고 삼양이 퇴하므로 申七月의 시령에는 음기가 펴지고 양기가 물러가 생발지사가 더 이상 진행하지 못한다. 酉는 '正中'은 최중의 뜻이다. 酉時에는 사음이 생하고 단지 이음만 남기 때문에 음기가 폐장을 시켜 개발하지 못하게 한다. 九月은 戌이니 이때에는 오음이 비록 성하지만 아직 양이 남아 있어 양기가 다 사라지지 않은 때이다. 亥는 '純陰'은 단지 음기만 있고 일양도

---

103) 曺圭文(2001), '十干十二支의 命理的 이해', 원광대학교 석사학위논문. p.17.

섞이지 않은 것이므로 순음이라 칭한 것이다. 이때는 육음이 다 드러나니 순전히 음기일 뿐이다."[104)]

류희劉熙의 『석명釋名』에서는 十二支를 다음과 같이 말하였다.

"子는 불어나는 것이니 양기가 처음 싹터서 아래로부터 자라는 것이다. 역에서는 감괘의 위에 해당하는데, 감은 험하다는 뜻이다. 丑은 묶는 것이니 한기가 스스로 억누르고 잡아매는 것이다. 역에서 간이 되니, 간은 그치게 하는 것이니 때에 있어 아직 만물이 생하는 것을 좇지 않고 그치게 하는 것이다. 寅은 펴는 것이니 생물을 널리 펴는 것이다. 卯는 무릅쓰는 것이니 비로소 흙을 뚫고 나오는 것이다. 역에서는 진이 되니 이월에 천둥이 처음으로 울리게 된다. 辰은 펴는 것이니 만물이 다 펼쳐져서 나오는 것이다. 巳는 그치는 것이니 양기가 다 펼쳐져서 그치는 것이다. 이에서는 손이 되니 손은 흩어지는 것이다. 만물이 다 생하여 퍼지고 흩어지는 것이다. 午는 거스르는 것이니 음기가 아래로부터 위로 올라와 양기와 서로 거스르는 것이다. 이에 있어서는 리괘가 되고, 리는 붙는 것이니 물에다 양기가 붙어서 무성해 지는 것이다. 未는 이루는 것이니 해가 중천에 있으면 기울어지기 시작하여 어둠을 향하여 나아가는 것이다. 申은 몸이니, 물이 다 그 몸을 이루어 각각 수렴하여 갖추어 이루게 하는 것이다. 酉는 꽃피는 것이니, 꽃이 된다는 것은 만물이다 완성되는 것이다. 이에 있어서는 태괘가 되니 태는 기뻐한다는 뜻이다. 만물이 만족하게 갖추어짐을 얻어 기뻐하는 것이다. 戌은 불쌍히 여김이니, 만물이 수렴함을 당해 불쌍히 여기는 것이다. 또한 벗으면 떨어지는 것을 말한다. 亥는 핵심이니 백물을 거두어 갈무리하여 그 좋고 나쁘고 참되고 거짓된 것의 핵심을 취하는 것이다. 또한 만물이 완성되어 단단해지는 것을 말한다."[105)]

『오행대의五行大義』에서는 十二支의 자의字意를 다음과 같이 설명하고 있다.

---

104) 劉溫舒,『素問入式運氣論奧』, 國立中央圖書館, 影印本, p.14-18.
105) 劉熙撰,『釋名』, 國立中央圖書館, 影印本, p.16-17.

子는 낳는 것[孶]이니, 양기가 이미 움직임에 만물이 새끼 낳고 싹트는 것이다. 「삼례의종」106)에 말하기를 "양기가 일어나서 새끼를 낳고 길러서 커가는 것"이라고 하였다. 丑은 '끈 뉴紐'이고, '뉴'는 연결하는 것이니, 계속 싹터서 연달아 자라는 것이다. 그러므로 子에서 싹이 터서, 丑에서 어금니 같이 달아 자라는 것이다. 「삼례의종」에 말하기를 "시작하고 마치는 때에 있기 때문에, 매듭짓는 것으로 이름을 했다"고 하였다. 寅은 옮기는 것이며 또한 이끄는[引] 것이다. 물건의 싹이 점차 몸 밖으로 토해져서, 이끌리고 펴져 땅으로 옮겨 나오는 것이다. 『회남자』에 말하기를 "寅은 지렁이[蚓]가 살아나서 움직이는 것"이라고 했으며, 「삼례의종」에서 말하기를 "寅은 이끄는 것이니, 사열하고 세우는 뜻"이라고 했다. 卯는 덮는다는 것이니, 물건이 나서 커져 땅을 덮는 것이다. 『회남자』에 말하기를 "卯는 무성한[茂] 것이니, 무성해지는 것"이라고 했으며, 『삼례의종』에 말하기를 "묘는 무성한 것이니, 양기가 여기에 이르면, 물건이 나고 커서 무성해지는 것"이라고 했다. 辰은 진동하는 것[震]이니, 빠르게 진동해서 옛 몸체를 벗어나는 것이다. 「삼례의종」에 말하기를 "이 달[辰月]이 되면 물건이 모두 움직이고 자란다"고 했다. 巳는 그치는 것이니, 옛 몸체를 씻어내어 여기에서 마치게 되는 것이다. 「삼례의종」에 말하기를 "巳는 일어나는[起] 것이니, 물건이 이때에 이르러서 모두 자라기를 마치고 일어나는 것"이라고 했다. 午는 짝 지워지는 것이며 또한 꽃받침이 붙는[咢] 것이다. 5월에 만물이 성대해져서 가지와 꽃받침이 짝으로 펼쳐지는 것이다. 『회남자』에 말하기를 "'午'는 어지러운 것[忤]"이라고 했으며, 「삼례의종」에 말하기를 "忤는 길어지고 커지는 뜻이니, 물건들이 모두 길어지고 크는 것을 말한다"고 했다. 未는 어두운[昧] 것이다. 음의 기운이 이미 자라남에 만물이 점차 쇠퇴해져서 몸체가 어둡게 덮이는 것이다. 그러므로 "未에서 어둡게 덮인다"고 했다. 『회남자』에 말하기를 "未는 맛[味]"이라고 했고, 「삼례의종」에 말하기를 "물건이 때를 만나 성숙해짐에, 모두 각자의 기운과 맛이 있다"고 했다. 申은 '펼 伸'과 같다. '펼 伸'은 끌어당기는 것이며 크는 것이니, 쇠퇴하고 늙은 것을 촉진시켜 더욱 노쇠하게 하는 것이다. 『회남자』에 말하기를 "申은 신음하는[呻] 것"이라고 했고, 「삼례의종」에 말하기를 "申은 몸[身]이니, 만물이 모두 몸체를 이루는 것"이라고 했다. 酉는 늙은 것이며 또한 익었다는 것이니, 만물이 극도로 늙어서 성숙한 것이다. 『회남자』에 말하기를 "유는 배부른 것"이라고 했고, 「삼례의종」에 말하기를 "酉는 앓는

---

106) 중국 梁나라 때의 경학자인 崔靈恩이 『三禮』의 주석서로 지었으나, 현재는 전하지 않는다.

것이니, 앓아서 피로한 뜻이다. 이때는 만물이 모두 축소되어서 작아진다"고 했다. 戌은 멸하는 것이며 죽는 것이다. 음력 9월에 전부 죽으니, 만물이 모두 멸하게 되는 것이다. 「삼례의종」에 말하기를 "이때는 만물이 쇠퇴하여 멸망하는 것"이라고 했다. 亥는 씨앗이며 문을 잠그는 것이다. 10월에 만물이 닫히고 숨어서, 모두 씨를 맺고 감추는 것이다. 「삼례의종」에 말하기를 "亥는 탄핵하는 것이니, 음기가 만물을 탄핵하고 죽이는 것"이라고 했다.[107]

이와 같이 『설문해자說文解字』, 『사기史記』〈율서律書〉, 『한서漢書』〈율력지律曆志〉, 『소문입식운기론오素問入式運氣論奧』, 『석명釋名』 등의 고전에 나타나는 十二支에 관하여 알아보았다. 이들에 나타나는 공통적인 자의字意를 살펴보면 다음과 같다.

子는 '새끼칠 자孶'에서 따온 것으로 하늘이 열린다는 밤 12시에 해당하며, 모든 종자가 조용히 새끼를 치기 시작하여 궁극적으로 열매를 맺기 때문에 '열매 자'라고 하였다. 달로는 하나의 양이 처음으로 땅 속에서 꿈틀거리는 한겨울 11월에 해당한다.

丑은 맺는다는 의미의 '맺을 뉴紐'에서 따온 것으로, 땅이 열린다는 새벽 2시에 해당하고, 子에서 새끼친 종자가 싹으로 맺어져 땅 밖으로 나올 준비를 하는 것이며, 달로는 12월이 된다.

寅은 '인연할 인演' 자에서 따온 것으로 모든 인연으로 살아간다는 말로 시간으로는 새벽 4시, 달로는 한 해가 시작하는 정월이 되고, 사람이 공경하는 마음으로 하루를 맞는다는 뜻에서 '공경할 인'으로 해석하기도 한다.

卯는 '밝을 묘昴' 자에서 따온 것이니 동쪽에 해가 뜨고 만물이 나온다는 아침 6시에 해당하며, 달로는 2월이다.

---

107) 金秀吉譯(1998), 「五行大義」, 대유학당, p.13-17.

辰은 '진동할 진震' 자에서 따온 것으로, 동쪽에 해가 뜨고 만물이 활발하게 움직이는 오전 8시에 해당하고 달로는 춘삼월 호시절이다.

巳는 '공손할 손巽' 자에서 따온 것으로 시간으로는 오전 10시, 달로는 신록의 계절인 4월에 해당한다.

午는 '한나절 오旿' 자에서 따온 것으로 해가 중천에 떠 있는 밝은 대낮 12시에 해당하고, 달은 한여름 5월이 된다.

未는 '맛 미昧' 자에서 따온 것으로 오후 2시에 해당하고, 달로는 6월이며, 만물이 맛이 들기 시작한다.

申은 '펼 신伸' 자에서 따온 것으로 오후 4시에 해당하며, 가을이 시작되는 7월로 만물이 활짝 펴는 시기를 의미한다.

酉는 '횃불 켜고 천제 지낼 유燷' 자에서 따온 것으로 해지는 오후 6시에 해당하고, 달로는 한가을 8월이다. 어두운 초저녁에 횃불을 켜고 가을 햇곡식으로 천제를 지낸다는 중추가절을 의미한다.

戌은 '없을 멸蔑' 자에서 따온 것으로 오후 8시에 해당하고, 달로는 낙엽이 지는 9월이 된다. 이때가 되면 만물이 모두 탈락하고 없어진다는 의미이다.

亥는 '씨 핵核' 자에서 따온 것으로 밤 10시에 해당하고, 달로는 음이 왕성한 10월이 된다. 戌에서 없어진 만물이 다시 亥에서 씨가 생긴 것으로 十二支의 끝인 亥에서 씨가 생겨 十二支의 처음인 子에서 다시 새끼를 치는 것이라고 할 수 있다.[108]

---

108) 金碩鎭(2005),「대산주역강의1」, 한길사, p.116-117.

3) 육십갑자六十甲子

역사적인 관점에서 干支는 은대殷代 왕명에 天干을 사용한 점과 온전한 형태의 六十甲子를 역일曆日로 사용한 것으로 보아 干支와 六十甲子는 이미 殷代에 성립한 것으로 확인되었다. 그러나 여러 고전에서 干支의 성립 기원成立起源에 대해 천황씨天皇氏이나 황제皇帝를 거론하고 있고, 특히 干支가 상합된 六十甲子는 『여씨춘추呂氏春秋』, 『통감通鑑』, 『후한서後漢書』, 『통감외기通鑑外紀』, 『해여총고陔餘叢考』 등 여러 고전에서 大堯가 皇帝의 명을 받아 천문에 근거하여 간과 지를 상배하여 만든 것으로 언급한 것으로 보아 실질적으로 六十甲子는 皇帝시대 大堯에 의해 성립 것으로 생각된다.

十干은 천간이라 하였고, 十二支는 지지라 하였다. 干은 간幹이라 하였고, 支는 지枝라 하였다.[109] 문자의 의미로 볼 때 십간은 하늘의 줄기이고, 십이지는 땅의 가지가 된다. 십천간은 천의 소관인 천기요, 十二支는 지기이다. 천간과 지지는 천과 지의 관계, 줄기와 가지의 관계, 모와 자의 관계, 형과 제의 관계에 있으면서 천간은 천기의 순환을 부호화 한 것이고, 지지는 지기의 순환을 부호화 한 것이다.[110] 천과 지는 일음일양하고 천복지재함으로써 천기와 지기가 순환하는 것이다.

이렇게 천간과 지지는 음양의 소장변화를 10개의 천간과 12개의 지지에 형상화한 것이다. 10간은 하늘의 시간이 변화하는 과정을 표현한 것이고, 12지는 땅의 공간이 변화하는 과정을 표현 한 것이라고 할 수 있다. 천간과 지지가 담고 있는 변화과정을 분석하면 다음과 같다.

---

109) 중국 北宋의 학자 소옹(邵擁)의 『皇極經世書』, 「觀物外篇上」에서 언급
110) 한동석(2005), 『우주변화원리』, 대원출판사, p.78

즉, 양은 외적·양적성장을 주도하고, 음은 양이 이룬 외적·양적 성장에 이어 내적·질적 성장과 변화를 주도하는 분화과정까지 담고 있다. 따라서 천간 甲·丙·戊·庚·壬은 양으로서 동일 오행 내부에서 각각 외적·양적변화를 주도하고, 乙·丁·己·辛·癸는 음으로서 동일 오행 내부에서 각각 내적·질적 변화를 주도하는 것이다. 또 지지 子·寅·辰·午·申·戌은 양으로서 지지의 외적·양적 변화를 주도하고, 丑·卯·巳·未·酉·亥는 음으로서 지지의 내적·질적 변화를 주도하는 것이다.

『삼명통회三命通會』에 天氣始於甲干地氣始於子支者乃聖人究乎陰陽重輕之用也라 하여 천기天氣는 甲干에서 시작하고 지기地氣는 子支에서 시작함은 성인께서 궁구하여 음양의 경중을 용한 것이라 하였다. 따라서 십간은 甲-乙-丙-丁-戊-己-庚-辛-壬-癸의 순서를 갖는다. 또한 지지도 子-丑-寅-卯-辰-巳-午-未-申-酉-戌-亥의 순서를 갖는다. 천간과 지지를 음양으로 나눌 때 천간의 甲·丙·戊·庚·壬은 양이요 乙·丁·己·辛·癸는 음이다.

지지의 子·寅·辰·午·申·戌은 양이요, 丑·卯·巳·未·酉·亥는 음이다. 천간의 순서와 지지의 순서는 모두 양음의 순서로 음양교대를 반복하며 순환하고 있는 것이다. 십간은 오행으로 배열하면 甲乙木, 丙丁火, 戊己土, 庚辛金, 壬癸水이다.

이를 오행의 생장수장 과정으로 볼 때 木의 발생과정 - 火의 성장과정 - 土의 변환과정 - 金의 결실과 수렴과정 - 水의 사멸과 축장과정의 순으로 만물의 생장수장 순환과정을 내포한 것이다. 또 천간내부는 木木-火火-土土-金金-水水으로 음양을 구분하면 陽陰-陽陰-陽陰-陽陰-陽陰으로 동일오행 내부에서 음양교대를 하고 있다. 또 십천간 전체는 木火라는 양의 과정이 金水라는 음의 과정으로 오행 전체가 음양교대를 하고 있다. 동일 오행 내부의 음양교대는 오행의 기와 질, 체와 용의 변화이고, 오행 전체의 음양교대는 만물이 생장수장하는 순환과정을 담고 있는 것이다.

지지는 (亥)子-丑-寅卯-辰-巳午-未-申酉-戌-亥로 이를 오행으로 배열하면 (水)水-土-木木-土-火火-土-金金-土-水로 水-土-木-土-火-土-金-土-水의 단계로 배열된다. 이들 각 오행은 다음 단계로 넘어가기 위해서는 반드시 土를 거치는 구조로 되어 있어 지지에서 오행의 변전은 土의 매개가 있어야 이루어지는 것으로 보인다.

이렇게 천간과 지지는 각각 시간의 변화가 빚어내는 우주만물의 생장수장生長收藏 변화과정을 나타내는 이정표이자 계획표로서, 변화단위의 내부에서 음양변화, 체용 변화를 내포한 세분화된 이정표인 것이다. 따라서 천간과 지지가 상합된 六十甲子 역시 시간의 변화가 빚어내는 천지음양의 변화, 나아가 천지만물의 생장수장 변화과정을 60이라는 순환주기를 거치면서 천기와 지기가 음양오행으로 교대 순환하는 과정을 천간지지라는 부호의 상합으로 나타낸 천체력법天體曆法인 것이다.

4) 육십갑자의 의의

① 역원적 의의曆元的 意義

甲子年, 乙丑年하는 식으로 간지로 태세를 부르는 방식이 언제부터 시작되었는지에 대해 기원전 365년이라는 세성기년법歲星紀年法, 기원전 366년이라는 전욱력기년법顓頊曆紀年法, 기원전 367년이라는 은력기년법殷曆紀年法, 기원전 104년이라는 태초력기년법太初曆紀年法, 한나라 때라는 설 등이 구구하고, 기년의 근거에 따라 은대에는 왕이 지내는 제사를 기준으로 기년한 유왕기사기년법, 왕공이 즉위한 연차에 의하여 기년하는 즉위기년법, 춘추시대(BC771~BC473)에 등장한 천체운동에 근거한 기년법 등이 거론되고 있으나 고대인들에게 천문현상은 곧바로 삶의 지표였기 때문에 천체운동을 근거로 기년했다는 것이 가장 설득력이 있어 보인다.

六十甲子는 태양계 우주 전체로 표상되는 천의 변화가 지의 변화로 수용되어 이것이 인간의 삶에 영향을 주는 현상을 경험적으로 포착한 것이고, 간지력干支曆은 이러한 천과 지와 인의 경험적 현상들을 역법이라는 체계에 담은 것으로서 고대인들의 노력과 염원이 담긴 것으로 보인다.

干支로 태세를 기년하는 경우에도 세수를 동지가 시작되는 子月로 할 것인지, 丑月로 할 것인지, 입춘인 寅月로 할 것인지에 논란이 있다. 자월 세수냐 축월세수냐 인월세수냐는 이미 하나라에서는 寅月을, 은나라에서는 丑月을, 주나라는 子月을 세수로 삼았던 유래와 관련 있는 것으로, 세수를 정함에 있어 하늘이 열리는 子月로 할 것인지, 땅이 열리는 丑月로 할 것인지, 인간이 깨어 일어나는 寅月로 할 것인지의 기준의 문제이다. 공자孔子께서는 『논어論語』〈위령공편衛靈公編〉에서 안연이 정치하는 법을 묻자 하나라의 책력을 행하며… 라 하여 인월세수가 절기와 합당함을 시사한 바 있다.

六十甲子로 세를 표시하는 경우 60년이 지나면 다시 시작점으로 되돌아 온다. 이러한 기년紀年의 기원은 천체의 운행과 관련이 있는 바, 『회남자淮南子』[111]에는 목성, 즉 세성은 약 12년(실제로는 11.86년)에 걸쳐 일주천하는데 황도12구역을 子・丑・寅・卯・辰・巳・午・未・申・酉・戌・亥의 십이지로 나눈 12진을 목성이 해마다 1진씩 이동하는 것으로 12진과 대응시켜 나가는 방법, 즉 목성을 근거로 세의 시작과 명칭을 정하는 세성기년법을 사용하였다. 이때 세성은 12년 만에 하늘의 28숙宿를 돌아 일주천하게 된

---

[111] 劉安 著, 安吉煥 譯(2001), 『淮南子(上)』, 明文堂, p.138. 『회남자』는 회남왕 劉 安(BC179~BC122)이 여러 문객들과 함께 지은 책으로 도교적 정서가 농후하다. 오늘날 까지 전해지는 21권 중 天文訓, 墬形訓, 時則訓에는 天文・曆法, 陰陽・五行 등에 대한 내용을 많이 담고 있다.

다. 이러한 세성기년법에 대해 『회남자淮南子』에서는 "天維建元常以寅始起 有徙一歲而移十二歲而大周天終以復始"라고 하여 하늘의 건원은 항상 寅으로 시작하여 1세씩 움직이되 12세면 주천을 마치고 다시 시작한다 하였다. 따라서 六十甲子의 인소인 干支는 천문에 연원하여 순환하는 것이다.

六十甲子 전개의 기점을 천간은 甲으로부터 시작하고 지지는 子로부터 시작한다. 천간이 甲으로부터 출발함은 목성의 성기적 성격에 연유하고, 지지가 자로부터 출발함은 일음시생에 기인한다. 이에 대해 『삼명통회三命通會』에서는 "天氣始於甲干 地氣始於子支者 乃聖人究乎陰陽重輕之用也"[112]라고 하여 천기는 甲에 시작하고, 지기는 子에 시작하며 성인께서 음양경중의 용을 궁구하신 것이라고 하였다.[113]

간지력干支曆의 기원 내지 최초의 六十甲子를 干支曆에 대입했던 역원曆元이 되는 시점에 대해 『삼명통회三命通會』에서는 "천지가 시작된 시기까지 소급할 수 있으니 年甲子, 月甲子, 日甲子, 時甲子가 曆元이 되며……천지가 처음 개벽할 때 일월이 합벽하듯이 위치하였고, 오성의 운행이 구슬을 꿴 듯한 상태로 모두 견우의 첫째 별에서 일어난 뒤에 그 시간은 동짓날 자정으로 결정하였다"[114]라고 기록하여 최초로 육십갑자의 역원이 된 시점을 年甲子, 月甲子, 日甲子, 時甲子를 제시하며 당시의 천문상황이 일월이 합벽하고 오성이 나란하였다고 설명하고 있다. 즉, 태양계의 일월오성이 북방 자궁에서 연주할 때가 육십갑자의 기원이 된다는 설명이다.

이렇게 일월오성이 모두 모이는 현상에 대해 『한서漢書』〈율력지律曆志〉에도 "日月如合璧五星如連珠"라고 언급하는 등 고서에 일월오성의 연주

---

112) 萬民英 著, 전게서, p.11
113) 沈揆喆(2002), '命理學의 淵源과 理論體系에 관한 硏究', 한국정신문화연구원 박사학위논문, p.131. "이에 대해 沈揆喆은 황제 즉위년인 2696년 동지월 동지일 동지점 북방 자궁에서 시작된데 연유한다고 한다."
114) 萬民英(2008), 『三命通會』, 中央圖書館藏本, 育林出版社印行, p.10

현상을 언급한 것들이 눈에 띤다. 이에 대해 심규철은 육십갑자로 환산한 결과, '일월여합벽 오성여연주日月如合璧 五星如連珠'의 천문상황은 중국 황제의 즉위년인 기원전 2,696년의 동지점 연월일시가 甲子年, 甲子月, 甲子日, 甲子時에 해당한다고 하였다.[115]

어쨌든 六十甲子 干支曆의 曆元은 태양계의 日·月·오성이 북방자궁에서 일직선 현상을 이루는 '일월여합벽 오성여연주日月如合璧 五星如連珠'라는 천문현상에 의거하여 출발하여 오늘날까지 이어지고 있는 것으로 보인다.

② 순환적 의의循環的 意義

干支曆에서 年·月·日·時는 60이라는 주기로 순환하여 최초의 甲子로 되돌아가며 한 번도 어긋나거나 순서의 오차 없이 현재까지 지속되고 있고 향후로도 지속적인 순환이 예상되는 역법이다.

年과 日은 각각 60年과 60日을 주기로 六十甲子를 순환하여 그대로 干支曆에 정해져 있다.

月은 "甲己之年丙作首, 乙庚之歲戊爲頭, 丙辛必定尋庚起, 丁壬壬位順行流, 若言戊癸何方發更甲寅之上好追求"[116]이라 하여 甲己년은 丙寅으로 기월起月하고, 乙庚년은 戊寅으로 기월起月하고, 丙辛년은 庚寅으로 起月하고, 丁壬년은 壬寅으로 起月하고, 癸년은 甲寅으로 起月한다. 즉, 월간은 연간과 육합하여 이루어지는 오행을 생하는 오행을 간두로 하여 寅月부터 시작한다. 예를 들어 甲年이면 甲己合土하여 土를 생하는 오행인

---

115) 沈揆喆(2002), 전게논문, p.126
116) 徐子平著, 오청식譯(2008),「淵海子平」, 대유학당, p.74

丙寅月로 시작하는 것이다. 이렇게 月은 年과 상생하는 순환성 내지 법칙성이 있다. 이렇게 月은 기월시점부터 60개월이 지나면 어긋남이 없이 최초의 기월간지로 되돌아온다. 그래서 甲年과 己年은 5년 차이를 두고 같이 묶이어 동일 천간天干으로 기월起月하는 것이다.

월지는 절을 기준으로 절입일이 기준이 되므로 입춘立春·경칩驚蟄·청명淸明·입하立夏·망종芒種·소서小暑·입추立秋·백로白露·한로寒露·입동立冬·대설大雪·소한小寒은 매월의 개시일이 된다.

天文에서 두표는 11월의 혼에 子를 가리키고, 12월의 혼에 丑을 가리키며, 정월의 혼에는 寅을 가리키는 식으로 1년에 十二辰을 일주한다.[117]

六十甲子 월주 조견표를 보면 다음과 같다.

〈월주 조견표〉

년월	1월	2월	3월	4월	5월	6월	7월	8월	9월	10월	11월	12월
甲己	丙寅	丁卯	戊辰	己巳	庚午	辛未	壬申	癸酉	甲戌	乙亥	丙子	丁丑
乙庚	戊寅	己卯	庚辰	辛巳	壬午	癸未	甲申	乙酉	丙戌	丁亥	戊子	己丑
丙辛	庚寅	辛卯	壬辰	癸巳	甲午	乙未	丙申	丁酉	戊戌	己亥	庚子	辛丑
丁壬	壬寅	癸卯	甲辰	乙巳	丙午	丁未	戊申	己酉	庚戌	辛亥	壬子	癸丑
戊癸	甲寅	乙卯	丙辰	丁巳	戊午	己未	庚申	辛酉	壬戌	癸亥	甲子	乙丑

시간은 지구의 자전과 공전과의 관계에서 일어나는 기상의 변화를 나타내는 것으로 日干을 기준으로 한다. 時는 2시간 단위로 육십갑자를 순환한다. 子時의 시작점에 대해서는 의견이 분분하다. 고대에는 하루의 낮과 밤을 십이지진十二時辰으로 나누어 기시하였다. 아래 표는 고대에 十二時辰을

---

117) 劉安著, 安吉煥譯(2001),「淮南子(上)」, 明文堂, p.170. "北斗之神, 十一月始建於子, 月徙一辰".

부르던 명칭이다.

〈十二時辰 고대명칭〉

십이지신	子	丑	寅	卯	辰	巳	午	未	申	酉	戌	亥
명칭	夜半 야반	鷄鳴 계명	平旦 평단	日出 일출	食時 식시	偶中 우중	日中 일중	日昳 일질	哺時 포시	日入 일입	黃昏 황혼	人定 인정

十二時辰의 명칭을 살펴보면 시간의 경과에 따른 天文의 변화와 생물의 특징을 나타낸 것임을 알 수 있다. 특히 태양과 관련한 명칭이 많이 보인다.

기시하는 방법에 대해 시간은 갑기환생갑甲己還生甲 을경병작초乙庚丙作初 병신종무기丙辛從戊起 정임경자거丁壬庚子居 무계하방발戊癸何方發 임자시진도壬子是眞途라고 하였다. 즉, 시간은 甲己日은 甲으로 시작하고, 乙庚日은 丙으로 시작하고, 丙辛日은 戊로 시작하고, 丁壬日은 庚으로 시작하고, 戊癸日은 壬으로 시작된다. 時의 시두천간은 일간이 합화되어 생기는 오행을 극하는 오행이 時의 간두로 시작된다.

다음은 六十甲子 시주 조견표이다

〈시주 조견표〉

	子時	丑時	寅時	卯時	辰時	巳時	午時	未時	申時	酉時	戌時	亥時
甲己	甲子	乙丑	丙寅	丁卯	戊辰	己巳	庚午	辛未	壬申	癸酉	甲戌	乙亥
乙庚	丙子	丁丑	戊寅	己卯	庚辰	辛巳	壬午	癸未	甲申	乙酉	丙戌	丁亥
丙辛	庚寅	己丑	庚寅	辛卯	壬辰	癸巳	甲午	乙未	丙申	丁酉	戊戌	己亥
丁壬	壬寅	辛丑	壬寅	癸卯	甲辰	乙巳	丙午	丁未	戊申	己酉	庚戌	辛亥
戊癸	甲寅	癸丑	甲寅	乙卯	丙辰	丁巳	戊午	己未	庚申	辛酉	壬戌	癸亥

③ 역수적 의의易數的 意義

六十甲子는 十干十二支로 상배相配로 이루어져 있다. 六十甲子에 나타나는 수는 천간수 10 , 지지수 12 , 천간지지의 상교로 이루어진 60이다.

무릇 모든 수는 1, 2, 3, 4, 5, 6, 7, 8, 9, 10이라는 기본수로 이루어지며, 그중 1, 2, 3, 4, 5는 기본이 되는 수로 생수이고 6, 7, 8, 9, 10은 생수에 중앙수(하도의 중앙수) 5를 얻어 이루어진 수로 성수이다.

『주역周易』〈계사전繫辭傳〉에 "天一地二天三地四天五地六天七地八天九地十"이라 하였으니 천수는 5개(1, 3, 5, 7, 9)로 그 합은 25요, 지수도 5개(2, 4, 6, 8, 10)로 그 합은 30이며 천수와 지수를 합하면 55로 천지지수가 되고, 이는 상합과 상교로 만물의 생성변화와 조화를 이루는 수이자 동시에 하도의 수와도 같다.

1, 3, 5, 7, 9는 양수陽數이고 2, 4, 6, 8, 10은 음수陰數이다. 양수 중 1과 3은 양중양수이고, 5는 중앙수로 양중체수이고, 7과 9는 양중음수이고, 2와 4는 음중양수이고, 6과 8은 음중음수이고, 10은 중앙수로 음중체수이다.

1은 태극수요, 2는 음수의 처음이요, 3은 양수의 처음이다. 사상수는 음수의 처음수인 2와 양수의 처음수인 3을 기본으로 산출한다. 사상수로 보면 건괘는 3개의 양효로 되어 있어 양효를 기본수 3으로 볼 때 9가 되므로 건괘는 수리상 9라는 태양수가 되며, 곤괘는 3개의 음효로 되어 있어 음효를 기본수 2로 볼 때 6이 되므로 곤괘는 수리상 6이라는 태음수가 된다. 또한 리괘는 2개의 양효와 1개의 음효로 되어 있어 수리상 8로 소음수가 되며, 감괘는 1개의 양효에 두 개의 음효로 되어 있어 수리상 7로 소양수가 된다.

태양수, 태음수, 소양수, 소음수를 각각 완성의 수로 만들려면, 즉 춘하추동, 생장수장, 원형이정의 4단계를 거치면(4를 승하면) 태양수는 36이 되고, 태음수는 24가 되고, 소양수는 28이 되고, 소음수는 32가 된다.

六十甲子에서 60이라는 수는 태양수 36과 태음수 24를 합한 수이며, 소양수 28과 소음수 32를 합한 수로 이루어지므로 60은 천지운행의 기본수이자 천지조화의 수가 된다. 또 六十甲子를 구성하는 10천간과 12지지는 日月이 운행함에 따라 조석주야가 생기며 춘하추동春夏秋冬이 생겨 한서풍우寒暑風雨의 변화를 일으키는 것과 같은 변화의 성질이나 형태를 표시한 것으로, 60은 10간 12지를 음양오행으로 분별한 5와 6의 상교로 나온 30에 음양상대의 원리에 따라 30을 더하여 60이 되는 것이다.

10干에서 온 5는 天, 陽, 用이고, 12지에서 온 6은 地, 陰, 體가 되어 5와 6의 상교는 천지, 음양, 체용의 상교로 변화를 초래하는 것이며, 5와 6이 다시 만나려면 천간은 6회를 순환하고 지지는 5회를 순환하여야 하므로 천지, 음양, 체용의 상봉은 60시진, 60일, 60개월, 60년이 걸리게 된다. 또한 천지, 음양, 체용이 합화된 60이라는 수가 주역괘의 육효六爻가 변하는 과정인 6회의 변화과정을 거치면 360 58)이라는 1년 수가 완성 된다. 60이라는 수는 1개월 30일의 음양양면에 해당하는 수이며 동시에 日月의 중간도수 360과 동류의 수이다.

결국 六十甲子는 수리적으로도 日月의 운행에 따라 조석주야와 春夏秋冬의 변화를 담고 있는 天文, 즉 우주의 원리를 표상한 하도의 원리와 상통하는 역수적 의의를 내포한 것이라 하겠다.

④ 오행적 의의五行的 意義

六十甲子는 음양오행을 내포한 천간지지가 상합한 것으로 음양오행이 생장수장生長收藏하는 순환과정을 내포하고 있는 것이다. 음양과 오행은 六十甲子의 순환과정에서 천간에 표출되거나 또는 지지로 축장되는 등 六十甲子는 음양오행의 순환체계로서 生長收藏 순환의 동태성을 내포한 것이다. 즉, 간지 그 자체는 음양오행을 띤 단세포에 해당하지만 시간이 내포된 六十甲子는 음양오행을 내포한 유기체로서 시간과 공간을 동태적으로 순환하는 生長收藏의 변화과정을 나타낸 것이다.

다음은 10개의 干支를 한 순旬으로 한 육십갑자표六十甲子表이다.

〈六十甲子表〉

甲子旬	甲子	乙丑	丙寅	丁卯	戊辰	己巳	庚午	辛未	壬申	癸酉
甲戌旬	甲戌	乙亥	丙子	丁丑	戊寅	己卯	庚辰	辛巳	壬午	癸未
甲申旬	甲申	乙酉	丙戌	丁亥	戊子	己丑	庚寅	辛卯	壬辰	癸巳
甲午旬	甲午	乙未	丙申	丁酉	戊戌	己亥	庚子	辛丑	壬寅	癸卯
甲辰旬	甲辰	乙巳	丙午	丁未	戊申	己酉	庚戌	辛亥	壬子	癸丑
甲寅旬	甲寅	乙卯	丙辰	丁巳	戊午	己未	庚申	辛酉	壬戌	癸亥

4. 간지干支와 음양오행

천간天干과 지지地支의 합성어인 干支는 어원적으로 볼 때 나무의 가지와 줄기라는 뜻을 가지고 있다. 『통감외기通鑑外紀』, 『사물기원事物紀原』, 『협기변방서協紀辨方書』 등의 문헌에 의하면, 干支는 천황씨天皇氏가 만들었다고 하며, 황제皇帝 시대에 대요씨大撓氏가 황제의 명命을 받아 비로소 天干과 地支를 배합하여 六十甲子를 만들었다고 전해지고 있다.

중국 고대시대인 은대殷代에 干支가 보편적으로 사용되고 있었다는 것이 갑골문甲骨文 등에 의해 밝혀졌기 때문에, 殷代 이전부터 干支가 사용되었음을 미루어 짐작할 수 있다. 다만 殷代에는 干支가 날짜의 표기에만 사용되었고, 年에 표기에 干支를 사용하게 된 것은 BC 2세기 경의 한대漢代부터였을 것으로 추론된다. 문헌상 기록에 의하면 BC 104년에 만들어진 삼통력三統曆이란 책력에서 연대에 干支를 표기한 것이 처음으로 나타나는데, 이는 干支가 음양오행陰陽五行의 원리가 구체화된 법칙이 활용되는 도구이며, 年月日時의 적기성週期性을 표현한 것이라 할 수 있다.

오행설五行說은 음양설陰陽說과 별도로 출발했으나, 추연鄒衍과 제齊나라 직하음양가稷下陰陽家들에 의해 이미 보편화普遍化되어 있는 陰陽說과 결합結合되면서 활성화活性化되기 시작했으며, 이후 여불위의 『여씨춘추呂氏春秋』에 의해 일차 정리되었다.[118] 특히 추연은 陰陽과 五行을 결합하였고, 五行 상극相剋에 의한 오덕종시설五德終始說을 만들었으며, 이는 이후 왕조변천의 이론적 근거로 활용되었다.[119]

추연鄒衍의 뒤를 이어 陰陽五行說을 발전시킨 사람은 서한西漢의 재상宰相 동중서董仲舒이다.[120] 추연鄒衍이 제창한 상승설相勝說은 오덕五德의 순환循環에 따른 역사歷史를 설명한 것임에 반해, 동중서는 이웃해 있는 五行끼리는 相生하고, 건너 있는 것끼리는 상승相勝한다는 生과 剋의 법측개념法則槪念의 바탕을 이루었다.[121]

동중서董仲舒에 의해 세밀해지고 체계화된 陰陽五行說은 다시 유향劉向, 유흠劉歆 부자父子에 의해 완성된다.[122] 유향은 『곡량춘추穀梁春秋』를 지

---

118) 朴王用(1997), '五行學說에 對한 硏究', 慶熙大學校 박사학위논문, p.30~31.
119) 朴王用(1997), 앞의 논문, p.30.
120) 朴王用(1997), 앞의 논문, p.32.
121) 鍾肇鵬編(2005),『春秋繁露校釋』, 河北人民出版社, p.833. "比相生而間相勝也".
122) 梁啓超(1993),「陰陽五行說의 歷史」,『음양오행설의 연구』, 신지서원, p.51.

어 화복禍福을 점쳤으며, 아들 유흠은 五行 相生에 입각한 오덕종시설五德終始說을 창안하고 『오행전五行傳』을 지어 한대漢代의 陰陽五行說을 완성하였다.[123] 이러한 오행설五行說은 음양설陰陽說과 결합되어 고대부터 현대에 이르기까지 한의학韓醫學, 명리학命理學등 동양학의 각 분야에 기본 이론체계로 활용되어 왔다.

1) 十干의 陰陽 배속

甲丙戊庚壬은 陽이고, 乙丁己辛癸는 陰이다. 즉, 十干의 甲과 乙은 五行 중에 木에 해당하며, 甲이 陽, 乙이 陰이 된다. 十干의 丙과 丁은 五行으로는 火에 속하며, 丙이 陽, 丁이 陰이 된다. 十干의 戊와 己는 五行에서 土에 해당하며, 戊가 陽, 己가 陰이 된다. 十干의 庚과 辛은 五行에서 金에 해당하며, 庚은 陽, 辛은 陰이 된다. 十干의 壬과 癸는 五行에서 水에 해당하고, 壬은 陽, 癸는 陰이 된다.

『영추靈樞』[124]의 〈근결편根結篇〉에서 "陰은 짝수, 陽은 홀수"[125]라고 말한 것에 근거하여 十干을 홀수와 짝수의 순서에 따라 陰陽으로 구별할 수 있다. 즉, 甲·丙·戊·庚·壬은 숫자로는 1·3·5·7·9로 홀수가 되고, 乙·丁·己·辛·癸는 숫자로는 2·4·6·8·10로 짝수가 된다. 여기서 홀수[기수奇數]는 陽이 되며 짝수[우수偶數]는 陰이 된다. 이것은 『주역周易』〈계사전繫辭傳〉에서 말한 "天一地二天三地四天五地六天七地八天九地十"

---

123) 朴王用(1997), 전게논문, p.32.
124) 저자 미상의 漢代에 나온 醫書, 鍼灸를 논함. 원서의 이름은 『黃帝內經』으로 「素問」 1부, 「靈樞」가 2부로 구성되어 있다.
125) "陰道偶 陽道奇"

과 내용이 일치한다.[126]

『연해자평평주淵海子平評註』에서는 "甲乙은 五行에서 木에 속하며, 방위는 東이다. 丙丁은 五行에서 火에 속하며, 火는 방위는 南이다. 戊己는 五行에서 土에 속하며 방위로는 中央이다. 庚辛은 五行에서 金에 속하며, 방위는 西다. 壬癸는 五行에서 水에 속하며, 방위는 北이다"[127]라고 하였다.

> 대요大撓가 말하길 동방東方에 태호太昊라는 신神이 있다. 진방震方에 있어 봄을 다스리고 仁과 風의 氣가 合하여 만물萬物이 발생하므로 木이 있게 되었다. 그러므로 甲·乙·寅·卯는 같은 것이다. 南方에는 신농神農이라는 임금이 있고, 離方에 있어 균형을 잡아주고, 여름을 지배한다. 더위를 生하여 萬物이 이곳에서 가지런하게 됨으로써 火가 된다. 그러므로 丙·丁·巳·午가 같은 것이다. 西方에는 소호少昊라는 神이 있다. 태방兌方에 앉아 법규를 만들어 가을을 맡아 다스리며, 숙살肅殺의 정기精氣를 生하여 萬物은 가을에 이르러 거두어지기 때문에 金이 있다. 庚·辛·申·酉가 같은 것이다. 北方에는 전顓이라는 神이 있다. 감방坎方에 앉아 권세를 쥐고 겨울을 다스린다. 응결시키고 엄한 氣를 生하여 萬物이 겨울에 이르면 엎드려 숨어있기 때문에 水가 있다. 그러므로 壬·癸·亥·子가 같은 것이다. 中央에는 황제黃帝의 神이 있다. 곤방坤方에 앉아 승繩을 잡고 中央 土를 맡아 다스린다. 木·火·金·水가 모두 土가 없으면 불가하다. 그러므로 戊己가 중앙에 있고 辰·戌·丑·未는 사방에 배치시켰다.[128]

『연해자평평주淵海子平評註』에서는 十干을 계절이나 방향 등 오행五行과 음양陰陽의 속성으로 통일하고 있다. 十干의 甲과 乙은 五行에서 木이며, 오계五季 중 春이며, 五方으로는 東에 해당한다. 十干의 丙과 丁은 五行의 火에 속하며, 五季 중 夏이며, 五方으로는 南에 해당한다. 十干의 庚과 辛

---

126) 尹暢烈(1987), 「干支와 운기에 관한 연구」, 慶熙大學校 大學院 박사학위논문, p.10.
127) 徐升(2004),『淵海子平評註』, 武陵出版有限公司, p.21.
128) 徐升(2004), 앞의 책, pp.21-33.

은 五行의 金에 속하며, 五季 중 秋이며, 五方으로는 西에 해당한다. 十干의 壬과 癸는 五行의 水이며 五季 중 冬이고, 방위로는 北에 해당한다. 十干의 戊와 己는 五行의 土이고, 五季 중 계하季夏이며, 五方으로는 중앙에 해당한다. 그리고 五行의 數는 5개이며 十干의 수數는 10개이므로 十干을 五行에 분속시킬 때, 매 一行마다 2개의 十干이 배속되어야만 숫자가 일치한다. 앞에서 甲·丙·戊·庚·壬이 陽干이고, 乙·丁·己·辛·癸가 陰干에 해당하므로 甲과 乙이 모두 木이지만, 甲은 陽木, 乙은 陰木이 된다고 했다. 마찬가지로 丙과 丁은 모두 火이지만, 丙은 陽火, 丁은 陰火이다. 庚과 辛은 모두 金이지만, 庚은 陽金, 辛은 陰金이 된다. 壬과 癸는 모두 水에 속하며, 壬은 陽水, 癸는 陰水가 된다. 그리고 戊와 己는 모두 土에 속하며, 戊는 陽土, 己는 陰土가 된다.

2) 十二支의 陰陽 배속

十二支는 지구가 공전하는 주기에 나타나는 계절성과 달이 1년에 대략 12번 공전한다는 사실, 목성의 공전주기가 대략 12년에 해당한다는 점 등의 의미가 반영되어 천문책력의 중요지표로 사용되어 왔다. 특히 북두칠성의 두강이 가리키는 방향의 변화에 따라 1년 12달을 일으키는 지표로 사용되었는데, 이를 월건月建이라고 한다.

두강은 북두칠성의 일곱 개 별들 중 첫 번째, 다섯 번째, 일곱 번째의 별을 칭하는 말이며 이때 제1성을 괴성魁星, 제5성第五星을 충성衝星, 제7성第七星을 표성杓星이라 한다. 이 두강이 음력 正月에는 寅, 2월에는 卯, 3월에는 辰, 4월에는 巳, 5월에는 午, 6월에는 未, 7월에는 申, 8월에는 酉, 9월에는 戌, 10월에는 亥, 11월에는 子, 12월에는 丑을 각각 가리키니, 이를 月建이라 부른다.

　춘하추동 사시의 변화에 따른 天干의 陰陽五行은 만물이 生化하는 동방 木에서 시작하는 반면, 十二地支는 천문좌표와 밀접한 관계가 있기 때문에, 이른바 한겨울 동지冬至에 一陽이 생하여 天氣가 비롯되는 북방에서 子가 시작된다. 우선 地支의 陰陽을 살펴보면, 子·丑·寅·卯·辰·巳·午·未·申·酉·戌·亥의 十二地支는 1부터 12까지의 수에 배합되는데, 1·3·5·7·9·11은 양수이고, 2·4·6·8·10·12는 음수이므로, 子는 1, 寅은 3, 辰은 5, 午는 7, 申은 9, 戌은 11로 陽의 기운을 띠고, 丑은 2, 卯는 4, 巳는 6, 酉는 10, 亥는 12로 陰의 기운을 띤다.

　地支는 1년 12달과 밀접한 관계가 있다. 이것은 亥月, 子月, 丑月은 음력 10월 11월, 12월의 겨울에 해당하고, 寅月, 卯月, 辰月은 음력 1월, 2월, 3월의 봄에 해당하며, 巳月, 午月, 未月월은 음력 4월, 5월, 6월의 여름에 해당하고, 申月, 酉月, 戌月은 음력 7월, 8월, 9월의 가을에 해당한다.

　이렇게 1년 12달을 4계절에 배당하고 五行을 배속시키면, 겨울의 水, 봄의 木, 여름의 火, 가을의 金만 있게 되고 土가 빠진다. 土는 水·火·木·金 四時의 기운을 조절하여 계절을 변화시키는 주체가 되기 때문에 각 계절의 끝에 해당하여, 겨울의 끝인 丑과 봄의 끝인 辰, 여름의 끝인 未, 가을의 끝에 배속하고 있다. 1년은 대략 365일이지만, 360일 상수로 하면 봄·여름·가을·겨울의 사계절은 각각 90일씩 나뉘어 차지하게 된다. 그런데 土는 각 계절의 끝에 해당되기 때문에, 각 계절의 봄에 시작인 立春 전 18일, 여름의 시작인 立夏 전 18일, 가을의 시작인 立秋 전 18일, 겨울의 시작인 立冬 전 18일을 용사하는 시기로 삼았다. 이렇게 각 계절 90일에서 土의 계절 18일을 빼면 각각 72일이 되고, 土가 용사하는 18일을 모두 더하면 72

일이 되어 木・火・土・金・水 五行이 작용하는 기간은 모두 72일씩 동일하게 된다.[129]

또한 十二支는 계절과 각 月에 대입시킬 수 있고, 陰陽과 五行으로 대입시킬 수 있다. 亥와 子는 방위로는 北方이며, 겨울의 맹孟・중仲에 해당하고, 한수寒水의 氣가 生하는 시기로 五行 중 水에 속한다. 巳와 午는 방위로는 南方이며, 여름의 孟・仲에 해당하고, 뜨거운 火의 氣가 生하는 시기로 五行 중 火에 속한다. 寅과 卯는 방위로는 東方이며, 봄의 孟・仲에 해당하고, 풍목風木의 氣가 生하는 시기로 五行 중 木에 속한다. 申과 酉는 방위로는 西方에 해당하며, 가을의 孟・仲에 해당하고, 조금燥金의 氣가 生하는 시기로 五行 중 金에 해당한다. 辰은 三月 계춘季春이 되고, 未는 六月 계하季夏가 되며, 戌은 九月 계추季秋이고, 丑은 十二月 계동季冬이 되는데, 이것은 중앙中央의 土氣에 해당하는 시기로 五行에서 土에 속한다.

지지기월地支紀月의 기원은 매우 오래되어 하夏나라 때는 寅으로 세수歲首를 삼았고, 은殷나라 때는 丑으로 歲首를 삼았으며, 주周나라 때는 子로써 歲首를 삼았다. 두병斗柄이 이 子丑寅의 방향을 가리킬 때는 모두 歲首[130]로 사용하였으며, 하은주 삼대에 걸쳐 人正[131], 地正[132], 天正[133]의 三正을 때에 따라 바꿔 쓴 것이다. 그 후 진대秦代에서는 亥로써 正月을 삼았다가, 한무제漢武帝 태초원년太初元年에 태초력太初曆을 만들고 寅月로써 歲首를 삼았는데, 이것이 지금까지 사용되고 있다.[134]

---

129) 金碩鎭(2005),『대산주역강의1』, p.119; 이은성(1985),『曆法의 原理分析』, 정음사, pp.130~131 참조.
130) "天開於子 地闢於丑 人生於寅"
131) 人正 : 夏正・寅正
132) 地正 : 商正・丑正
133) 天正 : 周正・子正
134) 이은성(1985),『曆法의 原理分析』, 정음사, p.13.

5. 십신十神의 성립

사람은 누구나 태어나면서 인간관계를 형성한다. 가깝게는 부모, 형제를 비롯한 혈연관계부터, 친구를 비롯한 타인과의 관계들이 두루 포함된다. 세상을 살아감에 있어 자연환경을 잘 만나야 되는 것이 일차적인 요건이며, 더불어 인간적인 환경요건을 잘 타고 태어나는 것 또한 지극히 중요하다.

십성十星은 사주팔자의 주인공인 일간과의 관계를 나타낸 것으로, 육친六親이라고도 한다. 다시 말하면 일간과 다른 천간지지와의 상생상극관계와 음양의 차이를 가려 부모형제와 배우자, 자식 같은 혈연관계뿐 아니라 사회적 지위와 명예, 대인관계, 지식과 기술, 권리와 의무, 의식주와 재산 등을 구분한 것이다. 십성은 육신을 세분화한 명칭이다.

사주에 배속된 음과 양, 오행들은 일간(본인)을 기준으로 하는 상호간 작용, 반작용에 의한 열 개의 십성으로 표출되는 것이며 이들은 각자 독특한 기질과 작용력이 나타나 심리와 심성, 성격 등은 물론 독자적인 지능을 소유하였다. 또한 수학능력, 친화력, 섭외력, 공간지능, 논리성, 기억력, 예술성, 결단력, 분별력 등을 사주에 배치된 십성의 상황적 관계를 판단하여 작용을 유추하게 된다.

열 개의 십성은 다음과 같다.

- 일간과 음양오행이 같은 - 비견比肩
- 일간과 오행이 같고 음양이 다른 - 겁재劫財
- 일간이 생하며 음양이 같은 - 식신食神

- 일간이 생하며 음양이 다른 – 상관(傷官)
- 일간이 극하며 음양이 같은 – 편재(偏財)
- 일간이 극하며 음양이 다른 – 정재(正財)
- 일간을 극하며 음양이 같은 – 편관(偏官)
- 일간을 극하며 음양이 다른 – 정관(正官)
- 일간을 생하며 음양이 같은 – 편인(偏印)
- 일간을 생하며 음양이 다른 – 정인(正印)[135]

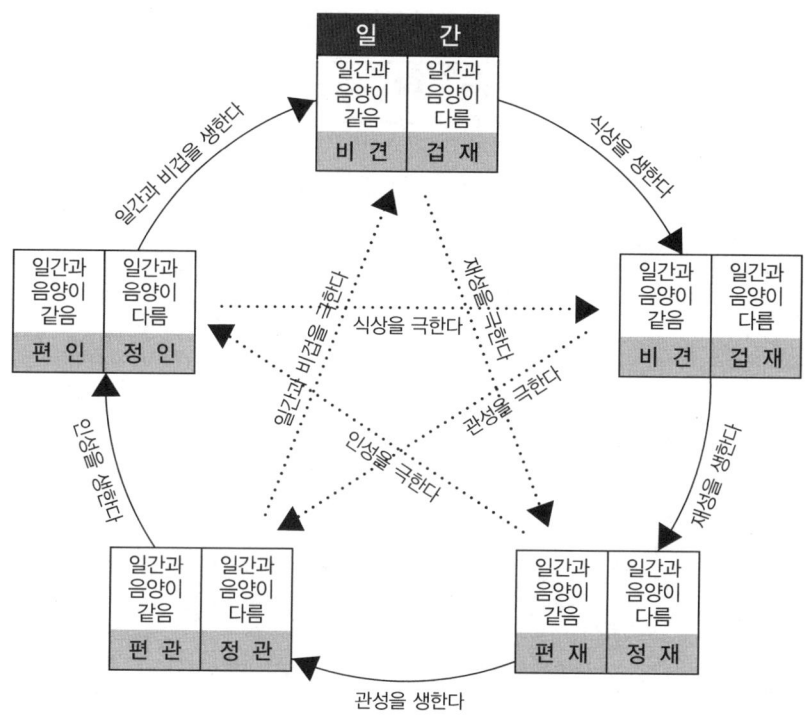

〈일간 기준 십성의 형성과정〉

---

135) 김배성(2006), 『사주심리와 인간경영』, 창해, p.106

위 그림에서와 같이 십성은 오행의 상생상극에서부터 음양에 따라서 표출되고 각기 고유한 명칭을 부여하게 되는 것을 알 수 있다.

인간人間은 누구나 열 개의 천간 중 하나가 자신을 나타내는 일간(주主)가 되며 자신이 타고난 일간을 기준으로 다른 천간과 열 두 개의 지지에 대입되어 십성을 형성시키게 된다.

천간 및 지지 십성의 구성 원리는 아래와 같다.

〈天干 十星 표출 도표〉

	比肩	劫財	食神	傷官	偏財	正財	偏官	正官	偏印	正印
甲	甲	乙	丙	丁	戊	己	庚	辛	壬	癸
乙	乙	丙	丁	戊	己	庚	辛	壬	癸	甲
丙	丙	丁	戊	己	庚	辛	壬	癸	甲	乙
丁	丁	戊	己	庚	辛	壬	癸	甲	乙	丙
戊	戊	己	庚	辛	壬	癸	甲	乙	丙	丁
己	己	庚	辛	壬	癸	甲	乙	丙	丁	戊
庚	庚	辛	壬	癸	甲	乙	丙	丁	戊	己
辛	辛	壬	癸	甲	乙	丙	丁	戊	己	庚
壬	壬	癸	甲	乙	丙	丁	戊	己	庚	辛
癸	癸	甲	乙	丙	丁	戊	己	庚	辛	壬

〈地支 十星 표출 도표〉

	比肩	劫財	食神	傷官	偏財	正財	偏官	正官	偏印	正印
甲	寅	卯	午	巳	辰戌	丑未	申	酉	亥	子
乙	卯	寅	巳	午	丑未	辰戌	酉	申	子	亥
丙	巳	午	辰戌	丑未	申	酉	亥	子	寅	卯
丁	午	巳	丑未	辰戌	酉	申	子	亥	卯	寅
戊	辰戌	丑未	申	酉	亥	子	寅	卯	巳	午
己	丑未	辰戌	酉	申	子	亥	卯	寅	午	巳
庚	申	酉	亥	子	寅	卯	巳	午	辰戌	丑未
辛	酉	申	子	亥	卯	寅	午	巳	丑未	辰戌
壬	亥	子	寅	卯	巳	午	辰戌	丑未	申	酉
癸	子	亥	卯	寅	午	巳	丑未	辰戌	酉	申

PART 7

합·충의 원리와 행동심리

1. 天干 五合의 행동심리변화
2. 地支의 合과 행동심리현상
3. 地支 沖의 행동심리변화
4. 십성의 沖과 행동심리현상

미국의 심리학자 왓슨John Broadus Watson[136]이 제창한 행동심리학行動心理學에 따르면 인간의 행동심리를 결정하는 요소는 외부 변수와 관계없이 변화할 수 있는 물리적·사회적인 외적 조건이나 자극 등의 독립변수獨立變數가 있고 그 독립 변수의 변화에 따라 변하는 종속변수從屬變數가 있는데 인간은 이 변수관계에 따라 마음의 작용과 의식의 상태, 즉 심리의 변화를 일으키고 그에 따라 행동의 변화를 일으키게 되어 있다.

사주명리학에서는 출생연월시로 구성되는 사주팔자의 독립변수가 있으며 매개변인인 대운이나 세운의 간지干支가 사주팔자 내의 간지와 합충合沖을 하게 되면 독립변수인 사주가 변화하게 된다. 그리고 그 독립변수(사주)의 변화에 따라 변화하는 종속변수가 해당 사주 주인공의 심리이며 행동이다. 그러므로 인생항로에 직면하는 길흉화복이란 결국 자신의 마음과 행동이 선택한 결과들이다. 다시 말해서 합충合沖의 변화를 일으키는 매개변수가 독립변수인 사주체에 영향을 끼쳐 사주 주인공의 행동심리 변화를 일으키게 되고 그에 따라 운명의 길흉이 변화하는 것이라 할 수 있다. 그러므로 사주감명은 합과 충의 변화에 따른 행동심리 차원의 명쾌한 해석이 중요할 것이다.

---

136) 1920~30년대 행동주의를 환경적 사건과 행동의 관계로써 연구해 심리학의 한 방법으로 규정하고 이를 널리 확산시킴.

본 장에서는 합·충에 대한 성립 원리보다는 합과 충으로 나타나는 행동심리에 대하여 논하며, 지극히 사주명리학 입장에서 논하는 것이다.

1. 天干 五合의 행동심리변화[137]

1) 천간 합의 이해

천간 합은 甲, 丙, 戊, 庚, 壬 다섯 개의 양간과 다섯 개의 乙, 丁, 己, 辛, 癸 음간이 합하는 것이다. 합하는 두 개의 간干이 오행으로는 상극하지만 음양이 다르다는 원리로 합하는 것이다. 천간은 자신의 주관성과 객관성, 이성과 감성이 모두 드러난 성격이자 사회성으로 천간의 오합은 합자체로 변화를 주도하거나 여러 가지 환경에 의하여 심리행동변화를 가장 민감하게 만들어낸다. 또한 옛말에 '고양불생 고음불성孤陽不生 孤陰不成'이라고 한 것처럼, 양陽만으로는 물物을 생산하지 못하고 음陰만으로도 물物을 성장시키지 못한다는 이치를 말하는 것이 천간오합이라 하겠다.

그러므로 천간오합은 명리학술에서 매우 중요하게 살펴야 하는 변화작용이다. 다시 말해서 한 사람의 사회성과 정신적인 면, 직업이나 대인관계를 나타내는 중요한 곳은 천간인데, 이러한 천간에 변화를 일으키는 가장 요소가 바로 천간오합이기 때문이다. 천간오합은 사주원국에서의 변화는 물론 운로의 길흉변화에도 커다란 작용력을 미친다.

---

137) 김기승(2012), 『사주심리치료학』, 도서출판창해, pp.147~189(재정리)

천간의 합合과 화化는 십천간十天干의 음과 양이 서로 만나서 형성된다. 하도河圖의 수數는 1, 2, 3, 4, 5를 6, 7, 8, 9, 10에 배합함으로써 선천지도先天之道를 형성한다. 그리하여 태음太陰의 水에서 시작하여 충기沖氣의 土에서 끝난다. 이 과정이 오행의 기氣가 상생相生하는 순서가 된다. 무릇 오행이 있기 전에 먼저 음양과 노소老少가 있었고 그 후에 기가 충沖하여 土를 생하니 이리하여 마침내 오행이 된 것이다. 만물은 또 土로부터 생하며 水火木金은 또한 土에 기생하게 되는 까닭에 土가 먼저 있게 된다. 따라서 甲己合에서 시작하니 化하여 土가 된다. 土는 金을 생하니 따라서 乙庚이 합하여 金으로 化하는 것이 그 다음의 순서가 되고, 金生水하니 그러므로 丙辛이 합하여 水로 化하는 것이 그 다음이 되고, 水生木이 되니 그러므로 丁壬이 합하여 木으로 化하는 것이 그 다음이 된다. 木生火가 되므로 戊癸가 합하여 火로 化하는 것이 그 다음이 된다. 이런 과정을 거쳐서 오행이 펼쳐지는데 가장 먼저 土에서 시작하여 상생하는 순서에 따르니, 이는 또한 자연의 이치이기도 하다. 이상이 10천간이 合化하는 의미가 된다.[138]

(干合의 오합)　　　(사주원국의 합)　　　(행운의 합)

甲己 合化 土 - 중정지합中正之合 - 작용의 정지

乙庚 合化 金 - 인의지합仁義之合 - 세력의 강화

丙辛 合化 水 - 위엄지합威嚴之合 - 새로운 창출

丁壬 合化 木 - 인수지합仁壽之合 - 방향의 전환

戊癸 合化 火 - 무정지합無情之合 - 이동과 변동

천간의 합은 합으로 새로운 오행을 만들거나, 한쪽 오행으로 변화되거나, 작용이 묶이거나, 한쪽은 강해지고 한쪽은 약해지는 등의 변화가 나타난다. 사주 내의 합이 있고, 일간과 대·세운 천간과의 합, 또 일간을 제외한 사주천간과 대세운의 천간의 합이 일어날 수 있다. 이와 같은 합은 오행의 기를 변화시키게 되어 결과적으로는 일간의 마음(심리)을 변화시키고 나아가

---

138) 심효첨저, 서락오평주, 박영창 역(1998), 『자평진전평주』, 도서출판신지평, pp.71-72

행동심리가 발생하는 원인이 된다. 즉, 천간의 합으로 나타나는 인생주기의 변화는 행운에 따라서 일간이 새로운 환경의 변화를 직감하고 심리변화가 발생하여 그에 따른 행동을 함으로써, 결국 자신의 운명에 변화가 나타나도록 한다. 즉, 일간의 평소 사고와 사회성 등의 가치관이 변화하여 삶이 변화하게 된다. 천간오합의 행동심리변화를 추론하여 사주감정의 적중률을 매우 높일 수 있다.

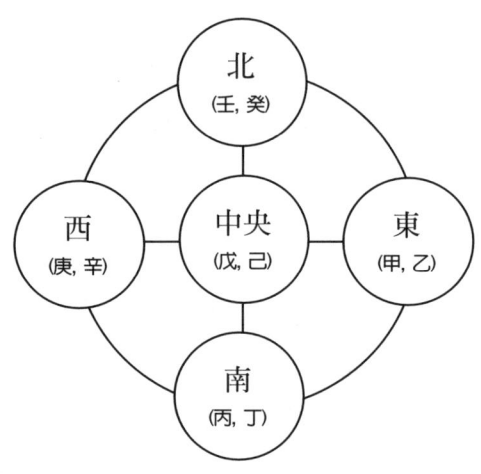

甲己合化 土의 행동심리 [작용 정지]
: 동방의 甲木이 중앙 己土와 합하여 중앙의 土를 따르니 甲木과 己土는 작용이 정지된다.

乙庚 合化 金의 행동심리 [세력 강화]
: 서방의 庚金은 동방의 乙木을 합하여 西로 변환시키니, 金은 자기 세력의 강화를 한다.

丙辛 合化 水의 행동심리 [새로운 창조]
: 남방의 丙火는 서방의 辛金을 합하여 북방 水의 지혜와 경제의 새로운 탄생을 한다.

丁壬 合化 木의 행동심리 [방향 전환]

: 북방의 壬水는 남방의 丁火를 합하여 동방의 木으로 가니 곧 방향을 전환시킨다.

戊癸 合化 火의 행동심리 [이동 변동]

: 중앙의 戊土가 北의 癸水를 합하여 반대 방향인 南으로 이동, 변동을 시킨다.

2) 甲己合의 행동심리 : 작용정지

① 사주 내의 甲木이 행운의 己土와 合을 할 때

- 甲 일간이 운에서 己土를 만날 때 용신 희신이면 혼인, 사업, 직장, 취업, 횡재, 승진, 부동산 등이 성사되고 자신의 영역이 확보된다.
- 甲 일간이 운에서 己土를 만날 때 흉신이면 자신의 욕망과 이기심으로 물욕, 투기, 위조, 부정, 여자, 유흥 등에 빠져 자신을 망각하고 실수를 한다.
- 甲이 비겁일 때 - 형제, 친구, 동창생, 동업자, 경쟁자 등의 작용력 정지로 인한 길흉이 발생한다.
- 甲이 식신이나 상관일 때 - 자식, 아랫사람, 제조, 생산, 판매, 유통, 발명, 연구, 마케팅, 등의 작용력 정지로 인한 길흉이 발생한다.
- 甲이 재성일 때 - 처, 이성, 시모, 부친, 투자, 사업, 적금, 금융 등의 작용정지로 인한 길흉이 발생한다.
- 甲이 관성일 때 - 권위, 명예, 남자, 배우자, 자식, 직업, 직장, 직무, 판단력, 등의 작용정지로 인한 길흉이 발생한다.

- 甲이 인성일 때 – 어머니, 공부, 명예, 시험, 학문, 문서, 부동산, 증권, 여행, 기획, 기억 등의 작용정지로 길흉이 발생한다.

예) 대운에서 甲己합이 되어 이혼한 남자

```
時 日 月 年
丙 戊 甲 壬
辰 申 辰 辰

辛 庚 己 戊 丁 丙 乙
亥 戌 酉 申 未 午 巳
```

戊土 日干이 시상 丙火와 연지, 월지, 시지에 통근하고 있어 신강하다. 食神生財하여 日支 申金으로 설기하는 것도 좋지만, 태왕한 比肩을 극제해주는 甲木 偏官도 좋다. 행운에 따라 食, 財, 官을 모두 쓸 수 있는 구조이다. 이 사주의 처는 水로서, 지지에 土가 많다는 것은 처에게 남자가 많을 수도 있다는 이야기가 된다. 이 때 甲木이 土를 억제하여 평소에는 문제가 없었으나, 己酉대운에 '甲己合土'로 甲木이 작용정지가 되자 부인이 여러 차례 외도를 반복하다 결국 이혼하게 되었다.

② 사주 내의 己土가 행운의 甲木과 합을 할 때

- 사주의 己土가 행운에서 甲木을 만날 때는 甲木의 작용력이 정지하게 된다. 甲木의 길흉신 여부에 따라 당사자에게 영향을 끼치게 된다.
- 己土 일간이 운에서 甲木을 만날 때 희용신이면 승진, 영전, 취직, 결

혼 등 신분상승을 하게 된다.
- 己土 일간이 운에서 甲木을 만났는데 기신 흉신이면 직장, 구속, 건강, 삼각관계, 사기, 유혹 등의 작용정지로 길흉사가 발생한다.
- 己土가 비겁일 때 - 형제, 친구, 동창생, 동업자, 경쟁자 등에 대한 길흉이 발생한다.
- 己土가 식신이나 상관일 때 - 자식, 아랫사람, 제조, 생산, 판매, 유통, 발명, 마케팅 등에 대한 작용정지로 길흉이 발생한다.
- 己土가 재성일 때 - 처, 이성, 시모, 부친, 투자, 사업, 적금, 금융 등에 대한 작용정지로 길흉이 발생한다.
- 己土가 관성일 때 - 이성, 자녀, 직장, 직위, 명예 등에 대한 작용정지로 길흉이 발생한다.
- 己土가 인성일 때 - 모친, 학업, 시험, 문서, 기획, 기억 등에 대한 작용정지로 길흉이 발생한다.

예) 甲己合 된 대운에 장관에 오르다.

```
時 日 月 年
丁 甲 己 壬
卯 戌 酉 申

丙 乙 甲 癸 壬 辛 庚 -9대운
辰 卯 寅 丑 子 亥 戌
```

이 사주는 국방장관을 지낸 정호용씨 사주다. 甲木 日干이 관격으로 신약한데, 年干의 壬水 偏印, 時支에 卯木 劫財가 있고 대운이 用神 水運으로 흘러 이롭다. 육사출신으로 대장으로 예편하였다. 甲寅 대운에 이르자

年干 己土를 甲己合하여 작용을 정지시키니 壬水 印星이 淸水가 되어 殺印相生이 되었다. 그는 1983 癸亥세운까지 길하여 무관출신의 꽃이라 할 수 있는 국방부장관에 오르는 영광을 안았다.

3) 乙庚合의 행동심리 : 세력강화

① 사주의 庚金이 행운의 乙木과 합을 할 때

- 庚金 일간이 운에서 乙木을 만나 세력을 강화하여 용신이 되면 혼인, 사업, 직장, 취업, 횡재, 승진, 부동산 등에 대한 일이 잘 풀리고 자신의 세력 강화로 영역을 확보한다.
- 庚金 일간이 乙木을 만나 세력을 강화하여 흉신이 되면 만용, 강탈, 욕심, 폭행, 강간, 부정, 불륜, 투기, 사업실패, 도박 등을 하여 실패하게 된다.
- 庚金이 비겁일 때 형제, 친구, 동창생, 동업자, 경쟁자 등이 세력 강화가 되어 길흉으로 작용한다.
- 庚金이 식상일 경우에는 후배, 직원, 경영, 생산, 마케팅, 발명, 유통, 수출 등이 세력 강화가 되어 길흉으로 작용한다.
- 庚金이 재성일 경우에는 처, 이성, 아버지, 시어머니, 투자, 사업, 재물, 적금 등이 세력 강화가 되어 길흉으로 작용한다.
- 庚金이 관성일 경우에는 남편, 시댁, 이성, 자녀, 직장, 직위, 직책, 업무, 원칙과 규정 등이 세력 강화가 되어 길흉으로 작용한다.
- 庚金이 인성일 경우에는 어머니, 공부, 명예, 시험, 학문, 문서기획, 아이디어 등이 세력 강화가 되어 길흉으로 작용한다.

예) 女性 법무부장관

```
時 日 月 年
庚 乙 壬 丁
辰 卯 寅 酉

己 戊 丁 丙 乙 甲 癸 -7대운
酉 申 未 午 巳 辰 卯
```

乙木 日干이 寅月생으로 地支에 寅卯辰 方合局을 이루고 月干에 印綬 壬水를 보아 신강하다. 억부와 격국 모두 時干의 庚金정관을 用神한다. 그는 27세 乙巳대운에 이르자 時干의 庚金 정관과 대운의 乙木이 乙庚合을 하여 官星이 세력을 강화하여 판사가 되었다. 丙午 상관대운에는 판사직을 사임하고 변호사로 활동했다.

火오행은 食傷으로 官을 극하기 때문에 법복을 벗고 변호사의 길로 접어든 것이며, 또 이 시기에 남편과도 이혼하였다. 47세 丁未대운 丁丑년에 丁壬合木으로 방향전환이 이루어지며 酉丑合金으로 관성이 강해지니 노무현 정권에서 법무부장관으로 임명되어, 예상치 않았던 관직에 올라 방향전환을 하게 되었던 것이다. 이처럼 天干의 합은 한 사람의 운명에 대한 변화를 발생하는 작용을 한다.

② 사주 내의 乙木이 행운의 庚金과 합할 때

- 乙木 일간이 庚金을 운에서 만나 세력을 강화하여 희용신이 되면 진급, 취직, 결혼, 권위, 권세 등으로 신분상승을 하게 된다.
- 乙木 일간이 庚金을 운에서 만나 세력을 강화하여 흉신이 되면 구속,

건강악화, 분탈, 분실, 관재, 구설, 납치, 폭행 등과 같은 흉사가 발생하고 자신의 본분을 잃는다.

예) 印星이 세력 강화되어 취직이 된 남자

```
時 日 月 年
庚 癸 癸 乙
申 未 未 卯

丙丁戊己庚辛壬 -9대운
子丑寅卯辰巳午
```

癸水 日干이 未月에 실령하여 신약하다. 時柱 庚申 印星이 日干 癸水를 도와 用神을 한다. 이 사람은 19세 辛巳 대운에 대학원을 졸업하고 여러 방면으로 진출을 모색했으나 잘 이루어지지 못했다. 그러나 29세 庚辰 대운에 年干의 식신 乙木과 乙庚合을 하니 사회활동에 변동이 생기는데 외부에서 들어온 庚金 印綬가 세력을 강화하여 일간을 도우니 좋은 직장에 취직을 하였다.

4) 丙辛合의 행동심리 : 새로운 창출

① 사주 내의 丙火가 행운의 辛金과 합할 때

- 丙火 일간이 辛金을 운에서 만나 丙辛合水를 하여 희용신이 되면 결혼, 재물, 승진, 취직, 사업성사, 자신의 직업과 경제성 등에 대한 새로

운 변화를 한다.
- 丙火 일간이 辛金을 운에서 만나 丙辛合水를 하여 기신 또는 흉신이면 자신의 욕망과 물욕으로 투기, 위조, 부정, 여자, 유흥, 사치, 유혹 등에 빠져 망신이 따르게 된다. 결국 자신의 무모한 변화를 추구하다 예의를 못 지키고 인색하고 추한 모습이 되어버린다.
- 丙火가 비겁일 경우 형제, 친구, 동창생, 동업자, 경쟁자 등이 새로운 변화로 인하여 길흉이 발생한다.
- 丙火가 식상일 때는 후배, 부하, 학생, 경영, 연구, 생산, 마케팅, 유통 등의 새로운 창조와 변화로 길흉이 발생한다.
- 丙火가 재성일 경우는 처, 이성, 아버지, 시어머니, 투자, 사업, 재물, 적금 등의 새로운 창조와 변화로 길흉이 발생한다.
- 丙火가 관성일 경우에는 남편, 이성, 자녀, 직장, 직위, 업무, 취직, 승진 등이 새로운 변화로 인하여 길흉으로 작용한다.
- 丙火가 인성일 경우에는 어머니, 문서, 학업, 시험, 연구, 자격증, 기획 등의 새로운 창조와 변화로 길흉이 발생한다.

예) 財星 合으로 구설수를 겪은 남자

```
時 日 月 年
甲 丙 乙 癸
午 子 丑 卯

戊 己 庚 辛 壬 癸 甲 -7대운
午 未 申 酉 戌 亥 子
```

丙火 일주가 실령하고 실지하여 신약사주이다. 木 인성을 용신하는 중

연지와 월간, 시간으로 희용신이 있어서 초년부터 말년까지 부모덕이 많은 명이다. 그러나 정편인이 혼잡하여 생각이 많고 복잡한 면이 있으며, 두 가지 직업이나 행동을 할 수 있는 사람이다. 37세 辛酉대운에 다른 여인과 외연을 맺은 것이 후일 발각되어 부부 간의 불화를 겪었는데 財星이 기신으로 인한 폐해이다.

② 사주 내의 辛金이 행운의 丙火와 합을 할 때

- 辛金 일간이 丙火를 운에서 만나 丙辛合水를 하여 희용신이 되면 승진, 영전, 취직, 결혼, 새로운 경영과 명예 등을 얻게 된다.
- 辛金 일간이 丙火를 운에서 만나 丙辛合水를 하여 흉신이 되면 구속, 건강악화, 분탈, 관재, 구설, 납치, 폭행 등과 같은 흉사가 발생하고 고통을 당하게 된다.
- 辛金이 비겁일 경우 형제, 친구, 동창생, 동업자, 모임의 계원, 경쟁자 등의 새로운 창조와 변화로 인하여 길흉이 발생한다.
- 辛金이 식상일 때는 후배, 아랫사람, 학생, 제조, 생산, 경영, 마케팅, 유통 등의 새로운 창조와 변화로 길흉이 발생한다.
- 辛金이 재성일 경우는 부인, 시어머니, 아버지, 이성, 사업, 투자, 적금 등의 새로운 창조와 변화로 길흉이 발생한다.
- 辛金이 관성일 경우에는 남편, 이성, 자녀, 직장, 직위, 업무, 취직, 승진 등이 새로운 변화로 인하여 길흉으로 작용한다.
- 辛金이 인성일 경우에는 어머니, 문서, 학업, 시험, 연구, 기획 등의 새로운 창조와 변화로 길흉이 발생한다.

예) 前 세계 챔피언 홍수환 선수

```
時 日 月 年
辛 庚 甲 庚
巳 辰 申 寅

辛庚己戊丁丙乙 -9대운
卯寅丑子亥戌酉
```

위의 사주는 庚金 일간이 득령 득지하여 신강사주이다. 年支 寅木과 月支 申金이 沖하고 天干으로는 甲庚沖을 하여 天沖支沖의 극단적 결함이 노출되고 있다. 그의 직업이 권투선수였다는 것이 다행스럽다는 느낌을 주고 있는 사주이다. 19세 丙戌 대운에 들자 세계 챔피언 결정전에서 4전 5기의 신화를 세우며 극적인 승리를 하고 세계 챔피언이 되었다. 대운 丙과 時干의 辛金이 丙辛合하여 새로운 변화를 한 것이다.

5) 丁壬合의 행동심리 : 방향전환

① 사주 내의 壬水가 행운의 丁火와 합을 할 때

- 壬水 일주가 丁火를 운에서 만 날 때 희용신이면 결혼, 재물, 취직, 승진, 사업 등에 대한 성사가 이루어지고 인생이 새로운 곳으로 방향전환한다.
- 壬水 일주가 丁火를 운에서 만날 때 흉신이면 만용, 욕심, 부정, 사치, 유흥, 술, 도박, 학업중단, 이성의 유혹 등을 당하거나 스스로 그런 일

을 저질러 결국 자신의 무모한 욕심으로 인한 폐해가 나타난다.
- 壬水가 비겁일 때는 형제, 친구, 동창생, 동업자, 경쟁자, 협력자 등의 방향전환으로 길흉으로 작용한다.
- 壬水가 식상일 때는 후배, 부하, 학생, 제자, 경영, 연구, 생산, 마케팅, 유통 등의 방향전환으로 길흉이 발생한다.
- 壬水가 재성일 때는 처, 시어머니, 아버지, 이성, 사업, 투자, 적금, 사업 등의 방향전환으로 길흉이 발생한다.
- 壬水가 관성일 때는 남편, 이성, 자녀, 직장, 직위, 직책, 업무, 취직, 승진 등이 방향전환하여 길흉이 발생한다.
- 壬水가 인성일 때는 어머니, 공부, 명예, 시험, 학문, 문서기획, 아이디어 등의 방향전환으로 길흉이 발생한다.

예) 前 북한 고위관리 故 황장엽

```
時 日 月 年
壬 甲 己 乙
申 午 卯 丑

辛 壬 癸 甲 乙 丙 丁 戊 -1대운
未 申 酉 戌 亥 子 丑 寅
```

甲木 日干이 월지에 劫財를 득하고 時干의 壬水가 申金에 長生地를 두고 日干을 生하며 年干에 乙木이 투출하여 신강한 사주이다. 卯月의 甲木은 火를 바라므로 日支 午火를 用하는 중, 劫財格의 신강 사주가 官과 財星을 모두 쓸 수 있는 비상함으로 공산체제에서 높은 관직에까지 오를 수 있었다. 그러나 1997년 丁丑년 時干의 壬水와 丁壬合하여 남쪽 대한민국

으로 방향전환을 하게 되었다. 時干은 미래적인 일이며 印星은 사상으로, 그의 이데올로기가 변화를 한 것이다.

② 사주 내의 丁火가 행운의 壬水와 合할 때

- 丁火는 운에서 오는 壬水에 의해 피동적으로 움직인다. 즉, 강한 丁火에게 壬水가 합을 하여 길하다면 새로운 방향의 진출로 승진의 기대와 관성으로서 명예와 직책이 부여된다. 반대로 신약한 丁火에게 壬水가 합을 하여 새로운 방향으로 추락시키면 파산, 퇴직 등 일신이 힘들고 질병에 시달리게 된다.
- 丁火 일간이 운에서 壬水를 만날 때 희용신이면 취직, 결혼, 승진, 새로운 감투와 권력 등의 방향전환으로 사회적 신분 상승을 도모한다.
- 丁火 일간이 운에서 壬水를 만날 때 흉신이면 구속, 건강악화, 분탈, 관재, 구설, 납치, 폭행 같은 흉사의 발생으로 고통을 당하게 된다.

예) 壬午年 대학으로 방향전환 (남)

```
時 日 月 年
庚 丁 丙 己
子 丑 寅 亥

庚 辛 壬 癸 甲 乙
申 酉 戌 亥 子 丑
```

이 사주는 丁火 日干이 丙寅月로 득령했으나 아직 初春에 亥子丑 水가 왕하므로 신약하여 木火 用神이다. 印星이 용신이라 학문에 심취하여 서울대에서 박사를 학위를 받았다. 대운이 吉하지 못하여 충남지방의 도립도서관에서 계약직으로 근무하다 2002 壬午년 정관운에 丁壬合木을 하여 印星으로 변하자 서울 이화여대 교수로 방향전환을 하였다.

6) 戊癸합의 행동심리 : 이동과 변동

① 사주 내의 戊土가 행운의 癸水와 合 할 때

- 戊土 일주가 행운에서 癸水를 만날 때 희용신이면 결혼, 재물, 승진, 사업성사, 자신의 직업과 경제성 등에 대한 이동과 변동으로 새로운 전기를 맞게 된다.
- 戊土 일주가 행운에서 癸水를 만날 때 흉신이면 자신의 욕망과 물욕으로 투기, 위조, 부정, 여자, 유흥, 사치, 유혹 등의 무모한 이동 변동으로 고통을 겪고 망신과 추한 모습을 보이게 된다.
- 戊土가 비겁일 때는 형제, 친구, 동업자, 동창, 경쟁자, 협력자 등의 이동변동으로 길흉이 발생한다.
- 戊土가 식상일 경우에는 후배, 부하, 학생, 제자, 경영, 연구, 생산, 마케팅, 유통 등의 이동변동으로 길흉이 발생한다.
- 戊土가 재성일 경우에는 부인, 시어머니, 아버지, 이성, 사업, 투자, 적금, 금융 등에 이동 변동이 발생하여 길흉으로 작용한다.
- 戊土가 관성일 경우에는 직장, 직책, 업무, 취직, 승진, 남편, 이성, 자녀 등에 이동변동이 발생하여 길흉으로 작용한다.
- 戊土가 인성일 경우에는 어머니, 공부, 학업, 시험, 명예, 연구, 문서, 발명, 아이디어 등에 이동 변동이 발생하여 길흉으로 작용한다.

예) 癸未년 동업관계로 이동(여)

```
時 日 月 年
壬 己 戊 己
申 未 辰 亥

乙 甲 癸 壬 辛 庚 己 -10대운
亥 戌 酉 申 未 午 巳
```

己土 日干이 比劫이 중중하여 신강사주다. 時柱의 壬申으로 설기 생재하는 傷官生財格을 이루고 있으니 매우 총명하고 수단이 좋은 명이다. 傷官 용신으로 서비스업 계통에 종사하였다. 40세 이전에 대운이 흉하여 초혼에 실패하고 많은 어려움을 겪었다. 그러나 40세 壬申 대운이 되면서 부터 사우나사업에 진출하여 크게 성공하였다. 2003년 癸未年에 癸水와 月干 戊土 劫財가 戊癸合이 되어 많은 이동과 변동이 발생하였다. 그 결과 이 사람은 친구와 공동 투자로 대형 사우나를 인수하였다. 이처럼 사주 내의 比劫과 戊癸合이 될 경우, 동업관계로 이동변동을 하게 된다.

② 사주 내의 癸水가 행운의 戊土와 합할 때

- 사주에 癸水가 있고 대세운에서 戊土를 만날 때 그 육신의 작용이 변화하여 이동변동을 하지만 주체가 되는 것은 아니다. 癸水는 운에서 오는 戊土에 의해 피동적으로 움직이는 성향이 있다.
- 癸水 일간이 운에서 오는 戊土와 만날 때 희용신이면 취직, 결혼, 승진, 새로운 감투와 권력 등의 이동과 변동으로 기쁨과 행복이 따른다.
- 癸水 일간이 운에서 오는 戊土와 만날 때 흉신이면 구속, 건강악화,

분탈, 관재, 구설, 납치, 폭행 등과 같은 흉한 일로 이동변동을 겪으며 어려움과 고통을 당하게 된다.

예) 戊寅년 직장과 근무처 이동(남)

```
時 日 月 年
乙 癸 己 甲
卯 亥 巳 辰

乙 甲 癸 壬 辛 庚 -8대운
亥 戌 酉 申 未 午
```

戊寅(1998)년에 戊土 正官이 日干 癸水와 戊癸合을 하게 되자 한국은행 본점에서 근무 중이다가 춘천지점으로 이동하게 되었고, 가정도 함께 이사하였다. 正官의 合으로 직장의 변동이 있게 된다. 戊寅 세운이 忌神으로 직장을 지방으로 옮기게 되었으며, 申金 用神 대운이 되어 지방으로 이동만 하게 된 것이다. 만일 대운까지 흉운에 처했다면 파직 등의 어려움을 겪게 되었을 것이다.

7) 천간의 沖

천간의 충은 음과 음, 양과 양의 대립이다. 천간은 물상으로는 싹과 싹이 충돌하고 정신과 마음의 감정이 밖으로 드러나 정면으로 부딪치는 것이다. 그러므로 그 행동심리 작용은 즉시 길흉으로 나타나는 것이 특징이다. 충은 분리, 파괴, 이탈 등이나 사주의 기신과 용신에 따라 길흉은 다르게 나타나며 동서남북만이 성립되어 甲庚沖, 乙辛沖, 丙壬沖, 丁癸沖이 있다. 7번째 만나는 천간끼리는 충이 되므로 七沖이라고 한다. 단 戊-甲, 己-乙, 庚-丙, 辛-丁, 壬-戊, 癸-己 등은 정반대 방향의 에너지가 아니므로 충이라 하지 않고 상극이라 한다. 천간의 충은 지지의 충에 비하여 그 작용이 신속히 발생하며, 심리적인 갈등과 변화로 직장, 사업, 대인관계 등에서 외부적인 변화가 발생한다.

한편 천간 충은 해당 십성으로 환산된 심리특성을 즉시즉시 적용해야 하므로 많은 경우의 수를 모두 설명하기에는 한계가 있으니 응용하기 바란다.

甲庚沖 · 乙辛沖

金과 木의 에너지가 충돌하면 심리적으로 안정을 잃게 되는데, 木 오행이 손상되면 어질지 못하고 불만이 많으며 비판적이고 불안해진다. 반대로 金 오행이 反傷이 되면 의리를 저버리거나 돌변하며 조급하고 생각 없이 과격하게 행동을 하게 된다. 그러나 계절에 민감한 일간의 관계와 사주원국 오행의 분포에 따라 많은 변화가 나타나는 것을 간과해서는 안 된다.

丙壬沖 · 丁癸沖

火와 水의 에너지가 서로 충돌하면 정신적으로 불안정해지는데, 火 오행이 손상되면 예의가 없어지고 화를 잘 내며 짜증과 변덕이 심하게 나타난다. 반대로 水 오행이 反傷이 되면 지혜를 잃고 무모한 행동을 하거나 비관적이며, 유동적인 정신 상태를 나타낸다. 마찬가지로 계절에 민감한 일간의 관계와 사주원국 오행의 분포에 따라 많은 변화가 나타나는 것을 간과해서는 안 된다.

庚金이 甲木을 沖하면 머리상처, 두통, 담질환, 안면풍, 풍상, 안과질환, 신경장애, 체모, 손·발가락 등에 이상이 생기고, 대장암, 식중독, 척추, 뼈 등에 골절상이 생긴다.

2. 地支의 합과 행동심리현상

지지의 합에 있어서도 전통적으로는 지지의 합화合化, 합변合變, 합거合去 등의 작용을 통하여 사주용신의 여부에 따라 化하는 오행으로 희기의 판단을 한다.

地支 合은 陽과 陰의 만남이며, 五行과 五行이 결속을 하고, 또 계절과 方向이 모이며 氣가 같이 모이는 것을 의미한다.

화化는 그렇게 모이고 合해서 새롭게 오행이 탄생됨을 말하는데, 합해서 化가 될 수도 있고, 化를 일부만 하는 경우도 있고, 뜻만 있지 化를 잘못하는 경우도 있는 것이니 化의 정도에 따라서 오행의 변화變化도 다르게 나타난다.

지지의 합은 천간합의 정신과 감성문제와는 다르게 일간의 체질을 변화시키거나 환경을 변화시키는 문제로 개인의 인간사와 주거와 근무환경 등에 변화가 나타난다. 역시 그 결과는 행동심리도 전달되어 운명의 변화로 나타나게 된다. 즉, 오행의 기氣가 움직이는 데 따라서 인간의 육체적 변화와 정신적 변화가 발생하고 이에 따라서 삶이 변화한다는 것이다.

1) 지지 六合의 원리와 작용

地支에 여섯 자리[六位]의 合이 있는데 그 여섯은 子와 丑의 合, 寅과 亥의 合등을 말한다. 그 이치는 대개 日月이 합삭合朔하는 것으로부터 유래한 것으로 보인다. 예를 들어 11월은 子로 月建을 삼는데 丑에서 합삭合朔하고 12월은 月建이 丑인데 子에서 합삭하므로 子丑이 상합相合이라고 하는 것이다. 또 正月의 월건은 寅인데 亥에서 합삭하고, 10월의 월건은 亥인데 寅에서 합삭하므로 寅과 亥가 상합하는 것이라 한다. 그 밖의 合들도 마찬가지다. (합하는 字는) 모두 두 字가 반드시 가까이 붙어있어야 비로소 (合으로) 취할 수 있는 것으로 만약 그 사이에 沖하는 자가 끼여 있으면 파破가 되며 그 사이에 영향력 없는 字[閒字]가 끼여 있어도 合이 무력해진다. 대개 六合은 三合처럼 능히 회국會局할 수 있는 것이 아니고 합해서 좋은 합이면 가히 전쟁을 평화로 이끌고 복福의 기운을 증가시킬 수 있지만 합해서 좋지 않은 합이면 그로 인해 좋은 신神을 꼼짝 못하게 묶어버리거나 음란함이 넘치게 되므로 合이 지나치게 많으면 좋지 않다.[139]

타케다코오겐武田考玄에 의하면 아래 〈그림 A〉와 같이 태양의 빛이 지구에 똑바로 비치는 정조점正照点은 북회귀선(북위 23.5도)과 남회귀선(남위 23.5도) 사이를 이동하며 하지夏至때는 북회귀선, 동지冬至때는 남회귀선, 춘분春分과 추분秋分때는 적도를 정조正照하게 된다. 이 북회귀선과 남회귀선을 왕복하는 기간이 1년이 되고 〈그림 B〉는 이를 도식적으로 12개월에 균등분한 것이다.[140]

---

139) 이용준역(2007), 『정선명리약언』, 청학출판사, pp.313~314
140) 연제진(2010), '四柱命理學 主要 理論 論点에 關한 韓·日間 比較 硏究', 국제문화대학원대학교 석사학위논문, p.37

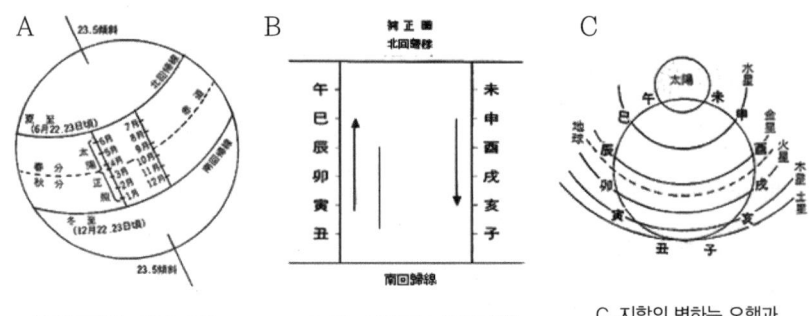

A. 태양정조점의 지구상 위치도   B. 남·북회귀선 왕복도[141]   C. 지합의 변하는 오행과 태양계 배치와의 일치도[142]

　　결국 지합支合이란 태양이 정조하는 위치가 동일한 위도에 있는 월지 상호간의 관계라고 말할 수 있다. 간합干合과 마찬가지로 두 지지가 나란히 있고 일정의 조건이 구비되면 장간이 속하는 오행으로 통일되게 되는 것이다. 지합支合에 대한 견해는 지구가 우주의 중심에 있으며 태양과 위성이 움직이고 천동설을 믿는 시대부터의 것이기는 하지만, 〈그림 C〉과 같이 현대의 지동설에 의한 위성의 궤도 위치순 또는 그 위성의 이름과 속하는 오행이 보기 좋게 일치한다. 이는 고대 중국인의 뛰어난 영지英知이다.[143]

　　이와 같은 원리로 이루어지는 6개의 지지 합을 六合이라고 한다. 육합은 합을 이루며 새로운 오행을 탄생시킨다. 육합 역시 합을 이루면서 변화하는 기운에 따라 일간의 행동심리가 나타나 결과적으로 운명과 삶의 변화로 이어진다. 육합과 변화하는 오행은 아래와 같다.

---

141) 武田考玄(2007), 『未來豫知學としての四柱推命學入門』, Tokyo : 秀央社, p.54

142) 武田考玄(2007), 전게서, p.55

143) 연제진(2010), 전게논문, p.38

子 + 丑 → 合屬 土
寅 + 亥 → 合屬 木
卯 + 戌 → 合屬 火
辰 + 酉 → 合屬 金
巳 + 申 → 合屬 水
午 + 未 → 合屬 火氣運

[地支 六合의 현상]

子丑合 土

子丑合은 11월과 12월의 계절일 때는 水旺節의 방위성이 강하여 土로 化하기는 어렵다. 서로간의 육친 관계는 유정하나 이들은 상극관계의 합으로 적과의 동침을 하고 있는 공존의 관계다.

寅亥合 木

寅亥合은 水生木으로 木이 水의 생을 받아 강해진다. 合과 生의 두 가지가 작용력으로 최강의 힘이 발생한다. 寅木과 亥水의 관계는 상호 우호적이며 희생을 감수해줄 수 있는 결합이다.

卯戌合 火

卯戌合은 木과 土의 극합으로 불협화음의 합이다. 合으로 실제 火氣가 강화되기는 어렵고 단지 火의 기운과 친화를 원하는 정도이다. 둘은 '적과의 동침'과 같아서 주변 상황이 불리해지면 언제든지 상대를 배신하고 공격할 수도 있는 합이다.

辰酉合 金

辰酉合은 土生金의 관계로 유정하며 金의 기운이 강해진다. 합과 생을 동시에 하므로 부드럽고 자연스럽게 강력한 金의 결속력을 발휘한다. 辰酉합은 결합력이 매우 강한 결합이다.

巳申合 水

巳申合은 火와 金의 상극하는 타성을 깨고, 합을 통하여 새로운 이상향을 구축한다. 합으로 강해지는 오행은 없으며, 둘은 '적과의 동침'을 하는 것으로 주변의 상황에 의해서 유동적으로 대립관계가 될 수 있다.

午未合 (火)

午未合은 이미 합이 아니라도 火生土로 생하고 있으며, 여름의 계절에 함께 공존하는 관계라고 볼 수 있다. 새로운 오행이 탄생되지 않는다 해도 강한 熱氣로 서로 간에 매우 유정한 관계이다.

2) 地支 三合의 현상

지지 삼합은 사계절의 생生, 왕旺, 묘墓지가 회국會局을 이루는 것이다. 행운에서 이루어지는 삼합은 환경변화의 강력한 에너지가 발현되어 일간에게 지대한 영향을 끼친다. 그러므로 직업정신의 문제와 신체적으로는 오장육부의 상태와 호르몬의 변화로 체질이 바뀌는 현상도 나타난다. 체질이 변함으로써 식습관과 생각이 바뀌고 생각이 바뀜으로써 행동패턴이 바뀌어 결국 생활습관의 변화로 운명이 바뀌게 된다. 삼합국이 이루어져 발현되는 에너지가 일간에게 필요한 용신이면 인간관계 및 직업의식이 발현되어 성공적인 인생을 경영하는 데 도움이 된다.

예컨대 丙丁 火 일간이 지지에 亥卯未 三合으로 木 인수印綬국이 이루어지면 木체질로 바뀌어 지적 탐구심이 강하게 발현됨으로써 학문의 길로 나가는 것을 말한다. 일간에게 삼합이 官이 되면 官局, 식상이 되면 食傷局, 재성이면 財局을 이루게 되어 직업과 적성도 이들의 국局을 따라 변화되는 경우가 많다. 단, 사주 내에 삼합이 있으면 선천적인 체질이나 운에서 이루어지는 삼합은 변화로 나타난다는 것이다. 그리고 삼합은 2개의 지지만 있어도 합이 되는 것으로 간주하는데, 그 상태에 따라 진삼합, 준삼합, 반합 그리고 가합이 있다.

〈地支 十星 표출 도표〉

종류 \ 강약순위	1 眞三合	2 準三合	3 半合	4 假合
木局	亥卯未	亥卯	卯未	亥未
火局	寅午戌	寅午	午戌	寅戌
金局	巳酉丑	巳酉	酉丑	巳丑
水局	申子辰	申子	子辰	申辰

삼합은 연월일시 사주기둥 중 어느 궁위를 합하느냐에 따라 행동심리가 다르게 나타난다. 예컨대 연지삼합은 과거사 일에 대한 문제와 잠재의식에 대한 변화이며 월지가 삼합을 이루면 환경의 변화로 이어진다. 일지가 삼합을 이루면 자신의 현재 상태의 심리변화, 상대성 심리문제의 변화로 인하여 인생관에 변화가 나타날 수 있다. 시지가 삼합을 이루면 미래계획에 대한 수정 등으로 나타난다.

申子辰 水局

申子辰 水局 : 申子辰合은 水局을 이루는데, 潤下라고도 하며 큰 江과 같은 에너지를 발생한다. 친화적이며 지혜롭고 창의성과 기획력이 뛰어나기는 하나, 감성주의와 자기본위적인 면이 너무 강한 것이 단점이다.

亥卯未 木局

亥卯未 木局 : 亥卯未合은 木局이 되는데, 진취적인 기질로 위로 뻗어 오르려 하며 곧고 강한 성질로 이상이 커서 남에게 굽히길 싫어하며, 한번 결정한 일은 좀처럼 번복하지 않으려는 고집이 있어 曲直이라고도 한다. 따듯한 온정과 강력한 리더십으로 추진력을 발휘하며 자기책임을 다하는 장점이 있으나, 타인의 간섭이나 구속받는 것을 싫어하고 남의 말을 잘 안 듣는 단점이 있다.

寅午戌 火局

寅午戌 火局 : 寅午戌合은 火局이 되는데, 열기와 빛을 발하고, 확산과 발산의 기가 있어 炎上이라고도 한다. 매사에 용기와 과단성이 있는데 성격이 급하기 때문에 자주 실수를 하거나 싫증을 빨리 느끼는 것이 단점이다. 정열적이고 화끈하며, 왕성한 활동력으로 어떠한 난관에도 굽히지 않으나, 너무 저돌적이며 폭발적인 성격과 욱하는 기질로 무모한 면이 있다.

巳酉丑 金局

巳酉丑 金局 : 巳酉丑 合은 金局을 이루는데, 강하고, 냉정하며 차가우나, 신속하게 매사를 추진하고 義를 위해서는 생사를 불사하며, 과감하게 상대를 정복하는 기질이 있어 從革이라고도 한다. 지도력과 통솔력이 뛰어

나며, 결단력과 소신으로 목표를 강하게 밀어붙이는 추진력이 있다. 그러나 너무 강하고 매사 완벽함을 추구하여 한번 결정된 일은 번복하는 유연함이 없어 너무 고집스럽거나 모가 날 수 있다.

3) 地支 方合의 현상

방합方合은 춘하추동春夏秋冬의 계절의 기운들이 서로 모인 것이다. 그러므로 방합은 오행의 합만은 아니며 오행을 떠나 같은 계절의 합이다. 같은 방위의 결속으로 대세운에서 사주 원국과 방합을 할 때 이동, 변동, 출장, 이사, 전출, 이민, 유학 등을 많이 하게 된다. 方合을 한다는 것은 강력한 방향성이 형성되는 것이며 이를 사주에서 수용하게 되면 행동으로 실행에 옮기게 된다.

서양점성학Astrology의 기본요소는 7행성, 12사인, 아스펙트Aspect, 12하우스House 등이 있다. 12궁house은 출생시점을 열두 영역으로 나누어 각각 전반적인 인생문제들을 나타내도록 한 것이다. 여기서 12하우스의 쿼터별 영역은 명리의 방합方合과 일치성을 가지고 있음을 볼 수가 있다.

東方 - 寅卯辰 木局 (春 1, 2, 3 월)
南方 - 巳午未 火局 (夏 4, 5, 6 월)
西方 - 申酉戌 金局 (秋 7, 8, 9 월)
北方 - 亥子丑 水局 (冬 10, 11, 12 월)

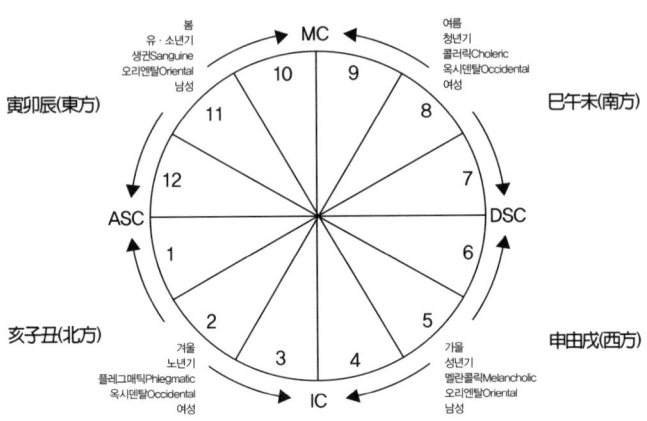

〈하우스의 쿼터별 영역〉[144]

　方合의 조건은 오직 계절을 주관하는 사주의 월지와 같은 계절의 지지가 행운에서 만날 때만 이루어진다. 이때 方合으로 인하여 일간의 변화가 나타날 수 있다. 즉, 사주원국의 월지를 제외한 기타 지지의 만남은 크게 작용하지 않는다고 본다.

　方合은 마치 동족간의 결합이 되며 사계절이 오고가는 현상으로 계절성 심리현상이 나타나기도 한다. 나아가 사주 내 오행의 기운을 변화시켜 일간으로 하여금 인간관계에서부터 주거환경 등에 이르기까지 방향전환을 일으키기도 한다.

　특히 辰戌丑未의 복잡한 변화는 계절로부터 시작된다. 다음에서 그 이유를 살펴보자.

　오행은 같은 오행끼리는 沖하지 않는다. 즉, 火와 火가 沖하지 않으며,

---

144) 이현덕(2002), 「하늘의 별자리 사람의 운명」, 동학사, p.77.

水와 水가 沖하지도 않는다. 木과 木, 金과 金도 沖의 성립 자체가 안 된다. 그러나 예외로 土는 辰戌沖, 丑未沖으로 土와 土가 沖을 하고 있다. 이유는 쉽게 말해서 木과 金, 水와 火의 집안싸움이라 그들은 어쩔 수 없이 沖을 하게 된다고 보면 된다. 예컨대 辰土는 木씨 집안이고 戌土는 金씨 집안이다. 첫 번째 寅申沖 두 번째 卯酉沖 그다음 木을 저장한 辰과 金을 저장한 戌은 辰戌 沖으로 土와 土가 沖을 할 수밖에 없다.

辰戌丑未 土는 1차적으로 계절에 소속된 역할을 한다는 것이다. 이들의 관계가 충이 성립되는 이유이며 행동심리 상태도 이와 같이 분석해야 한다. 그리고 월지를 차지한 土가 가장 힘이 왕성한 자가 된다.

木金	火水
寅 – 申	巳 – 亥
卯 – 酉	午 – 子
辰 – 戌	未 – 丑
봄과 가을의 충	여름과 겨울의 충

3. 地支 沖의 행동심리변화[145]

지지충의 원리와 현상

지지의 沖은 7번째 지지와 서로 충을 하게 된다. 지지의 충은 알고 보면 지지에 암장된 천간의 충과도 같다. 그러니 서로 충돌하여 파괴, 분리 등으

---
145) 김기승(2004), 『사주심리치료학』, 도서출판창해, pp.123~143(재정리)

로 뿌리가 흔들리게 된다. 또 한편으로는 뭉친 에너지가 분산分散되고, 정체된 에너지가 유동流動하며, 새로운 발동發動의 계기가 되기도 한다. 天沖은 줄기나 가지의 沖으로 좋은 운에서 다시 회복될 수 있지만, 地沖은 근본이 상하게 되므로 자칫 회복되기 어렵거나 회복이 더디고 늦을 수 있다. 子午沖, 丑未沖, 寅申沖, 卯酉沖, 辰戌沖, 巳亥沖은 모두 위치나 氣의 종류 오행에 따라 각기 다른 변화현상이 발생한다. 地支의 沖은 방향으로 성향을 규정하고 沖의 강약에 따라 사건의 경중과 지속력과 영향력을 판단할 수 있다. 나아가 이러한 일련의 현상은 일간에게 전달되어 행동심리로 드러나게 되면서 운명의 방향과 삶의 변화로 나타난다.

〈사인과 행성의 지배관계〉

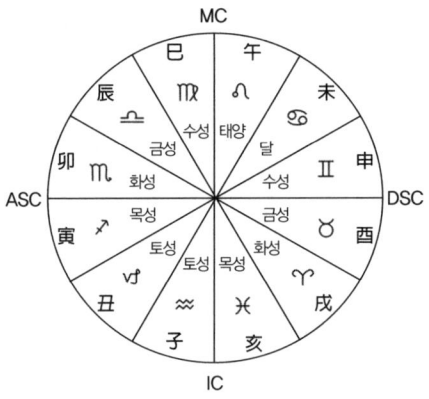

서양점성학에서는 천궁도에서 행성끼리 180도의 각도를 이루는 것[146]을 말하며 흉하게 본다.

---

146) 어포지션 Opposition, 메이저 아스펙트 Major aspect 에 속한다. 『점성학』, (고려원, 1992) 107쪽

① 位置에 따른 沖의 심리현상

年支 沖의 심리현상 : 사회의식, 도덕의식, 균형감각의 변화를 가져온다. 年支는 무의식층을 지배하는 영역이기에, 정신구조 측면의 경험과 인식의 총체적 변화를 나타낸다. 관련 사안으로는 사회적 변화, 직장, 직위, 윗사람, 국가관, 선대 및 산소, 과거사 등이 발생한다.

月支 沖의 심리현상 : 사회적응력과 사회참여성의 변화를 가져온다. 月支는 잠재의식층을 지배하는 영역이기에, 새로운 가치산출 또는 가치함몰陷沒로 나타나는 현실 변화가 나타난다. 관련 사안으로는 대외적 관계, 직업의 변화, 부모형제 문제, 거주지 이동, 직책의 변화 등이 발생한다.

日支 沖의 심리현상 : 목표의식과 가치관의 변화를 가져온다. 일지는 의식층을 지배하는 영역이기에, 가치와 욕망의 동기화motivation로 현실과 정신 충족의 수위의 거리를 조정하는 현상을 일으킨다. 관련 사안으로는 이별과 분리, 배우자 문제, 건강 문제, 심리변화, 상대자 문제 등이 발생한다.

時支 沖의 심리현상 : 동기부여에 대한 관점 해석의 변화가 일어난다. 시지는 의식이 표면화된 현상계現象界를 지배하는 영역이기에, 性向과 감각, 基調를 상징한다. 그러므로 현상계의 상황을 수정하려는 의식의 전환이 발생하며, 보상충족 또는 대리충족의 대상물을 찾는 증후가 나타난다. 그리하여 관련 사안으로는 자녀 문제, 아랫사람 문제, 미래계획, 희망사항, 비밀사항, 여행심 등이 발생한다.

② 氣의 종류에 따른 沖의 변화현상

4生地의 沖

시간적 개념이 현상으로 표면화되어 어떤 일이나 사건에 대한 과정의 문제가 발생하는데 처음 시작할 때의 목적이 변질되는 경우가 많다. 원인은 진행상황의 시간적 문제지만 결과는 공간적 상황의 피해로 드러나게 된다.

寅申沖은 사주의 水와 火의 상태에 따라 喜忌가 다르게 나타난다. 사주에 水가 있는 命이라면 점진적이고 지속적으로 진행이 되며, 사주에 火의 작용이 강하면 沖의 결과가 급속하고 돌발적으로 나타난다. 목적을 이루기 위한 과정의 싸움과 같으며 결과를 보기 전에 변질되는 성향이 있다. 그러므로 시작은 잘하나 마무리가 약하여 유시무종有始無終이 되는 경우가 많다.

▶ 사건 : 관재, 형액, 교통사고, 시비, 이별 등이 자주 발생

巳亥沖은 生地로서 어떤 일이 막 시작되는 시점의 상충으로 새로운 영역에 대한 변화와 변동, 수정 등이 발생하게 된다. 새로운 공간에서의 변화이기 때문에 沖의 작용 전개가 빠르게 나타난다. 巳亥 沖은 정신적인 문제를 잘 일으키며 이상, 꿈, 가치관 실현 등의 장애에서 오는 문제가 많다.

▶ 사건 : 근심, 걱정, 배신, 지체, 화재, 낙상 등 정신적 고통

4旺地의 沖

공간적 개념이 현상으로 표면화되어, 현 위치나 자리를 유지하기 위해 투쟁하는 모습이 나타난다. 대부분 장소나 공간 이동으로 나타나고, 환경의 변화가 생긴다. 즉, 직위職位나 직책의 변동은 생기나 직업과 직종 자체의

변화 등은 쉽게 나타나지 않는다.

卯酉沖은 酉金에게 卯木이 일방적으로 다치는 듯하나 沖을 하면 卯木이나 酉金 모두에게 피해가 발생한다. 사주에 水氣가 많아 酉金을 설기하여 卯木을 生해주면 金剋木의 작용이 완화된다. 火氣가 강한 사주라면 酉金의 작용은 오히려 약화될 것이다. 水氣에 의해 卯酉沖이 영향을 받으면, 沖의 현상은 완화되나 水氣로 인한 濕木의 피해가 발생하는 결과도 초래할 수 있다. 旺地의 沖이나 金과 木의 싸움이 벌어지는 상황이나 이미 진행이 된 상태의 문제로 변화나 변동의 폭이 크다.

▶ 사건 : 인간배신, 변동, 골절사고, 친인척과 부부간의 불화

子午沖은 환경과 공간이 확정된 상태에서 발생하는 沖으로, 서로가 고유의 영역을 유지하기 위해 양보하지 않는다. 자신의 권리를 포기하지 않기 위해 서로 강하게 버티니 이로 인해 한쪽의 피해가 크게 일어난다. 水火의 충으로 완전한 공간의 싸움이며, 환경이나 공간에 대한 이동, 변동의 작용이 나타난다.

▶ 사건 : 계약파기, 문서사고, 가출, 수재사고, 정신이 불안정

4庫地의 沖

반대 方位의 沖으로 土 자체는 상하지 않는데 지장간에서 투간한 것이 있다면 섬세한 관찰이 필요하다. 土의 沖은 겉모습보다 내부에서 이루어지는 乙辛沖과 丁癸沖에 세심한 관심을 기울여야 한다.

辰戌沖은 辰土는 餘氣 乙木에 의해 木의 방향성을 갖는다. 戌土는 餘氣 辛金으로 金의 방향성을 갖는다. 그러므로 표면에서는 東方과 西方의

싸움이 일어나고 속에서는 水火의 싸움이 뒤따르게 된다. 다시 말해서 표면적인 싸움의 원인은 대체적으로 시간적인 문제가 되나, 그 결과는 항상 水火의 공간적인 문제가 된다. 辰土는 새롭게 일을 벌이려는 진취적인 성향을 갖고 있으며, 戌土는 현 상황을 유지시키려는 보수적인 성향을 갖고 있다.

▶ 사건 : 이성고민, 토지문제, 고독, 구설, 송사 등의 시비가 따름

丑未沖은 丑土는 餘氣 癸水에 의해 北方에 위치하게 되며, 未土는 餘氣 丁火로 火의 방향에 위치하게 된다. 고로 丑未 沖은 水와 火의 충돌이 표면화되어 겉모습은 공간에 대한 문제가 돌출되고, 그 속 모습이나 결과는 金과 木의 시간적 문제가 된다. 丑土는 오래되어 사용이 정지된 것 같은 공간으로 새롭게 고치려는 마음을 생기게 하며, 未土는 이제 막 구성된 새로운 공간으로 여기저기 수정하고 고쳐야 하는 번거로움을 갖는다.

▶ 사건 : 형제간 불화, 사업실패, 음독, 배신, 등의 구설시비가 많음

4. 십성의 沖과 행동심리현상[147]

1) 比劫의 沖

① 사주 내에서 比劫이 沖당했을 때

심리현상 : 본능계가 손상되어 있어 미래에 대한 불확실성과 자기 손괴감 損壞感에 시달리며, 방어기제(防禦旣濟: 자기보호본능)가 심하게 나타난다.
작용 : 형제간에 우애가 없거나 스스로 불신감을 갖게 된다. 또 자존심과 주관이 약하고 지구력이 부족하다. 자심감이 결여되어 눈치를 살피거나 페어플레이fair-play 정신이 약하게 되며, 경쟁력 또한 미력하다.

② 사주 내의 比劫을 行運에서 沖할 때

심리현상 : 주체성이나 자신감, 자아의식들이 외부환경들과 대립으로 전환되어 나타나는 징후徵候를 보인다.
작용 : 형제와 불목不睦하고 해외 및 군대 등 떠나는 일이 생긴다. 또는 친구, 동창, 친목단체, 계모임 등에서 곤란함이 생기거나 믿었던 사람에게 배신을 당하게 된다. 여자는 이성문제가 생겨 망신을 당할 수도 있다. 신강할 경우에는 경쟁자가 떨어져 나가는 경우도 생긴다.

---

147) 김기승(2012), 사주심리치료학(개정증보), 창해, pp.136-143. 재정리

2) 食傷의 沖

① 사주 내에서 食傷이 沖당했을 때

심리현상 : 감정계가 자체적으로 분열되는 상황의 심리적 특성이 나타난다.
작용 : 서비스 정신이 약하고 이기적인 스타일로, 조급하며 짜증을 잘 내고, 탁월한 재능을 못 살리며 불평불만의 징후徵候가 나타난다.

② 사주 내의 食傷을 行運에서 沖할 때

심리현상 : 표현력, 생산력, 창의성 등이 외부자극으로 의욕저하가 되어 현실적으로 부진과 하락에 빠지는 결과가 나타난다.
작용 : 생산이 중단되거나 매출이 중단되고 불량제품이 생산되어 손해를 본다. 여자는 낙태, 유산 등이 발생하고, 후배나 자손에게 사고, 질병, 수술 등이 발생한다.

3) 財星의 沖

① 사주 내에서 財星이 沖당했을 때

심리현상 : 욕망계의 자체적 결함으로 인한 내면적 위기감과 목표지향성 실조失調의 징후가 나타난다.
작용 : 조실부모, 부친허약, 부모이혼 등의 일을 겪게 된다. 또한 매사에

결과나 결론을 내지 못하므로 수리능력이 약하며, 노력하는 것에 비하여 항상 결과는 미진하게 나타난다.

② 사주 내의 財星을 行運에서 沖할 때

심리현상 : 실현의 욕구와 목표지향성 등이 외부적 환경자극에 의해 손상되어 미래상황에 대한 불안 징후가 나타난다.
작용 : 재물손실, 현금분실, 사기, 식중독 등의 흉사가 발생하고, 부친우환, 처妻사고 및 수술, 이혼 등을 당할 수 있다.

4) 官星의 沖

① 사주 내에서 官星이 沖당했을 때

심리현상 : 이성적 구조체계인 통제계에 이상이 생겨 자기성찰과 함양, 자기개발 의지의 손상과 괴리의 징후가 나타난다.
작용 : 통제력의 상실로 자만심이 강하고 불손하며, 예의가 없다. 직위나 직책을 맡을 수 없으며 품위 있는 공직, 직장진출 등이 힘들다. 판단력과 결단성이 부족하며 인품이 저급하게 된다.

② 사주의 官星을 行運에서 沖 할 때

심리현상 : 사회질서와 도덕적 규범에 대한 반발심리가 생기고 타의에 의해 도덕적 해이의 징후가 나타난다.

작용 : 직장에서의 사표, 좌천, 권고사직, 실직, 시험낙방, 명예훼손 등이 발생하며, 자녀문제로 인한 근심할 일이 있다. 여성은 부부이별, 또는 남편이 사고를 당하거나 집을 나갈 일이 발생한다.

5) 印星의 沖

① 사주 내에서 印星이 沖당했을 때

심리현상 : 사고계에 이상이 생겨 정신력, 사고력, 기억력 등에 문제를 안고 정신적 혼란에 빠지는 징후가 나타난다.
작용 : 기억력이 나쁘고 예절을 모르며, 주의가 산만하고 공손하지 못하다. 수용력이 부족하며 인내심이 없어 투쟁과 오기를 잘 부리며 변화와 변덕이 심하다. 모친 건강문제, 부동산과 거주지문제.

② 사주 내의 印星을 行運에서 沖할 때

심리현상 : 사고체계思考體系의 변화로 인해 기존의 심리, 정서, 지향성, 가치 등에 일괄적으로 변화가 초래되는 징후가 나타난다.
작용 : 시험낙방, 계약파괴, 부도, 허위문서, 명예훼손, 경고장 등의 흉사나 사고가 발생한다. 모친이 낙상 또는 발병發病하거나 사망하고, 고향을 떠나게 되며 또 학생은 공부에 관심이 없어진다.

PART 8

진화심리와 십성의 본능

1. 본능과 재능
2. 자연생태계와 십성의 본능
3. 현생 인류의 진화적 특성에 따른
   십성 본능의 강화
4. 십성의 문자적 의미 小考

1. 본능과 재능

모든 생명체는 진화하는 과정에서 본능을 수행하게 된다. 그러한 본능은 사회적 동물인 인간에게는 독특한 성향이자 직무를 수행하는 능력의 재능才能이 될 수 있다.

동물은 각각 그 종 특유의 행동, 즉 유전적으로 이어받은 행동 양식을 가지고 있어서, 독자적인 방법으로 환경에 적응하고 있다. 이와 같이 태어나면서부터 지니고 있는 행동 양식을 '선천적 행동'이라고 한다. 이 선천적 행동에는, 신체의 부분적 운동과 걷기 · 뛰기 · 날기 · 헤엄치기 등의 이동 행동 같은 비교적 단순한 행동 외에 여러 가지 반사가 일정한 순서로 종합되어 나타나는 어떠한 목적을 위한 행동도 포함된다. 이러한 선천적이고 변하지 않는 복잡한 행동 양식을 본능[148]이라고 한다.

사전적으로 본능이란 사람이나 동물動物이 태어난 뒤에 겪거나 배워서 갖춘 것이 아니라 세상世上에 태어나면서부터 이미 갖추고 있는 능력, 즉 사람이나 동물이 선천적先天的으로 가지고 있는 억누를 수 없는 감정感情이나 충동衝動을 말한다. 재능이란 어떤 일을 하는 데 필요한 재주와 능력으로 개

---

148) 위키백과

인이 타고난 능력과 훈련에 의하여 획득된 능력을 아울러 이른다.[149] 따라서 본능은 재능이 될 수 있다.

맹자孟子가 말하는 인간의 본성은 선험적이고 즉각적인 것이다. 본성은 본능과 같은 것으로 설명한다. 맹자는 이를 양지양능良知良能이라고 하였다. 양지란 배우지 않고도 아는 것이고, 양능은 배우지 않고도 실천할 수 있는 것이다. 결국 선천적 본능에 해당하는 재능을 사주에서 파악해 낼 수 있다는 것은 사주명리의 위대한 가치라고 본다.

오늘날의 인간은 진화의 산물이며 현재도 진화하고 있다. 인류는 진화와 함께 문명을 발전시켰고 문명발전의 속도에 따라 진화의 속도는 비례한다고 본다. 인간이 문명을 발전시킨 가장 큰 동기는 무엇일까? 그것은 인류 집단의 선천적 본능이 아닐까 한다. 그 선천적 본능을 필자는 진화심리학 입장에서 서열본능, 생산본능, 기록본능, 육감본능, 소유본능 5가지로 구분하였다. 그리고 인류가 생존하며 진화하는 생태적 본능(선천적 본능)은 사주 십성의 선천적 고유성과 일맥상통하고 있음을 아래와 같이 밝힌다.

2. 자연생태계와 십성의 본능

인간은 자기만의 본능本能이 있다. 명리의 십성十星은 인간의 본능에 해당하는 성격이나 선천적 행동양식을 담고 있으니 십성의 본능이라고 정의하는 것이다. 각 십성은 진화심리학적인 본능 군의 성향을 갖고 있으며 문명과 문화를 발전시키는 거듭된 적응과정에서 인간의 타고난 직업체질 적

---

149) 네이버 국어사전

성은 바로 진화심리[150]와 함께 이해되고 있는 바 아래와 같이 설명된다.

십성	본능 군	해석
비겁(比劫)	육감본능 경쟁본능	비겁은 자신이 스스로 느끼는 육감이다. 부산하게 체력을 소모하는 본능이 있다. 언제나 경쟁 대상을 생각하면서 살아간다. 힘들면서도 쾌감을 느끼는 동안 심리적 안정이 된다.
식상(食傷)	생산본능 창조본능	식상은 틀에 얽매이지 않는 자유경쟁이다. 출산의 본능으로 종을 이어간다. 자신이 흥미를 느끼는 것에 심취한다. 상관은 그동안 없었던 창조적인 것에 유능하다.
재성(財星)	개발본능 소유본능	재성은 일간의 소유욕을 발동시킨다. 자기취향에 따른 자기만의 소유본능이다. 가치 증대를 위한 개발 본능이다. 소유공간과 재물이 있어야 심리적 안정이 된다.
관성(官星)	서열본능 결정본능	관성은 힘에 따라 자신의 위치를 스스로 결정한다. 순서를 정하여 행동하는 본능이다. 서열이 정해지는 환경에서 능률이 오른다. 서열이 분명한 환경에서 심리적 안정이 된다.
인수(印綬)	기록본능 모성본능	현재를 정리하고 기록하는 본능이다. 인수는 기록을 통해서 역사를 만든다. 인수격은 기록한 자료와 수집한 자료가 많다. 매사가 순서대로 되어야 심리적 안정이 된다.

1) 육감 · 경쟁본능의 비겁(이기적인 유전자)

- 생각과 환경을 자기화시키는 본능
- 자기에너지 활용, 현재에 초점
- 스스로 인정하는 것에 집착, 개인주의

---

150) 진화심리학(Evolutionary psychology) : 동물의 심리를 진화론적 관점에서 이해하려는 학문으로 인지심리학과 진화생물학에 뿌리를 두고 있다. 우리가 왜 존재하는지에 대하여 일관성 있고 조리 있게 종합하여 설명한 최초의 인물이 다윈이다. 진화는 가장 근본적인 질문에 대한 답이다.

동물 : 힘, 종족 번식력, 몰입, 경쟁
인간 : 몰입, 경쟁, 모험, 행위예술, 몸 기술, 노동력
남자 : 재성을 향한 집착, 여자에게 보이기 위해 근육을 키움
여자 : 재로 관을 생하는 본능(내조)

비겁 = 체력 + 에너지 자원

비겁은 동물적인 육감을 가지고 있다. 운동선수들은 모두 비겁이 강하거나 뚜렷한 것이 특징이다. 또한 수술을 잘하는 의사들도 비겁이 강한 사례를 많이 본다. 대체적으로 비겁의 소유자들은 어느 방면이든 자기만의 기술이나 몰입능력을 가지게 된다.

비견이 모이면 사람들을 잘 모아서 활용하고 사람들과 유대관계가 좋지만, 비견과 겁재가 같이 있으면 겁재는 사람들을 경계하는 심리가 있어서 사람은 많은데 진심을 통하기 어렵기에 경쟁자들로 변질된다. 그리고 비겁은 자기에너지를 활용하여 식상으로 자기유전자를 만들어내고 번식시킨다.

비겁이 강하면 에너지가 많고 재성을 극하며 식상을 만들어내고자 한다. 자기 에너지를 통하여 활동하고 기술을 연마하고 행동하고 자기중심적인 활동과 행동과 사랑을 하는 본능을 소유했다.

모든 동물은 종족보존이라는 강력한 유전자를 가지고 있다. 만약 이러한 유전자가 약한 동물이라면 그는 이미 이 세상에서 소멸된 종자이거나 소멸되어갈 수밖에 없다. 인류가 이렇게 거대해진 이유는 바로 이기적인 유전

자가 강력하기 때문이다. 비록 임신을 목적으로 하지 않아도 끊임없이 음양의 교합이 이루어지고 있다는 사실을 보면 알 수 있다. 사주에서 우리는 인간관계와 궁합을 보게 된다. 과연 인간이 가진 이러한 유전적 요소를 배제하고 무엇을 모두 말할 수 있을까. 왜 여자들은 S라인을 만들고 예뻐지려고 안달을 하고 남자들은 비아그라를 개발하고 정력제에 미치는가? 유치하지만 그것 역시 종種의 번식과 관련지어 설명이 가능하다.

⊙ 〈강남스타일〉 싸이

時	日	月	年
甲	壬	壬	丁
辰	戌	子	巳

壬水일간이 壬子월생으로 비겁이 강하다. 싸이는 육감적인 춤과 퍼포먼스로 세계적인 가수가 되었다. 그의 가수생활은 육감을 빼놓고는 말할 수 없다고 입을 모은다. 또한 경쟁구도에서 능력을 발휘하게 된다.

⊙ 육감적인 배우 김혜수

時	日	月	年
辛	癸	壬	丁
酉	丑	寅	巳

癸水일간이 월지 寅月 상관이다. 그리고 癸水는 일지 丑, 시주 辛酉 편인의 조력을 받는 중 巳酉丑 金局을 이룬다. 월간에 壬水 겁재가 아울러

조력을 받으니 겁재가 강하여 육감적인 연기를 하고 있다.

2) 생산 · 창조본능의 식상

- 새로운 방법을 발견, 개발하는 본능, 미래를 위한 발견, 신세계
- 사고의 자율성과 일탈 심리

동물 : 번식, 활동, 모험
인간 : 출산, 창작, 기술, 표현, 모험, 공개경쟁

식신 : 끊임없이 과거의 것을 이어서 만들어 냄
상관 : 그동안 없던 것을 만들어내고자 함

자연생태계의 생산본능은 암수의 교미를 통한 번식력이다. 생산본능이 약한 종種일수록 종족의 개체 수가 적다(사자, 범 등은 강한 수컷이 암컷을 모두 거느림). 인간은 섹스를 즐기는 육감본능과 함께 출산의 고통을 감수하며 자식 사랑이라는 생산본능이 매우 강하다. 즉, 서열본능으로 번식이 보장되고 육감본능과 생산본능으로 인류가 번성하였다.

또한 창조본능으로 교육, 생명과학, 기술, 과학의 발달을 이루고, 사주에서도 식상은 기술과 연구, 발명, 유행, 공개경쟁, 자식으로 분석한다.

모든 생명체는 2세를 생산한다. 모든 동물들은 목숨을 건 출산의 고통을 마다치 않고 발정기가 되면 어김없이 수컷을 찾아 교미하고 새끼를 낳는다. 인간 역시 마찬가지다. 오늘날 지구에 생명체가 번성하여 존재하는 현상과 이유는 생산본능을 가지고 태어났기 때문이다.

사업가들이 제품을 생산하고 연구원들이 발명을 해내는 것과 함께 생명과학자들 역시 식신의 몫이 되고 있다. 식상이 공통적으로 생산본능을 가졌으나 상관은 정신적으로 일탈을 꿈꾸고 자유세계를 항상 동경한다. 자신의 의지대로 표현하고 죽음이 아니면 자유를 달라고 외치는 것과 같다.

관성과 식상의 대치는 자유와 복종의 대립으로 자유 속에서 서열이 있고 서열 속에서도 자유를 찾는다. 직장인이라면 집에서는 철저히 자유생활이 보장되어야 하는 본능의 욕구다.

사람은 한 가지를 오래 소유하거나 반복하면 지루해한다. 싫증을 해소하고 새로운 것을 찾아 나서는가 하면 새로운 오락을 하거나 만들어내거나 창조하는 과정이자 심리이다. 또한 자신의 내면세계를 밖으로 드러내고 싶은 욕망은 세상을 향하여 자신의 매력을 드러내 관심을 유발하고자 하는 것이다.

식상의 감성은 예민하고 섬세하며 상대적인 반응과 감성코드에 따라서 먼저 다가가고 먼저 내어주는 것은 물론 상대의 반응이 없다 하더라도 자기 눈에 들어온 대상은 어떻게든 자기 것으로 만들어 보려는 도전적이고 자유분방한 사고의 본능이라 할 수 있다. 끝없는 호기심은 자신의 본성을 스스로 자극하여 원하는 것을 소유하는 심리로 지나치게 소비하거나 또는 구매한 것들에 대하여 금방 싫증을 느끼기도 한다.

이것이 바로 식상을 통제하고 행동하기에 앞서 인수라는 생각의 별이 필요한 이유다.

⊙ 한글을 창제한 세종대왕
(음.1397. 4. 1. 진시생)

時 日 月 年
甲 壬 乙 丁
辰 辰 巳 丑

　　壬水일간이 巳月에 丁火가 투출하여 정재격正財格이다. 월간의 乙木 상관傷官과 시간의 甲木 식신食神으로 생재하는 식상생재食傷生財격을 이루었다. 진토辰土에 통근하는 중 연월지가 巳酉合金 인수印綬국을 이루어 아름답다. 상관은 새로운 창조능력이며 정재는 치밀하고 섬세하여 한글을 창제할 수 있었으며 지지의 인수국은 오래도록 기록하는 작용이다.

⊙ 백신개발자 안철수

時 日 月 年
丙 乙 壬 壬
戌 未 寅 寅

　　乙木일간이 寅月에 丙火가 시간으로 투출하여 傷官格이다. 연월간의 壬水 정인이 병립하여 傷官佩印을 이루었다. 공부를 잘하여 의사가 되었으나 새로운 호기심으로 컴퓨터 백신을 만들어 보급하였고, 대학교수, 정치인 등으로 끊임없이 변화와 창조를 꾀하고 있다. 단, 관성의 서열본능이 없으므로 정치적 지도자는 타고난 적성은 아니다.

3) 소유 · 개발본능의 재성財星

- 자기욕구 자극, 소유하려는 본능
- 먹이로서 생존해야 하는 본능
- 국가, 거주지와 공간의 확보
- 자기 소유물에 대한 관리 보전

동물 : 주거 영역, 암컷, 먹이 등 생존의 수단(배설물로 영역표기)
인간 : 부동산, 재물, 여자, 먹이, 물품

◎ 정재 : 자기 노력과 지키고자 하는 본성
◎ 편재 : 수단과 소유하고자 하는 생존, 개발본성

자연생태계는 짝짓기, 영역, 주거, 먹이사슬 본능, 즉 먹이와 주거영역 확보를 통하여 종種을 보존, 진화하였다. 욕구본능이 약한 종일수록 자기 주거영역 없이 남의 집을 이용하고 살아간다(인간세계에서는 셋방사는 것). 인간은 원시시대부터 다른 동물에 비하여 주거와 먹이를 잘 구하였다. 즉, 농사, 사냥, 짐승을 사육하고 식량을 비축하여 생존에 대비하였다. 사주에서도 재성은 공간과 선, 색깔, 재물, 먹이 등으로 분석한다.

식상으로 재를 생하면 나의 모든 자유사상은 오직 재를 통하여 만족을 찾는다. 재성으로 관을 생하면 부와 귀를 얻어야 만족하는 심리를 갖는다. 재물은 곧 권력이 되고 권력은 곧 재물이 된다는 심리이다. 모든 사람들은 재물을 소유하고자 한다. 재성은 소유하고 싶은 욕구를 발동시킨다. 여자들은 우아하고 넓은 거실의 생활과 명품을 소유하고 싶어하고, 남자는 부동산과 현금자산 등의 재물과 함께 여자를 소유하고 싶어한다.

재성은 공간파악 능력이 탁월하고 재산 가치를 알아보는 능력이 뛰어나다. 한마디로 감이 빠르다. 그리고 무엇인가 크게 이루고자 하는 욕구가 대단히 크고 왕성하다. 그만큼 선천적으로 소유할 수 있는 능력을 타고났다. '한 점의 고깃덩어리일망정 루이비똥처럼 팔아라' 는 말을 실천하는 소유자라면 그의 재물에 대한 소유 욕구를 짐작하게 된다.

사주를 분석하고 감정하는 동안 그의 소유능력을 평가하고 서열이 어디인가가 참고되어야 올바른 상담이 가능하다. 바로 부귀를 얼마나 소유할 수 있는가를 평가하는 것이다. 대학교수가 가진 인수와 배추장사가 가진 인수를 같이 해석할 수 없고 선생의 인수와 학생의 인수를 같이 해석할 수 없다는 논리이다.

⊙ 故 현대 정주영 회장

時	日	月	年
丁	庚	丁	乙
丑	申	亥	卯

庚金 일간이 亥月생으로 亥卯未 合으로 재국財局을 이루었다. 젊은 시절 쌀가게 배달부터 시작하여 중동지역 개발사업과 경부고속도로 등 수많은

개발사업을 성공하고 현대그룹이라는 창조신화의 전설적인 인물이다.

> ⊙ 공간개발지능이 뛰어난 기악과 교수
>
> 時 日 月 年
> 丙 戊 辛 丁
> 辰 戌 亥 酉

戊土 일간이 亥月생으로 편재偏財격이며 월간의 辛金 상관傷官이 편재를 생하고 있다. 상관은 창조와 예술의 생산능력이 우수하고 편재는 개발능력과 함께 공간지능이 우수하여 선, 거리, 색깔 등의 구별능력이 뛰어나다. 공간개발능력이 요구되는 피아노 전공으로 독일유학을 하였고 음악대학 교수로 활동하고 있다.

4) 서열 · 결정본능의 관성官星

- 상하를 구분하여 행동하는 본능
- 질서를 유지하여 먹이를 배분
- 수직적 구조를 통하여 종족보전

동물 : 출생(직계서열), 힘의 서열,
인간 : 출생, 가족, 사회구조, 직책, 재물, 지적 능력

자연생태계의 서열본능은 종種을 진화시키며 종족을 보존한다. 서열본능이 약한 종일수록 번식력이 약하고 멸종하기에 이른다.

인간은 철저하게 원시시대부터 서열을 스스로 인지하기에 짝과 번식, 종種이 보존되고 인류가 발전하였다. 사주에서도 관성은 아래위 서열에 충실하다.

지구 상의 모든 동물은 서열본능序列本能이 있다. 기러기떼가 선두를 중심으로 나란히 서열을 지키며 하늘을 나는 모습을 본다. 바다에서는 고래는 물론 상어나 참치가 떼를 지어 일사분란하게 대열을 맞춰 다니는 것을 볼 수 있다. 아프리카에 수만 마리의 누 떼들이 질서와 대열을 유지하고 이동하고 개미도 서열을 지키며 열심히 일을 한다.

인간도 국가 간에 강대국 순으로 서열이 있고 대통령이 선출되면 모두가 그 서열을 따르게 된다. 한 국가의 대통령부터 말단 공무원까지 서열이 있고, 대기업은 물론 작은 중소기업조차 직책을 통한 서열이 조직을 움직이는 시스템이 된다.

서열본능이란 어쩌면 조물주造物主가 만들어낸 것 중 가장 위대한 것일지도 모른다. 서열이 있음으로써 인류는 종족宗族이 유지되어 왔고 국가의 존재와 사회의 기강이 유지되기 때문이다.

우리는 사주라는 구조를 단순하게 분석하지만 서열에 입각하여 적용하는 방법이 현명할 수 있다. 왜냐하면 회사의 사장이 가진 관성官星의 힘과 말단 사원이 가진 관성의 힘은 같을 수가 없다. 그리고 사장이 가진 인수印綬의 결재 도장의 힘과 과장이 가진 결재의 힘은 다르다. 비록 현재의 과장이 추후 사장이 될 수 있고 사장도 과거 과장 시절이 있었을 것이다. 그러므로 생애주기별 십성의 적용[151]과 함께 서열에 따른 십성의 적용이 병행되어 판단되어야 한다. 즉, 경륜과 서열이 주는 힘의 차이는 대단히 다르다. 그와 같이 모든 동물의 세계는 대자연의 질서를 유지시키는 본성적인 서열본능이 작용한다.

관성이 강하고 일간도 강하면 서열 중에서 높은 서열이 되는 조건이다. 그리고 관성이 지나치게 강하면 일간은 관에 일방적으로 복종해야 하니 낮은 서열로서 관의 무게를 힘들게 감당해야 한다.

재생관을 받는 관성은 추종자가 따르고 권력이 주어지지만, 관성이 없거나 미약하면 따르는 추종자가 없고 권력이 아닌 직함에 불과하다.

⊙ 서열주의자 前 대통령 전두환

時 日 月 年
戊 癸 辛 辛
午 酉 丑 未

癸水 일간이 축월丑月에 辛金이 투출하여 편인격偏印格이며 신강하다. 戊土 정관正官 역시 연월지에 겁재에 뿌리를 두고 시지 午火로부터 재생관의 힘을 받게 되자 신왕身旺 관왕官旺사주가 되었다. 몸이 튼튼하고 관이 크자 육군 장군을 거쳐 대통령이 되었다. 그는 직책에 대한 카리스마를 구사하며 유독 서열序列을 중시하였다.

---

151) 진로나 직업에서 생애주기별 十土의 활용을 보면, 10대까지는 인수, 20~30대는 식상, 40~50대는 재관, 60대 이후는 다시 인수를 쓴다.

⊙ 조직이 강한 법조계의 여류판사

```
時 日 月 年
丙 戊 甲 癸
辰 寅 子 丑
```

戊土 일간이 자월子月의 癸水가 투출하여 정재격正財格이다. 癸水는 월간의 甲木 편관偏官을 생하고 다시 丙火 인수로 관인상생官印相生하니 서열본능이 투철하게 되었다. 원리원칙과 결단력이 요구되는 판검사직은 타고난 천성이라 할 수 있다. 사법고시 출신으로 판사로 활동하고 있는 여성이다.

5) 기록 · 모성본능의 인성印星

- 역사와 상황을 기록하는 본능
- 표시, 문자, 기록을 통한 의사소통을 가능케 함
- 기록 자료로 교육가능, 새로운 사고와 발전

동물 : 냄새, 체취, 기억, 표시
인간 : 표시, 기억, 문자로 표기

자연생태계의 표시, 사고본능은 동종 간 의사소통을 통하여 종種을 보존, 진화하였다. 기록본능이 약한 종일수록 먹이사슬에 취약하므로, 개체 수가 적거나 멸종하기에 이른다. 인간은 원시시대부터 다른 동물에 비하여 기록능력이 뛰어났다. 즉, 표시, 글을 통한 의사소통이 잘되어 침입자나 재해 등에 잘 대처하게 된 것이다(지식축적을 할 수 있는 능력). 사주에서도 인성은 기록, 암기, 문서화에 충실하다.

　심미주의審美主義를 가진 것이 인수印綬다. 마음으로부터 아름다움을 느끼고 마음으로부터 사랑받기를 원하고 정신적 사랑이 곧 중요한 사랑이라는 본성적인 모성애를 갖는 것이 인수다. 아이가 어지럽힌 물건들을 엄마가 항상 정리해주는 것처럼 분산시키는 것들을 재정리하고 정리한 것들을 제자리를 찾아 저장하는 심리이다. 음악과 영화감상을 즐기고 많은 것들을 수용하고 전통과 질서를 중요하게 생각한다. 인수는 학습에 대한 수용이므로 공부하는 동안에도 끊임없이 기록記錄하고 재차 정리하여 보관한다. 관성의 서열이 정해지면 그 수준에 맞춰서 자신의 처신을 해나가는 동시에 일간을 위해서라면 모든 것을 희생할 준비가 되어 있는 모성애가 본능적으로 발현되는 것이 인수이다.

　역사歷史는 기록에 의하여 증명되어 왔다. 인성印星은 무엇이든 기록하고 저장하여 놓는다. 갑골문자甲骨文字[152]를 통하여 육십갑자六十甲子가 기록되어 있고, 지금도 수많은 기록물들이 저장되어가고 있다. 여자는 인수가 유력할 경우 힘들어도 그 전통과 순서를 지키기 위해 최선을 다하는 것을 볼 수 있다.

　한편 인수印綬는 주고받는 문제가 항상 있게 된다. 정인正印은 사랑(부모)을 일방적으로 받는 것이다. 받다보니 상대(부모)가 부실해져서 다시 주어야 하는 문제가 생긴다. 편인偏印은 식신(자식)을 키워야 하니 주는 것이다. 주

---

152) 갑골문자(甲骨文字) : 거북 등딱지와 소의 어깻죽지뼈에 새긴 글자로, 점을 친 후 그 결과를 적은 글이다. 은허에서 발굴된 갑골은 16만여 점에 달하며 갑골문은 도합 4천여 개가 되나 그중 해독한 것은 1천여 점이다.

다 보니 자신이 부실해져서 다시 받아야 하는 상황이 전개된다. 인수印綬와 재성財星은 학문이나 자격증이 수입과 연결되는 관계다. 사주 구조에 따라서 공부를 한 후 학원사업을 하거나 먼저 사업이나 장사를 하면서 후차적으로 공부하기도 한다. 인수는 정신적 만족감을 추구하고 재성은 현실적인 만족감을 추구한다. 둘의 관계는 정신과 재물이란 현실의 관계이다.

⊙ 기록본능의 박사

時	日	月	年
丙	乙	壬	壬
戌	未	子	辰

乙木일간이 子月에 壬水가 연월에 투출하여 정인격正印格이다. 壬水 정인正印이 강하여 기록본능을 활용하는 학자의 체질이며 결국 서울대학교 교수가 되었다. 그리고 시상 丙火 상관의 창조능력과 생산본능이 강하여 그는 생명과학자로 동물복제에 성공하며 학계에서 인정받았던 사람이다. 다만 인수가 강한 만큼 기록본능도 강하여서인지, 세계적인 과학학회지에 논문사기 게재로 망신을 당하기도 하였다. (황우석 박사)

⊙ 변호사

時	日	月	年
丁	戊	辛	丁
巳	子	亥	酉

戊土 일간이 亥月생으로 편재격이다. 월간 辛金상관으로 생재生財하고 있다. 재성財星이 왕한 신약사주로 연간과 시간의 丁火 인수가 巳火에 통근한 중 戊土 일간을 생하여 매우 아름답다. 실제 그는 정인正印의 학습능력으로 서울대 법학과 수석과 고시 3관왕이다. 재성으로 수학을 잘하였고 상관으로 설득력이 좋아 변호사직을 하게 되었다. 서울시 교육감직에 출마하여 패배하였는데 관성의 서열본능이 없으니 권력을 갖기는 어렵고 갖는다고 해도 유지되기가 힘들 것이다.

◉ 기록과 모성애가 강한 대학 강사

時	日	月	年
丁	乙	己	乙
亥	亥	丑	巳

乙木이 수기水氣가 강한 축월丑月에 생하였고 己土가 투출하여 편재격偏財格이다. 그러나 丑월의 水왕절에 일·시지에 亥水 정인이 나란히 하니 수국水局을 이루어 인수印綬가 왕하다. 다행히 水가 지지로 모여 있고 천간으로 火土가 투출되어 중화를 이룬 것이 아름답다. 위 사람은 모친과의 사랑이 깊은 동시에, 한편 모든 문서를 기록 정리하는 능력이 뛰어남을 보여주고 있다.

3. 현생인류의 진화적 특성에 따른 십성 본능의 강화

현생인류인 호모사피엔스사피엔스와 바로 직전 인류인 네안데르탈인은 3만 5천 년 전을 전후로 동시대를 살았는데, 네안데르탈인은 모두 멸종하고 현생인류만 살아남게 되었다. 뇌 용량은 비슷하고 신체적 조건에서는 오히려 네안데르탈인이 훨씬 강력했음에도 불구하고, 현생인류가 살아남게 된 이유는 여러 가지 이유로 추정되나, 특징적인 두 가지 신체적 진화 특성을 포함한다.

첫 번째는 기도에서 비강으로 이어지는 구조가 네안데르탈인은 직선에 가까운 구조이고, 현생인류는 목구멍 부분에서 꺾임이 훨씬 강하다. 즉, 현생인류는 내쉬는 호흡에서, 성대를 울려 다양한 소리를 낼 수 있는 용도로 활용할 수 있는 체류 공기량이 훨씬 많았다는 것이다. 이를 통해 두뇌 속의 인식을 표현할 수 있는 다양한 음성기호를 만들어낼 수 있었고, 이는 정교한 의사소통을 가능케 하여 현생인류를 보다 사회적인 집단으로 성장시킬 수 있었던 것이다. 이에 대한 자연스런 반응으로 음성 언어의 기억 기능이 가속화되었고, 지식의 축적이 이루어졌으며, 결국에는 신체 외부에 기록이 가능하게 된 것이다.

두 번째 특징은 현생인류의 어깨 관절 구조가 네안데르탈인의 어깨보다 더 뒤로 열릴 수 있어서, 400만 년 전 직립보행 이후 최초로 팔로 무언가를 던질 수 있는 능력을 갖추게 된 것이다. 이는 매우 중요한 진화적 특징으로서, 네안데르탈인이 사냥이나 전투 등에 있어서 돌창, 돌칼, 돌도끼 등의 무기를 마치 맹수들의 발톱 대용으로 근접전에서만 사용할 수 있었음에 반해, 현생인류는 일정 거리를 둔 상태에서 자신의 신체를 상대의 공격권에 노출시키지 않고 동일한 무기를 사용할 수 있게 되었다. 이를 통해 사냥이든 전투든 훨씬 더 효과적인 활동을 할 수 있었고, 이는 현생인류의 생존에 결정적 유리함을 주었다. 이러한 결정적 진화 특성들이 네안데르탈인과의 전투이든, 개별적인 사냥 활동이든 현생인류에게 유리하게 작용하였고, 결국은 네안데르탈인의 도태와 현생인류의 생존으로 이어진 것이다.

이를 십성 본능의 측면에서 보면 다음과 같다.

현생인류는 선행인류에 앞서는 비겁 에너지로 육감본능, 경쟁본능을 작동하여 생존을 위한 구강 구조와 어깨 관절 등 자신의 신체 구조를 변화시켰다. 이러한 과정에 의해 생성된 식상 에너지를 통하여 창조 본능, 생산 본능을 활용하게 된다. 즉, 구강구조의 진화에 따라 의사소통을 정교하게 하는 언어를 창조하고, 언어를 통한 사회성을 생산한다. 이렇게 창조되고 생산된 정교하고 수많은 언어들은 학습과 기억을 담당하는 인수에너지에 의한 모성본능과 기록본능의 작용을 받아 더욱 정교해지고, 다양화되며, 재활용된다.

어깨 관절 구조의 진화에 따라, 재성에너지는 개발본능과 소유본능을 작동하여 좀 더 많은 사냥감을 확보하고, 사냥과 채집이 가능한 영역을 소유하기 위해 무기와 도구의 개발을 가속화하며, 투척 대상의 거리감 등에 대한 계산 능력, 투척 무기 등을 활용할 수 있는 지형지물, 동료들의 배치와 역할 등에 대한 이해와 계산이 첨예화된다. 이는 사냥이나 전투 등의 효율을 극대화하는 결과로 이어진다.

이러한 활동을 효과적으로 하기 위해 가능한 커다란 집단을 구성하게 되고, 효율적 집단 운영을 위해 필연적으로 구성원 간의 위계질서와 서열에 맞는 역할 및 결정권한 등을 분배하게 된다. 바로 관성에너지에 의한 서열본능, 결정본능이 작동되는 것이다. 서열본능, 결정본능은 조직의 유지와 발전을 위해 다시 인수에너지인 모성본능, 기록본능을 활성화한다. 결국 생존을 위한 비겁에너지는 타 십성의 여러 본능들을 자극하고 작동하여 스스로의 존재를 강화하는 형태로 진화를 이어간다. 즉, 인류는 십성의 본능을 강화함으로써 생존을 위한 진화를 이어가며, 역으로 진화는 십성의 본능을 수단으로 사용하는 것이다.

4. 십성의 문자적 의미 小考

십성+星은 오행의 상생상극 운동에 따라 명칭이 정해지고 성격, 개성, 인간관계, 사회성 등의 기질과 작용력을 담아 사주해석의 코드를 담당한다. 가문이나 혈통, 효가 중요한 과거시대와 오늘날 개인의 능력이나 개인의 행복이 중요한 시대에서는 십성의 해석은 다르게 된다. 해석하는 용어 또한 현대적 용어를 적용해야 한다.

하나의 사주 프레임은 마음의 구조이다. 그 마음의 구조를 이루는 원천이 격이며 격은 월령에서 나온다. 일간은 사주의 주인이고, 월령은 사주의 에너지 운동을 하는 중심으로 주인이 살아가야 하는 환경이 된다. 그 모든 작용의 내용을 담아 해석의 코드와 부호가 되는 것이 십성이다.

그러므로 십성+星의 작용, 즉 십성의 본능을 쉽고 폭넓게 이해하기 위하여 십성의 명칭에 해당하는 일부 한자를 간추려 그 뜻을 해학적諧謔的으로 풀이해 본다. 한자들은 각 십성이 갖는 성격을 내포하고 있어서 십성 해석에 대한 인식認識의 폭을 넓혀준다.

1) 인수印綬 : 문서, 도장, 인자함, 깨달음, 원인

○ 印 도장 인 – 찍다. 박히다. 부모를 닮는 것이다.

- 仁 어질 인 - 인자하다. 만물을 낳다.
- 認 알 인 - 인식하다. 알아서 정하다. 인정하다.
- 因 인할 인 - 원인을 이루는 근본, 유래, 연유, 까닭이다.

2) 비견比肩 : 동지 및 경쟁자, 재를 극, 조급, 적극적

- 比 견줄 비 - 견주다. 모방하다.
- 費 쓸 비 - 쓰다. 금품을 소비하다. 닳다. 소모되다.
- 非 아닐 비 - 등지다. 배반하다. 경쟁이 많다.
- 飛 날 비 - 날다. 떨어지다. 튀다. 넘다. - 비겁의 조급성

3) 겁재劫財 : 경쟁자, 자존심, 겁탈, 분리

- 劫 위협할 겁 - 위협하다. 빼앗다. 부지런하다.
- 硁 단단할 겁 - 강한 자존심으로 굽히지 않는다.
- 怯 겁낼 겁 - 겁내다. 무서워하다. 피하다. 속은 겁이 많다.
- 迲 갈 겁 - 분가. 일찍 고향을 떠난다.

4) 관성官星 : 명예, 직책, 권력, 감시, 처벌

- 官 벼슬 관 - 관청, 공직자이다.
- 冠 갓 관 - 벼슬을 하면 갓을 쓴다.(경찰 군인 등)
- 觀 볼 관 - 누군가 나를 보고 있다.(감시 관찰)
- 棺 널 관 - 편관, 법대로 안 하면 죽어 관에 들어간다.

5) 재성財星 : 재물, 반복성, 이동성, 유흥

- 財 재물 재 – 재물, 녹祿, 처리하다.
- 再 두 재 – 재차, 거듭 다시 한 번에 해당한다.
- 載 실을 재 – 재물, 물건, 음식 등을 실어 나르는 것이다.
- 災 재앙 재 – 돈과 여자가 잘못되면 재앙이 따른다.

6) 식신食神 : 식복, 연구, 생산, 활동, 치장

- 食 밥 식 – 먹을거리이다.
- 植 심을 식 – 뿌리를 땅에 묻다. 자식을 심는 곳이다.
- 飾 꾸밀 식 – 치장하다. 청소하다. 수선하다.
- 識 알 식 – 알다. 판별하다. 인식하다. 명확하다. 눈치가 있는 것이다.

7) 상관傷官 : 상하다, 변화, 잘난 체, 모방, 상상력

- 傷 상처 상 – 이지러지다. 말로 상처를 입힌다.
- 上 윗 상 – 상관은 잘난 체하거나 자기가 잘났다고 생각한다.
- 詳 자세할 상 – 자세히 보고, 자세히 듣고, 자세히 말한다.
- 想 생각 상 – 공상과 상상, 생각이 많다.

PART 9

십성의 이즘ism과 철학

1. 비견과 이즘
2. 겁재와 이즘
3. 식신과 이즘
4. 상관과 이즘
5. 편재와 이즘
6. 정재와 이즘
7. 편관과 이즘
8. 정관과 이즘
9. 편인과 이즘
10. 정인과 이즘

앞장에서 십성의 원리와 생리학적 심리욕구체계는 충분히 이해하였을 것이다. 여기서는 '사회적 집합체에서의 십성'으로 이해해 보고자 한다.

십성은 작게 보면 사주 내에서 단순히 무엇에 대한 길흉의 판단과 개인의 성격과 같은 고유성을 분석 및 해석하고 결과를 제공해주는 것이지만, 넓게는 현상적 사회에서 각각 주의ism;主意[153]와 철학哲學[154]이 있다고 볼 수 있다.

앞의 5장 3절의 엔트로피entropy 부분에서 언급한 억부와 격국의 차이점을 생각한다면, 사회적 에너지 평형화 수단인 격국의 다른 표현인 십성이 사회의 이즘 및 철학과 긴밀한 관계를 갖는 것은 매우 자연스런 일이다. 더욱이 모든 이즘 및 철학이 당시 기존 사회의 병폐를 극복하기 위한 반작용으로 발생하는 것을 고려하면 사회적 에너지 평형화 수단인 십성과의 결합은 매우 타당한 결론이라고 본다.

어떠한 정치, 경제, 문화예술, 교육 등 사상思想의 집중, 강한 세력의 결집 등이 사회적 현상으로 나타나 하나의 이즘이 형성되듯이, 사주 내 강한 십성이 형성되었거나 또는 일간에게 집중할 수 있는 체계를 갖춘 십성일 경

---

153) 이즘ism : 주의(主義), 체계화된 이론이나 학설

154) 철학(哲學, Philosophy) : 인간과 세계에 대한 근본 원리와 삶의 본질 따위를 연구하는 학문. 흔히 인식, 존재, 가치의 세 기준에 따라 하위 분야를 나눌 수 있다.

우 그 십성의 사고방식에 집중하므로 '이즘'으로 대표될 수 있는 성격과 행동적 특징이 나타난다. 이러한 과정에서 십성은 인식認識, 존재存在, 가치價值 등의 사회성을 갖게 된다고 본다. 십성이 강하다는 것은 월령과 월령에서 격을 이룬 십성, 또는 사주 내에서 합국을 이루거나 기氣가 몰려 있는 가장 힘이 센 십성을 말하는 것이다.

혹자는 십성과 이즘과 철학이라니 엉뚱하다고 생각할 수도 있으나 폭넓은 감성과 이성의 과학시대인 현재 사주명리도 콜라보레이션Collaboration[155]을 통하여 인식과 활용가치의 폭을 넓히는 실험정신을 펼쳐나가야 한다.

'이즘'의 형성과정을 이해하고 각 십성과 매칭해 보는 작업을 통하여 사회변화를 바라보며, 관찰되고 설명되어지는 관계에 대한 개인 및 단체의 행동특징을 역설적으로 이해하게 될 것이다.

1. 비견과 이즘ism

비견比肩은 일간과 같은 오행이다. 음양과 오행이 같다는 것은 동질성이다. 무엇에 대한 관점도 소유하고 싶은 것도 바라보는 방향도 지향점도 같을 수 있다. 그러므로 상호간 전이되는 것이 자유롭고 의심 없이 주고받을 수 있는 관계다. 비견은 나를 대행하여 행할 수 있고 내 것이 자기 것이라고 생각하는 또 다른 나이다. 지극히 자기중심적인 것은 자기애가 강하다는 것도 이를 대변한다.

---

155) '협업'의 뜻으로 '문과와 이과의 융합', '대중가요와 국악의 만남' 등과 서로 이질적으로 전혀 연관성이 없는 회사들이 협력, 합작하여 가치를 창출하는 것도 콜라보레이션이다.

◎ 비견比肩을 대변하는 이즘과 철학

① 에고이즘 egoism, Egoismus : 비견比肩이 뿌리가 강하고 재관財官이 동행

이기주의, 자기중심주의를 말하는 것이고 윤리적인 의미가 강하다. 단순한 자기취청自己吹聽, 자만심, 제멋대로 하는 것 또한 에고이즘egoism이라고 한다.

② 나르시시즘 narcissimsm : 비견比肩이 인수印綬 또는 상관傷官 동행

정신적인 자기사랑 또는 자체사랑autoerotism이라고 한다. 모두 자기, 자아自我를 특히 중시하고 있는 점은 공통적이다.

③ 아이덴티티 identity : 지지地支의 비겁比劫 상태

자신이 어떤 사람인지를 알고 있다는 뜻으로 '자기동일성' 또는 '자아동일성' 이라고도 한다. 자신이 어떤 사람인가를 이해하는 상태를 말하며, 개인에 한정하지 않고 어떠한 집단에 대해서도 적용하게 된다.

비견은 대중과 영합하는 사상을 갖고 군중 속의 자아를 찾으며 자기중심적이다. 이기적 자기주의는 자체 사랑의 정신이 강하기 때문이다. 그러므로 비견은 자기애가 강하고 남성은 배우자에게 집중하는 동시에 드러내고 싶어 하며, 이것은 강한 비겁이 재성을 활용하여 관이라는 직위를 얻고자 하는 것과 같다.

사례) 아이덴티티가 강한 북한 김정은

時	日	月	年
辛	辛	辛	辛
卯	卯	丑	酉

- 비견이 네 천간에 줄을 서 있고 연월지에 통근하여 일간은 신강하다.
- 지지의 재성을 내세워 관을 세우거나 보여주는 것으로 작용한다.
- 에고이즘의 자기중심적이며, 나르시시즘의 자기사랑이 강하다.
- 자기를 알고 자기를 이해하고 집단에 적용하는 아이덴티티가 있다.

2. 겁재와 이즘ism

겁재는 양간陽干의 겁재인 양인陽刃과 음간의 겁재劫財로 구별할 수 있다. 겁재(양인)는 편관을 써서 기존의 질서를 바꾸고 자신이 세상의 어려움과 부딪히고 단련하며 국가를 구하고 부하를 지키는 것이다. 그러나 그러한 격이 이루어지지 않으면 오히려 분노를 조절하지 못하여 강폭하고 끝장을 보는 사나움이 나타나기도 한다. 겁재는 솔직 담백하지만, 모험심이 강하며 지기 싫어하는 면과 갖고 싶은 게 있다면 수단과 방법을 안 가리는 편이다. 모든 것은 경쟁을 통하여 얻는 것이 최선이다.

◎ 겁재(양인)를 대변하는 이즘과 철학

① 마초이즘 : 겁재劫財 강의 재성財星 극剋

남성적 기질을 지나치게 강조해 남자로 태어난 것이 마치 여자를 지배하기 위한 특권이라도 되는 듯이 행동하는 일련의 증상.

② 징고이즘jingoism : 월령月令 양인격陽刃格

어느 사회집단 내에 발생하는 타 집단에 대한 적대적·자기중심적 심리상태를 일컫는 말. 편협한 애국주의, 맹목적 애국주의, 배타적 애국주의 등으로 번역되며 광신적 대외 강경주의자, 저돌적 주전론자까지 포함한다.

③ 스와라지즘Swarajism : 순수한 지지地支의 겁재劫財

독립주의 스와라지 운동은 간디가 주장한 인도의 독립 운동에서 비롯되었다. 이것을 스와라지즘이라고 하는데 겁재의 사상은 독립주의가 매우 강하다. 자신과의 싸움을 해야 하는 운동선수들의 사주는 겁재가 뚜렷한 경우가 많다.

겁재는 자신을 솔직히 드러내는 성향이다. 그리고 외면적으로는 이성적으로 행동하는 것처럼 보이지만, 내면의 실체는 이성보다는 감성을 앞세워 행동하는 성향이다. 한편 겁재는 자신이 선택한 대상에 대한 중독성이 강하여 인간관계나 물품이나 집착하는 애증관계를 스스로 형성하는 습관이 있다. 월령月令의 겁재(양인)는 태평성대에서는 관살의 역할에 따라 세상을 보는 눈과 행동이 달라지지만, 난세亂世에는 구조와 구난의 정신이 살아나 자기 한 몸 희생으로 국가와 민족을 구하는 영웅이 될 수 있다고 하듯이, 일상에서도 겁재는 자존심과 체력이 강하여 지기 싫어하고 행동이 부산한 경우가 많다. 이러한 특성은 행동파이고 운동선수와 행위예술 등의 자기에너지 소모능력이 우수한 직업에 적합하다.

사례) 세계 수영을 제패한 마린보이

```
時 日 月 年
癸 庚 癸 己
未 寅 酉 巳
```

- 庚金일간이 酉月 겁재(양인)격으로 태어나 신강하다.
- 겁재의 에너지 강으로 체력을 소모하는 수영선수가 되었다.
- 애국주의가 강하지만 약물복용으로 물의를 일으키는 오점을 남겼다.
- 독립주의가 강한 수영은 모든 시합이 자신과의 게임이다.

3. 식신과 이즘ism

식신食神은 상관傷官과 다르게 동일한 오행의 상생이다. 그러므로 생生해 주고 설기洩氣해 가는 본성이 순수하기에 식신의 마음은 온순한 순정파이다. 즉, 주고받는 마음에서 이중으로 원하는 것 없이 온전한 노력의 결과를 기대하는 동시에 희생과 봉사정신이 깃들어 있다. 아울러 식신은 내가 원해서 하는 것이고 나를 드러내고 표현하여 타인과의 차별화를 추구하게 된다. 문화예술과 창조가치를 소중히 하며 생명을 키우는 생명공학적인 활동에 적합하다. 그러므로 고지식한 자유본능이 나타나게 된다.

◎ 식신食神을 대변하는 이즘과 철학

① 아르누보Art nouveau : 삼합三合국을 이룬 식신食神.

'신예술'이라는 뜻. 19세기 말부터 20세기 초에 걸쳐 윌리엄 모리스의 공예운동에 강한 자극을 받아 벨기에, 프랑스를 중심으로 독일, 오스트리아 등에서 일어났다. 양식 건축과 공예에 식물의 줄기, 꽃, 이파리 등의 자연 형상을 채용하고 곡선을 주로 한 자유로운 의장意匠에 의한 것으로, 과거의 형식을 타파하고 한때는 세계적으로 유행이 되었다.

② 로맨티시즘romanticism : 일간과 월령月令에서 투간透干된 식신食神.

'낭만주의'라는 뜻. 18세기 말부터 19세기 중반에 걸쳐 유럽과 아메리카 대륙에 널리 전파되었던 예술 사조이다. 일반적으로 감상적인 정서를 바탕으로 한 창작 태도를 말한다. 로맨티시즘은 고전주의와 계몽주의에 대한 반발로 시작되었는데, 자아에 대한 탐구를 중요시하면서 인간의 내면에 진실이 있다고 믿었다.

③ 카타르시스catharsis : 식신食神, 생재生財, 제살制殺의 구조.

정신 분석에서 마음속에 억압된 감정의 응어리를 언어나 행동을 통하여 외부에 표출함으로써 정신의 안정을 찾는 일. 심리 요법에 많이 이용한다. 정화淨化.

투출投出된 식신은 일간으로부터 외부적인 감성을 주관하게 되고, 월령의 식신은 직업정신과 삶의 환경을 주관하게 된다. 관살로부터 억압을 당할 때 관성을 극하여 자유를 추구한다. 일간의 응집된 에너지를 분출하여 자신의 기술력이나 생산으로 활용하는 능력을 지녔다. 또한 식신은 강한 인성으로부터 자유를 억압당하는 것을 싫어하는 성향이므로 이를 방어하는 재성의 안전장치를 취하게 된다.

사례) 위대한 화가 피카소

```
時 日 月 年
庚 己 丁 辛
午 丑 酉 巳
```

- 己土 일간이 식신국을 이루었고 편인이 투출하여 균형을 이룬다.
- 巳酉丑 삼합에서 庚金 상관이 투출하여 자유로운 영혼이 되었다.
- 로맨티시즘의 성향은 그를 세계적인 입체파 화가로 탄생시켰다.
- 그의 카타르시스는 광적인 몰입과정이었다고 추정된다.

4. 상관과 이즘ism

상관傷官은 비범하고 총명한 별이다. 그만큼 예리하고 비판에 능숙한 면을 가지고 있다. 구속과 억압을 매우 싫어하여 기존의 틀을 깨거나 변화시켜 자신의 목적을 달성하는 기질이 있다. 당당한 모방능력과 창조능력을 가지고 있는 동시에 반항적이고 남을 비방하거나 고정관념을 깨는 양날의 칼이다. 언변이 뛰어나 정치적인 언행과 예술적인 성향을 고루 갖고 있다. 또한 새로운 변화가 찾아오지 않는다면 싫증을 잘 느끼며, 감성과 변화의 아이콘으로 불린다.

◎ 상관傷官을 대변하는 이즘과 철학

① 다다이즘dadaism : 월령 상관傷官이나 상관傷官의 세력형성

기존의 모든 가치나 질서를 철저히 부정하고 야유하면서, 비이성적, 비심미적, 비도덕적인 것을 지향하는 예술 사조. 제1차 세계 대전 말기에 일어난 반항적, 퇴폐적 경향을 띤 예술 운동. 19세기 이래의 과학 문명에 대한 신뢰의 붕괴와 1차 세계 대전 후의 사람들이 새로운 것, 좀 더 신선한 것, 파격적인 변화를 필요로 하는 이러한 분위기에 의거하여 산출된 것이 바로 '다다'이다.

② 포스트모더니즘postmodernism : 상관극관傷官剋官, 재극인財剋印이 동주

1960년에 일어난 문화운동이면서 정치·경제·사회의 모든 영역과 관련되는 한 시대의 이념. 모더니즘의 연속선상에 있으면서 동시에 그에 대한 비판적 반작용으로, 비역사성, 비정치성, 주변적인 것의 부상, 주체 및 경계의 해체, 탈장르화 등의 특성을 갖는 예술상의 경향과 태도.

③ 아나키즘anarchism : 상관傷官강으로 정관正官을 파극破剋.

무정부주의無政府主義를 말한다. 무정부주의는 개인을 지배하는 국가권력 및 모든 사회적 권력을 부정하고 절대적 자유가 행하여지는 사회를 실현하려고 하는 운동. 정부나 통치의 부재不在를 뜻하는 고대 그리스어 'an archos'에서 유래.

상관傷官이 격이나 국을 이루면 질서와 규칙을 거부하고 자신이 원하는 방향으로 이끌고 가야 직성이 풀리게 된다. 이를 따르지 않으면 야유와 모함을 시도한다. 또한 상관이 관성을 극하면 법을 무시하고 상대방의 생각을 설득하여 변화시키는 탁월한 능력을 보이게 된다. 상관이 정관을 깨면 무법주의자 기질이 나타나며 권력이나 법을 부정하므로 소속된 단체의 질서를 어지럽히거나 상사나 윗사람이 다루기 힘든 악동이기도 하다. 그러한 단점을 감안하더라도 현 창조기반 시대에 개인주의와 창조성이 강한 상관은 매우 유익하게 활용되고 있는 실정이다.

사례) 국격을 손상시킨 대변인

```
時 日 月 年
丙 乙 乙 丙
戌 酉 未 申
```

- 未月 여름생이 천간에 상관傷官 丙火가 두 개나 투출하였다.
- 언어표현 능력을 활용하게 되어 대변인이 되었다.
- 미적인 것을 좋아하고 관을 무시하니 아름다운 여인을 희롱했다.
- 정신구조는 감성적 성향이 강하여 이성적인 컨트롤에 취약하다.
- 자유로운 영혼의 포스트모더니즘 성향이 나타나는 사주구조다.

5. 편재와 이즘ism

편재偏財는 남자에게는 여성을 나타내고 과대하게 보여주고 싶은 마음이다. 편재는 재물에 해당하니 자칫 금전지상주의에 빠질 수 있다. 부를 통하여 자신의 목적을 달성하고 나아가 원하는 모든 것을 얻을 수 있다는 주의다. 하여 정치인들이 대중에 인기를 목적으로 선심을 쓰는 과정에서 편재가 활용된다. 재성을 적성으로 보면 수리계산 능력과 함께 선, 색깔, 거리 등을 분별하는 성분으로 입체적인 표현의 공간 활용 예술가들에게 필수적인 적성을 부여한다.

◎ 편재偏財를 대변하는 이즘과 철학

① 페미니즘feminism : (남)재격에서 식상 투출, (여)식상 극 관성
여성해방 사상으로 성차별에 대해 시정을 요구하는 모든 사상·운동. 남녀동등권 또는 여권신장운동 등을 말한다.

② 포퓰리즘Populism : 투출된 편재偏財를 식상食傷이 생하는 관계.
일반적으로 '대중 영합주의' 혹은 '민중주의'로 불린다. 현대적 의미의 '포퓰리즘'은 정치, 경제, 사회, 문화면에서 본래의 목적보다는 대중의 인기에 목적을 두는 것을 말한다.

③ 큐비즘Cubism : 월령月令 편재偏財에 인성印星이 유기한 구조.
20세기 전위예술의 한 양식인 입체파立體派를 지칭하는 말. 피카소가 시조로 되어 있는데 윈덤, 루이스 등이 이를 영국에 소개했다. 자연의 사물을

단순화시킨 화면과 선과 기하학적인 형을 써서 단색으로 그려, 동시에 여러 관점에서 표현하고자 하는 것을 말한다. 문학에서는 이미지의 괴상한 연합과 분리에 의해서 사물의 구조관계를 추상적으로 표현하고 몇 개의 관점을 동시에 환기함으로써 하나의 실체를 제시하고자 시도하는 기법을 말한다. 에즈라 파운드가 이미지즘에서 큐비즘으로 관심을 바꾸어 간 것은 잘 알려진 일이다.

투출된 편재는 외부적으로 과시하거나 보여주기 위한 심리가 발동된다. 그리고 재성은 현실적이며 감성과 이성을 컨트롤 하는 민감성을 가진 별이다. 편재가 식상의 생을 받게 된다면 남자의 마음은 상당한 서비스와 배려를 통하여 여성을 사랑하고 존중하게 된다. 재성이 월령을 차지하고 식상의 생을 받으면서 관성을 견제하고, 관성이 재성을 극하는 비겁을 견제하는 구조는 여성의 자유로움을 추구하는 관계이다.

사례) 자유로운 영혼의 국민가수

時	日	月	年
壬	辛	己	乙
辰	丑	卯	酉

- 신금辛金 일간이 묘월卯月에 乙木이 연간으로 투출한 편재격이다.
- 편재가 편인을 극하는 중에 상관이 편재를 생하는 감성주의자다.
- 재극인의 상황은 이성과 감성의 트러블로 우유부단할 수 있다.
- 그림을 그리는 이유는 월령편재에 인성이 유기한 '큐비즘' 성향이다.

- 인기 영합주의가 강한 그는 투출된 편재를 상관이 생하는 구조다.

6. 정재와 이즘ism

정재正財는 안정과 실리를 꾀하는 동시에 지나친 현실성과 민감성으로 때론 더 큰 발전 앞에서 자칫 소극적인 오류를 범하기도 한다. 불확실한 것을 싫어하며 집단에 소속되어 능력과 역할을 수행하는 면이 우수한다. 어려운 환경에 처하면 근검절약하고 지출을 줄이는 생활습관과 경제적인 운영으로 극복해나가는 성실한 성분이다. 매사 기초와 근본에 충실하고 방법이 나오면 상대적으로 과감히 구조를 개혁하여 확실한 안정을 구축한다. 자상하고 신용 있는 정재는 개인과 국가의 생활을 책임지는 역할에 적합한 에너지다.

◎ **정재正財을 대변하는 이즘과 철학**

① **요다이즘**yodaism : 월령 정재正財가 비·식·재의 생을 받는 구조.

현실의 불확실성을 극복하기 위해 강한 존재에 의존하는 현상. 세상의 어려움을 헤쳐 나가기 위해 강한 존재에 의존하는 현상으로 1977년 조지 루카스 감독이 만든 공상과학영화 〈스타워즈〉에 나오는 요다Yoda의 이름에서 유래한다. 요다는 주인공 제다이의 정신적 스승으로 등장하는데, 미국의 미래학자 멜린다 데이비스Melinda Davis가 〈욕망의 진화〉라는 책에서 이 이름에 주의主義를 뜻하는 '-이즘'을 붙여 소개한 용어이다.

② **대처리즘**Thatcherism : 정재격에 식신생재, 관인상생의 구조

영국 여성총리 대처Margaret Hilda Thatcher의 사회 및 경제정책의 총칭으로, 비대해진 복지국가를 해체·축소하고 경쟁사회를 부활시켜 영국 병病에서의 회복을 목표로 하였다. 그녀의 슬로건 중 하나는 '빅토리아 시대로 돌아가자'이다. 경제 지상주의의 철학 아래 국가로부터의 자유, 자유주의, 자유로운 시장을 강조한다.

③ **네오클래식**Neoclassic : 정재正財가 인성과 교합을 이루는 구조

건축과 디자인에서 고대 희랍과 고대 로마의 고전원칙으로 회귀하는 데 기초를 둔 양식적 발전의 하나. 예컨대 프랑스 집정기와 엠파이어 시대의 인테리어 스타일을 포함하여 프랑스혁명으로부터 19세기까지 지속된 프랑스디자인으로 특징되는 신고전주의新古典主義 ; Neoclassicism가 그것이다.[156]

지지地支의 재성財星이 천간의 정관正官을 생하는 과정, 즉 재생관을 이루면 어려운 환경에서도 사회적 안정을 이루어 공을 세우는 역할에 매우 충실하다. 이는 재성이란 재물의 목적이 사회적 질서와 공익적 발전을 위한 천간의 관성을 향하기 때문이다. 그리고 월령에 재격을 이루고 식상이 생재하면 가난과 싸워 이기고 부를 이루게 된다. 결국 가정과 국가의 안정을 도모하는 역할과 관성을 생하여 고용창출을 하게 된다. 정재가 투출하고 관성이 유력하면 성격이 섬세하고 현실적이며 수리계산능력과 함께 공간 활용능력이 우수하게 된다.

---

156) 네이버 지식백과

사례) 씨름선수 출신의 연예인

```
時 日 月 年
甲 壬 壬 庚
辰 戌 午 戌
```

- 壬水 일간이 午月생이며 午戌 합으로 정재가 국을 이루었다.
- 식신이 투출하여 생재를 이루고 편인이 투출하여 원류가 좋다.
- 그는 씨름선수의 불확실성을 강한 정재에 의존하여 성공하였다.
- 자신의 경제적 리스크를 과감히 수정해 새로운 국면으로 전환시켰다.
- 관인이 동시에 강하여 자유 속에서 내심 전통성을 고려하게 된다.

7. 편관과 이즘ism

편관偏官은 냉철한 판단과 즉각적인 행동을 실행하는 행동파이다. 어떠한 고난과 어려움이 닥쳐도 스스로 감당해내어 공을 세운 업적으로 자신을 발전시키고 세상과 가족을 지킨다. 생사生死를 관장하는 별로 독립적인 사상과 철학을 가지고 있다. 또한 스스로 옳다고 생각하는 규칙을 만들어 시행하고 남에게 따르라고 한다. 종교지도자들은 편관이 유력한 경우가 많다.

◎ 편관偏官을 대변하는 이즘과 철학

① 파시즘fascism : 재생살財生殺이 되는 구조

이탈리아 무솔리니[157]의 정치주의를 지칭한 데서 유래하였다. 그러나 대중사회이론에서는 현대사회의 모든 강권적·독재적·비민주적 성격을 띠는 정치운동이나 이념을 파시즘이라고 정의한다.

② 마나이즘manaism : 재생살財生殺, 관격 편인偏印강의 구조

멜라네시아와 폴리네시아의 미개사회에서 볼 수 있는 비인격적·초자연적인 힘의 관념. 선일 수도 있고 악일 수도 있으며, 사람·무생물·기물器物 등 일체의 것에 깃들어서 두려움을 일으키는 영력靈力을 가리킨다.

③ 테러리즘terrorism : 재생살財生殺, 편관偏官 및 양인陽刃

테러terror란 원래 라틴어로 '커다란 공포'를 뜻하는 말이지만 지금은 테러행위, 즉 테러리즘을 가리키는 말로 통용된다. 미연방수사국FBI이 내린 정의에 따르면 테러리즘은 '정치·사회적 목적에서 정부나 시민들을 협박, 강요하기 위해 사람이나 재산에 가하는 불법적인 폭력의 사용'을 의미한다.

편관偏官은 야성과 이지를 겸비한 성질이며, 사악한 경향도 있어 살殺의 힘이 강할 때 일명 칠살七殺이라고도 한다. 편관이 흉신凶神이면 권력을 믿고 행패를 부려 비난을 사는 경우도 있으나 용신用神이면 군인, 협객, 구조자가 될 가능성이 많다. 사주 중에 식신食神의 제살이나 중화를 이루지 못하

---

157) 이탈리아의 정치가(1883~1945). 제일 차 세계 대전 이후 파시스트당을 조직하고, 1922년 쿠데타로 정권을 획득하였으며, 수상이 되어 독재 체제를 구축하였다. 1940년 일본, 독일과의 삼국 동맹에 의하여 연합국 측에 선전포고 하고 제2차 세계 대전에 참전했으나, 패하여 자국 내의 빨치산에게 피살되었다.

면 테러의 성향을 보이게 되어 항명과 반항, 약자를 괴롭히기도 한다. 또 재생살이 될 경우 흉폭함을 부채질하여 더욱 폭력적이 될 수 있다.

편관編官이 지나치게 강강强하면 일간日干이 심하게 극剋을 당하여 나약해지고 지구력이 없으며 건강健康이 나빠져 질병疾病으로 고생하게 된다.

사례) 행동이 앞서는 공수부대 출신

```
時 日 月 年
丁 癸 己 戊
巳 亥 未 子
```

- 癸水 일간이 未月에 己土가 투출한 편관격이다.
- 지지 亥·子에 뿌리를 두나 재생살이 되고 있는 구조다.
- 거칠고 강압적인 면이 강한 공수부대 하사관 출신이다.
- 국가관은 투철하나 공포분위기를 조성하고 행동이 우선이다.
- 신기가 강하며 산속에 들어가 기공 및 염력을 키우기도 하였다.

8. 정관과 이즘ism

정관正官은 명분名分과 명예를 중시하며 주어진 직분에 대해 원칙적이고 합리적인 방법으로 책임감이 강하고 행정능력이 우수한 편이다. 원칙과 기준을 세우고 모범적인 사회성으로 명분이 분명한 공적인 활동을 원한다. 일관성—貫性이 있어 일정한 틀을 유지하며 정직, 근면, 성실한 성품으로 융통성이 부족하고 고지식하나 현실적 안정을 추구하는 보수파保守派의 대명사이다.

◎ 정관正官을 대변하는 이즘과 철학

① **매너리즘**mannerism : 정관正官격이 인수印綬가 강한 구조

일정한 기법이나 형식 따위가 습관적으로 되풀이되어 독창성과 신선한 맛을 잃어 버리는 것을 매너리즘이라고 한다. 오늘날에는 현상유지 경향이나 자세를 가리켜 흔히 매너리즘에 빠졌다고도 말한다.

② **보수주의**conservatism : 관인상생의 구조에 식재가 취약

급격한 변화를 피하고 현 체제를 유지하려는 사상이나 태도를 말한다. 진보주의에 대립되는 개념이다. 역사적 보수주의와 심리적 보수주의가 있다. 전자는 프랑스 혁명 당시 혁명에 반대해 구질서를 지키고자 했던 영국의 점진주의, 독일 낭만파의 귀족정치로의 복고운동과 연관이 있는 근대 정치사상의 특정한 조류를 일컫는다. 오늘날의 역사적 보수주의는 대체로 사회주의를 지향하는 급진적 사고방식에 대해 현재의 자본주의 질서를 유지하고 그 속에서 발전을 꾀하는 것을 말한다.

③ **전체주의**全體主義 : 정관격의 재생관이 강한 구조

개인은 민족이나 국가와 같은 전체의 존립과 발전을 위해서만 존재한다는 이념을 바탕으로 개인의 자유와 권리를 억압하고 정부나 지도자의 권위를 절대화하는 정치사상 및 정치 체제이다.

정관이 격을 강하게 이루면 개인보다는 전체주의로 향하게 된다. 일간이 강할 때는 재생관 운에 이르러 직위職位를 얻게 되고 명망名望을 얻으며 사람됨이 정당하고 절도가 있는 행동을 하게 된다. 또한 국가관이나 법에서 고지한 규율을 자신은 물론 가족이나 주변사람들에게까지도 충실하게 이행하도록 계몽하는 보수주의자이다. 정관도 너무 강하고 재성의 생조가 많아 재생살과 같은 재용이 될 때는 결국 자신이 지키고자 했던 관으로부터 희생이 따르게 된다.

사례) 전체주의의 공무원

```
時 日 月 年
庚 癸 戊 甲
申 巳 辰 辰
```

- 癸水 일간이 辰月에 戊土가 투간하여 정관격을 이루었다.
- 정관, 정인으로 관인상생을 강하게 이루고 식재는 약하다.
- 항상 틀에 박힌 대로 언행하는 등 매너리즘이 강한편이다.
- 늘 현 체제를 유지하려고 하는 보수주의 성향이다.
- 공동체가 곧 자신이라는 전체주의 사고를 가진 사람이다.

9. 편인과 이즘ism

편인偏印은 철학적 사고가 강한 면과 재치 있고 순발력이 있으나, 신비주의적 성향이 강하여 다소 비현실적, 비구상적인 면이 많다. 그러므로 종교, 신앙에 심취하거나 때론 예술적 성향이 많고, 보이지 않는 세계에 오묘하게 흥미를 느낀다. 이성과 감성을 모두 소유한 편인은 어두운 부분을 파헤쳐 보고자 하는 호기심과 보이는 현상의 세계를 넘나들며 인지적 통찰을 통한 뛰어난 창조력을 발휘하기도 한다. 정인에 비해 자신의 생각에 따라 취사선택을 하므로 왜곡된 연속성이 있으며 일의 방법이 신속하고 빠른 편이다. 수용하는 기질은 편협된 각도에서 변질가능성이 있으며 작가적 능력을 겸비하였다.

◎ 편인偏印을 대변하는 이즘과 철학

① 애니미즘animism : 편인격偏印格과 편인偏印강에 편관偏官 개입

영혼신앙. 자연계의 동식물 등과 인간의 신체 등 모든 것에 출입이 가능한 영혼이나 정령이 있다는 관념 아래, 그 초자연적인 힘에 대한 원시 미개인이 갖는 신앙. 영국의 타일러Sir Edward Burnett Tylor(1832~1917)가 조직적으로 이론화하여 종교의 원초형태로 만듦. 애니미즘은 보이는 숭배 대상이고, '마나'는 주로 '하늘 사상'이다.

② 샤머니즘Shamanism : 편인격偏印格, 편인偏印의 강强

퉁구스족族의 토착어 샤먼Shaman에서 유래하였다. 주술적 카리스마를 가진 샤먼이 황홀과 망아忘我의 상태에서 신神을 접접하여, 신령神靈, 사령死靈,

정령精靈과 직접적으로 신비적인 교감交感을 수행하고, 그 체험 내용을 속세의 신도에게 전하기도 하고 신탁을 수행하기도 하는 종교적 현상. 개인적 위기의식 또한 사회적 위기의식이 강하게 작용함으로써 생기는 정신위화精神違和;무병巫病라고 한다.

③ **직관**直觀 ; intuition : 편인偏印과 투출된 식상이 동주

철학에서 추리나 관찰, 이성이나 경험으로는 얻지 못하는 인식을 얻을 수 있는 힘을 뜻하는 용어이다. 직관은 감성적인 지각처럼 대상의 전체를 직접적으로 파악하는 것을 말한다. 대체로는 사유思惟를 수단으로 하여 성립하는 간접적인 이성理性적 인식과 구별되며, 때로는 대립되고 있다. 그러나 판단 및 개념을 사용하지 않는 절대적 직관은 없다. 비합리적인 철학에서는 논증이나 매개 없이 사물의 본질을 바로 포착할 수 있다고 한다.

편인과 편관은 초자연주의 사상이 강하다. 또한 편인은 직관력이 뛰어난 별이며 아울러 상관 역시 직관력이 뛰어나다. 강한 편인은 자기세계가 강하고 편협한 사고를 가지게 되어 재성으로 제화시켜야 비범성이 있으며 사고의 유연성을 갖게 된다. 또한 재관(부귀)의 적응능력이 좋다. 이것은 편인으로부터 식신의 도식을 막아서 식록이 보존되고 건강이 지켜지기 때문이다. 즉, 편인이 재성의 제화가 잘되면 재주가 높으며 심지가 좋을 뿐 아니라 전형적인 신사숙녀가 된다. 偏印은 투지·창조·지혜를 담당하는 星으로 偏印이 지나치게 많으면 총명함이 지나쳐 위작적인 경향이 있다. 편인격 사주는 일반적인 사고방식을 싫어하기 때문에 사상, 영혼신앙 등에 흥미를 갖게 된다.

사례) 초월적인 영적 세계가 강한 여인

```
時 日 月 年
壬 庚 戊 辛
午 辰 戌 亥
```

- 庚金 일간이 戌月에 생하고 戊土가 투간하여 편인격이다.
- 편인이 강한 중에 식상으로 설기하는 구조이다.
- 명상을 하면 몸과 정신세계의 정화효과가 크다고 한다.
- 상대에게서 느끼는 초월적인 직관능력이 뛰어나다.
- 이성적이나 삶의 관점과 생활방식이 다소 비구상적인 면이 있다.

10. 정인과 이즘ism

정인正印은 편인과 같이 인수 역할을 하나 편인의 융통성과는 다르게 원점을 기준으로 순서와 과정을 중요시한다. 대화가 목적과 달라지면 침묵하는 편으로 중도 변화를 싫어하는 편이다. 안정적인 구도를 추구하며 숭고한 전통 계승을 원칙으로 하기에 역사성이 유지되는 고정관념을 통한 순수지식의 습득과 기록기능이 우수하다. 그렇다 보니 예의와 겸손을 타고나 타인을 먼저 생각하게 되고 정관과 함께 보수적인 성향을 갖는다.

한결같이 정확히 받고 정확하게 주려는 습성이 있어서 사물에 대하여 긍정적이고 논리적이며 매우 이성적이다. 그리고 이론에 밝아 문학적이며 교육성향이 강하다.

◎ 정인正印을 대변하는 이즘과 철학

① 이타주의altruism : 정인격正印格 정관正官의 식신食神 동주同住

다른 사람의 행복과 이익을 목적으로 하는 생각이나 행위를 애타주의 또는 이타주의altruism라고 한다. 즉, 타인을 위한 선(이익)을 행동의 정칙, 의무의 기준으로 생각하는 입장으로서, 윤리적 이기주의(에고이즘), 그리고 부분적으로는 공리주의功利主義와 대립한다. 인도 유럽어의 어원 'altruism'은 A. 콩트가 사용하기 시작하여 정착하였다. 이론상 의무감의 형태도 취할 수 있으나, 실제로는 목적론의 한 형태가 된다.

② 울트라이즘Ultraism : 정편인正偏印이 강하고 식재食財가 동주

20세기 초 스페인 시인과 작가들에게서 유행했던 문예운동이다. 기존의 틀에 박힌 구조나 과도한 미사여구美辭麗句에서 벗어나 단순하고 함축적인 이미지를 통해 시를 짓고자 했다.

③ 이성理性 : reason : 정인正印과 정관正官, 정재正財가 보호되는 구조

사물을 옳게 판단하고 진위眞僞·선악善惡, 또는 미추美醜를 식별하는 능력. 인수印綬는 사고와 이성을 담당하는 별이다. 인수가 강하면 원론적 생각과 이성이 강하여 고지식하게 되는 것이지만, 한편 이것이 자신의 철학적 사고를 형성하고 이론의 생산이 가능하게 한다. 그러므로 강한 인성을 극하면 사고가 유연해지지만, 약한 인성이 충극 당하면 이성이 흔들려 올바른 판단이 어렵게 된다. 인성은 관성이 없는 상태로 재성에게 강하게 극을 당할 경우 해리성이 나타나 불안장애를 겪을 수 있다. 정인은 관성과 재성의 상대성에 따라 매우 다양한 심리와 행동특성을 갖게 된다. 한편, 정인이든 편인이든 인성이 태과할 경우 자신의 체면 손상을 매우 싫어하는 성향을 가지고 있고 체면이 손상되면 보복심을 품는 심리가 내재되어 있다.

사례) 여자 교장선생님

```
時 日 月 年
壬 丁 甲 戊
寅 卯 寅 子
```

- 丁火일간이 甲寅月 정인격, 시상 壬水정관이 관인상생을 이루었다.
- 학습능력이 뛰어나고 순리적이며 매우 이성적인 성품이다.
- 壬水 정관의 관인상생을 이루어 원칙을 중시하며 인자하고 자상하다.
- 예의 바른 대인관계와 자상한 이타정신을 가지고 있다.
- 인성의 강으로 자기 세계가 강하고 명예를 중요시 한다.

이즘과 십성에 대한 비교분석과정에서 인간의 생각을 지배하는 요인은 주거환경과 사회문화적인 요인, 그리고 국가적요인과 인종 간의 특성적 요인 등 여러 가지가 있다고 볼 수 있다. 그러나 이러한 이즘과 주의들은 대부분 한 가지로 치우친 경우 사람들이 거부감을 가질 것이라는 생각과는 상반되게 사람들의 호응을 얻기도 하고 인간 삶의 한 단면을 인상 깊게 보여주기도 한다.

십성을 나누면 일간을 기준으로 음양과 오행으로 나눌 수도 있지만 정편의 구별은 성격심리와 선호도를 논할 때 확연하게 구별되는 개념이다. 이즘에 대한 내용들을 정리하면서 결국 십성의 기능적인 측면에서 볼 때 '정'보다는 '편'에 더 많은 비중을 두고 분석하게 되는 이유가 바로 이러한 이유가 아닐까 생각하게 된다.

그리고 이즘이란 인간의 사회심리학적 현상에 기인된 결과로 나타난 것이기에 십성에 대한 이즘과 주의를 통찰하는 과정은 명리를 통한 인간 이해에 대하여 폭넓은 세계관을 지향하게 할 것이다.

PART 10

십성의 생애주기별 역할

1. 생애주기와 십성
2. 십성에 따른 세대별 상담
3. 십성 이원화 작용에 따른 심리행동특성

1. 생애주기와 십성

십성을 인간정신과 활동에 적용함에 있어서 새로운 사고가 필요하다. 즉, 그동안 사주를 감정하는 과정에서 고려되지 않았던 것 중 하나가 세대별로 십성의 활용하는 단계를 적용하지 않았던 것이다. 예컨대 십성의 활용은 세대별로 현격히 다르다는 것이다. 즉, 자기 의사와 상관없이, 그리고 자기 사주의 고유한 특징과 상관없이 세대별로 특정 십성의 사회성 범주화에 있게 되며 또 스스로 그 해당 십성을 의무적으로 활용하게 된다는 것이다.

생애주기	십성 활용	역할	공통
01~20세	인수(印綬)를 활용	학습, 부모, 선생님	비겁 에너지
20~40세	식상(食傷)을 활용	호기심, 활동, 창조	
40~60세	재관(財官)을 활용	부와 명예	
60~90세	인수(印綬)를 활용	안정과 정리	

1) 아이들은 모두 인수印綬를 의무적으로 활용하고 있다.

아이들(학생)은 집에서는 부모의 말을 잘 들어야 하고, 학교에서는 선생님의 말을 잘 들어야 한다. 학원에 가서도 선생님의 말을 잘 듣고 가르침을 받아들이는 학생이 착하고 올바르다는 칭송을 듣게 된다.

유치원부터 고등학생까지 그들의 생활과 활동은 모두 인성의 지배를 받고 있으며 인성의 활용과 결과만이 인정받고 칭찬받을 수 있다. 예외야 있겠으나 자신의 타고난 사주의 격(체질, 성격)이나 편중된 오행이 무엇이든지 간에 인성으로 일관된 것이다.

만약 편재격의 아이가 아르바이트를 해서 5,000원을 벌었다고 엄마에게 자랑을 한다면 칭찬받기보다는 "학원은? 숙제는? 공부하라고 했지 누가 돈 벌어 오라고 했냐?"라고 하면서 나무랄 것이다.

또 상관이 발달한 아이가 화장을 하거나 옷을 화려하게 입고 학교에 왔다면 선생님은 지나침을 나무랄 것이다. 모두 인수와 대치되는 사주들이니 칭찬을 들을 리가 없다.

그들의 사주 격이나 발달된 십성(타고난 적성)은 고려되지 않고 있다. 그러나 그 아이들의 성향이 그런 것이고 성적이나 생활태도에 문제가 없을 경우 아이들이 가지고 태어난 재능이 발현되지 않게 된다.

예컨대 재성이 발달하여 아르바이트를 한 아이는 경제관념이나 현실적인 문제를 해결하는 능력을 타고났으니 그 상황을 칭찬해주고 학습효과가 나타나도록 진로지도를 해준다면 창의력이 발현되어 금융전문가나 사업가로 대성할 수 있을 것이다.

가정교육은 물론이고 공교육에서도 이와 같이 선천적성을 고려한 진로교육은 말할 나위 없이 좋을 것이다. 한마디로 자신만의 타고난 재능이 발현될 수 있도록 아이들의 성격강점을 찾아 성공지능을 계발해줘야 한다.

⊙ 서울대 법대 졸업한 남자

時 日 月 年
丁 乙 己 乙
丑 卯 卯 卯

辛 壬 癸 甲 乙 丙 丁 戊
未 申 酉 戌 亥 子 丑 寅

이 사주는 乙木 일간이 비겁比劫이 왕하고 사주에 인성印星이 없다. 그러나 오직 부모가 공부하는 환경을 훌륭히 제공하여 주었고 본인도 공부에만 열중하여 명문대에 들어갔으니 성장기에 인성印星만을 잘 활용한 케이스이다. 차후 진로성공은 운運에 작용이 따르겠지만, 만약 부모나 본인 중에 인성印星의 역할을 소홀히 하였다면 그런 결과가 나오지 않았을 것이다.

⊙ 공부하여 교수가 된 여성

時 日 月 年
癸 癸 丙 戊
亥 亥 辰 戌

己 庚 辛 壬 癸 甲 乙
酉 戌 亥 子 丑 寅 卯

위 사주는 癸水일간이 辰月에 戊土가 투출하여 정관격正官格이다. 정관격은 인수印綬를 희신喜神삼아 관인상생으로 써야 하지만 인수가 없다. 丙火로 정관 戊土를 생하는 재생관의 구조이다. 위 사주는 학창시절 공부할 수 있는 환경이 어려웠으나 결국 어려운 환경을 감당하고서라도 학교는 다녀야 했으니 인수를 사용하게 된 것이다. 공부가 습관이 되어서 최종적으로 박사를 받고 시간강사를 하다가 40대 중반 늦게나마 인수운을 만나자 정관격이 관인상생을 이루게 되어 사이버대학 교수를 하게 된 사람이다.

2) 대학생과 젊은 층은 식상食傷을 의무적으로 활용한다.

젊은이들은 자신의 역할을 위해 사회적 활동을 왕성하게 한다. 강한 에너지를 소모하는 식상의 활동인 것이다. 대학생은 사회인이 되기 위한 학습이며 전문적인 수련이다. 오로지 인성으로 받아들이는 일방적 학습이 아닌 대인관계와 함께 자신의 전공을 전문화 시킨다. 즉, 그동안 인수로 배운 것을 최대한 활용할 수 있는 식상을 갈고 닦는 것이다. 취업활동을 하고, 취직이 되면 일을 하게 되고, 연구하고 생산 활동을 통하여 재를 얻는다. 식상을 통하여 생각을 말하고 감정표현을 하여 이성도 만나 교재를 한다.

운동이나 등산을 가고 취미활동과 친구들을 만나러 쉼 없이 활동한다. 세상에 나와서 자신의 능력을 모두 내어놓고 도전과 공개경쟁을 한다. 어디서든 식상으로 성과를 내어야 인정받고 칭찬받는 것이다. 이것은 세대가 주는 식상의 지배하에 또 자기 스스로 식상을 의무적으로 활용하고 있다.

그러므로 이들의 사주를 감정할 때는 식상의 지배를 받으며 식상을 활용하는 세대라는 것을 참고해야 한다.

⊙ 직장생활하며 재테크에 열중(남)

```
時 日 月 年
戊 戊 乙 甲
午 申 亥 子

癸 壬 辛 庚 己 戊 丁 丙
未 午 巳 辰 卯 寅 丑 子
```

위 사주는 亥月에 甲木이 투출하여 재생관의 사회성을 이루었다. 그러나 신약사주로 인수를 용신한다. 세운이 巳午未 火運으로 향하자 직장에 잘 근무하면서도 소액으로 주식투자를 열심히 하여 이익을 보았다고 한다. 이와 같이 조직에 머무르면서도 식상의 활동을 하여 부를 취하는 사례로서 주식은 월지 편재의 평가지능 영향이라고 본다.

⊙ 구직과 아르바이트에 바쁨(여)

```
時 日 月 年
乙 戊 丙 乙
卯 午 戌 亥

癸 壬 辛 庚 己 戊 丁
巳 辰 卯 寅 丑 子 亥
```

위 사주는 戊土 일간이 술월戌月에 출생하고 丙火가 투간한 신강사주다. 전문대 관광학과를 졸업하고 정규직을 구하지 못하여 여러 곳에 주야간 파트타임으로 바쁘게 활동을 하고 있다. 즉, 식상食傷의 서비스 활동성분이 없는 사주라도 20대라는 생애주기에서는 의무적으로 자기 진로를 찾아 식상의 활동하게 되는 것이다.

3) 중년들은 재관財官을 의무적으로 활용한다. 부와 명예를 추구한다.

사람들은 중년이 되면 누구나 부와 귀가 인생의 목표가 된다. 다시 말해서 중년들은 자신의 능력이나 처한 환경이 있겠지만 공동목표는 부귀하고 싶은 것이다. 부동산 투자나 주식투자 등과 재산증식이 되는 재테크에 적극적이고 돈 된다는 정보에 열을 올린다. 또는 승진을 하기 위해 부단한 노력을 한다. 지자체 의원직이나 단체장 등에 출마하여 권력(귀)을 얻으려고 한다.

사회적 서열이 치열하게 정해지는 시기이다. 서열본능을 가진 동물의 세계에서 부귀가 높을수록 자신의 위치가 높아진다.

모두 세대가 주는 재성과 관성의 지배하에 활동하고 자신 스스로도 재관을 쫓아 살아가고 있다. 만약 이 중년들이 재관을 소홀히 하고 공부(인수)나 하고 있고 자기 위주(비겁)로 활동한다면 부귀가 추락하니 가족부터 좋아할 리가 없다. 노후 대책도 문제가 따른다.

그러니 이들의 사주를 감정할 때는 재관財官의 지배하에 활동하는 세대들이라는 것을 감안해야 한다.

⊙ 부귀를 크게 이룬 남성

時 日 月 年
丁 庚 丁 乙
丑 申 亥 卯

戊 己 庚 辛 壬 癸 甲 乙 丙
寅 卯 辰 巳 午 未 申 酉 戌

위 사주는 현대그룹 설립자 故 정주영 회장의 사주로 식신생재를 이루었다. 초년 시대를 잘못 만나 일찍 객지로 나왔다. 金대운 비겁比劫운에는 쌀 배달 등 부지런히 노동을 하였다고 한다. 이후 용신이 되는 화운火運에 들자 건설업 등을 성공시켜 현대그룹을 이루고 그룹회장을 지냈으니 큰 부귀를 이루었다. 그의 유명한 어록 중 "해보기나 했어?"는 실천과 도전정신을 보여준다.

> ⊙ 부를 추구하다 실패한 남자
>
> 時 日 月 年
> 丙 甲 癸 壬
> 寅 申 卯 申
>
> 辛 庚 己 戊 丁 丙 乙 甲
> 亥 戌 酉 申 未 午 巳 辰

위 사주는 甲木 일간이 卯月생으로 신강하다. 식상食傷을 활용하는 기술이나 교육계로 진출하여야 했건만 부를 추구하기 위해 40대에 직장에서 나와 사업을 하였다가 파산하고 모든 것을 잃고 말았다. 만약 사업을 하지 않았다면 평화로운 생활을 하였을 것이다. 즉, 위 사주는 비겁 강에 식상생재 코스가 아님에도 40대라는 생애주기가 되자 십성의 재성財星을 쫓아 부를 추구하게 되었다는 것이다.

4) 은퇴 후 노년은 다시 인수印綬를 활용한다.

노후를 준비하기 위하여 다시 평생교육학습을 한다. 시대가 빠르게 변화한 탓에 무엇인가 배우지 않으면 이해 못하는 것이 많아졌다. 공부를 하고,

정리를 하고 건강관리를 하며 안정된 인수에 의존하여 살아가고자 한다. 노인이 되면 아이처럼 자식이나 누구의 말을 잘 듣고 미움받지 않으려고 한다.

국가나 연금이나 보험금이나 아니면 임대료를 받아서 살아가고자 하는 인수 운으로 환원되는 것이다. 어느 세대나 십성을 모두 활용하지만 그 특정 세대에서 집중하여 활용하거나 지배받는 환경이 되므로 명리학을 활용하여 상담에 임하는 사람들은 섬세한 인간의 심리를 다루어야 하므로 이를 간과하지 않기 바란다.

일간自己을 기준으로 성장하면서 인수를 쓰고, 젊어서 식상을 쓰고, 중년에 이르러서 재성과 관성을 쓰고, 노년에 다시 인수를 쓰는 것은 오행의 상생과 같고 자연의 순리와 같다.

◉ 퇴직 후 학습에 열중하는 남자

時	日	月	年
丙	乙	丁	辛
戌	卯	酉	卯

庚	辛	壬	癸	甲	乙	丙
寅	卯	辰	巳	午	未	申

위 사주는 乙木이 酉月 출생으로 辛金이 투간하여 편관격偏官格이다. 제살制殺이 잘되어 제약회사에서 정년퇴직을 하였다. 사주에 인수印綬가 없으나 퇴직 후 문화센터와 대학평생교육원에서 노후를 준비하면서 다시 여러 가지 공부하고 있는 사람이다. 즉, 노후라는 생애주기는 십성의 인수를 활용하게 된다는 것이다.

⊙ 사업에 열중하다 공부하는 남자

```
時 日 月 年
癸 戊 庚 丙
亥 辰 子 申

戊丁丙乙甲癸壬辛
申未午巳辰卯寅丑
```

위 사주는 戊土 일간이 子月에 癸水가 투출하여 정재격이다. 월간에 庚金 식신이 정재를 생하는 식신생재를 이루고 있다. 사회생활 초기에 여러 가지 일을 바쁘게 하였으나 크게 성과가 없다가 43세 乙巳 火대운부터 하는 일이 잘되어 부를 이루었다. 통 공부하고는 담을 쌓고 살다가 60세가 되면서 부동산 재테크 공부, 해외여행 등을 위하여 영어공부까지 열심히 하고 있다.

2. 십성에 따른 세대별 상담

미래의 명리상담은 사주팔자구조 자체의 길흉에만 초점을 맞추던 과거에서 벗어나 사회적 구조와 생애주기 및 인간의 심리구조와 사주구조의 관계를 대입시키고 다양하게 분석해야 한다. 그런 의미에서 생애주기별 십성의 의무적 활용에 따라 십성의 세대별상담은 매우 중요한 것이며 더 체계적이고 구체적으로 많은 연구가 이루어져야 한다. 아래 표는 십성을 세대별로 구분하여 놓은 것이다.

구분	어린 시절	청·장년기	중·노년기
비겁	도전	활동과 인간	안정과 대책
	함께 가는 지혜를 배워야함. 자기성찰 중요-모든 활동의 근본이 됨		
식상	탐닉	창조와 실현	호기심과 소비
	호기심과 창의성을 어디에 초점 맞출 것인가를 명확히 할 것		
재성	즐김	소유와 욕망	부귀의 격차
	트렌드를 읽어내는 우수한 평가력을 실생활에 활용하는 지혜요구		
관성	관념	도전과 권력	직업과 변화
	세상을 안정적인 상태로 만들기 위한 자기희생을 어떻게 할지 연구		
인성	정보	재관의 적응	관리와 여가
	자기 세계와 생각으로 세상과의 소통 부재 주의. 리딩으로 리드하라		

십성은 생애주기별로 활용 포인트가 다른 것을 포함하여, 위 표와 같이 세대별로 상담 포인트 역시 다르다.

① 비겁은 자기 에너지가 왕성하여 어린 시절은 부산하게 활동하고 도전하며, 청·장년기에는 활동과 인간관계가 많음에 대하여, 말년으로 가면서 안정과 대책에 대한 상담주제가 빈번할 수 있다.

② 식상은 호기심과 창조적 에너지로서 어린 시절은 탐구하고 경험하며, 청·장년기에는 자신의 창조능력을 실현시켜가는 과정, 말년으로 가면서는 잘 쓰고 살아가는 소비문화에 대한 상담주제가 많을 것이다.

③ 재성은 현실적 상황을 잘 간파하므로 어린 시절은 먹는 것과 활동환경 등을 즐기며, 청·장년에는 소유하고 싶은 욕망에 대하여, 말년으로 가면서 소유한 재산의 분량과 관리에 관한 상담주제가 많을 것이다.

④ 관성은 안정과 규칙수행능력으로 어린 시절은 세상의 규칙과 규범에

대한 자신의 관념과 나아갈 방향을, 청·장년으로 가면서 권력을 향한 승진, 말년으로 가면서 퇴직 후의 건강, 직업변화 문제 등에 대한 상담이 빈번할 것이다.

⑤ 인성은 전통성과 학습능력으로 어린 시절은 자기의 미래를 위한 학습과 진로 적성 등의 정보에 대하여, 청·장년기에는 부귀를 수용하는 여러 가지 형태의 심리와 인적, 물적 관계를, 말년으로 가면서 자기관리와 여가생활 등에 대한 상담주제가 많을 것이다.

3. 십성 이원화 작용에 따른 심리행동특성

무의식無意識에서 인간의 의식에 대한 변화變化는 어디서 오는가? 태양과 달과 오행성의 에너지는 지금 이순간도 우리들의 피부에 맞닿아 있다. 그러니 운運의 영향에 따라 좋고 나쁨이 있는 것이고 개인의 의식이나 감성계에도 영향이 미치는 것은 당연하다. 또한 인류가 거역할 수 없는 자연의 변화가 일어난다.

고대철학자나 석학들은 모두 운運을 믿지 않는 사람이 없었다. 보이지 않는 운(에너지)을 밝혀 본다며 모두 우주라는 시공간에서 그 해답을 찾았고, 천문학은 우주세계를 연구하는 과학이다.

오늘날은 우주과학의 발달로 인간이 거주하는 우주정거장이 설치되었으며 위성을 하늘에 띄워놓고 세계인이 동시에 정보를 공유하며 시공간을 넘나드는 소통을 하고 살아간다. 그러한 시작은 태양을 중심으로 별들과 행성들을 관찰하는 것에서 비롯되었다. 서양의 점성학이나 동양의 사주명리가 바로 우주행성들의 사이클에서 시작된 것이니 서양 심리학이 인간의 무의식無意識에서부터라면 동양심리학은 바로 우주의 기氣를 담고 있는 음양오행(사주명리)에서부터다.

여기서 음양오행의 상호작용을 담고 있는 십성十星의 심리를 들여다보면 음양으로 나누어진 정正과 편偏의 심리체계가 이원화二元化되어 나타난다.

명리의 고서에는 인물의 비범성을 논하고 "벼슬이 높게 되었다", "부를 이루었다"는 등의 해석을 하고 있다. 비범하였다는 설명은 바로 사주로 지능을 논한 것이고, 벼슬이나 부를 이룬 것 등은 직업을 논한 것이다.

필자는 그러한 명리의 가치를 현시대의 과학사회에 활용이 가능하도록 십 년간 용어를 정리하고 통계작업을 거쳐 실증적 확인을 통한 연구의 성과를 내었다. 그 결과 열 개의 십성은 상생상극의 기본원리에 의한 상대성 작용에 따라 독립적인 기질과 타고난 선천적 다중지능을 소유했음을 밝혔다.

그리고 각각의 십성마다 고유한 직업스타일이 포함되어 있다는 것도 검증되었다. 그러므로 열 개의 십성에 대한 선천지능의 명칭과 작용을 조작적으로 정의하게 되었다. 이와 같은 십성이 갖는 다중성 선천지능성분과 직업스타일을 이해한다면 새로운 패러다임의 적성검사와 진로상담의 길로 들어서게 되는 것이다.

십성의 이원화二元化 작용을 보면 사고와 정서, 심리나 행동스타일에서 크게 정격正格을 이루는 5가지와 편격偏格을 이루는 각각의 5가지가 공통점을 지니는 동시에 이들 정와 편은 뚜렷한 차이가 있다.

가. 정격 : 정인, 비견, 식신, 정재, 정관 (바를 '정正'을 사용)
- 순수하고 안정적. 순서대로 진행되며 보수적. 역사와 전통.
- 현실성, 정직성, 체계적, 고지식, 미래지향, 유행에 둔함.
- 자기문제로 인식한다. [인지심리]

나. 편격 : 편인, 겁재, 상관, 편재, 편관 (치우칠 '편偏'을 사용)

○ 융통성 있고 상황에 따라 가변적. 비약이 가능하고 진보적.
○ 이중성격 소유, 스피드, 속임수, 마케팅, 화려함, 유행에 민감.
○ 타인의 핑계를 잘 댄다. [투사심리]

이를 십성의 정편 심리와 행동특성으로 정리하면 다음과 같다.

〈십성의 정편 행동특성과 심리특성〉

구분	십성	행동특성	심리특성
정(正)	비견 식신 정재 정관 정인	보수적(보수정당) 순정적, 순리적 전통에 안주 규정에 따라 처신 순응하려는 심리	정직성 안정적 장기적 과거와의 연계
편(偏)	겁재 상관 편재 편관 편인	진보적(진보정당) 타산적, 중독성, 비범성 변화를 즐김 상황에 따라 처신 극복하려는 심리	이중성 모험적 단기적 현재에 중점

위 표와 같이 십성은 정과 편으로 구분하여 이원화된 특별한 심리가 있다. 예컨대, 일간을 극하는 편관偏官과 일간을 설기하는 상관傷官은 전혀 다른 구성을 가지고 있다. 그러나 이들은 타산적打算的이며 탐닉적인 중독성中毒性;addiction을 가지고 있는 공통점을 가지고 있다는 것이다.

즉, 편관은 불리한 상황이 닥치면 상대를 공격하고 위선과 불법을 감행할 수 있으며, 상관 역시 규정과 법의 경계선을 일탈하는 행동한다는 것이다. 그러나 한편으로는 변화를 주도하는 사고로 인하여 창의성인 성과가 발현되기도 하며, 막연한 상황에서 의외의 요령으로 대처하거나 스피드하고 효과적인 방법과 결과를 내는 역할도 으뜸이다.

이러한 작용을 넓게 이해하면 명리상담에서 심리분석이 수월하고 진로 직업적성 분석에도 효과적인 기초자료가 될 수 있다.

① 십성의 편偏은 태과하거나 부정적인 작용을 하게 되면 인지부조화認知不調和;Cognitive dissonance[158] 심리가 나타나는 특징이 있다. 즉, 어떤 일에 최선을 다했는데도 자신의 목적이 신통치 않게 나타날 경우 그 모순을 합리화하려 드는 심리이다. 이런 심리를 내포한 편인이나 편관, 겁재, 상관들의 내담자들은 사주 상담 시 자신의 모순을 합리화하려 들기 때문에 상담자가 직설적인 표현을 하게 되면 종종 마찰이 발생하는 경우가 일어난다. 그러므로 참고하여 상담기법을 적용해야 한다.

⦿ 일관적이지 못한 남자

時	日	月	年
辛	乙	癸	癸
卯	酉	亥	未

乙	丙	丁	戊	己	庚	辛	壬
卯	辰	巳	午	未	申	酉	戌

위 사주는 乙木일간이 癸水가 투출하여 편인격이다. 辛金 편관偏官의 생

---

[158] 미국의 심리학자 리언 페스팅어(Leon Festinger)가 1950년대에 발표한 책 '인지적 부조화 이론'을 통해 제기된 용어이다. 태도와 태도, 또는 태도와 행동이 서로 일관되지 않거나 모순이 존재하는 상태를 인지부조화라고 한다. 인간은 이러한 상태를 불쾌하게 여기기 때문에 이를 해소하기 위해 태도나 행동을 바꾸려 시도하는데, 이 때 태도에 일치하도록 행동을 바꾸는 대신 행동에 일치하도록 태도를 바꾸는 현상이 일어난다.

生을 받아 편인偏印은 더욱 강해졌다. 편인을 제화시킬 연지에 未土는 있으나 무정하니 편고함을 금할 길이 없다. 사주의 주인공은 융통성이 부족하고 세상을 구한다는 식의 비현실적인 일에 빠져 상대방의 말은 듣지도 않고 자신의 사상을 주입시키려고 한다. 또한 수없이 문자발송을 하는 등 태도와 행동이 부조화 현상이 있는 사람이다.

② 십성의 정正은 유사성의 원리Principle of Similarity에 따라 자신과 비슷한 모습이나, 성격, 취미 등의 특징을 가진 상대에게 호감을 갖거나 또는 반감을 가질 수 있게 된다. 물론 공통적으로 편偏들도 유사성의 원리가 있으나 편偏들은 개성과 독창성이 강하여 자기와 다른 유형의 사람을 선호하는 데 반하여 정正들은 자신과 같이 순리적이고 순수하며 기득권을 유지하는 패턴의 삶을 지향하는 편이다.

⊙ 장인정신의 자부심을 가진 사람

```
時 日 月 年
癸 乙 庚 癸
未 卯 申 巳

癸 甲 乙 丙 丁 戊 己 -8대운
丑 寅 卯 辰 巳 午 未
```

위 사람은 우리나라 직물산업 왕성기부터 미싱기계 기술자로서 활동하였다. 정관격에 편인을 용신하는 관인상생 구조로서 변화에 능동적이기보다는 정관의 기득권을 지키며 전통계승과 역사를 중시하는 온고한 정신의 직업정신 때문에 오직 한 업종에 종사하며 장인정신의 자부심과 천직天職으로 삼게 되는 것이다.

PART 11

십성의 공간심리와 사회성

1. 비견比肩의 공간심리와 사회성
2. 겁재劫財의 공간심리와 사회성
3. 식신食神의 공간심리와 사회성
4. 상관傷官의 공간심리와 사회성
5. 편재偏財의 공간심리와 사회성
6. 정재正財의 공간심리와 사회성
7. 편관偏官의 공간심리와 사회성
8. 정관正官의 공간심리와 사회성
9. 편인偏印의 공간심리와 사회성
10. 정인正印의 공간심리와 사회성

세상의 모든 사물들은 각각 차지한 면적과 거리가 있다. 이것을 공간空間이라고 한다. 그리고 책에 있는 글자들과 액자 속의 그림들도 공간이 있다. 글자들은 크기와 간격에 따라 읽기가 편하거나 불편할 수 있다. 그리고 액자 속의 그림을 바라보며 색채와 더불어 구도가 사람의 마음을 움직인다. 사람의 눈을 통하여 느껴지는 공간심리空間心理이다.

　쇼펜하우어가 말한 '호저 딜레마porcupine dilemma'라는 심리학 용어가 있다. 뻣뻣한 가시털이 온몸을 덥고 있는 북극의 '호저'라는 동물은 매우 추운 날 서로 몸을 밀착시켜 추위를 이겨낸다. 그러나 몸에 난 가시털이 서로를 찌르므로 가까이 다가가다 찔리면 다시 떨어지는 행위를 반복하며 가시에 찔리지 않고 추위도 이겨낼 수 있는 적당한 간격을 찾는다. 이와 같이 가까이 하거나 멀리해도 힘든 상태를 '호저 딜레마'라고 한다. 이처럼 모든 동물에게는 공간이 주는 생존법칙이 있다.

　사람들도 각자 자신의 위치에서 직책이나 관계에 따라 또는 자신이 설정한 적당한 거리를 유지하는 삶을 산다. 이 설정된 거리가 깨지면 불편하거나 부담되거나 아쉽거나 그립거나 하는 심리적 문제가 작용한다. 그러니 성공의 비결 중 하나가 거리의 비밀이라고 하는 것이다.

　사주팔자를 구성하는 천간지지는 단순한 글자를 초월한 십성十神의 영역으로 열개의 십성十星은 각자 고유한 성정性情과 지능知能을 소유하고 있다.

그와 같이 십성은 독자적인 기질로부터 사주팔자 내 일간을 제외한 7개의 위치(공간)에 따라 각각 다른 심리성心理性과 사회성社會性을 갖는다. 이러한 십성의 작용을 십성의 공간심리라고 하는 것이다.

〈십성의 공간심리〉

시	일	월	연	구분
목표 공간	自我 공간	목적 공간	사회 공간	天
미래 공간	현실 공간	안정 공간	의지 공간	地

사주팔자 내 위치별로 정해진 십성이 갖는 공간심리는 동시에 사회성으로도 설명되며, 격格과 희신喜神에 해당하고 건실하다면 그 해당 십성의 심리나 사회성은 자신에게 보다 능률적인 공간심리로 나타날 것이며, 기신忌神에 해당한다면 반대작용이 나타날 수 있다. 특히 사주 내 타 간지에서 주는 영향과 또 대운과 세운의 영향에 따라 십성의 공간별 심리적 작용은 변화되거나 변질될 수 있다.

본장은 필자의 저서 『사주심리와 인간경영』[159]에 수록된 내용을 재정리한 것이다.

---

159) 김배성(김기승)(2006), 『사주심리와 인간경영』, 창해, pp.125-146.(재정리)

1. 비견比肩의 공간심리와 사회성

1) 연간의 比肩

심리성 : 사회적 인맥유대와 자아공조심리.

사회성 : 근본이 일간과 같으니 첫 인상이나 실제적 모습에 동질성이 유발되므로 성장배경, 학연, 지연 등의 인맥들과의 친숙한 유대관계가 입지적인 결과로 이어진다. 공동분배의 원칙과 동변 상련의 공감대가 형성되어지고 사교성이 좋아 인적 자원의 실효성이 크다.

2) 월간의 比肩

심리성 : 우호적 인맥결성과 희생적 자아주체심리.

사회성 : 가까이에서 친분을 가진 사람들과 좋은 관계를 가지려 하며, 사리사욕보다는 윈윈win-win정신이 강하다. 인간관계를 중요시하고 이를 추구하므로 자기 가정보다는 친구가 우선이며, 재물 소비가 많을 수 있고 독립적, 주체적이고자 한다.

3) 시간의 比肩

심리성 : 사회공익에 기여하는 주체적 개성심리.

사회성 : 개인의 안위보다는 사회와 공익을 우선하면서 더불어 사는 세상에 상부상조하려고 생각하는 경향을 가진다. 상호 유대에서 오는 경쟁적인 체면이 강하니 떳떳하고 깨끗하게 자신만의 주체적 개성을 갖고자 한다.

4) 연지의 比肩

심리성 : 사회의 공적인 연대 속 자아발전 추구심리.

사회성 : 환경에서 받은 지원을 사회 속에서 공식적이고 공공적인 일로 승화시키려는 욕구가 강하다. 공식적인 조직력과 상위 관계와의 연대를 도모하여 자신의 입지를 확고히 해나가 비약의 발전을 추구한다.

5) 월지의 比肩

심리성 : 조직결속을 통한 자아근성의 만족심리.

사회성 : 대표가 되어 단체나 모임을 결성하는 능력이 뛰어나고, 팀워크에 강하며 의협심과 사명감으로 유대관계를 이루려 한다. 사회 공익에 의의를 두고 단체 및 공동생활에 적응력이 좋으며 자아 근성이 투철하다.

6) 일지의 比肩

심리성 : 현시적 욕구에 의한 자기만족심리.

사회성 : 현시적인 욕구가 강하고 현실적으로 당면한 관계에 있는 모든 것들과 우호적이고 직접적인 도움을 받아 현실 속에서 실리적인 만족을 느끼고자 하는 성향이다.

7) 시지의 比肩

심리성 : 보장된 가치 평가를 통한 미래 구상심리.

사회성 : 부하나 후계자에게 신의 관계를 결성하고 후견인이나 스폰서를 찾아 나의 미래까지 보장되는 든든한 입지를 만들고자 희망하며 대체적으로 물질적인 지원과 투자자를 원하는 성향이다.

2. 겁재劫財의 공간심리와 사회성

1) 연간의 劫財

심리성 : 경쟁에 강요된 자기보호의 본능심리.
사회성 : 비견과 대체로 같은 특성이나 음양이 다르므로 타인과의 경쟁력이 더욱 강하고, 처한 입지가 불안정하여 자신만의 터전을 찾아 유학이나 이민을 선호하며 약자에게는 측은지심이 동요되어 보호본능을 가진다.

2) 월간의 劫財

심리성 : 명분에의 희생과 동정을 수반한 주체심리.
사회성 : 전체라는 명분을 내세워 개인적인 희생을 감수하고 배려와 동정심이 강하여 인정받으나 완강함과 일상생활의 부조화로 파생되는 예견치 못한 난처한 일들을 감당하는 성향이다.

3) 시간의 劫財

심리성 : 대의적 안정과 명분 지향의 의협심리.
사회성 : 단체나 대의를 위해서 명분을 지켜 나가기 위하여 자신의 수고로움은 당연시하는 의협적인 마음을 가지게 된다. 그러나 무조건적인 수고가 아니라 자존심 유지라는 내면적 바탕 위에 드러나는 행동이므로 경쟁적이고 성취동기가 강하다.

4) 연지의 劫財

심리성 : 동질감이 상실된 이질적 부조화심리.

사회성 : 나와는 배타적인 곳에서 이질적 관계의 대인관계를 형성하고 소속되려 하고 미지의 영역과 연관 지어져 신앙적인 성향이 짙다. 또한 경쟁에서 승부적 긴장감의 연속으로 마음의 안식처를 항상 갈구한다.

5) 월지의 劫財

심리성 : 정의와 공익의 명분을 위한 희생심리.

사회성 : 정의와 명분 공익과 의리를 위한 소임을 맡고 보장된 영역확보를 위해서는 희생이 따른다. 사회적 필요에 부응하여 권력행사를 담당하며 실력의 승부와 경쟁적인 이미지의 유형이다.

6) 일지의 劫財

심리성 : 주종관계의 동질성과 측근의 협력심리.

사회성 : 든든한 보좌관과 같은 존재의 도움으로 자아실현을 이루고 현실적으로 소중한 관계들에게 동등한 권리보장과 그 수고에 대한 정당한 분배로 협력관계를 지속시킬 수 있다. 독특한 노하우를 소유한다.

7) 시지의 劫財

심리성 : 미래지향적 후견인 기대심리.

사회성 : 자신을 보좌할 수행인을 통하여 일신의 편안함과 안정을 도모하는 생활을 추구하는 패턴으로 투자자의 협조와 연대로서 장기적이고 미래지향적인 안정을 얻고자 한다.

3. 식신食神의 공간심리와 사회성

1) 연간의 食神

심리성 : 사회적 진보성과 경제 보장의 안정심리.

사회성 : 선대로부터 전승된 경제적 안정에 유리하며 이를 바탕으로 사회적으로 진보의 노력과 긍정적인 활약으로 일찍 선두 위치를 확보하고 안정적인 기반을 추구한다.

2) 월간의 食神

심리성 : 안정과 여유의 추구로 진보적 획득심리.

사회성 : 의식주에 대한 보장과 여유 있는 문화생활을 추구한다. 명랑하고 관용적이며 온화하게 사회생활을 이끌며, 때로는 우유부단하지만 항상 새로운 경험 속에서 생산력을 가지려고 노력하는 유형이다.

3) 시간의 食神

심리성 : 생산적인 자아의 미래상 추구심리.

사회성 : 자아실현을 목표로 꾸준히 미래를 준비하는 동시에 사회 활동은 실리를 기반으로 하여 매사에 항상 준비하는 전형적인 성향으로 모든 사안에 대항력이 강하다.

4) 연지의 食神

심리성 : 낙천주의적 생활유지의 요구심리.

사회성 : 안정과 풍요로움의 성장환경이 우선적일 수 있으므로 이로 인해서 자연스럽게 지속적인 문화생활을 접하게 되며, 사회적인 공헌과 기여에 대한 뜻은 개인적인 주체성으로 개인적인 풍요로움 속의 낙천주의자로 비치게 될 수 있다.

5) 월지의 食神

심리성 : 고유한 특기의 사회생활과 풍요 추구심리.

사회성 : 자신만의 고유한 특기를 살려 사회생활에 적극적으로 활용하며 나아가 안정되고 풍요로운 삶을 추구한다. 관을 보면 경제나 교육계통 활동에, 재를 보면 생산가공 사업과 예술에 관심을 보이고 인성을 보면 학문을 통한 전문성이 강하다.

6) 일지의 食神

심리성 : 고유한 라이프스타일을 즐기려는 심리.

사회성 : 자신의 재능을 발현하고자 하는 심리로 현실적인 기능성의 특기를 추구하게 된다. 일정한 자기 스타일을 가지고 사회생활과 여가생활을 풍요롭게 도모하므로 취미생활에도 의미를 많이 두는 유형이다.

7) 시지의 食神

심리성 : 미래적인 안정과 풍요의 추구심리.

사회성 : 먼 미래까지 충분한 여가와 풍요가 지속되기를 바라는 개인적인

희망이 소유되어 노후에도 활동적이고 생산적인 일에 시간을 투자하여 안정을 구축하는 성향이다. 자녀의 안정적인 생활에 보상적 기대심리가 있다.

4. 상관傷官의 공간심리와 사회성

1) 연간의 傷官

심리성 : 영리한 두뇌 활용과 보편성의 적대심리.
사회성 : 항상 언행의 예리함으로 주변을 긴장시키며, 사건이나 사물의 이면을 보는 영리함의 소유로 독특한 사업을 추진하여 재물을 얻고자 한다. 집안과 본인이 부조화의 길을 걸을 수 있다.

2) 월간의 傷官

심리성 : 감각적인 모방을 통한 창의성 활용심리.
사회성 : 현실에서 오는 직감력과 추리력을 바탕으로 모방에서 오는 응용적 창조능력이 뛰어나며, 탁월한 언변으로 기회 포착에 능하다. 그러나 직언과 다언에서 오는 문제는 주의해야 할 부분이며 안정적인 공직생활보다는 개인적 능력을 중요시하는 유형이다.

3) 시간의 傷官

심리성 : 영원한 자유의 갈망과 개성추구심리.
사회성 : 규칙과 속박을 싫어하며 언제나 자유인이기를 소망한다. 개성적

인 형으로 대인관계에서 해결사이고자 하며 항상 새로운 일을 추구한다. 여자는 자식과 인연이 일생을 함께 하고 남자는 자식으로 인한 근심이 있기 쉬우며 겁재가 동주하면 탈취 욕구가 강하다.

4) 연지의 傷官

심리성 : 내적으로 잠재된 반발 심리와 변혁심리.
사회성 : 성장기에 건강과 상해를 주의해야 하고 내적이면서 장소라는 공간적인 활용으로 모든 정보업무에 능력을 발휘하고 언론이나 예술적인 성향이 강하며 깊은 인도주의적 사고의 함양으로 종교적인 성향이 짙다.

5) 월지의 傷官

심리성 : 언변을 활용한 경제 활동 추구와 일상탈피심리.
사회성 : 변화에 능동적으로 적응하는 체질로 단기적인 승부에 유리한 중간 역할이나 소개업에 능한 동시 개인적인 기예가 특출하여 전문성의 직종에서 두각을 보인다. 평범한 일상의 안정을 뛰어넘어 자유를 추구하는 유형이다.

6) 일지의 傷官

심리성 : 고정관념을 탈피한 자신만의 스타일 추구심리.
사회성 : 직접적인 상황에 대처하고자 하는 개인적인 공간을 활용하는 능력이 탁월하여 차별화된 개성의 어필로 사회적인 실리를 구축하고 최대한 응용하는 성향이다. 감정 컨트롤이 부족한 것이 대인관계에 있어서 주의할 점이다.

7) 시지의 傷官

심리성 : 물질과 육체적 욕망 갈망 심리.

사회성 : 개인적인 욕망을 충족하고픈 강한 욕구로 남자는 재물을 추구하며 여자는 자식을 위한다. 생각과 행동이 이질적이며 미래지향사고가 내면으로 유입되니 항상 재테크에 집착하고 육체적인 욕망의 충족을 원함이 강하다.

5. 편재偏財의 공간심리와 사회성

1) 연간의 偏財

심리성 : 불안정을 감수한 재정적 확대심리.

사회성 : 선대의 유산상속 혜택을 입을 수 있고 일찍 사회생활에 진출하여 경제활동에 관심을 가지는데 안정적이고 계획성 있는 재물의 축적보다는 위험을 고사하고 큰 재물에 목표에 둔다.

2) 월간의 偏財

심리성 : 과욕성취의 도전과 능동적 풍미심리.

사회성 : 결과보다는 과정을, 작은 것보다는 큰 것을 취하려는 마음이 강하여 다소 투기적이고 과욕적인 성향이다. 능동적이고 인생을 즐기려는 풍미의 자유적 기질과 사물의 가치 환산에 능하다.

3) 시간의 偏財

심리성 : 동요에 의한 탐욕과 물질 투기심리.

사회성 : 편재가 생왕하면 남자는 이성에 편집 성향이 많다. 막연한 공간에 대한 호기심이 항상 새롭게 동요되는 욕구는 탐욕과 취욕으로서 과감한 투기성이 발현되어진다. 능동적인 관념이나 권위의식이 강하다.

4) 연지의 偏財

심리성 : 안전한 보호망 속 경제영역 확보심리.

사회성 : 천연자원으로 얻어지는 금은보석이나 유산, 부동산과 같은 투기사업이나 무역업과 같은 체인망을 가진 기득권을 선점하는 능력으로 고양된 경제활동의 기조를 추구한다.

5) 월지의 偏財

심리성 : 사업가적인 기질과 경제활동의 주도심리.

사회성 : 금융 계통과 경영에 인연과 관심이 많은 사업가 기질을 소유하여 경제활동에 참여하는 것이 본성적이다. 일정한 수입에 안주하지 않고 모험을 체험하는 것에 스릴을 느끼므로 대범한 경제 활동을 주도한다.

6) 일지의 偏財

심리성 : 기득권의 경제활동과 재물소유심리.

사회성 : 부친과의 관계를 지속코자 하며 맏이의 역할에 순응하고 항상 재물과의 직접적이고 현실적인 교류관계가 많아 물질이 부족하여도 정신적인 풍요 속의 인생을 항해한다. 재물에 대한 기득권을 행사하고 활용성에

목적을 둔다.

7) 시지의 偏財

심리성 : 현실을 벗어난 새로운 공간 추구 심리.

사회성 : 개인적 용도가 되는 별장과 같은 신선한 나만의 필요한 장소를 추구하는 성향이 강하고 미래의 안정을 목표로 하는 장기적인 분산투자를 확대해 나가는 욕구가 강한 성향이다.

6. 정재正財의 공간심리와 사회성

1) 연간의 正財

심리성 : 안정과 풍요의 실리적인 경제활동 추구심리.

사회성 : 선대로부터 유산상속이나 경제적인 배경에서 풍요와 안정을 유입하며 성실 근면하고 정당한 노력의 대가로 능동적이고 실리적인 생활과 자기 관리에 치밀한 성향이다.

2) 월간의 正財

심리성 : 현실적 경제활동을 통한 안정추구심리.

사회성 : 현실적 유지 능력이 탁월하고 집착적 인내심과 지구력이 강하며 노력을 수반시킨 경제활동으로 일정한 고정수입을 구축하여 안정되고 정당한 삶의 품질을 유도하는 근면절약을 솔선하는 기상을 바탕으로 한다.

3) 시간의 正財

심리성 : 절도 있는 경제생활과 재물계승 희망심리.

사회성 : 노력하여 득한 재물이 가치 있고 보람되게 활용되기를 원하므로 사회와 후손에게 공헌하려 한다. 재물의 적절한 분배에 합리적이므로 자식의 학자금이나 가족의 부대비용에도 세심하며 정리정돈이 정확한 형이다.

4) 연지의 正財

심리성 : 경제적 기반으로 인한 안정감 영위심리.

사회성 : 자연에서 얻어지는 공기나 음료수처럼 나의 노력과는 무관한 사회적 기반이나 선대의 유산, 묵혀진 재산과 같이 잘 정리되어진 것들이 안정된 기반으로 작용하여 사회의 활동에는 소심하고 정직하고자 하는 성향이다.

5) 월지의 正財

심리성 : 정확성과 신용의 사회적 기반 수행심리.

사회성 : 부모의 경제적 안정을 의미하니 유산으로 받는 재물이나 상속되어진 사회적 공간을 의미한다. 사회적 기반이 은행이나 금융업체 등의 업무에 정확과 신용을 기반으로 맡겨진 임무에 능동적이고 책임성이 강하다.

6) 일지의 正財

심리성 : 물질과의 대면활동과 정직성의 고착심리.

사회성 : 직접적으로 현금을 다루고 출납업무 등 총무 성향의 활동이 많이 주어지며 치밀한 자기관리와 정확성으로 인한 소심한 이면이 있다. 정직

성이 돋보여 대의적인 신뢰를 구축하여 나가는 것으로 인한 사회적 역할이 고무적이며 현실적인 관념과 실행능력이 우수한 성향이다.

7) 시지의 正財

심리성 : 지속적이고 현실적인 안정추구심리.

사회성 : 미래를 위한 현실 안정에 충실하고자 하며 유산과 비자금 저축 등에 능동적인 관리를 수행한다. 경제적 안정이 지속되기를 원하는 현실적인 마인드로 매우 계획적이고 정확한 설계와 준비성이 우수한 성향이다.

7. 편관偏官의 공간심리와 사회성

1) 연간의 偏官

심리성 : 권위의식과 살신성인 정신의 기반심리

사회성 : 용감한 선발대와 같이 본인의 희생으로 국가사회에 투신코자 하는 경향을 갖는다. 임시적이고 혼란한 속에서도 권위와 체면을 중시하며 성장 시기부터 리더로서의 역할에 많은 경험이 관여되므로 판단력과 결단성이 확연하다.

2) 월간의 偏官

심리성 : 책임과 사명감을 동반한 권력추구심리.

사회성 : 군인이나 법관 같은 권위 있는 직업이 적성이나 사주에 편관을

감당할 수 없을 때에는 노동력을 활용하는 일을 하게 된다. 명예와 권위 그리고 책임과 사명감으로 공을 세워가는 사명감으로 명분 있는 직책을 중요시한다.

3) 시간의 偏官

심리성 : 사회구조의 종적 추구와 강박관념의 이탈심리.
사회성 : 시상일위귀격이 되면 남자는 귀한 자식을 두며 노후의 명예가 보장되는 반면 여자는 만혼하는 경우가 많다. 타인에게는 관대하나 자신에게는 엄격하며 강박관념에 사로잡히기 쉬워 마음의 동요가 많은 성향이다.

4) 연지의 偏官

심리성 : 절제와 통제 속의 내면적 사회구조 추구심리.
사회성 : 선대에 특수직이나 별정직 군관 등의 영향을 받아 선천적으로 명예와 관리업무를 내적으로 원하게 된다. 절제와 통제력으로 목표는 조직을 구성하고 관리하는 리더로서 개인보다는 소속된 단체의 명예를 앞세우고 중시한다.

5) 월지의 偏官

심리성 : 독행자의 고뇌와 지배구조의 군중심리.
사회성 : 선천적으로 권력형의 성향이므로 방대한 조직이나 결단을 필요로 하는 업무의 스타일이고 담백한 판단과 신속한 결정력으로 소속된 곳에서 중요한 직책을 맡아 분주한 업무를 수행하는 능력이 우수하다.

6) 일지의 偏官

심리성 : 담백한 책임감과 시련을 극복하는 도발심리.

사회성 : 책임이나 중책을 맡은 실권자로서 활동하는 것을 원하며 묵묵히 솔선수범하고 주변의 소중한 것들에 대한 권리를 주관해 나간다. 인성과의 협조가 없으면 질병이나 재난을 직접적으로 감당하게 되며 남자는 자녀를, 여자는 남편을 소중히 생각한다.

7) 시지의 偏官

심리성 : 외적인 압박을 수용하는 인내심 응집심리

사회성 : 결과를 얻기에 노력과 수고가 많이 따르고 미래를 보장 받고자 하는 사상으로 직업의 귀천보다는 직업과 명예를 갖고자 하는 자세가 정직하다. 불리한 상황을 헤쳐 긍정적으로 발전시키고 어려움을 극복하는 능력이 우수한 성향이다.

8. 정관正官의 공간심리와 사회성

1) 연간의 正官

심리성 : 정통성을 기조로 하는 사회활동 추구심리.

사회성 : 조상의 업을 계승하는 정통파로 정직한 사회적 관념의 발현으로 도덕적 업무에 자부심이 강하다. 일찍 유망한 직종으로 사회활동에 진출하여 촉망받으니 주목받으며 개인보다 대의적인 것에 목적을 두는 성향이다.

2) 월간의 正官

심리성 : 권한의 정당성에 의한 사회적 안정심리.

사회성 : 관료주의 성격과 실력을 바탕으로 입신양명하여 부정과 부패를 척결하고 청렴결백한 삶으로 꾸준히 노력하여 뜻을 이루려 한다. 주어진 법규와 원칙을 고수하여 행동하는 것을 최선으로 여기는 성향이다.

3) 시간의 正官

심리성 : 명예의 지속성을 요하는 권리 추구심리.

사회성 : 명예나 권리 지위가 꾸준한 것을 원하며, 승진욕구도 강하므로 현실감각에 근거한 지속적인 사회 활동을 추구한다. 자녀의 발전과 노후의 명예가 보장됨과 동시에 가문과 국가 공공단체의 번영을 염원하고 그런 길로 처세하는 성향이다.

4) 연지의 正官

심리성 : 사회배경에서 오는 자긍심과 자부심의 선정심리.

사회성 : 여자는 조혼하는 편이며 명식에서의 위치상 가깝고도 먼 작용으로 출장이나 외출이 잦은 배우자를 두게 된다. 국적이나 여권, 주민등록증, 영주권에 비유되는 일정한 자격이 갖춰진 것을 의미하고 명문가 출신의 성향이다.

5) 월지의 正官

심리성 : 공공의 이익을 중시하는 안정지향 구조심리.

사회성 : 정직성과 도덕적인 가치가 기본이 되어 있고 부모나 남편이 공

직생활로 명예나 공공의 이익을 중요시한다. 자영업이면 관공서나 브랜드가 큰 회사와 공식적인 유대관계로 특혜를 받아 이익을 도모하는 능력이 우수하다. 자격증, 공문, 임명장, 발령장, 선거권, 책임 있는 수행능력과 관련 깊은 성향이다.

6) 일지의 正官

심리성 : 신임과 책임을 선용하는 도덕적 가치심리.

사회성 : 책임과 명예를 중하게 여겨 매사에 신중을 기하므로 신임을 받는 관리로서의 책임을 수행한다. 마음이 잘 맞고 상호간 존중하는 부부생활을 영위하는 경우가 많고 도덕적 타당도에 근거한 판단 후에 행동하는 성향이다.

7) 시지의 正官

심리성 : 안정을 기조로 하며 현실 유지의 기대심리.

사회성 : 완성되고 안정적인 속에서 원칙대로 그 현실이 영원히 지속되기를 바라고 결재를 기다리는 보류서류나 현실을 유지하고 보존하려는 관계기관에 비유할 수 있는 심리구조를 가진 성향이다.

9. 편인偏印의 공간심리와 사회성

1) 연간의 偏印

심리성 : 비현실적인 세계로의 도피심리.

사회성 : 사물의 접근을 자유화 하고 대적관계에 예민한 반응을 보이며, 상상과 공상에 의한 외적인 사회적 시각을 함유하여 해외의 업무나 유행에 민감하고, 현실보다는 비현실적인 것에 관심을 가지게 되어 광고나 홍보에 예외성의 창조능력이 있다.

2) 월간의 偏印

심리성 : 독특한 외국적 반향과 특유성의 사고심리.

사회성 : 감상적이고 다변적이며 공상과 의구심의 영향으로 추구하는 것들이 지체된 연후에 성취하게 된다. 이중적인 사고가 기초되어 특유성의 업무에 종사하거나 능력을 보이고 기회포착에 뛰어나 두 가지 특기나 직업에 접근하는 성향이다.

3) 시간의 偏印

심리성 : 차별화된 상상력과 고독자폐심리.

사회성 : 신경이 예민하고 미래의 방향성이 수시로 전환이 되어 이루고자 하는 꿈이 다양하다. 야간에 정신적 작업을 하는 직업에서 남과 차별화시키는 능력이 있고 사고방식이 즉흥적이기에 오해의 소지가 따르는 성향이다.

4) 연지의 偏印

심리성 : 종교문화를 수용하는 예술적 심취심리.

사회성 : 내면적 사고와 사색이 깊어 일찍부터 종교문화에 심취하는 면이 강하고, 상상력이 풍부한 이상주의로 보편성을 초월한 사고방식이 저술이나 기술 및 문예 등에서 의외의 특기로 부각되어 명예를 이루는 성향이다.

5) 월지의 偏印

심리성 : 교육, 문예 방면으로의 신비주의적 접근심리.

사회성 : 교육적인 심성과 문예적인 방면에 다재다능하나 순간의 발상에 근거한 신비주의적 이면적 사물접근 심리가 강하다. 직업은 주로 이공계와 예체능계의 교수나 예술 및 기능적인 면에 돋보이는 성향이다.

6) 일지의 偏印

심리성 : 이원적인 현실수용과 특이한 응용심리.

사회성 : 남들이 하지 않는 것에 관심사가 미치는 독특한 유형으로 신기한 것을 생각해내어 문장에 창조성을 띤다. 매사에 의심을 하면서 접근하며 감정의 조절이 안 될 때는 까다로운 경향이고 변화에 능한 속성이다.

7) 시지의 偏印

심리성 : 염세주의적 사고와 미래의 다변적 공상심리.

사회성 : 허무한 마음이 존속되어 삶에 도통하고 달관된 언행으로 사회적 역할에 유쾌한 반면, 염세주의적 사고가 있고 미래에 대한 다변적인 생각과 자기만의 방법대로 행동하는 성향이다.

10. 정인正印의 공간심리와 사회성

1) 연간의 正印

심리성 : 계승적인 지식의 축적과 안정된 사회적응심리.
사회성 : 안정된 집안에서 사랑과 혜택을 받아 권익을 보장받으며 성장한다. 학문과 명분을 내세워 안정적인 사회적 진출을 모색하고자 하는 경향이 많으므로 일생을 통해 지속적으로 배움의 길을 사랑하는 성향이다.

2) 월간의 正印

심리성 : 전통성의 수용과 대의와 이론적 의존심리.
사회성 : 어른을 존경하고 의외성의 도움과 행운이 많이 따르며 타인에게 베풀기에 앞서 받기를 좋아하는 이기적인 경향이 있고, 외골수적이니 인내심이 강하고 대의에 순응하는 이론적 성향이다.

3) 시간의 正印

심리성 : 보수적이며 지속적인 자기 개발 욕구심리.
사회성 : 학문이나 공부에 마음이 많이 가므로 만학하는 경우가 많으며 사회생활을 유지하기 위해서 꾸준한 업그레이드가 필요한 전문직에 주로 종사하게 된다. 꾸준히 자기 개발에 주력하는 성향이다.

4) 연지의 正印

심리성 : 조건 없는 사랑의 혜택에 의한 자아의존심리.

사회성 : 부모가 자녀를 양육하듯 그리고 자연이 만물을 성장시키는 것과 같은 자연 친화적인 관심과 애정을 어디서나 받게 되는 행운이 따른다. 국가 인증 자격증, 호적, 성경책, 종교서적, 선대 유물 및 유산, 국제공통규격 등과 관련성이 높다.

5) 월지의 正印

심리성 : 본성적인 이론의 틀을 구축하는 안정적 수용심리.

사회성 : 전통과 명예를 지키려는 선비 기질이 강하고 보수적인 성격으로서 명분을 내세우며 행동하는 성향이다. 안정적인 인허가증이나 각종 문서로 재산을 구축하고 골동품, 유물, 임야, 토지, 자연자원, 문화재를 존중한다.

6) 일지의 正印

심리성 : 현실적인 이론의 수직적 응용심리.

사회성 : 이론적이고 원칙적인 정신으로 무장되어 이를 현실 상황에서 적극적으로 활용하는 능력을 보이므로 융통성 부족과 고지식한 단면이 있기도 하다. 모친과 인연이 깊거나 사랑과 배려의 폭이 넓고 문필가의 이미지를 가진다.

7) 시지의 正印

심리성 : 자아존재감의 지속 기대 심리.

사회성 : 유산이나 문서, 저서, 회고록, 보고서처럼 자신에 관한 흔적을

자손이나 후대에 남기려 하는 마음이 강하다. 후계자나 문하생 등과 같이 나 자신의 분신과도 같은 존재와 인연이 깊고 전통과 명예를 오래도록 유지하고 싶어하는 성향이다.

PART 12

사주성격심리분석

1. 사주심리학의 발전과정
2. 사주의 기본성격심리
3. 십성의 주관성과 객관성
4. 십성의 이성과 감성
5. 십성의 민감성과 교감능력
6. 스트레스와 분노조절

1. 사주심리학의 발전과정

성격personality이란 어원적으로 탈脫 혹은 가면假面의 뜻을 함축한 라틴어 페르조나persona를 내포한 말로 겉으로 사람들에게 보여지는 개인의 모습 및 특성을 나타낸다. 즉, 겉으로 드러난 탈의 모습을 통해 그 사람의 성격을 미루어 알 수 있다는 말이다.

성격심리학이란 성격과 심리학이라는 학문과의 융합에서 나온 학문으로, 적성이 성격·흥미·가치관의 3가지를 포함하는 분야라면 성격심리학은 인간의 행동양식을 규명하는 학문이다. 현대의 초복잡성을 이루는 사회구조에서는 개인의 능력과 함께 민감한 성격심리가 자신의 정서적 안녕문제와 교차되어 인생의 행복지수와 스트레스, 불행지수를 관여하므로 성격심리를 다루는 문제는 매우 중요하다. 그러므로 학계나 상담업계에서는 성격심리 분야가 다양하게 연구되어 왔고, 급속한 사회적 변화에 적응하는 인간의 성격심리분야를 지속적으로 연구하고 있는 것이다.

성격은 한 사람의 행동양식과 인생 여정에 지대한 영향을 끼치고 있다는 것을 감안할 때 개인의 성격심리를 객관적으로 판단할 수 있는 사주명리의 가치에 대한 경의를 표하지 않을 수 없다.

명리학과 심리학의 접목 연구는 1938년에 이르러 대만의 수요화제관주水

水繞花堤館主에 의해 처음으로 시도된다. 이른바 명리학의 핵심개념인 십성과 칼 구스타프 융Carl Gustav Jung(1875~1961)의 심리학적 유형과의 접목이 그 것이다. 즉, 水繞花堤館主가『명학신의命學新義』[160)]를 통하여 명리학의 핵심 개념인 십성과 융이 1921년『심리학적 유형psychological type』에서 제시한 두 가지 태도인 외향extrovert · 내향introvert 및 4가지 기능인 감각sensing · 직관intuition · 사고thinking · 감정feeling을 결합한 8가지 심리유형과의 접목을 시도하여 명리학의 심리학적 위상에 대한 학제연구의 물꼬를 튼 것이다. 이후 국내외 많은 연구들에서 사주명리학이 인간의 선천적 심리정신체계를 설명할 수 있음이 과학적으로 입증되었으며,[161)] 이에 관한 탐색적 연구와 타당화된 측정방법 등이 제공되고 있다.[162)]

정관과 편관은 이타적인 성질로 해석하고 식신과 상관은 이기적인 성질로 해석했다. 또한 일간과 음양배합에 따라 정관은 이성적인 성향이고 편관은 감정적인 성향이 강한 것으로 보았으며 상관은 외향적인 성향이고 식신은 내향적인 성향으로 구분함으로써 사주의 심리학적 적용을 처음으로 시도했다는 점에서 주목된다.[163)] 이러한 시도는 기존의 명리학이 격국론이나 용신론 위주에서 벗어나 사주 십신의 활용이었던 것에 반해, 십신 개념의 심리학적 적용을 확대하였으며 이를 통한 심리학적 분석, 직업적성 등에 활용하게 되는 계기를 만들어 주었다.

이후 하건충은 수요화제관주水繞花堤館主의 이론을 받아들여『팔자심리추명학』에서 십신을 심리학적 해석 도구로 이용하면서 계량화를 통한 성격연

---

160) 水繞花堤館主(本名潘序祖, 1902~1990)(1985),『命學新義』, 臺北: 宏業書局, pp.20-26.

161) 박주현(2007),『마음을 읽는 사주학』, 동학사, pp.18-19.

162) 김기승(2010), '명리이론을 활용한 선천적성검사 도구개발에 관한 연구', 국제문화대학원대학교 대학원 박사학위논문.; 이해경(2014), '명리 심성론과 MBTI 유형론 간의 상관성 연구: 심뇌지도 모형 제안과 관련하여', 공주대학교 대학원 박사학위논문.

163) 최한수(2014), '십신 개념의 연원과 성격, 원광대학교 대학원 박사학위논문', pp.183-184.

구에 활용하였다.

하건충의 팔자심리학은 십신 대 십신의 조합을 설명하고 십신을 궁위宮位에 배치하여 궁위에 따르는 친밀도, 일간이 타궁으로 진입하는 원리가 가해지는데 그 조합으로 십성이 종조하는 성격을 세밀하게 분석한 것이 장점이다. 다시 말해 어떤 사물이나 성격이나 특성을 한 개의 십신으로 설명하는 데 그치지 않고 두 개 이상의 십신이 조합된 결과 나타나는 특성을 설명한 것이 가장 큰 장점이다. 그러나 궁위에 겁재나 칠살이 없거나 일간 궁위의 근거가 부족하다는 단점을 지니고 있다. 특히, 일간을 향해 흘러들어오는 기의 연결 관계인 관인상생의 흐름과 일간으로부터 흘러나가는 기의 흐름인 식상생재의 두 흐름으로 나누어 그 특성을 일목요연하게 정리한 수요화제관주水繞花堤館主의 이론은 성과라고 할 수 있다.[164]

국내에서도 사주명리와 성격심리학의 관계에 대한 연구가 이루어지고 있다. 필자의 『사주심리치료학(2004)』, 『사주심리와 인간경영(2006)』, 『명리직업상담론(2009)』은 이러한 심리학과의 융합연구와 함께 직업적성분류와 직업상담의 목적을 두고 있으며, 필자는 또한 개인의 '사주를 이용한 성격 및 적성검사방법'의 특허로 타당성 있는 측정방법까지 개발하였다.

그동안 십성의 성격심리를 다각도로 분석하는 성과를 거두었고, 십성의 가치를 재구성하고 새로운 십성의 가치를 과학적으로 활용하여 성격분석이나 직업적성계발에 활용하는 연구의 성과도 거두었다. 무엇보다 필자는 십성의 기질과 작용력을 하워드 가드너Howard Gardner[165]의 다중지능Multiple Intelligences이론과 비교분석하여 열 개의 십성에 맞춰 선천지능Apriority

---

164) 박영창(2011), '진로지도에 있어서 명리학적 보완가능성에 관한 연구', 공주대학교 박사학위논문
165) 하워드 가드너(Howard Gardner, 1943~)은 미국의 심리학자이다. 다중지능이론을 제시하였다. 하워드 가드너는 〈다중지능: 인간 지능의 새로운 이해〉와 〈비범성의 발견〉 그리고 〈열정과 기질〉 등을 지은 교육이론의 대가로, 세계 여러 나라에서 그의 이론에 근거를 둔 연구소와 단체가 운영되었다.

intelligence이론을 발표하였던 바 과거 길흉화복을 추론하던 사주십성은 진로 직업 상담 및 학습코칭이 가능한 용어로 일대 혁명적인 성과를 이루었음은 모두 알고 있는 사실이다.

사주일간을 중심으로 출생월에서 격을 이룬 십성의 위치와 강약의 정도, 그리고 사주 내 간지들의 합·충 관계 등 상대성을 이룬 십성의 구조는 곧 개인의 성격을 나타내는 마음의 구조가 된다. 그러므로 음양오행의 상생상극으로 결정되는 십성은 매우 민감한 성격특성을 정확하게 가지고 있다.

이와 같이 선천적으로 타고난 개인의 성격심리를 측정할 수 있는 사주는 개인의 감정 상태나 인지능력에 따라 측정결과에 오류를 감안해야 하는 질문지법을 탈피한 독보적인 도구가 되는 것이다. 또한 사주명리학의 천 년 역사는 잠재적인 신뢰도와 타당도를 고스란히 가지고 있으나 이를 과학적으로 연구하여 일반화시키지 못한 과거의 시대적 환경, 학문의 존재가치 등 여러 가지 아쉬움이 남아 있다.

오래전부터 사주심리를 연구하여 왔던 필자는 사주에서 이성과 감성 체계를 분석해오며 이토록 훌륭한 행동심리분석의 틀을 제공하는 사주명리에 감탄하지 않을 수 없었음을 고백한다. 본장에서 한 사람의 주관과 객관, 이성과 감성체계의 차원과 사주의 민감성 반응, 교감성 등에 대한 심리분석방법을 구체적으로 밝힐 것이다.

2. 사주의 기본성격심리

필자는 2004년 『사주심리 치료학』을 출간한 후 여러 저술서와 논문을 통하여 사주심리분석을 위한 다양한 이론을 제안해 왔다. 그러므로 중복기재를 피하고자 여기서는 더욱 다양하고 구체적인 이론과 해설은 생략하고, 본 장에서 설명되는 주관, 객관과 이성과 감성, 행동장애 등에 초점을 둔 입체적인 심리분석에 필요한 기초 자료만을 적시한다.

1) 음양오행 및 코스별 성격심리

성격분석 기준	성격 분석의 실제
음양	陰의 기질은 내향적, 수축적, 현실적 陽의 기질은 외향적, 발산적, 이상적
오행	木의 기질은 성장지향 火의 기질은 표현지향 土의 기질은 안정지향 金의 기질은 질서지향 水의 기질은 변화지향
코스별 - 1	인코스(in course)의 관인상생은 수동적 아웃코스(out course)의 식상생재는 능동적
코스별 - 2	印-比-食의 course는 과정중시 財-官의 course는 결과중시

2) 천간과 지지의 성격심리

구분	간지	심리성향
천간	甲乙丙丁戊己庚辛壬癸	객관성, 사회적, 흥미 : 외면적 심리를 대표
지지	子丑寅卯辰巳午未申酉戌亥	주관성, 개인적, 취미 : 내면적 심리를 대표

3) 십성의 순역順逆기능 심리

십성은 상생구조의 순기능과 상극구조의 역기능이 있다. 상생구조의 순기능은 수용성과 질서 준법으로 계획된 일처리의 노력형이며, 상극 구조와 역기능은 기다리기보다는 선제공격으로 문제해결의 모색과 방법이 탁월하고 차별화된 생산성과 수단으로 비범한 두뇌활용과 행동을 한다.

① 순기능 : 상생패턴구조 순기능(순수성)
관성과 인성(관인상생) : 수용, 질서, 사고(이성적, 객관적).
식상과 재성(식신생재) : 표현, 자유, 행동(감성적, 주관적).

② 역기능 : 상극패턴구조 역기능 (비범성)
재성과 인성(재성극인) : 사고의 전환이 빠름. 발상이 일반화를 초월.
식상과 관성(식상제살) : 기본의 틀에 얽매이지 않음. 파격적인 행보.
비겁과 재성(비겁극재) : 현실에 집착하는 노력. 보이는 것에만 신뢰.

③ 재생관의 심리 (희생심리)
식상이 없다면 자신의 욕심보다는 공명적인 심리가 발현.
재를 활용하는 것은 관을 목적으로 하기 때문에 여자일 경우 상대를 위해서 무조건적인 희생과 지출을 아끼지 않음.

④ 식상제살의 심리 (자극심리)
관을 자기 마음대로 이끌고 가는 심리.
상대를 자기 의도대로 이끌기 위한 자극심리.

목적이 있을 때는 서비스가 좋으나 목적이 없으면 냉소한 심리.
자신의 목적을 이루고자 할 때 발현되는 서비스 심리.
자신의 즐거움이 돌아오길 바라는 제살의 자극심리.

⑤ 재생관 + 식상제살 = 복합심리

재생관과 식상재살의 심리가 복합적으로 항상 나타난다. 단, 운에서 오는 십성간의 자극, 교합에 의하여 어느 한쪽으로 치우쳤다 다시 다른 쪽으로 바뀌는 성향도 나타난다.

⑥ 재성만 있고 관이 없는 여성 심리

재성이라는 것으로 관에게 가고 싶은 마음이 있으나 어디다 줄지를 모름.
자신의 눈에 차는 관을 보게 되면 마냥 봉사하고 떠받드는 심리.

4) 십성의 상대적 조화심리

- 십성의 정과 편의 만남은 전통 보수와 개혁의 갈림길에 서게 된다.
- 융통성과 정법의 문제.
- 과거와 현재의 문제.
- 소통이 잘 되면 긍정적 결론을 이끌어내나, 대치되면 갈등 국면이다.
- 세력이 우세한 편으로 결론이 난다.
- 만족도와 의지는 다른 것이다.

1. 인성과 식상의 조화심리	2. 비겁과 재성의 조화심리
– 사고와 표현의 조화심리	– 욕구와 욕망의 조화심리
– 기획과 실행의 조화심리	– 노동과 실현의 조화심리
– 인내와 소비의 조화심리	– 의욕과 결과의 조화심리
– 체면과 배려의 조화심리	– 활동과 공간의 조화심리
3. 식상과 관성의 조화심리	4. 재성과 인성의 조화심리
– 자율과 규정의 조화심리	– 행동과 생각의 조화심리
– 실행과 목적의 조화심리	– 실천과 계획의 조화심리
– 행동과 통제의 조화심리	– 결과와 과정의 조화심리
– 일탈과 억압의 조화심리	– 도전과 인내의 조화심리
5. 관성과 비겁의 조화심리	6. 음양의 조화심리
– 통제와 욕구의 조화심리	– 발산과 응집의 조화
– 규제와 노동의 조화심리	– 확장과 축소의 조화
– 억압과 의욕의 조화심리	– 생성과 소멸의 조화
– 원칙과 자아의 조화심리	– 안정과 변화의 조화

사례) 재성과 인성의 조화심리

⊙ 장인정신의 자부심을 가진 사람

```
時 日 月 年
壬 己 丙 壬
申 卯 午 戌

癸 壬 辛 庚 己 戊 丁  -4대운
丑 子 亥 戌 酉 申 未
```

이 사주는 인수가 격을 이루고 강하다. 그러나 재성이 인성의 지나침을 제화시켜 조화가 이루어졌다. 이는 행동과 실천력을 지원하는 사고思考를 소유한 예이다. 과거와 미래의 조화를 이루었고, 재물과 학업 중에서 세력이 우세한 편으로 결론이 난다. 이 사람은 金 대운이 사주의 재성을 지원하여 재물로 결론이 났다. 돈을 벌었고 미인을 만났다.(가수 B)

사례) 관성과 비겁의 조화 심리

⊙ 장인정신의 자부심을 가진 사람

```
時 日 月 年
乙 癸 癸 庚
卯 丑 未 戌

庚 己 戊 丁 丙 乙 甲  -4대운
寅 丑 子 亥 戌 酉 申
```

이 사주는 관성이 강하며 인수와 식신을 갖췄다. 인수와 식신의 조화는 생각과 표현의 적절한 조화를 이루는 심리를 가지게 된다. 그러나 이 사주는 식신이 관인상생의 틀을 벗어나고자하는 식신과 관성의 조화에 초점을 두게 된다. 즉, 식상은 일탈이고 관성은 통제이다. 水대운에 식상을 지원하자 영화배우로 성공하였다.(영화배우 J)

3. 십성의 주관성과 객관성

인간의 행동심리 분석은 주관성과 객관성, 이성과 감성의 체계로 들여다 볼 수 있으며, 사주내의 십성은 모두 이와 같은 이원적인 작용을 소유하고 있다. 주관적이면서도 이성적이고, 객관적이면서도 감성적인 성품을 소유하는 과정들에서 사회성의 장단점을 파악할 수 있고 직업적성도 예리하게 파악하게 된다. 이 모든 과정이 행동심리분석과 일치하고 있음은 놀라지 않을 수 없다. 먼저 십성의 주관성과 객관성, 그리고 감성과 이성적인 성향과 그리고 십성의 정편에 대한 심리 특성을 분류하면 아래 표와 같다.

십성	주관·객관	이성·감성	심리구조
비견	객관	감성	객관적이면서 감성적이다.
겁재	주관	감성	주관적이면서 감성적이다.
식신	객관	감성	객관적이면서 감성적이다.
상관	주관	감성	주관적이면서 감성적이다.
편재	주관	공유	주관적이면서 이성·감성을 동시 소유했다.
정재	객관	공유	객관적이면서 이성·감성을 동시 소유했다.
편관	주관	이성	주관적이면서 이성적이다.
정관	객관	이성	객관적이면서 이성적이다.
편인	주관	이성	주관적이면서 이성적이다.
정인	객관	이성	객관적이면서 이성적이다.

십성	공통심리	내·외면	행동심리
정(正) 정관·정인 정재·식신 비견	이성적 정직성 정확성 객관적 보수적 합리적 논리적 분석적 이타적	내재적 가치화 심리	전통과 순서에 입각 변별과 노력으로 정리정돈 생활화
편(偏) 편관·편인 편재·상관 겁재	감성적 다변적 창의적 주관적 이기적 자율적 직 관적 이중성 유동성	외재적 가치화 심리	상황에 따라 변화 임기응변과 요령 이중적이자 입체적

1) 주관과 객관의 이해

사주구조를 분석하여 대상자의 주관성과 객관성의 정도를 판단할 수 있다. 그리고 대운 및 세운이 사주 원국에 영향을 미치므로 주관성과 객관성도 영향을 받게 되어 행동과 가치관에 변화가 나타난다. 그러므로 사주원국의 주관성과 객관성을 체계적으로 분석하고, 행운의 변화에 따라 주관성과 객관성도 어떠한 변화가 나타날 것인가를 해석하여 한층 명쾌한 심리분석을 할 수 있다. 나아가 이러한 주관[166]과 객관[167]의 사주심리분석의 자료는 내담자에게 보다 만족한 상담을 제공하게 된다.

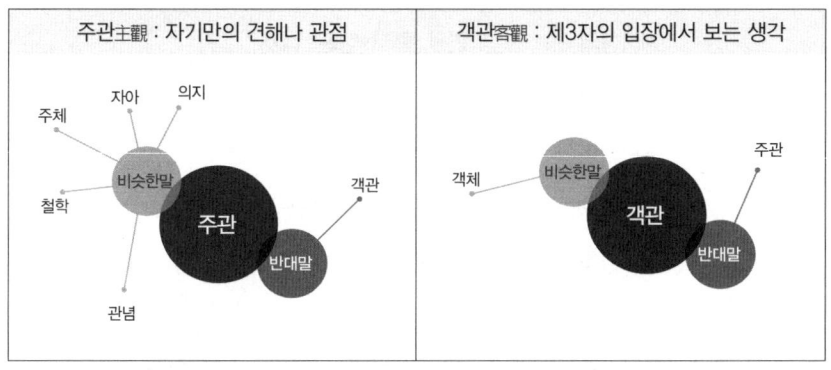

사람은 누구나 주관과 객관을 소유하고 있다. 주관적主觀的이란 정신情神을 말하며 자기정신은 곧 자기생각을 주관하며 그 상태는 타인과 교류할 수 없다. 그러므로 주관적인 상태를 움직이기 위해서는 자신이 왜 해야 하는지의 설득력이 요구되며, 이는 대가를 원하는 스타일로 해석할 수 있다.

주관성과 객관성은 자신의 행동방식과 가치관에 많은 영향을 준다.

객관적客觀的이란 물리物理를 말하는 것으로 사물의 확연한 이치에 통하여 개인의 주관을 떠나 제삼자의 입장에서 사건이나 사물을 보거나 생각하는 것이다. 그러므로 객관적인 사람은 자신보다 무엇을 위해서 해야 하는지

---

166) 자기만의 견해나 관점. [철학] 외부 세계·현실 따위를 인식, 체험, 평가하는 의식과 의지를 가진 존재.
167) 자기와의 관계에서 벗어나 제삼자의 입장에서 사물을 보거나 생각함.[철학]세계나 자연 따위가 주관의 작용과는 독립하여 존재한다고 생각되는 것.

의 설득력이 요구된다. 이는 대가성보다는 명분이 중요한 스타일로 해석할 수 있다.

2) 주관과 객관의 분석방법

◎ 주관主觀 : 정신精神 – 자기 뇌 속에 있는 자기만의 생각
　　　　　십성의 편偏 편인, 편관, 편재, 상관, 겁재
　　　　　실리성과 환경, 감성
　　　　　편인偏印-비겁比劫-식상食傷
　　　　　내가 왜 해야 하는지가 설득되어야 행동함
　　　　　주관적으로 성공할 수 있거나 폐쇄적일 수도 있음

◎ 객관客觀 : 물리物理 – 누구나 판단할 수 있는 사물의 확연한 이치
　　　　　십성의 정正 정인, 정관, 정재, 식신, 비견
　　　　　명분과 가치, 이성
　　　　　재성財星-관성官星-정인正印
　　　　　무엇을 위해 하는지가 설득되어야 행동함
　　　　　객관적으로 훌륭하거나 인색·무정할 수도 있음

- 개인의 사주구조에서 주관성과 객관성의 비율이 좋으면 사회생활과 가정생활은 물론 일과 취미생활이 모두 원만할 수 있다.
- 주관적으로 치우치면 자기위주로 생각하고 행동하므로 공익적인 가치관에는 소홀하거나 사회성이 떨어질 수 있다.
- 지나치게 주관적으로 치우치면 상대방의 의견을 무시하거나 자기생

각에 매몰되거나 하여 폐쇄적이고 비현실적이 될 수 있다.
- 그러나 주관적인 사람의 장점으로 나타나는 현상은 일관성 있게 자기 목적을 달성하여 성공하는 경우도 있다.
- 객관적으로 치우치면 공동체 위주로 생각하고 행동하므로 회사에는 충성하지만 가정의 희생이 수반될 수 있다.
- 객관적으로 치우칠수록 주변을 지나치게 의식하여 비교대상을 핍박하거나, 자신의 체면 손상에는 보복심리를 갖게 된다.
- 그러나 객관적인 사람의 장점으로 나타나는 현상은 사회와 국가관이 투철하고 균형을 유지하는 행동과 가치관으로 어디서든 성공하는 경우도 있다.
- 주관이 객관보다 강한 사주는 사회생활에서 주관이 객관을 수용하느라고 힘들어 스트레스가 많다.
- 객관이 주관보다 강한 사주는 자신의 객관이 주관을 못 지킬까 봐 남모르는 스트레스가 많을 수 있다.

3) 사례분석

① 객관적 성향의 사례

時	日	月	年
辛	癸	戊	戊
酉	亥	午	戌

(객관적이고 이성적이지만, 주관적 사고가 있는 구조)

위 사주는 癸水 일간이 연·월간으로 戊土 정관이 병립하였으며 시상의 辛金 편인으로 관인상생官印相生을 이룬다. 즉, 지지에서 재성이 천간의 정관을 생하는 중 천간에서 정관을 중심으로 관인상생을 이루니 비교적 객관적인 성품이다.

객관적인 사람은 외부환경에 민감하게 반응하지 않으며, 모두가 공감하는 것에 동의하며, 이성적인 가치관을 갖게 된다. 식상食傷운에는 객관성이 약해져서 주관적으로 변할 수 있다.

② 주관적 성향의 사례

```
時 日 月 年
乙 壬 丙 辛
巳 申 戌 丑
```

(주관이 강하지만, 타인과의 교감이 좋음)

위 사주는 壬水 일간이 戌月 편관偏官이며 월간 丙火 편재偏財, 일지 申金 편인偏印, 시상 乙木 상관傷官으로 십성의 분포가 대부분 편으로 이루어졌다. 그리고 시간의 乙木이 월간의 丙火를 생하는 외향적 코스를 이루므로 이 사주는 주관적인 성향이 강하다.

주관적인 사주는 외부의 환경에 민감하게 반응하며, 타인들과의 관계 보다는 자신의 생각에 집중하며, 감성적인 성향을 갖게 된다. 관성, 인성운을 만나면 주관성이 약해지므로 객관적인 모습이 나타난다.

③ 주관과 객관이 균형을 이룬 사례

```
時 日 月 年
甲 己 辛 戊
戌 亥 酉 戌
```

(객관이 주체이나 주관이 객관을 조력하는 평등구조)

위 사주는 己土 일간이 辛酉월생으로 식신격이며, 연간으로 戊土 겁재가 투출하였으니 주관적인 사주일 것 같으나 일지 亥水 정재와 시상의 甲木 정관의 영향으로 객관성 또한 뚜렷하니 주관성과 객관성이 균형을 이루게 된다.

균형이 잡힌 사주는 공동체의 명분과 자기생각 모두 존중하게 되므로 대인관계가 원만하고, 사회생활과 가정생활 모두 원만하게 된다. 그리고 스트레스를 잘 받지 않는 스타일일 가능성이 높다.

④ 주관과 객관이 충돌하는 사례

```
時 日 月 年
甲 甲 辛 戊
戌 申 酉 申
```

(객관으로부터 주관을 힘들게 감당하는 구조)

위 사주는 甲木 일간이 辛酉月生으로 정관이 격을 이루고 대부분 정관을 생하고 있으니 매우 객관적인 사주로 볼 수 있다. 그리고 연간의 편재 투출하였고 지지의 편관이 강하고 시상의 비견 甲木으로 주관성을 가지고 있다. 그러나 일간이 의지하는 甲木 비견을 辛金 정관이 극하는 구조이고 오행간 소통이 막혀서 주관성과 객관성 모두 정확하지 못하다. 즉, 이는 객관적이지도 주관적이지도 못한 능력문제로 나타나 사회성이 매우 떨어지게 되는 단점을 가지게 된다.

⑤ 도식 사주의 주객전도, 비현실적 사례

```
時 日 月 年
丙 乙 壬 丁
子 亥 子 亥
```

(객관적 사고가 주관을 깨니 감성문제와 이성을 잃는 구조)

위 사주는 乙木일간이 壬水 정인이 투출되어 있으나 丁壬合이 되었고 상관 丙火가 아름다우나 인수 수국水局이 태과하여 상관 丙火를 꺼버리는 도식倒食사주가 되었다. 늘 술을 마시고 이성을 잃고 객관성도 잃어 툭하면 처자를 학대하다가 자식이 성장하고 몸이 늙고 병이 들자 오히려 처자로부터 학대를 당하고 살아가는 사람이다.

4. 십성의 이성과 감성

사주심리분석의 꽃이라 할 수 있는 분야가 바로 이성과 감성체계를 분석하는 것이다. 이성과 감성의 체계는 직업적성과 직무능력, 행동심리를 정확하게 예측할 수 있으며, 내담자의 마음을 섬세하게 읽어내는 사주심리상담 분야에 센세이션sensation을 일으키고 있다.

사주의 격과 십성의 분포를 통한 구조분석으로 개인의 이성과 감성적 성향의 정도를 판단할 수 있다. 그리고 대운 및 세운의 변화에 따라 사주 원국의 이성과 감성체계에 영향을 주게 되어 성격 및 태도에 변화가 나타난다. 그러므로 사주원국의 이성과 감성체계 분석하고, 행운의 변화에 따라 감성과 이성도 어떠한 변화가 나타날 것인가를 해석하여 통쾌한 심리파악을 할 수 있다. 나아가 이러한 사주 심리분석의 자료는 다양한 내담자의 상담목적에 만족한 해답을 제공하게 된다.

1) 이성 및 감성의 이해

사람은 누구나 이성理性[168]과 감성感性[169]을 동시에 소유하고 있다. 선천적으로 매우 이성적인 사람이 있거나 또는 매우 감성적인 사람이 있기도 하며, 어느 한쪽으로 치우치지 않은 평화로운 사람도 있게 된다. 그러나 평소

---

168) 개념적으로 사유하는 능력을 감각적 능력에 상대하여 이르는 말. 인간을 다른 동물과 구별시켜 주는 인간의 본질적 특성이다.[철학] 선천적 인식 능력인 이론 이성과 선천적 의지 능력인 실천 이성을 통틀어 이르는 말. 좁은 의미로는 감성, 오성(悟性)과 구별되어 이데아에 관계하는 더 높은 사고 능력을 말하기도 한다.

169) 자극이나 자극의 변화를 느끼는 성질. [철학]이성(理性)에 대응되는 개념으로, 외계의 대상을 오관(五官)으로 감각하고 지각하여 표상을 형성하는 인간의 인식 능력

와 다른 환경 및 상황을 접하게 될 때 사람은 자신의 이성과 감성에 변화가 발생한다.

즉, 이성적인 사람이 감성적으로 변하거나 또 감성적인 사람이 이성적으로 변하기도 하며, 아니면 더욱 이성적이 되거나 아니면 더욱 감성에 치우치게 될 수 있다. 즉, 감성을 잃고 냉정하거나 이성을 잃고 분노하기도 한다. 결국 이성과 감성이 중화를 이루고 변화에 민감하지 않는 사주일수록 안정된 성품을 소유했다고 볼 수 있다.

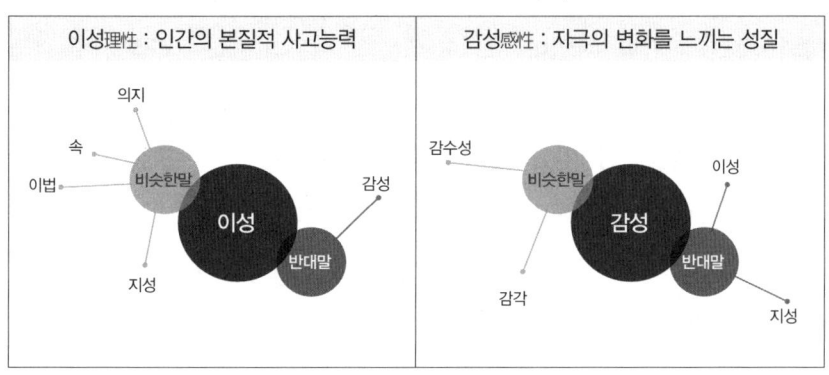

2) 이성과 감성의 분석방법

◎ 이성理性 : 십성의 정正 정인, 정관, 정재, 식신, 비견

객관적이며 현실적

천간은 사회적 이성, 지지는 내면의 이성

정관-정인 & 재-관-인 코스

상생相生과 제화制化는 이성적

이성적으로 성공·존경받거나 건조하게 편협할 수도 있음

◎ 감성感性 : 십성의 편偏 편인, 편관, 편재, 상관, 겁재

　　　　　주관적이며 비현실적

　　　　　천간은 사회적 감성, 지지는 내면의 감성

　　　　　비겁-식상 & 비-식-재 코스 / 비겁+인성=신강사주

　　　　　상충相沖과 합화合化는 감성적

　　　　　감성을 활용하여 성공하거나 비애스러울 수도 있음

- 사주에서 이성과 감성의 교감交感이 좋으면 성격이 원만하며 대인관계와 사회성이 좋다. 평균적으로 이성적인 사람은 매사에 합리적이다.
- 이성적으로 다소 치우칠 경우 정적인 사고로 남에게 실수를 하지는 않으나 융통성이 부족할 수 있다.
- 지나치게 이성적으로 치우진 경우는 이성은 융통성과 변화를 수용하기 어려워 스스로 아집에 사로잡힐 수 있다.
- 너무 이성적인 사람은 다른 사람과의 관계에서 예절을 잘 지키나 마음의 문이 좁고 지나치게 체면과 명분을 의식한다.
- 감성적으로 치우칠 경우 취미, 인간관계와 언행, 생활, 결정 등에 기분을 앞세우는 경우가 많고, 본의 아닌 실수를 하게 된다. 그러나 감성은 변화를 즐기기 때문에 새로운 창조에 능한 장점도 가지고 있다.
- 지나치게 감성적일 경우 이성을 잃어 객관적이지 못하고 모든 일을 감정에 치우쳐 처리할 수 있다.
- 사주에서 이성과 감성의 충돌 상태는 내면의 망설임과 불안심리가 있게 되어 결정력과 타이밍의 모순이 나타난다.
- 이성과 감성의 충돌의 긍정적인 현상은 설득력이 탁월하여 상대방을 잘 설득하는 재능을 가지므로 영업, 판매, 강의, 중개 등에 탁월하다.
- 이성과 감성의 충돌은 타인에게 자기생각을 이입시키거나 비현실적

모험을 즐긴다.
- 이성과 감성의 충돌은 다소 직업변화와 인간관계의 변화가 많은 편으로 분주하고 격정적인 행보가 많다.
- 이성과 감성의 충돌은 뚜렷한 장점과 단점을 동시에 소유한다.
- 이성이 감성보다 강한 사주는 대인관계에서 이성이 감성을 표현하느라고 애쓰면서 살아가니 스트레스가 많다.
- 감성이 이성보다 강한 사주는 자신의 감성이 이성을 지키고자 애쓰므로 남모르는 스트레스가 많을 수 있다.

참고

정인, 정관은 이성적이다. 비겁, 상관은 감성적이다. 재성은 이성과 감성을 중재하는 성분이다. 그리고 환경에 따라 이성적이기도하고 감성적이기도 한다.
▶ 식상 극 관성 : 이성과 감성의 문제, 강한 쪽으로 선택
▶ 재성 극 인성 : 전통과 현실의 문제, 강한 쪽으로 선택

3) 사례분석

① 이성적 성향의 사례 (도쿄 경수레이)

時	日	月	年
甲	辛	己	丙
午	丑	亥	子

(내면의 감성을 통제하여 이성적 사회성과 감정교감이 좋은 구조)

위 사주는 辛金이 월지 亥子丑 식상이 국을 이루어 내면의 감성을 소유했으나, 시지 午火에 투간한 丙火 정인이 관인상생을 이루어 이성적인 사회성을 가지고 있다. 시상의 甲木 정재는 현실적인 사고가 되어 이성을 도모하는 역할이다. 일본의 여류 명리학자로 분별력이 있고 배려심이 많은 자상한 성품의 소유자다.

② 감성적 성향의 사례 (故 앙드레 김)

時	日	月	年
壬	壬	甲	乙
寅	申	申	亥

(주관적이고 감성적 자유표현이 전문성을 창조하는 구조)

위 사주는 壬水 일간이 申月에 壬水 비견이 투출하였으며, 연월간의 甲乙木 식상이 亥水와 寅木에서 모두 투출하였다. 편인– 비겁– 식신·상관이 강하여 감성적이자 주관적인 성격을 소유했다. 이러한 구조는 주관적인 감성으로 자유분방한 사고와 주관적인 몰입능력으로 누구나 따라하지 못하는 자신만의 전문성을 가지고 성공하는 경우가 많다.

③ 이성적이면서도 감성적인 기분파의 사례

```
時 日 月 年
癸 丁 丙 戊
卯 酉 辰 寅
```

(감성이 이성을 억제하는 구조, 외부와의 교감이 매우 좋은 구조)

　丁火일간이 辰月에 戊土 상관이 연간으로 투출하였고 丙火 겁재가 월간을 차지하였으니 매우 감성적인 구조이다. 시상의 편관 癸水와 지지의 寅卯辰 목국을 이룬 인수가 이성을 주관한다. 즉, 癸水 편관은 일부 감성을 내포한 이성으로서 위 사주는 감성적인 사회성으로 적절한 분별력을 갖게 된다. 또한 일지 편재는 감성[土]과 이성[水]의 소통 역할을 하고 있다. 역학자인 추송학 선생님은 저술서도 많이 쓰고 상당히 기분파이고 남에게 배려가 많은 따뜻한 분이다.

④ 이성과 감성이 균형을 이룬 사례 (안철수)

```
時 日 月 年
丙 乙 壬 壬
戌 未 寅 寅
```

(이성이 감성을 지원하고, 주관과 감성이 이성의 객관성에 동의받는 구조)

乙木 일간이 寅月에 丙火가 시상으로 투출하여 상관격이다. 연월지의 비겁과 상관 丙火가 투출하여 감성적이고 주관적일 것이다. 그러나 연·월간으로 壬水 정인이 병립하여 이성理性을 주관하며, 오행의 상생相生이 잘 이루어져 치우치지 않은 이성적 구조다. 다만 사주 내 관성이 없으니 결정력과 카리스마는 다소 약한 면을 보인다.(안철수)

⑤ 이성과 감성의 충돌 사례 (탤런트 故 안재환)

```
時 日 月 年
丙 庚 丙 壬
子 午 午 子
```

(감성이 이성을 극복하지 못한다. 체면이 손상되면 극단적이다.)

위 사주는 庚金이 午月에 丙火가 투출하여 편관격이다. 연간의 壬水 식신으로 제살하는 구조로 비범하고 총명한 면을 갖췄다. 그러나 지지로 子午 沖이 동시에 일어나는 바, 즉 상관傷官이 정관正官을 극剋하여 내면의 이성과 감성의 구조가 충돌하고 있다. 서울대 출신의 연기자로 주목 받았으나 사업에 손대어 거듭되는 실패를 겪다가 감정컨트롤을 못하고 결국 자살하고 말았다. 이와 같이 감성과 이성이 충돌하면 비범한 면은 있으나 격정적이고 변화를 겪는 삶에 직면할 수 있다.

⑥ 이성과 감성의 충돌 사례 (법사)

```
時 日 月 年
戊 己 庚 辛
辰 卯 寅 丑
```

(자신의 주관과 감성이 객관적으로 동의 받지 못하는 구조)

위 사주는 己土 일간이 寅月生으로 월지 정관이다. 그러나 월간의 상관이 庚金이 월지의 정관을 극하고 있으니 이성과 감성의 충돌이 일어나는 구조다. 己土 일간이 시상의 戊土 겁재에 의지하고 있으나 이는 임시 의탁일 뿐, 인수 火오행이 있어야 천간의 庚辛 金으로 설기되는 것을 막고, 일간을 극하고 있는 월·일지의 寅卯辰 관성 세력을 설기하여 일간을 도울 수 있다. 극설교가剋洩交可되는 사주로서 천간에 모두 겁재와 식상으로 이루어져 외향적이고 싹싹한 성격이나 사업, 포교원, 임대업 등 여러 가지 격정적인 변화를 겪는 동안 많이 지치고 힘들어 하는 여인이다.

⑦ 지나치게 이성적인 사례 (남)

```
時 日 月 年
辛 壬 辛 丙
丑 戌 丑 子
```

(이성이 감성을 수용하지 못한다. 융통성 부족)

위 사주는 壬水일간이 丑月에 辛金 정인이 투출하였고, 辛丑 時生으로 정인이 강하다. 게다가 지지는 모두 관성을 이루어 관인상생을 이룬다. 연지 子水는 子丑合 土로, 연간의 丙火는 丙辛合으로 합거合去되니 사주는 지독하게 이성적이자 객관적이 되었다. 사주의 주인공은 평생 명리고전을 번역하고 저술하고 살았으며 자신의 집으로 찾아오는 소수의 학생들만 가르치며 청렴淸廉한 생활로 일관하시다가 세상을 떠나신 한중수 선생이시다.

⑧ 지나치게 이성적인 사례 (여)

```
時 日 月 年
癸 丙 庚 辛
巳 午 子 卯
```

(이성이 감성을 표현하느라고 애쓰는 구조. 스트레스 많음)

위 사주는 丙火 일간이 子月에 癸水가 투출하여 정관격이다. 연월간의 庚辛 재성이 투출하여 감성을 주관하나 金生水로 子水 정관을 생生하니 이성을 지원하고 있다. 그러나 천간의 재성財星은 타인과의 교감을 주관하므로 이 사주는 이성적인 사람이 대인관계를 위해 감성을 표현하느라 수고가 많은 사주이다.

5. 십성의 민감성과 교감능력

사람은 누구나 외향성과 내향성을 동시에 가지고 있다. 누구든 온전히 내향적이거나 외향적인 성격을 소유할 수는 없다는 말이다. 균형을 이루지 않았다면 다만 외향과 내향 중 어느 쪽으로 더 치우쳤을 뿐이다. 성격은 모두 복합성을 가지고 있으며 외부 환경에 의해 반응한다. 또 경우에 따라서는 본성本性이 아닌 가성假性이 나타나기도 한다. 전술하였듯이 주관성과 객관성, 이성과 감성의 체계와 판단도 이와 같다. 그리고 외향적이거나 내향적인 성격의 판단은 이성과 감성적 구조체계와 연관성이 많다.

1) 외향, 내향

외향과 내향에 대하여 가장 먼저 판단할 수 있는 근거는 천간과 지지이다. 드러난 천간은 외향적이고 지지는 천간의 아래에 있는 동시에 지장간이 감춰져 있으니 내향적이다. 그러나 외향적이고 명랑한 성격은 기본적으로 식상과 재성이 투출된 사주로 볼 수 있다. 또 내향적이고 차분한 성격은 기본적으로 관성과 인성이 투출된 사주로 볼 수 있다. 특히 격을 이루었거나 지지에 합국을 이루며 이루어진 구조는 더욱 그러하다.

한편 사주에서 천간에 투출된 십성이 충沖이나 합거合去되지 않고 지지의 도움을 잘 받고 있는 사주구조는 정신적 에너지가 강한 성격의 소유자이다. 즉, 사주 내 천간의 십성이 통근하거나 득지하고 건강하다면 성격이 긍정적이고 명랑하다.

외향(명랑) : 비→식→재(비→식) 코스 (기분 내기)

　　　　[천간] 비겁→식상→재성

내향(침착) : 재→관→인(관→인) 코스 (기분 다스리기)

　　　　[지지] 재성→관성→인성

외향적 사주	내향적 사주
時 日 月 年 壬 辛 戊 辛 辰 未 子 卯	時 日 月 年 辛 己 甲 丙 未 未 午 申
辛金 일간이 상관격 상관의 설기로 명랑 (인수로 기분 다스림.)	己土 일간이 정인격 관인상생 침착한 성품 (식신으로 기분 내기함.)

2) 민감성과 교감능력

민감성敏感性이란 사물에 대하여 재빠르고 날카롭게 느끼는 성질을 말한다. 그리고 민첩성敏捷性이란 동작이 아주 날쌔고 눈치가 빠른 성질을 말한다. 교감능력交感能力이란 민감성을 상대방이나 사회의 현상들에 대하여 직감하고 대응하는 능력을 말한다. 사주에서 빠른 교감과 행동을 보이는 민첩성의 판단은 쉽지 않으나 정신영역에서의 민감성은 매우 정확하게 분석할 수 있다.

민감성은 개인의 민감한 성격적 행동심리로 드러나므로 대인관계와 사회생활에 중요한 영향을 미치고 나아가 직업적성과 직무수행 등 모든 행동양식에도 섬세하게 영향을 끼친다. 단, 민감성이 높거나 낮은 것으로 길흉을 판단하는 것은 아니다. 민감성이 높아서 나쁠 수도 있지만 민감성이 높아서 좋은 것도 많다는 것을 간과해서는 안 된다.

예컨대 피아니스트가 건반에 대하여 민감해야 하고, 수사관이 범인을 찾는데 민감할수록 좋다. 그러나 사소한 일에도 과민반응을 하여 스트레스 받는 것 등은 좋지 않을 수 있다는 말이다. 여기서 사주의 민감성을 판단하는 목적은 그런 것보다는 인간이 살아가는 모든 대상과 일에 대한 교감을 통하여 정서 안정감과 진로직업적성상담에 적용하기 위한 목적이 더 크다.

십성을 정편으로 나누어 다시 살펴보면 편偏들은 즉흥적이고 민감하며, 정正들은 보다 계획적이나 민감성이 낮다는 것을 이해할 수 있다.

◎ 민감하게 반응(즉흥적) – 교감능력 우수
- 십성의 편偏 : 편인, 편관, 편재, 상관, 겁재
- 비겁–식상–재성은 외부와의 교감 · 반사가 빠름
- 비겁, 식상, 편재가 격이거나 투출은 비교적 민감하다.
 (강의, 토크쇼, 홍보, 영업, 중개 등 순발력 직무 우수)

가. 민감하게 반응하여 교감이 잘되는 경우 친화력 극대화
나. 민감하게 반응하여 상대의 진심을 왜곡하거나 불쾌감

◎ 차분하게 반응(계획적) – 교감능력 낮음
- 십성의 정正 : 정인, 정관, 정재, 식신, 비견
- 정인–정관–정재는 외부와의 교감 · 반사가 느림
- 인성, 관성이 격이거나 투출 및 강하면 비교적 차분하다.
 (사무행정, 비서, 번역가, 컴퓨터, 회계 등 계획성 직무 우수)

가. 차분하게 반응하여 안정적이고 신뢰감 극대화
나. 차분하게 반응하는 것이 답답하거나 교감의 문제로 오인

- 천간의 식신, 상관은 보이는 것이 많다. 그러므로 말이 많고 명랑하다.
- 상관은 남의 장단점이 잘 보여서 단점을 꼬집는 흥미가 있다.
- 비겁은 몸소 느끼고 싶은 충동이자 열정이다.
- 비겁은 오래 기다리는 것을 싫어하며 즉흥적이다.
- 편인은 듣고 보며 받는 느낌이 많으며 깨달음도 많다.
- 재성은 현실적인 사고로 현재에 민감하다.
- 비겁은 경쟁 심리로 상대방을 늘 의식한다.
- 상관은 상대방의 자극에 민감하게 반응한다.
- 편인은 상대방의 자극에 민감하게 반응한다.
- 정인은 순서를 지키고 순리적으로 언행하는 성향이다.
- 정인과 정관, 정재는 시간이 걸려도 가지런히 정리하는 심성이다.
- 정관은 도덕적으로 분명한 원칙을 적용하여 반응한다.
- 정관은 시간이 걸려도 원칙과 규정에 입각해서 실행한다.
- 편재는 변화에 주도적으로 반응하고 행동한다.
- 정재는 현실적이고 침착하나 명랑하게 반응한다.
- 편관은 스피드하고 행동적으로 불의에 민감하다.
- 편관은 분별력이 확실하여 공익적 가치에 행동한다.

이와 같이 먼저 감성적이고 주관적이며 즉흥적인 편偏십성들과, 이성적이고 객관적이며 계획적인 정正십성들로 구별해 볼 수 있다. 그리고 천간과 지지의 십성 위치에 따라 십성의 각자 소유한 지성과 감각이 지극히 발현되거나, 외부와의 교감이 빠르거나, 반응에 민감하여 즉각적인 소통을 유발하여 친화력을 이끌어내거나 한다. 또 너무 민감하여 상대를 잘못 판단, 오해하거나 불쾌감과 오해를 줄 수도 있고, 너무 차분한 것이 오히려 답답함을 주거나 반응이 늦는 소통부재로 느끼게 할 수도 있다.

이 모든 작용은 사주구조에 다라 천차만별하게 나타나므로 섬세하게 교차적이고 입체적으로 분석하는 훈련이 필요하게 된다. 사례를 들어보자.

① 대인관계 반응이 좋은 사례 (의류업 여성)

```
時 日 月 年
壬 戊 己 甲
戌 辰 巳 辰
```

戊土 일간이 월간의 己土 겁재와 시간의 壬水 편재가 투출하여 다소 즉흥적이나 사람들과의 교감과 자극에 대한 반응이 빠른 편이다. 비겁이 강하고 식상이 없으나 대인들과 교감이 바른 것은 바로 감성적인 겁재와 생존본능을 지닌 편재의 명랑성 때문이다. 그리고 연간의 甲木 편관은 이성적이며 분별력과 결정력이 뛰어나다. 이런 구조는 즉흥적이나 계획성이 분명하며 식상이 없어도 자기만의 감성과 감각으로 대인관계에 능숙한 모습이 나타난다.

② 관객과 교감이 좋은 사례 (여성 가수)

```
時 日 月 年
庚 己 戊 庚
午 未 寅 申
```

己土 일간이 월지 寅木 정관이나 월간의 戊土 겁재와 庚金 상관이 두 개나 투출하여 외향적이자 감성적으로 외부와의 반응과 교감이 뛰어나다. 월일시지가 寅午, 午未 인수 火局을 이루어 강약을 조절하니 내외적으로 균형이 잡혔다. 무대에서는 열정적으로 관객과 호흡하며 내적으로는 관인상생을 이루어 안정을 도모하며 대중가수로 성공한 사람(장윤정)이다.

③ 네일아트 창업과 교육 (여성)

```
時 日 月 年
辛 戊 辛 乙
酉 午 巳 丑
```

戊土 일간이 辛金 상관이 월간과 시간으로 나란히 투출하였다. 그리고 월일지에 巳午火 인수가 일간을 생하니 균형이 잡혔다. 천간의 상관은 주관적이고 감성적이며 민감도가 매우 높다. 지지의 巳午火局은 인수로 이성적이고 계획성이다. 辛金 상관의 민감성은 대인과 미적인 것에 교감이 우수하다. 이 여성은 네일아트를 창업하고 싶고, 강의도 하고 싶다고 한다. 필자는 네일아트 샵과 네일아트 강사의 꿈을 모두 이룰 것이라고 하였다.

④ 계획성 있게 진행하는 사례 (영문번역 작가 남성)

```
時 日 月 年
丁 戊 辛 丙
巳 午 丑 寅
```

이 사주는 戊土 일간이 辛丑월생으로 상관격이다. 그러나 丙辛合으로 상관의 작용이 민감하지 않게 되었다. 시간의 丁火 정인이 연일시 3지지에 통근하고 있으니 이성적인 사회성을 갖는다. 또한 순리적으로 생각하고 외부와의 관계에 차분하게 대응하는 스타일이다. 단, 월주 상관의 성정은 주관적인 편으로 외부에서 얻은 지식을 주관적으로 활용하는 번역가이다.

⑤ 국제택배운영으로 성공한 여성

```
時 日 月 年
癸 丙 辛 乙
巳 戌 巳 亥
```

丙火 일간이 巳月에 辛金이 투출하여 정재격이다. 사주가 火氣가 왕하나 辛金 정재는 시간의 癸水를 생하고 癸水는 亥水에 통근하므로 火氣를 감당할 능력이 있으니 중화를 이루었다. 천간의 정인, 정재, 정관은 이성적이고 객관적이며 민감성은 없으나 계획적인 실천력을 소유한다. 아울러 지지로 식신과 비겁이 왕하여 주관적이고 감성적이니 보기보다 활동성이 매

우 왕성하고 차분하게 일처리하는 능력자이다. 이 여성은 국제택배가 한국에 상륙할 때 지역운영권을 맡아 성공하였다.

⑥ 매우 정서적이며, 교감도 잘되는 84세의 여성

```
時 日 月 年
癸 己 丙 甲
巳 酉 寅 戌
```

己土 일간이 寅月에 甲木이 투출하니 정관격이며, 丙火가 월간으로 투출하니 관인상생官印相生격을 이루었다. 연간에서부터 木→火→土→金→水로 생생유통生生流通되니 가히 아름다운 사주다. 이성적이고 객관적인 성품과 일시지가 巳酉 半합 식상국을 이루어 癸水 편재를 생하니 주관과 감성이 살아있다. 일제 강점기에 부잣집 막내딸로 태어나 지방으로 발령받은 총각 선생님과 결혼하여 슬하에 5남매를 두었다. 어떠한 경우에도 절대 며느리 편을 들어 세 며느리에게 대우받고 살아간다고 한다. 일생 누구와도 트러블이 없이 존경받고 살아왔으며 84세의 나이에도 교감능력이 좋아 젊은 이들과도 웃음을 터트리며 살고 계신 여사님이다.

6. 스트레스와 분노조절

감정의 동물인 인간은 오늘날과 같은 초복잡성의 시대에서 누구나 스트레스stress를 받지 않을 수 없다. 그러나 같은 상황에서도 스트레스를 많이 받거나 덜 받는 개인적 차이가 있다. 이러한 체질적 성격과 선천적인 직무적응성은 살아가야 하는 환경적응 행복지수 예측에 매우 적절하게 활용할 수 있다. 체질적 성격과 선천적인 직무적응성은 출생사주로 검사가 가능하다. 왜냐하면 사주는 선천적인 체질을 판단할 수 있는 유일한 도구이기 때문이다.

그러한 스트레스와 함께 개인주의가 강하다 보니 나 아닌 다른 사람을 이해하지 않으려 하므로 인내하는 법을 몰라서 참을성이 없는 사회가 되었다. 하여 분노를 조절하지 못하는 분노조절장애[170]라는 정신질환이 확산되고 있다. 도로에서도 운전자들끼리 욱하다 순간을 참지 못하여 대형사고로 죽거나 다치는 일이 비일비재하게 발생한다는 뉴스는 수시로 방영된다.

인내와 자기성찰로 마음을 잘 다스리지 못하는 성격들의 사주는 대부분 이성과 객관성이 취약하며, 주관적이고 감성적으로 치우쳐 있다.

특히 이러한 사주는 스트레스가 심한 중 잘 해소를 못하여 평소에 우울증[171]이나 조울증[172]으로 발전하는 경우가 많다고 한다.

---

170) 분노조절장애(Anger disoder): 분노는 말과 행동이 돌발적으로 격렬하게 표현되는 본능적인 감정이다. 과도한 스트레스에 장기간 노출되거나 가슴 속에 화가 과도하게 쌓여 있으면 이것이 잠재되어 있다가 감정을 자극하는 상황이 생기면 화가 폭발하게 된다. 특히 성장과정에서 정신적 외상이 있을 경우 분노 조절이 더 안되는 경우가 있다. 분노는 표현하는 방식에 따라 드러내거나, 품는 방식을 사용하는데 두 가지가 조화를 이루지 못하고 병적으로 분노가 표출될 때 분노조절장애 라고 한다.

171) 우울증(憂鬱症, depression)또는 우울장애는 병리적인 수준의 우울한 상태를 말한다(다음백과사전).

172) 조울증(躁鬱症, Bipolar disorder)은 기분 조절에 문제가 생긴 질병으로, 양극성기분장애(Bipolar disorder)라고도 한다. 기분이 들뜨고 몹시 좋아 일상생활이나 직업 생활에 지장을 일으키는 상태(조증)와 이와는 반대로 기분

◎ 오행이 양극화로 대치된 구조 : 조급, 민감, 예민, 스트레스
◎ 오행 불통의 사주 : 스트레스, 조급, 예민
◎ 비겁태강, 편인태강 : 스트레스, 분노조절 취약
◎ 충·극이 많은 사주 : 정서불안, 변화 취약
◎ 수화가 상극(상전)구조 : 예민성, 피해의식, 극단적
◎ 한난조습 조후문제 : 조울증, 우울증, 가면 우울증

- 인성이 없는 사주가 관살이 강하면 흥분을 잘한다.
    (피해심리. 억압당한다는 감정. 노동근성)
- 오행이 대립된 상태에서 소통시킬 오행이 없는 경우 흥분을 잘한다.
    (감정변화 민감. 조급함. 조울증)
- 강하게 편중된 오행을 제어할 힘이 없는 오행이 극하면 흥분한다.
    (역부족에 의한 반발 심리 발동) – 旺者沖發
- 강한 겁재, 편관을 어설프게 극하면 관살이 흥분하여 폭력적으로 변한다. (역부족에 의한 반발 심리 발동) – 旺者沖發
- 사주 내에서 수화가 상극되면 똑똑하지만 조급하고 참을성이 없다.
    (민감, 조증현상, 과민반응, 적대감).
- 겨울 출생이 木·火약, 여름 출생이 金·水가 약하면 정서문제
    (조울증 등)
- 가을과 겨울에 나타나는 계절성 우울증에 민감한 사람은 겨울출생으로 金水가 왕한 사람들이다.

이 저하되는 우울증이 기간을 두고 번갈아 나타나거나 조증 상태만 주기적으로 나타나는 정신병을 말한다. 초기에는 우울증 삽화만 있다가 후반기에 조증이 나타나는 조울증은 우울증과 감별하기 어려운 때도 많다(코메디닷 의학사전).

- 사주를 떠나 몸에 水가 많으면 계절성 우울증에 민감하다.
- 편이 강해서 제어할 때는 확실하게 하는 것이 좋다.
- 제어가 안 되면 편의 기질을 나쁘게 활용한다.
- 편들은 제어가 잘되면 정으로 활용한다.
- 정이 강해서 문제가 되면 편의 기질이 나타난다.
- 정을 충극하여 변질시키면 편의 단점이 드러난다.

① 분노조절 장애의 사례 (남자)

```
時 日 月 年
辛 庚 戊 甲
巳 申 辰 申
```

위 사주는 庚金 일간이 편인격偏印格이며 천간지지로 비겁比劫이 태과하다. 에너지가 온통 일간 중심으로 몰려 있어서 힘의 분산이 필요한 구조이다. 마침 연간의 편재偏財 甲木이 편인偏印을 제화시키나 비겁이 강하여 극재剋財 당하는 형국이라 그의 성정이 온전히 다스려지지 못하는 구조이다.

시상으로 겁재가 투출하여 감성적이고 천간이 겁재, 편재, 편인의 투출로 외부자극에 민감하게 반응하며 편인 월령이니 사고가 매우 주관적이므로 이성적이거나 객관적이지 못하고 툭하면 화를 버럭버럭 내는 사람이다. 특히 한번 분노가 치밀어 오르면 조절이 안 되어 폭행과 행패를 부리는 등 가족과 주변 사람들이 고통을 겪는다.

② 조급증의 사례 (반응이 빠른 여자)

```
時 日 月 年
戊 戊 辛 壬
午 午 亥 子

甲乙丙丁戊己庚
辰巳午未申酉戌
```

戊土 일간이 亥月에 壬水가 투출하여 편재격이다. 사주는 재왕하고 신왕하다. 비·식·재가 투출되어 타인과의 교감이 빠르고 감성적이다. 특징은 水와 火가 대립하는 상극의 구조다. 이와 같이 오행이 대립하는 상극구조는 이성과 감성의 충돌로 인하여 매사에 민감하고 조급한 성격을 나타낸다. 그리고 행동 결정과 판단에는 의외로 미온적인 면이 내재되어 있다. 반면에 비범성으로 탁월한 면의 장점을 소유하게 된다.

③ 천재 전자 바이올리니스트 유진 박 (조울증)

```
時 日 月 年
壬 癸 乙 乙
戌 亥 酉 卯
```

한국이 낳은 천재 바이올리니스트 유진박이 조울증으로 고생하는 소식에 가슴이 아팠었다. 癸水가 酉月 편인이며 壬水 겁재가 투출하여 신강하다. 乙木 식신食神으로 에너지를 설기하는 용신이다. 그러나 조후가 되지 않아 한습하고 卯酉 沖으로 식신이 깨지는 도식倒食의 구조다. 겁재의 주관성과 민감성은 오직 乙木 식신(감성)으로 몰입하여 한 가지 전문성을 발휘하였다. 그러나 편인의 주관적 이성이 식신 감성을 沖하여 그는 정서적 문제와 함께 한습이 더하여 조울증에 시달리는 것 같다.

④ 감정의 급변, 과잉행동장애 (水火相戰의 여성)

```
時 日 月 年        〈비교대상 사주〉
庚 壬 丙 壬        時 日 月 年
戌 午 午 子        丙 庚 丙 壬
                  子 午 午 子
```

壬水일간이 午月에 丙火가 투출하여 편재격이다. 火가 치열熾烈한 신약 사주로 연주 壬子 水비겁과 壬水를 생하는 庚金이 희신이다. 그러나 이 여성은 水火가 상전相戰되어 스트레스가 극심하고 감정조절이 잘 안 된다. 때로는 감정이 분노로 급변하여 과잉행동장애가 나타난다.

비교대상 사주는 앞의 이성과 감정에서 논한 탤런트 故 안재환의 사주다. 연탄불을 피우고 자살한 그의 사주와 일간오행과 격은 다르나 사주원국이 모두 水火가 상전을 이루고 있는 형상이다. 水火가 대치한다고 해서 반드시 위 사주들과 같은 현상이 나타나는 것은 아니지만 감정의 상태에 분명한 영향을 주는 경우가 많다.

⑤ 웃다가 울다가 (조울증 여인)

```
時 日 月 年
丙 壬 丙 壬
午 申 午 子
```

壬水 일간이 丙午월에 편재격이다. 사주가 水火의 대립구조로 정서교류에 문제가 심각하게 나타나고 있다. 남편의 외도를 끊임없이 의심, 모든 원망을 남편에게 쏟아 부으며 수없이 사주, 점, 무속 등 운명상담소를 찾아다닌다. 상담 중에는 수시로 울었다가 웃었다가 하며 조울증으로 힘들어 하는 동안 스트레스 속에서 지치고 괴로워하였다. 이런 사주는 늘 타인의 원망이 큰 것을 보게 된다.

⑥ 오락에 빠져 고교 중퇴 (남)

```
時 日 月 年
辛 己 戊 庚
未 酉 子 午
```

己土 일간이 子月생으로 편재격이다. 사주에 金 식상이 많아 식상생재가 잘되는 것처럼 보이나 戊土 겁재가 子水 머리 위인 월간으로 투출하여 극하는 중 연지의 午火와 子午 沖을 한다. 천간으로 겁재와 식신, 상관이 모두 투출하여 외부자극에 매우 민감한 성격으로 오락에 민감하게 빠져

들었고, 편재가 상하니 거주할 공간과 금전 관리에 파행적인 행보가 나타났다. 감성이 유력하여 빠져들면 창작물을 내지만 상극구조는 극단적인 행동이 나타남을 유념해야 한다.

이런 구조의 직업은 직업이 없는 것이 아니라 분양, 경매, 운송, 관광 가이드 등 파트타임에 적합하고, 차라리 오락실에서 일하는 것이 더 좋다.

PART 13

십성의 놀라운 선천지능

1. 자존지능 : 比肩
2. 경쟁지능 : 劫財
3. 연구지능 : 食神
4. 표현지능 : 傷官
5. 평가지능 : 偏財
6. 설계지능 : 正財
7. 행동지능 : 偏官
8. 도덕지능 : 正官
9. 사고지능 : 正印
10. 인식지능 : 偏印

필자는 과거 십성의 기질과 작용력을 재해석하는 작업을 거쳐 1차적으로 성격심리를 다각도로 분석하는 성과를 거두었다. 나아가 십성의 지식과 가치를 확장시켜 성격심리 외에도 직업적성과 직업체질적용, 선천지능 등의 연구를 활발히 진행시켜 왔다. 그중에서 특히 선천지능이론을 발표한 후 명리학계의 수많은 독자들에게 과학시대에 적용할 수 있는 십성해석의 새로운 전기를 마련하였다는 평을 들었다.

그러한 명리학의 선천지능Apriority intelligence은 하워드 가드너[173]의 다중지능Multiple Intelligences이론과 같이 각 지능이 독립적이라는 점과 환경에 의하여 다르게 개발된다는 이론과 일치한다는 점에서 출발하였다.

본장에서는 선천지능先天知能이론을 발표한 필자의 저술서 『명리직업상담론』, 『놀라운 선천지능』과 함께 『타고난 재능이 최고의 스펙이다』[174]에서 아이의 선천재능에 집중하여 제시한 내용을 재정리하여 선천지능을 설명하고자 한다.

---

173) 하워드 가드너(Howard Gardner, 1943~)는 미국의 하버드대학교 교수이자 심리학자이며 교육이론의 대가로. 다중지능이론을 제시하였다. 〈다중지능: 인간 지능의 새로운 이해〉와 〈비범성의 발견〉 그리고 〈열정과 기질〉 등의 저술서를 발표하였다.

174) 김기승(2013), 『타고난 재능이 최고의 스펙이다』, 다산글방, pp.88-145.(재정리)

김기승의 선천지능	가드너의 다중지능
비견-자존지능(Self-existence intelligence)	자기이해지능(Intrapersonal Intelligence)
겁재-경쟁지능(Competition intelligence)	신체운동지능(Bodily-Kinesthetic Intelligence)
식신-연구지능(Research intelligence)	대인관계지능(Interpersonal Intelligence)
상관-표현지능(Expression intelligence)	언어지능(Linguistic Intelligence) - '표현'
편재-평가지능(Estimation intelligence)	공간지능(Spatial Intelligence)
정재-설계지능(Design intelligence)	수학지능(Mathematical Intelligence)
편관-행동지능(Action intelligence)	자연탐구지능(Naturalist Intelligence)
정관-도덕지능(Moral Intelligence)	논리지능(Logical Intelligence)
편인-인식지능(Cognition intelligence)	실존지능(Existentialist)
정인-사고지능(Thinking intelligence)	언어지능(Linguistic Intelligence) - '쓰기'

1. 자존지능 Self-existence intelligence : 比肩

1) 자존지능自存知能의 정의

　비견의 추진력은 곧 자신감과 배짱을 의미한다. 자신감과 배짱은 자기 자신의 능력을 신뢰하고 '난 할 수 있어'라는 믿음이 바탕이 되는 것이다. 비견의 자기 몰입은 스스로 묻고 답하는 자기 성찰을 의미하며, 자기 성찰은 끊임없는 자신에 대한 관심과 자신에 대한 사랑에서 나오는 것이다.
　자존지능이 발달한 아이는 한마디로 강력한 추진력이 모든 활동에 기본적으로 작용하며, 스스로에 몰입할 수 있는 정신적·육체적 체력을 가지고 있다. 에너지의 방향은 자기 자신과 동일한 위치에서 자신을 향해 있기 때문에 항상 행동의 중심이 '나' 라는 자아를 향하게 된다. 자존지능과 경쟁지능은 에너지의 활용이 비슷하긴 하지만, 동전의 이면처럼 다른 면도 있다.

비견(比肩)	자존지능	
자기의식	자기 인격성의 절대적 가치와 존엄을 스스로 깨달아가는 것과 품위를 스스로 지켜나가고 자기를 높여 자긍심을 추구	
선천지식	독창적, 협동적, 주관적, 성실성, 반항적, 열정적, 자기결정 중시, 현재에 초점, 직선적	
사회성향	자기 내부의 집중력이 강하고 이해와 긍정하는 사안에는 적극적이며 깊이 심취하는 성향	
우수능력	주관적인 성향이 강하고 공동의식, 협동심, 경쟁심, 자존심, 질투심, 적극성의 소유로 자발적인 형태의 학습과 업무수행에 능력을 발휘	
지능명칭과 직업스타일	독립적인 현실적 해결사 **자존지능(自存知能)** (Self-existence intelligence)	운동가 스타일
지능특징	공익적 협동과 신체적 기술을 촉발하는 지능으로 독창적, 협동적, 주관적, 열정적, 직선적, 실험적으로 대표되며 집중력, 자기결정 중시, 현실성, 결과지향 등이 주요 특징	

2) 자존지능의 성격과 행동심리

고집 센 아이, 막강 체력의 아이, 말보다 주먹인 아이

내가 꼭 하고 싶은 일은 해야 하기 때문에 자존지능은 고집 센 아이로 보이게도 한다. 체력과 생각이 모두 자신으로 향해 있기 때문에 자존지능은 막강 체력의 아이가 되기 쉬우며, 성격이 급하고 내가 옳다고 강하게 믿기 때문에 말로 안 되면 곧잘 주먹이 나오기도 한다.

지칠 줄 모르고 하루 종일 뛰어노는데, 혼자도 좋고, 함께라도 좋다. 말보다 주먹이 먼저 나가서 잘 싸우기도 하지만 일단은 친구들이 많은 것을 좋아한다.

무언가를 하겠다고 마음먹으면 바로 시작해야 된다. 누가 대신 해주는 것도 싫어하고 나 자신이 해야 한다. 생각이 없어 보이지만 관심 끄는 무언가가 있으면 막강한 체력을 바탕으로 몇 시간이고 앉아서 기다려보거나 뚫어지게 바라보기도 한다. 마치 에디슨이 달걀을 품을 때 인내심도 아니고 관찰력도 아니고 오로지 병아리의 부화를 보겠다고 고집부리는 듯한 그런 모습을 연상하면 이해가 쉬울 것이다.

아이들이 보통 엄마나 어른이 어르고 달래면 사탕 하나에도 금방 넘어가는 것과는 달리 자존지능이 강한 아이는 유난히 자존심이 강해서 끝까지 자기 맘대로 하겠다고 고집을 부리기도 한다.

자존지능이 우수한 아이는 뭘 해도 자기 몸을 쓴다. 화나면 주먹이 나가고, 누굴 시키느니 차라리 마음 급한 내가 달려가고, 시켜놓고도 맘에 안 들어 내가 다시 하곤 한다. '나' 라는 자기의식이 너무 강해서 자기만 믿고 사는 것이다. 자기 생각을 주장하다 상대가 공감하지 않으면 큰소리로 윽박지르기까지 하는 성향이 있다. 적극적이고 박력이 넘친다.

그래서 운동을 좋아하게 만드는 것이 제일 좋다. 대부분 운동하는 것을 좋아하고, 분수처럼 자기 안에서 넘쳐나는 에너지를 어쩔 줄 몰라 한다. 활동적이고 생각과 동시에 몸으로 표현하니까 예술적 감각이 있다면 체력이 꼭 필요한 예술 활동도 바람직하다.

이런 성격과 기질이 적성의 재료가 되고 직업을 탐색해 볼 수 있는 근거가 되지만, 성장 환경에 따라 이런 특징이 드러나지 않는 경우도 있다. 하지만 故 정주영 회장의 '해 보기나 했어?' 처럼 뭐든 일단 해보는 아이는 자존지능이 계발되기를 기다리고 있다고 보면 된다. 꼬치꼬치 묻지도 따지지도 않고, 어찌 될까 고민도 생략하고 일단 해보고 배우고, 해보고 터득하는 용감한 녀석들이다.

3) 자존지능 200% 활용하기

자존지능은 사람이 있는 풍경을 좋아한다. 공부를 해도 누군가와 스스로 비교하면서 공부해야 성취욕구가 더 생긴다. 멋진 멘토가 되어주는 사람보다는 내가 닮고 싶은 롤 모델이 있어야 성취가 훨씬 빠르다.

코칭에서도 지시적 코칭은 절대 사절이다. 지시적 코칭보다는 지지적 코칭이 더 알맞아서, 뭔가를 시킬 때에도 맘껏 칭찬하고, 잘하는 것에 대하여 한 번이라도 더 말해 주고 자존감을 담뿍 올려줘야 마음이 움직인다.

자존지능에 있어서는 사람이 중요하다. 친구가 함께 해주는 것, 엄마가 응원해 주는 것, 무엇을 하든 옆에 누군가가 있어야 더 신이 난다. 사람 때문에 질투하고 경쟁하고 이기려고 애쓰는 것도 모두 자존지능이 가진 기질이다.

4) 자존지능의 직업능력

자존지능의 이런 성격은 운동가 스타일이다. 그래서 막강한 육체적·정신적 체력을 바탕으로 직접 내가 움직여 에너지 넘치게 활동하는 분야를 선호한다. 직접 몸을 움직여 활동하며 사람을 관리하는 업무가 적합하고 능동적, 적극적으로 사람들과 협동하며 일을 해나간다.

직업은 직업스타일이 다른 지능들과 어떻게 조화를 이루었는가를 더 자세히 살펴서 결정해야 하는 것이긴 하지만, 대략적으로 설명하자면 운동가 스타일은 신체능력을 활용하는 운동선수와 모델, 그리고 막강한 체력을 바탕으로 활동하는 사업가, 연구가, 학자, 정치가 등 모든 활동가들의 기본 바탕이 되는 자기몰입 에너지를 가지고 있다. 즉, 자존지능과 경쟁지능은 모든 지능들이 열정적으로 움직이게 만드는 에너지원과 같은 역할을 한다.

2. 경쟁지능Competition intelligence : 劫財

1) 경쟁지능競爭知能의 정의

겁재의 경쟁은 의식이 강력하게 타인을 향한다. 타인을 향한 의식은 곧 자기 자신을 돌아보게 만들고 장점과 단점을 발견하게 한다. 겁재의 모험은 새로운 세계에 대한 동경을 말한다. 새로운 세계는 나 자신을 모두 걸지 않으면 결코 들어갈 수 없기 때문에, 경쟁지능은 담백한 면도 있으며, 결코 쓰러지지 않는다.

경쟁지능이 발달한 아이는 지는 것을 매우 싫어한다. 타인을 의식하는 바탕 위에 에너지의 흐름이 자기 자신을 향해 있기 때문에 강력한 목표 의식이 강하게 자리 잡고 있는 것이다. 자존지능과 유사하지만 몰입의 순간에도 결코 경계를 늦추지 않는다. 경쟁지능은 자존지능과 비슷하면서도 다르기도 하다.

겁재(劫財)	경쟁지능	
자기의식	둘 이상의 관계에서 재물, 명예, 성적, 대상 등 같은 목적에 대하여 이기거나 앞서기 위해 서로 겨루는 것으로 강력한 목표의식을 의미	
선천지식	주관적, 직선적, 비약적, 체험과 경험, 모험적, 현재에 초점, 의지적, 자기결정 중시	
사회성향	자기 내부의 집중이 강하고 현재에 초점을 맞추어 주어진 책임을 확실하게 수행하는 형	
우수능력	독립적인 성향이 강하고 투철한 경쟁력, 자존심, 질투심, 적극성의 소유자로 실천적이며 책임을 감수하는 독자적 학습과 업무에 능력 발휘	
지능명칭과 직업스타일	신체적 기술과 적극성 **경쟁지능(競爭知能)** (Competition intelligence)	모험가 스타일
지능특징	경쟁과 모험의 독창적 자기 기술력 실험 지능으로 주관적, 직선적, 의지적, 자기결정 중시, 몰입능력으로 대표되며 경쟁능력, 실험적, 체험과 경험, 결론지향 등이 주요 특징	

2) 경쟁지능의 성격과 행동심리

지고는 못 사는 아이, 모험을 즐기는 아이, 몸으로 세상을 배우는 아이

사람들과 함께 한쪽을 바라보는 것이 자존지능이라면, 사람들과 마주보고 있는 것이 경쟁지능이다. 감성적으로 접근해 봐도 경쟁지능은 지고는 못 사는 아이가 될 수밖에 없다. 나의 과감한 모습을 보여서 상대방을 한 번에 눌러야 하기에 경쟁지능은 모험을 택한다. 그래서 항상 보이지 않는 생각과 마음으로 세상을 배우기보다는 직접 움직여서 세상을 배우게 된다.

경쟁심이 심한 반면 의외로 결과에는 깨끗이 승복하기도 한다. 막강 체력을 바탕으로 운동도 즐기지만 운동도 겨루어 승부를 가리는 운동만을 좋아하고, 매사 위험을 감수하는 성향이 강하다. 그래서 수단과 방법을 안 가

리고 어떤 일이든 끝장을 내려 하기 때문에 도무지 말릴 수도 없고, 강하다 못해 끈질기기까지 하다.

경쟁지능이 발달하면 공통적으로 치열한 본성을 지니고 있어 목에 칼이 들어와도 굽히지 않는다. 주변에서 아무리 욕해도 자기 갈 길을 가는 것이다. 경쟁지능에게 있어 가장 하기 어려운 말이 '미안하다' 라는 사과의 말이다.

하지만 경쟁지능이 이상하리만큼 다소곳할 때도 있다. 그때는 자신이 뭔가 아쉽거나 부탁할 때이다. 다들 이상하게 여기지만 갖은 방법을 다 동원해서 목적을 달성하고야 말기 때문에 경쟁지능은 이길 수밖에 없다. 경쟁지능은 항상 번쩍번쩍 카리스마가 100%이다.

3) 경쟁지능 200% 활용하기

경쟁지능은 자기 자신과도 경쟁한다. 그래서 한 가지 목표를 정하면 반드시 이루어내고야 만다. 학습에 있어서도 될 때까지 하니 안 될 수가 없다. 운동 역시 될 때까지 하고, 자격시험도 될 때까지 한다. 왜냐하면 내가 정한 목표이기도 하고 반드시 이겨야 할 상대가 있기 때문이기도 하다.

경쟁지능은 꼭 사람 때문에 움직이는 것은 아니다. 그 사람이 가지고 있는 것 중에서 내가 욕심나는 것이 있을 때에는 헐크처럼 한 개의 목적만 생각하면서 다른 사람이 되어버린다. 에너지 폭발적이어서 시행착오도 많으며, 그 시행착오가 모험적으로 보이는 것이다.

4) 경쟁지능의 직업능력

경쟁지능의 폭발적인 에너지는 모험가 스타일이다. 자존지능과 거의 유사하여 모든 활동가들의 기본 바탕이 되는 자기몰입 에너지가 되고, 모든 지능들이 열정적으로 움직이게 만드는 에너지원과 같은 역할을 한다.

자존지능과 거의 유사하여 스스로 움직이는 활동과 사람들 사이에서 활동하는 것을 선호하지만 더 열정적이고, 될 때까지 하다가 안 되면 포기도 깔끔하게 해버리는 독한 면이 있는 점이 다르다.

3. 연구지능 Study intelligence : 食神

1) 연구지능研究知能의 정의

식신의 사교성은 다른 사람 마음을 잘 헤아려주는 마음이다. 식신의 마음 헤아리기는 공감에서 나오는 마음이고 이것은 자연스럽게 우러나오는 사람에 대한 관심이다. 노하우는 오래도록 내가 좋아서 일을 해야 쌓이는 것이다. 내가 좋아서 하는 일은 지금 당장 이익이 있건 없건 관계없이 그냥 재미있는 일이고 끝까지 해도 질리지 않는 일이다.

연구지능이 발달한 아이는 에너지의 흐름이 항상 외부로 향해 있어서, 내가 좋아서 어떤 일을 하고, 내가 좋아서 베풀고, 내가 좋은 것을 말로 표현한다. 그래서 일을 스스로 만들고, 사람들을 찾아가서 만나고, 글보다는 누군가와 마주보고 이야기하면서 내가 사람들과 함께 뭔가를 한다는 것에 기쁨을 느낀다. 연구지능과 표현지능은 자기 몰입 에너지와 나 자신에게서 곧장 나온 에너지이므로 나 자신의 직접적인 연구 성과이고 표현인 것이다.

식신(食神)	연구지능	
자기의식	순수하고 활동적이며 어떤 일이나 사물에 대하여 깊이 있게 조사하고 생각하여 진리를 탐구해나가는 외향성의 이면에 내향을 소유함	
선천지식	사교적, 융통적, 이해력, 진실에 관점, 노하우, 기술력, 이행능력, 협조적, 감성적	
사회성향	타인에 대한 배려와 주어진 프로그램을 수행하는 연구능력과 창의적인 사고와 생산능력이 우수한 형	
우수능력	이해와 친화력이 강하고 희생정신, 창조력, 연구력, 창의성, 양보심, 교합성이 우수한 소유자로 대인관계와 설득력이 우수	
지능명칭과 직업스타일	생산적 연구와 기술 노하우 **연구지능(硏究知能)** (Study intelligence)	연구가 스타일
지능특징	대인관계와 연구의 전문기술을 활용하는 지능으로 이타적, 감성적, 이해력, 유동적, 협조적, 기술력으로 대표되며 노하우, 이행능력, 진실에 관점, 미래지향 등이 주요 특징	

2) 연구지능의 성격과 행동심리

하루 종일 바스락대는 아이, 잘 때까지 말 시키는 아이, 친구 없이 못 사는 아이

연구하느라 하루 종일 무언가를 만들고, 놀고, 느끼다 보니 하루 종일 바스락거릴 수밖에 없다. 생각한 것을 말로 해야 정리도 되고 연구도 되니까 항상 말을 하지만 마음이 순수하기 때문에 남에게 상처를 주지는 않는다. 친구도 자연스럽게 연구심을 가지고 만나기 때문에 친구들에게 관심도 많고 친구 없이는 하루도 못살 것만 같은 아이는 연구지능이 발달한 아이이다.

연구지능을 타고난 사람은 어딜 가든 먹을 일도 많고 먹을 것도 풍요롭고, 사람들도 풍요롭고 이야깃거리도 풍요롭다. 참 재미있게 사는 것처럼 보인다. 연구지능이 발달한 아이는 처음 본 사람과도 조금만 이야기를 나누면 금세 친해져서 원래부터 알던 사람인 것처럼 되어버린다. 일을 할 때도 그 일과 금방 친해진다. 그리고 사람이든 일이든 오래 지속되는 경우가 많다.

무슨 일이든 오래하면 전문가가 되게 되는데, 연구지능이 우수한 사람은 한 분야에서 오래도록 일하는 스타일이기 때문에 그 분야의 연구가나 전문가가 많다. 또한 전문적인 노하우도 많고 누구보다 자기 분야의 전문지식이 뛰어나다.

항상 무언가를 해야 직성이 풀리는 성미여서 물건이든 음식이든 돈이든 만들어내는 데는 특별한 재주가 있다. 그러다 보니 남들에게 베풀기도 잘한다. 봉사활동에 선두로 나서는 사람들 중에는 유난히 연구지능이 발달한 사람이 많다.

연구지능이 발달한 사람은 항상 '만지작만지작', '바스락바스락', '호호깔깔' 같은 기분 좋은 소리를 낸다.

3) 연구지능 200% 활용하기

연구지능이 무언가를 하고 있을 때는 건드리지 않는 것이 좋다. 에디슨은 달걀 하나 가지고도 그렇게 오래오래 갖고 놀았다. 연구지능이 발달된 아이가 무언가를 할 때는 바스락대던 꼼지락대던 위험해 보일 때 말고는 건드리지 말아야 한다. 왜냐하면 자기가 하면서 스스로 배우는 것이 더욱 많기 때문이다. 만들거나 관찰하거나 하면서 자기만의 노하우가 쌓여가는 것이다.

연구지능이 발달된 아이는 바른 자세로 공부하면 아무것도 배우지 못한다. 받아쓰기도 진짜처럼 불러주면서 공부해야 좋아하고, 친구와 경쟁하기는 싫어하지만 함께 공부하는 것은 매우 좋아한다. 배운 것을 말로 해보고, 친구나 동생에게 가르쳐주면서 자기 스스로가 더 배우게 된다. 사람이 있는 풍경을 좋아하는 것이 아니라, 그 사람이랑 놀거나 말할 수 있어서 좋다고 느끼는 것이 바로 연구지능이다.

4) 연구지능의 직업능력

연구지능은 연구가 스타일이다. 그래서 항상 무언가를 연구하고 있다. 사업가는 뭘 해서 돈을 벌까를 연구하고, 멋진 강사는 앞에 앉아 있는 사람에게 어떻게 강의를 해야 재미있을지를 연구한다. 또한 한 가지 음식으로 최고가 되는 음식점 주인은 연구지능인 경우가 많다. 어떤 음식을 만들어야 손님들이 맛있어 할까 고민하고 오래 연구하다 보니 자연스럽게 그렇게 되는 것이다.

연구지능은 표현지능과 에너지의 활용이 같지만, 표출되는 방법은 매우 다르다. 연구지능은 굵은 파이프로 나의 노력과 노하우를 뿜어내지만, 표현지능은 마치 불꽃놀이처럼 나의 아이디어를 화려하게 온 세상에 수놓는다.

오랜 시간과 노하우가 필요한 직업, 내가 직접 체험하고 경험해서 알게 된 지식 그리고 사람과 함께 즐거운 풍경이 연구지능이 직업 활동에서 보여줄 수 있는 대표적인 모습이다.

4. 표현지능 Expression intelligence : 傷官

1) 표현지능表現知能의 정의

상관의 창의력은 새로운 세상을 펼치고 싶은 흥미진진한 호기심이다. 호기심은 나를 세상과 모두 연결시키고 싶은 마음의 분출이고, 사람에 대한 관심이 중심에 있다. 상관의 비판은 사물을 입체적으로 볼 수 있는 자유로운 생각에서 나온다. 입체적인 시야는 노력으로 되는 것이 아니라, 타고난 마음의 시력이 순간적으로 세상을 360도로 돌려볼 수 있는 천성에서 나오는 것이다.

상관(傷官)	표현지능	
자기의식	생각이나 느낌 등을 언어나 몸짓의 형상으로 드러내어 나타내는 것과 시각적으로 보이는 사물의 여러 모양과 형태	
선천지식	표현력, 미감적, 감정적, 묘사에 능함, 직설적, 독창적, 응용력, 변화에 관점, 과정중시	
사회성향	사교성, 감각성, 감수성, 외교력, 언어구사, 모방, 발상, 변화에 우수한 소유자로 예술과 정신적 성향이 강함	
우수능력	임기응변과 언어 표현능력이 탁월하게 갖추고 있으며 직설적이고 비판적인 동시 감수성이 예민하고 미적 감각이 뛰어남	
지능명칭과 직업스타일	탁월한 설득력과 비판적사고 **표현지능(表現知能)** (Expression intelligence)	발명가 스타일
지능특징	창의성과 모방 및 설득과 비판의 언어표현 지능으로 표현능력, 감각적, 묘사에 능함, 예술성, 직설적으로 대표되며 독창적, 응용력 우수, 변화에 초점, 미적중시 등이 주요 특징	

표현지능이 발달한 아이는 내가 가지고 있는 것들을 모두 쏟아 부어서라도 나를 표현하고 싶어한다. 내 기운을 다 쓴 다음에야 시원한 기분을 느낀다. 에너지의 초점이 항상 외부로 향해 있고 사람과 사물과 모든 것들이 나를 향해 속삭이는 것 같아서 표현지능은 항상 시선이 동시에 100군데를 향해 있다. 그렇기에 표현지능은 창의적인 동시에, 모든 것이 한꺼번에 보이니 비판 또한 가능하게 되는 것이다.

2) 표현지능의 성격과 행동심리
말대꾸 잘하는 아이, 변덕이 죽 끓는 아이, 시샘이 장난 아닌 아이

말대꾸도 언어를 만들어내는 창의력이 있어야 할 수 있다. 그때그때 할 말이 쏙쏙 튀어나오는 것도 대단한 재주인 것이다. 그래서 표현지능이 발달한 아이는 말대꾸를 잘 해서 종종 혼이 나기도 한다. 1초 안에 5만 가지도 넘는 생각이 번쩍번쩍 떠오르니 이랬다저랬다 할 수밖에 없다. 말하는 동시에 더 좋은 생각이 떠오르기 때문이다. 또한 멋쟁이들은 무조건 표현지능이 발달했다고 보면 된다. 주렁주렁 달고 다니는 것도 많아서 한눈에 알아볼 수 있다.

표현지능이 발달한 아이는 센스쟁이에 멋쟁이를 넘어 별나 보이기까지 한다. 어른으로 치자면 단지 스카프 하나, 목걸이 하나도 멋들어지게 차려입는 사람이다. 호기심이 왕성하여 여기 저기 다니면서 듣는 것도 많고, 물어보는 것도 많고, 궁금한 것도 많아 얕고 넓은 지식이 풍부하다. 가끔은 모르는 것도 아는 척하는 것이 문제이기도 하다.

무언가 하나를 배우면 아주 잘 활용하는 응용의 귀재라고 할 수 있다. 그래서 뭐가 대단한 걸 새로 발명하지는 않아도 변화를 주도해 간다. 과자를

만들어도 색다른 모양으로, 노래를 불러도 그 움직임이 예사롭지 않다. 조금이라도 달라야 직성이 풀린다.

표현지능이 발달한 아이는 크면 꼭 자기를 자유인이라고 불러달라고 한다. 정해진 걸 무척이나 싫어해서 단체 활동을 시키면 하기 싫어서 죽은 척까지도 한다. 하지만 말 잘하고 톡톡 튀는 모습으로 미움을 사지 않는다. 내일은 어떤 모습을 하고 나타날지 보는 것만으로도 인생이 지루하지 않기 때문이다.

3) 표현지능 200% 활용하기

표현지능은 까다로워 보이는 이면에 무척이나 단순한 면이 있다. 표현할 수 있는 기회를 많이 만들어 주기만 하면 된다. 연구지능이 자신을 표현하는 방법을 한 가지에서 끝까지 오래오래 찾는 반면에 표현지능은 동시다발적으로 찾아낸다.

나를 말로 표현하기, 나를 패션으로 표현하기, 나를 그림과 춤으로 표현하기 등 이렇게 나를 표현할 수 있는 기회 자체가 표현지능을 움직이게 된다.

말을 하는 것이 좋은 것이 아니라, 나를 말로 사람들에게 표현할 수 있으니 좋은 것이다. 패션으로 나를 표현하고 세상을 활보할 수 있으니 너무 좋고, 그림과 춤으로도 나를 보여주는 그 순간이 너무 행복한 것이 바로 표현지능이다. 무언가를 바라는 것이 아니라 그 자체가 행복이다.

4) 표현지능의 직업능력

표현지능은 발명가 스타일이다. 물건을 만들어내는 것만 발명이 아니라, 새로운 개념의 시작이 모두 발명이다. 감각적인 단어들의 새로운 조합, 눈이 시원해지는 비주얼도 모두 발명인 것이다.

표현지능이 주는 직업적 요소는 사람들과 함께 하되 나의 기질들이 그들에게 파고들어 나와 같은 감성을 공감하게 하는 데 있다. 그것은 곧 감성의 발명이다. 새로운 사업기획을 프레젠테이션하고, 신제품을 정말로 갖고 싶게 홍보하고, 멋진 패션과 예술적 감각으로 사람들에게 볼거리를 멋지게 제공할 수 있는 모든 활동이 표현지능이 주는 직업적 요소인 것이다.

연구지능과 표현지능은 같은 위치에서 나를 발산하는 에너지로 활용되지만 연구지능이 한 개의 파이프로 자신을 뿜어낸다면, 표현지능은 여러 개의 파이프로 혹은 사방으로 그것도 모두 다른 색으로 튀어나가게 하는 방식으로 에너지를 발산한다.

5. 평가지능 Estimation intelligence : 偏財

1) 평가지능 評價知能의 정의

편재의 가치평가는 그 사람이 살고 있는 사회에서 무엇이 인정받는지를 확실하게 안다는 것을 의미한다. 확실하게 알기 때문에 순간순간 가치 환산이 가능하다. 편재의 결과지향은 가치 있는 것을 지금 내가 만족할만한 것으로 바꾸고 싶다는 욕망을 말한다. 만족과 욕망은 사람을 빨리 움직이게 하는 원동력이 된다.

평가지능이 발달된 아이는 기본적으로 지금 당장 쓸모 있고 이득이 나는 것에 대하여 관심이 많다. 그래서 욕심을 부리는 것으로 보일 때가 많지만, 그렇게 생각할 것이 아니라, 내가 쓸모 있는 일을 했다는 것에 대하여 대단히 성취감을 느끼기 때문에 그렇다고 이해하면 된다. 에너지의 흐름이 내가 도달하기에 힘이 드는 먼 거리에 위치한다. '나'와 같은 자리인 자존지능과 경쟁지능과도 상대적으로 거리가 존재한다. 나도 함께 가치 있는 존재가 되어야 한다는 부담과 함께 주어지는 지능이므로 자기 노력도 많이 필요하고 그만큼 성취감도 최고인 지능이다. 멀기 때문에 그만큼 빨리 가기 위한 스피드도 굉장하다.

편재(偏財)	평가지능	
자기의식	사물의 가치나 수준 따위를 잘 판단하고 사람의 능력, 재능, 실적, 업적 등의 정도에 대한 가치판단이 빠름	
선천지식	수리력, 통제력, 가치판단력, 결과에 초점, 유동적, 기회포착에 능함, 활동적, 외향적 에너지의 흐름	
사회성향	평가능력, 방향감각, 통제력, 계산력, 응용력, 가치 환산능력 우수한 소유자로 탐재와 유동적 성향이 강함	
우수능력	사물의 가치평가에 대한 판단이 빠르고 수리계산 능력이 좋으며 활동적인 동시에 변화와 개혁 및 기회포착과 적응력이 우수	
지능명칭과 직업스타일	공간 지각력과 신속한 가치판단력 평가지능(評價知能) (Estimation intelligence)	사업가 스타일
지능특징	사물의 가치를 평가하고 결과를 내는 지능으로 수리능력, 가치판단력, 유동적, 활동적, 공간지각으로 대표되며 선과 색채구분, 순간포착, 자율성, 결과중시 등이 주요 특징	

2) 평가지능의 성격과 행동심리
무언가를 줘야 말 잘 듣는 아이, 욕심이 끝이 없는 아이, 점수 매기는 아이

무언가를 준다는 것은 준 만큼의 값어치가 있는 일이다. 그래서 평가지능이 발달된 아이는 무언가를 주어야 말을 더 잘 듣는다. 평가지능은 항상 자신이 성취해야 하는 목표가 너무 크기 때문에, 지금 내가 성취해 놓은 것이 너무 적어 보여서 항상 반성을 한다. 그것이 남들 눈에는 욕심이 끝이 없는 아이로만 보이기도 한다. 또한 평가지능은 나만이 아니라 나와 함께하는 모든 사람들도 가치 있기를 원한다. 그래서 항상 엄마의 외출복과 아빠의 직업과 월급에 관심이 많다.

평가지능이 발달한 아이들은 머릿속에 계산기가 옵션으로 깔려 있다. 나도 가족도 사람들이 하는 행동도 인간관계도 모두 계산한다. 웃어도 어떻게 하면 멋지게 보일지를 속으로 계산할 정도다. 그래서 실제로 수학을 잘한다. 또한 순간포착을 정말로 잘하는 것이 평가지능이다. 0.001초 안에라도 쓸 만한 말이 들리면 절대 놓치지 않는다. 그래서 반응도 빠르고, 행동 또한 빠르다. 평가지능은 분위기도 잘 띄우고 일하는 것도 일등, 노는 것도 일등이다. 사방을 순식간에 가치평가하다 보니 표현지능이 가진 사방으로의 호기심과는 달리 한순간에 사방을 사진 찍듯 인식해 버린다. 그래서 평가지능이 발달한 아이는 공간지능이 매우 우수하다.

선천적으로 평가지능이 발달한 아이들은 뭘 해도 꼬치꼬치 다 따지고 든다. 이거하면 뭐가 생기는데? 뭐가 좋은데? 늘 이런 식이다. 그러므로 평가지능이 발달한 아이를 가진 부모는 세상에는 생기는 것이 없어도 가치 있는 일을 할 때도 있어야 한다는 걸 알려 주어야 할 필요가 있다.

3) 평가지능 200% 활용하기

평가지능이 움직이는 이유는 내가 한 일이 현재 그럴 듯한 일이기 때문이다. 평가지능은 아무리 힘들고 어려워도 사람들이 박수를 쳐주면 움직인다. 내가 가치 있다는 것을 내가 한 일로써 보여줄 수 있는 것이 너무 기쁘기 때문이다.

평가지능은 마치 스토리텔링 하듯이 일을 전개해 나간다. 이렇게 하면 이런 일이, 저렇게 하면 저런 일이라는 경영자의 마인드로 모든 것을 바라본다. 그래서 모든 경우의 수를 파악하고 있기 때문에 어떤 순간에도 이익이 나는 방향을 포착해낸다.

4) 평가지능의 직업능력

평가지능은 사업가 스타일이다. 그래서 세상에 모든 값나가는 것들에 대하여 관심이 많고 돈 버는 데도 관심이 많다. 하지만 지금 당장 얼마를 버느냐보다는 어떻게 벌고 어떻게 쓸 것인가 양쪽 모두에 관심이 많다. 같은 위치에서 같은 방법으로 에너지를 확보하지만 평가지능은 경영이고 설계지능은 경제이다. 평가지능과 설계지능은 같은 위치에 있지만 세상의 가치를 평가하는 잣대가 조금 다르다.

사업가의 사업구상 능력도 평가지능이다. 수많은 학자들이 만들어내는 이론들을 성형수술해서 세상 사람들이 진짜로 쓸 수 있게 쉽게 다시 만들어주는 것도 평가지능이 하는 일이다. 그래서 사업 컨설턴트들은 평가지능이 있어야 제대로 컨설팅을 할 수 있다.

6. 설계지능 Design intelligence : 正財

1) 설계지능設計知能의 정의

정재의 치밀함은 중요한 것에 대한 확인이다. 중요한 것은 가치 있는 것이고 작은 것에도 감사하고 의미를 주는 아름다운 마음이다. 정재의 현실적 결과지향은 가치 있는 것을 지금 내 옆에 있는 사람들을 위해 빨리 모으고 싶다는 소망을 의미한다. 현실적인 가치는 돈으로 환산하는 것이 제일 쉽기 때문이다.

정재(正財)	설계지능	
자기의식	어떠한 목적을 세우고 그 목적에 따라 앞으로 할 일의 절차, 방법, 규모 등을 실제적이고 현실적으로 잘 명시함	
선천지식	계산력, 논리적 가치판단력, 구성력, 치밀함, 섬세함, 현실적 가치판단, 실리적, 외적에너지의 내향적 활용	
사회성향	공간능력, 검소성, 계획성, 논리력, 구성력, 계산력, 섬세성 우수한 소유자로 노력과 실리적 성향이 강함	
우수능력	실리적이고 논리적이며 장점과 작은 공간과 작은 수치까지 섬세하게 활용하는 능력을 갖추고 있는 동시 계획성 및 설계능력이 우수	
지능명칭과 직업스타일	치밀한 계산력과 분석력 **설계지능(設計知能)** (Design intelligence)	설계가 스타일
지능특징	치밀하게 계산된 업무를 설계하고 수행하는 지능으로 논리적, 계산력, 현실적, 치밀함, 설계능력, 실리적으로 대표되며 가치판단, 구성력, 에너지 축적, 장기적 결과중시 등이 주요 특징	

설계지능이 발달된 아이는 경제개념이 뚜렷하다. 그래서 작은 돈도 절대

함부로 하지 않고 소중히 생각한다. 치밀하고 꼼꼼하고 현실적으로 존재하는 모든 가치에 대하여 관심이 많다. 에너지의 활용이 나에게서 멀리 존재하므로 노력이 많이 필요하지만 그 노력도 주어지는 보상이 따른다면 그리 힘들지 않다고 생각한다. 통 큰 평가지능과 비슷해 보이지만, 지금 손해를 보더라도 나중을 기약하는 배팅보다는 안전한 적금을 더 선호하는 것이 설계지능이다.

2) 설계지능의 성격과 행동심리
작은 것까지 깐깐한 아이, 숫자에 예민한 아이, 관찰을 잘하는 아이

머릿속에 현미경이 달려 있어서 작은 것까지 여간 깐깐한 것이 아니다. 설계지능은 작은 것도 중요하게 생각하기 때문에 모든 것이 다 보이고 따지게 되는 것이다. 사물의 가치를 따지다 보니 계산하게 되고 계산결과를 가장 확실히 보여줄 수 있는 숫자에 관심이 많다.

그래서 세뱃돈으로 친구들 점수를 매기기도 하고, 커서는 은행이율과 통장잔고에 관심을 갖게 된다. 관찰을 잘 한다는 것은 예술적인 감각이 아닌 자연현상에 대한 있는 그대로의 수용을 의미한다. 그래서 현실적인 감각이 뛰어나고, 예를 들면, 적금처럼 현실에서 가장 안전하게 살려는 노력을 많이 한다.

설계지능은 한마디로 레이저와 같이 정확하고 치밀하다. 나에게 주어진 바로 지금의 일에 철저하고 충실하다. 그래서 가끔은 넓은 마음으로 주변도 보게 만들어주어야 한다. 항상 자로 재며 사는 듯 정확하고 꼼꼼하다. 그래서 뭐든 확실해야 흐리멍덩하면 굉장히 싫어한다.

설계지능이 발달한 아이들은 불필요한 행동이나 말을 잘하지 않는다. 모

든 게 정확하게 제자리에 있어야 하며 절제하고 정제해야 된다고 생각한다. '개미와 베짱이' 이야기에 나오는 개미 같기도 하다. 밤에 몰래 돼지저금통이든 통장이든 펼쳐놓고 혼자며 행복해하기도 한다.

장사꾼은 '십 원을 보고 천 리를 간다'라고 했는데 아마도 설계지능이 발달한 사람이 한 말이 아닐까 싶다. 가장 현실적이지만 역으로 미래를 가장 현실적으로 잘 준비하고 있다고도 볼 수 있다. 뭘 맡겨도 안심이 되는 사람, 재미는 없지만 신뢰감을 주는 사람이 바로 설계지능을 갖춘 사람들의 천성이다. 조용한 가운데 오늘도 자기 몫을 성실하게 해내고 있는 사람이 설계지능의 모습이다.

3) 설계지능 200% 활용하기

설계지능은 긴 설명이 필요 없다. 크건 작건 내 저금통과 내 통장에 뭔가가 쌓일 수 있으면 무엇이든 한다. 조금 더 확대해석하면 나를 포함한 사람들에게 이익이 가는 일에 관심이 많다. 안 쓰고 아껴 쓰는 것도 이익이란 걸 본능적으로 알고 있다. 그래서 도덕지능은 아니지만 항상 도덕적이고 모범생이란 생각이 들게 행동한다. 바른생활 책에 나올 것만 같은 모습이 설계지능이기도 하다.

설계는 계획이기도 하다. 꼼꼼하고 세밀하게 작성된 다이어리를 가지고 열심히 살아가는 것이 설계지능의 모습이다. 과감한 모습은 보기 어렵지만 지금 여기에서 내가 할 수 있는 최선을 선택하는 것이 설계지능이 가진 가장 큰 장점이다.

4) 설계지능의 직업능력

설계지능은 설계가 스타일이다. 작은 숫자까지 놓치지 않는 경제학자, 회계사, 꼼꼼하게 이율을 따져서 자금이든 돈이든 관리하는 금융계 사람들, 작은 실수도 용납하지 않는 엄청나게 세밀한 작업을 해내는 설계사 등. 자, 눈금, 숫자 등과 관계있는 직업이 모두 설계가 스타일의 설계지능이 아주 잘 해내고 흥미 있어 하는 분야이다. 설계지능은 평가지능과 동일한 위치에서 나에게 만족스런 결과를 주려 노력하는 지능이지만 이렇게 경영과 경제, 스토리와 책자처럼 경제와 책자에 해당되는 스타일이 설계가 스타일이다.

7. 행동지능 Action intelligence : 偏官

1) 행동지능行動知能의 정의

편관의 과감한 점은 나를 던지는 희생정신이 있어야 가능하다. 나를 던진다는 것은 포기가 아니라 모두를 위한 강렬한 소망이 있는 마음에서 나오는 것이다. 편관의 결정력과 실행력은 신속한 판단에서 나온다. 신속히 판단할 수 있는 이유는 가치판단보다는 나와 모두를 위해 최선이 무엇인지 빨리 알아볼 수 있기 때문이다. 행동지능이 발달한 아이는 행동이 무척이나 빨라 보인다. 빨리 결정해버리니 그 다음 행동도 빠를 수밖에 없다. 상황 속에 들어가면 금세 내가 뭘 해야 하는지 내게 그 상황이 명령을 내리는 것과도 같다. 그런 강력한 확신이 있어서인지 일단 마음먹은 대로 뭐든 밀고 나가고, 명령하고 나도 그렇게 열심히 발로 뛰는 것이 바로 행동지능이다. 행동지능과 도덕지능은 내가 먼저 시범을 보이니까 남도 동참하라고 당당히 말할 수 있는 실천력을 갖고 있다. 에너지의 흐름은 나와 모두를 가장 멋진 틀로 찍어내고자 하는 수동적 방향이다.

편관(偏官)	행동지능	
자기의식	현대 심리학의 연구대상인 인간생활의 육체적·정신적·사회적 영역에서의 명시적 또는 잠재적 활동능력	
선천지식	행동력, 개혁적, 신속한 결정력, 이상에 관점, 내적 에너지의 외향적 활용, 결과중시	
사회성향	기억력, 도전력, 행동력, 결단력, 수행력, 분별력, 신속성, 인내력 우수한 소유자로 결단과 행동적 성향이 강함	
우수능력	충성심과 책임감이 강하며 스피드한 판단과 화끈한 결정력을 갖추었으며 이론보다는 행동적이고 개혁과 도전정신이 우수	
지능명칭과 직업스타일	결단하고 판단하는 카리스마 **행동지능(行動知能)** (Action intelligence)	정치가 스타일
지능특징	과감하게 판단하고 결정하여 실행하는 지능으로 신속한 결정, 기억력, 판단력, 결과중시, 관리능력으로 대표되며 이상에 관점, 조직구성, 에너지의 현실적 활용 등이 주요 특징	

2) 행동지능의 성격과 행동심리

어딜 가나 명령하는 아이, 말보다 행동하는 아이, 죽어도 할 건 하는 아이

나와 모두를 항상 생각하고 책임까지 지려 하니 어딜 가나 명령하고 지시를 한다. 전체를 관리하고 통제하고 그게 모두 자기의 책임으로 보이는 아이이기 때문이다. 말은 내 생각을 말할 뿐 현실을 바꾸지는 못한다고 생

각하기 때문에, 행동으로 말하느라 재빠르게 움직이는 것이다. 책임의식은 다른 사람이 전혀 모를 만큼 커서 죽인다고 해도 할 것은 해야 하는 아이는 행동지능이 발달한 아이이다.

'그래! 결심했어!' 행동지능이 발달한 아이는 조용히 생각하다 갑자기 벌떡 일어나서 뭔가에 도전한다. 남들이 생각할 때도 행동하고 남들이 말할 때도 행동한다. 말만 앞세우거나 생각만 하고 있는 사람을 싫어한다. 한마디로 카리스마 있는 리더이다.

행동지능이 뛰어난 아이는 의리를 중요하게 여긴다. 한번 믿으면 영원히 믿어준다. 하지만 나쁜 놈(?)은 자면서도 잊지 않는다. 내가 대장이면 부하를 끝까지 책임지고, 반대의 경우면 대장에게 끝까지 충성하는 멋진 모습을 가지고 있다.

선천적으로 행동지능을 타고난 아이는 시험 볼 때 제일 빨리 나온다. 오래 째려본다고 문제지에서 답이 '저요, 저요!' 하고 알려주는 것도 아닐 바에야 순식간에 아는 대로 답을 적어낸다. 행동지능이 발달한 아이는 변명을 하지 않으며, 결과로 모든 걸 말하고 싶어 한다. 변명할 바에야 차라리 그 시간에 작전을 짜고 새로운 도전을 준비하거나 깨끗하게 포기해 버린다.

행동지능이 지나치게 발달한 아이는 아무것도 안 하고 있는 시간을 몹시 힘들어한다. 그러므로 할 일을 주어 자신감을 갖게 도와주어야 한다. '고독한 승자'를 자청하지만 자신의 마음을 알아줄 사람을 간절히 기다리는 사람이기도 한다.

3) 행동지능 200% 활용하기

난세의 영웅들은 대부분 행동지능이 만들어낸 작품이다. 그러나 평상시에는 항상 모두를 생각하며, 정해진 틀을 유지하는 것이 중요하다고 생각하니 사람들을 잘 관리한다.

사람들을 관리하려면 적절한 통제도 필요하고, 조직이 질서 있게 움직일 수 있는 시스템도 만들어야 한다. 행동지능은 이렇게 나서서 책임지고 이끌고 관리하는 능력이 뛰어나다. 태어나면서부터 명령받고 명령하는 것에 능숙한 체질로 태어났기 때문이다. 행동지능은 내 것을 다 내놓고 처음부터 죽어도 좋다는 생각으로 무엇이든 희생적으로 시작하니까 오히려 사람들이 더 따르고 믿게 된다. 그래서 대장이든 사장이든 무조건 충성하고, 자기도 대장이 되면 모두 충성스럽게 따르기를 바란다.

사람들과 함께 있어서 즐거운 아이가 자존지능과 경쟁지능이라면, 사람들에게 내 이야기를 들려주고 나도 들어줘서 즐거운 아이는 연구지능과 표현지능이다. 그리고 사람들에게 내가 얼마나 소중한지를 인정받고 싶은 아이가 평가지능과 설계지능이라면 행동지능과 도덕지능은 그런 사람들이 영원히 존재하기를 바라기 때문에 관리하고 잘 보살피는 것이다.

4) 행동지능의 직업능력

행동지능은 정치가 스타일이다. 그래서 항상 나서고 책임을 지려 한다. 말이 많은 스타일은 아니지만 행동이 워낙 빠르고, 결정도 빠르고 목소리도 커서 무언가 할 말이 많은 사람처럼 보이지만 결코 말만 앞세우지 않는 실천가이다.

팔아버릴 수 있는 물건을 잘 만드는 것도 아니고, 서비스를 잘해 주는 능력을 갖고 있는 것도 아니지만 행동지능은 사람들이 마음 편히 자기 일을 할 수 있게 안전한 보호망이 되어준다. 잘 지켜주고 변하지 않게 도와주는 것도 직업적으로 활용이 가능하다. 여기에 한 가지를 보탠다면 행동지능은 항상 자신이 생각하는 이상을 꿈꾸는 사람이다. 그래서 잘 지키다가도 이게 아니다 싶으면 하루아침에 완전히 바꿔버리기도 한다. 조직 개편과 혁신, 카리스마와 리더십은 모두 행동지능이 활동하는 모습이다.

8. 도덕지능 Moral Intelligence : 正官

1) 도덕지능道德知能의 정의

　정관의 원칙은 언제든 머리 아픈 일들을 한 순간에 해결해주는 유일한 길이다. 원칙대로만 산다면 인간미는 조금 떨어지지만 공정하게 행동할 수 있다. 정관의 모범지향은 남들에게 인정받고 싶다는 보이지 않은 욕심이다. 그래서 도덕지능은 항상 조용하지만 속으로 열심히 움직이고 노력하여 최고가 되고자 노력한다.
　도덕지능이 발달한 아이는 행동지능처럼 에너지의 흐름이 자신을 규제하는 방향으로 수동적인 작용을 받고 있다. 그래서 수용적이고 수동적으로 보이지만 내가 지킬 것을 확실히 지킨 이후에는 내가 명령을 잘 따랐듯이 다른 사람도 내 명령을 잘 따랐으면 좋겠다고 생각한다. 그래서 행동지능처럼 빠르거나 앞에 나서지는 않지만, 도덕지능도 똑같이 리더가 되고 싶어 한다. 조용한 리더가!

정관(正官)	도덕지능
자기의식	관습이나 관행에 의해 육성된 개인의 도덕의식, 도덕적 심정, 태도, 성격 또는 도덕성 그 자체를 의미
선천지식	규범적, 도덕적, 공정성, 공익에 관점, 내향적, 보수적, 내면적 결과중시, 정교성
사회성향	지각력, 도덕성, 합리성, 정교성, 의무성, 책임감 우수한 소유자로 논리적이고 섬세하며 규범과 모범적 성향이 강함
우수능력	신사적인 처사와 공정한 판단력을 갖추고 있으며 정교하고 세심한 업무파악과 합리적으로 수행하는 능력이 우수
지능명칭과 직업스타일	명예와 신념의 정직과 원칙 도덕지능(道德知能) (Moral Intelligence) / 공직자스타일
지능특징	원칙과 기준을 세우고 모범적인 사회성 지능으로 공정성, 판단능력, 기억력, 규범적, 도덕적, 보수적으로 대표되며 정교성, 설계능력, 명분, 내면적, 가능성중시 등이 주요 특징

2) 도덕지능의 성격과 행동심리

애늙은이 같은 아이, 잘못된 것을 보면 혼내는 아이, 일단은 말 잘 듣는 아이

애늙은이란 말은 듣기 좋은 말은 아니지만 나쁜 말도 아니다. 어리지만 성숙한 생각을 하고 있다는 말이니 철이 든 상태로 태어났다고 봐도 된다. 또한 잘못된 것을 봐도 혼을 내기란 대단한 용기가 필요한 일인데, 도덕지능은 자기가 아니면 누가 하겠는가 생각해서 어려서든 커서든 잘못된 것은 꼭 혼을 내야만 직성이 풀린다. 그리고 무엇보다 일단은 말을 잘 듣는 착한 아이인 경우가 많다. 그래서 모든 부모들이 효자, 효녀라고 좋아하는데 일단은 말을 잘 듣는 반면, 그 다음에는 엄마, 아빠도 자기 말을 잘 들어야 한다고 생각하는 경우가 많다.

도덕지능이 발달한 아이는 밥도 반듯하게 먹고 잘 때도 바르게 누워 자고 인사도 깍듯이 잘한다. 한마디로 타의 모범이 되는 것을 최고로 여긴다. 그래서 항상 남들을 의식하고 있다. 영국 신사처럼 매너도 있고, 옷을 입어도 단추를 다 채우고 길을 걸어도 똑바로 걷는다. 때로는 너무 맑아서 부담스럽기도 한다.

　모두들 멋지고 자유롭게 살고 싶어 하는 지금 시대에 도덕지능의 아이는 '바르게 사는 법, 십계명'을 하루에도 열두 번씩은 외운다. 그리고 친구들은 시비가 붙으면 꼭 도덕지능이 발달한 아이에게 가서 물어보곤 한다. 그러면 자기가 귀찮더라도 끝까지 들어주고 판결을 내려준다. 어떤 사람에게도 공평하게 대하지만, 점잖은 척 하느라 인기관리까지 하기에는 역부족이다. 하지만 남들의 인정만으로도 마음이 풍요롭고 감사하다.

　도덕지능이 지나치게 발달한 아이는 이것저것 시시비비에 참견하곤 한다. 바른 것을 일러줘야 직성이 풀리니 도덕지능이 우수한 아이의 입에서 '쯧쯧' 소리가 안 나는 날이 없다. 자신도 어리면서 '요즘 애들은…' 하며 걱정을 하곤 한다.

3) 도덕지능 200% 활용하기

　도덕지능을 갖춘 사람들을 움직이게 만드는 동기는 명분이다. 그리고 명분이 확실해야 행동을 한다. 선천적으로 도덕지능이 발달한 아이들은 어려서부터 살아가는 원칙과 판단기준을 가지고 있으며, 그 원칙이 맞든 틀리든 그것을 잘 지켜나간다. 그래서 때로는 애늙은이처럼도 보이기도 하지만 참 믿음직하다. 가끔은 말도 없는 그 속이 정말 궁금할 때도 있다. 그래서 석 달 열흘 공들여 그 속을 들여다보면 이렇게 쓰여 있다. '명분!' 또한 겉과

속이 다르지 않다.

명분에 대해 쉽게 예를 들자면 명함에 새겨지는 타이틀이라고 할 수 있다. 치켜세워주고 직함을 달아주면 열심히 움직인다. 돈이 아니어도 인기가 아니어도 내가 그 무엇이 될 수 있고, 중요한 그 무엇이 될 수 있다면 그것으로 만족한다. 모두가 돈만 바라보는 세상이지만, 도덕지능은 그것에 목숨을 걸고 경쟁하지는 않는다.

4) 도덕지능의 직업능력

도덕지능은 공직자 스타일이다. 공직자는 털어서 먼지가 안 나와야 한다. 그래서 어느 누구를 만나도 흠 없고 반듯하고 믿음직하게 인정받으려고 노력한다. 나도 바르고 이 세상도 바르고 내가 아는 모든 사람이 바르게 살았으면 좋겠다고 생각한다.

거리에 나가보면 온갖 다양한 직업을 가진 사람들이 오가고 있다. 물건을 실어 나르는 택배회사 직원들, 서류를 들고 계약하러 가는 사람들, 자기 사무실로 출근하는 사람들, 아마 운동선수도 있을 것이다. 이런 다양한 사람들이 자기 일을 편히 할 수 있게 사회규약을 만들고, 서로 지킬 것을 지키게 해 주는 것도 직업이 될 수 있는데, 그것이 바로 도덕지능의 공직자 스타일이다. 꼭 무언가를 만들어내는 것만이 생산이 아니라, 누구나 인정할 수 있는 약속을 만드는 것도 생산이다. 우리 사회에 필요한 직업적 능력이다.

9. 사고지능 Thinking intelligence : 正印

1) 사고지능思考知能의 정의

정인의 수용력은 세상과 싸우지 않고 사이좋게 지내는 데 탁월한 능력을 발휘한다. 수용한다는 것은 마음이 순수하고 착해서 모든 것을 인정한다는 의미이다. 정인의 기록하는 성향은 모든 것에서 의미를 찾는 마음가짐에서 나온다. 모든 것이 의미 있다는 것은 나의 생각만을 고집하지 않고 모든 것을 존중하는 데서 나온다.

정인(正印)	사고지능	
자기의식	목표, 계획, 바람에 따라 다루고 생각하며 마음에 느끼고자 하는 상태	
선천지식	인지, 상상력, 관념, 의식, 수용적, 쓰기를 통한 기록, 정리를 통한 안정성추구, 과정중시, 보수적, 내향적	
사회성향	해독능력, 역사성, 수용력, 정직성, 시간성, 아이디어, 기록능력이 우수하다. 정리정돈을 잘하며 순서와 절차를 고려하고 명예와 의무적 성향이 강함	
우수능력	모든 일을 순서와 순리로 행하는 안정감을 갖추고 어떠한 교훈이나 이론적 지침을 장기적인 안목과 함께 수행하는 능력이 우수	
지능명칭과 직업스타일	전통을 숭상. 기록력이 우수 **사고지능(思考知能)** (Thinking intelligence)	교육가 스타일
지능특징	학습의 수용과 생각을 기록 정리하는 지능으로 기록능력, 암기력, 수용적, 학습적, 보수적, 내면성으로 대표되며 안정성추구, 정리정돈, 항상성, 전통성중시 등이 주요 특징	

사고지능이 발달한 아이는 정말로 착하고 말을 잘 듣는다. 또한 지금 자

기가 하고 있는 것이 소중하고 의미가 있기 때문에 모든 것을 기록으로 남기고 싶어 하는 경향이 강하다. 그렇기 때문에 당연히 글재주가 뛰어나다. 하지만 자기만의 필터를 고집하지 않기 때문에 사실만을 그대로 기록한다. 순서를 틀리는 것도 싫어한다. 인식지능과 동일한 위치라서 에너지의 흐름이 자기 자신을 향해 유입되어지는 기운이기 때문에 '나'에게 안정감과 만족감을 준다. 필터가 필요 없이 순수하게 직접적으로 유입되기 때문에, 항상 같은 마음일 수 있는 항상성도 갖추고 있다.

2) 사고지능의 성격과 행동심리
항상 정리하는 아이, 순서가 틀리면 난리 나는 아이, 엄마한테 잔소리하는 아이

항상 정리하는 아이는 주변이 항상 그 모습 그대로이기를 바라기 때문이다. 그 모습 그대로라는 의미는 안정감과 지금, 그리고 여기를 중요하게 생각하는 과정중심의 사고방식이다. 그리고 순서가 틀리면 난리 나는 아이는 순서를 다 외운다는 것을 의미한다. 암기력이 좋지 않고서는 그렇게 난리를 피울 수가 없다. 엄마한테 잔소리하는 것도 마찬가지이다. 원래 어찌해야 하는지 순서와 원래 모습이 다 기억나는데 어른인 엄마가 그렇게 안 하니까 오히려 잔소리를 하는 것이다.

사고지능은 모범생이다. 어떤 교훈이라도 여과 없이 수용하여 수행한다. 또한 사고지능이 발달한 아이는 상대방의 말을 액면 그대로 받아들인다. 지나간 추억도 소중하게 생각하기 때문에, 오래된 물건도 버리지 않으며, 오래된 일기장도 차곡차곡 잘도 모아둔다. 암기가 주가 되는 과목이라도 일단 요점 정리를 하고 나서 암기에 들어간다. 그래서 항상 계획표와 스케줄을 짜고 공책을 정리하는 데 엄청난 시간을 들이기도 한다. 조금은 답답한 면

도 있지만 순수함을 갖추고 있다.

여행을 가거나 할 때 사고지능을 가진 사람 하나는 꼭 있어야 한다. 아침 일찍 일어나 온갖 정리를 다 해놓고 여행후기도 꼼꼼하게 기록해놓는다. 하지만 정리를 하다가 중간에 하나가 빠지면 그 다음 것을 도무지 진행하지 못하는 융통성 없는 성격이라 안타까울 때도 있다.

사고지능을 지닌 아이는 세상이 아무리 톡톡 튀어야 한다지만, 일단 공부할 때는 무조건 선생님 말씀에 귀를 기울여야 한다고 생각한다. 또한 사고지능이 발달한 아이들은 어른들께 사랑받을 만한 행동을 많이 해서 칭찬이 자자하다.

하지만 사고지능이 너무 발달하면 생각만 하느라 도무지 움직일 줄을 모른다는 것이 단점이다. 그렇기 때문에 비만을 조심해야 되는 사람도 있다. 로댕의 생각하는 사람처럼 폼 잡는 것을 좋아하니 가만히 앉아서 음악 감상하거나 맛있는 음식을 먹거나 독서하는 것을 즐긴다. 그리고 자존심을 건드리는 것을 정말 싫어하기 때문에 존경받을 행동만 하려고 한다.

3) 사고지능 200% 활용하기

사고지능은 글쓰기도 잘하고 정리도 잘하고 암기도 잘한다. 자기 생각을 덧붙이기보다는 순수한 그대로 기록하고, 원래 모습 그대로 정리하고 들은 대로 외운다. 그래서 정말 객관적이다. 모든 지식은 시대 상황에 따라 변할 수도 있지만 그래도 그 사회에서 통용되고 있고 인정되는 내용 그대로를 전달해 주는 과정이 꼭 필요한데, 그런 일을 하는 데는 사고지능이 가장 적합하다.

누구나 톡톡 튀려고만 한다면, 박수 쳐주는 사람은 아무도 없이 모두 무대에 올라 서로 견제만 하는 사회가 될 수도 있다. 조용히 박수 쳐주는 사람, 조용히 모든 걸 감싸주는 그런 따뜻한 사람이 필요하다. 사고지능이 발달한 사람은 그렇게 물과 공기처럼 포근한 엄마 같은 사람이다. 요즘 시대 상황으로 보자면, 안 튀어서 오히려 튀는 사람이다.

4) 사고지능의 직업능력

사고지능은 교육가 스타일이다. 우리 사회가 안정되고 원리에 맞게 순서대로 잘되기를 바라는 마음을 가지고 있다. 그래서 그런 건전하고 모범적인 마인드를 널리 알리려는 사명감으로 교육계에서 활동하는 사람이 많다. 지식의 전달은 내가 먼저 알고 내 것으로 만들 시간이 있는 사람만이 할 수 있는데, 사고지능은 무조건적인 수용력을 바탕으로 암기하고 오래도록 마음속에서 되짚어보았기 때문에 유창한 말솜씨는 없더라도 잘 가르치는 교육가가 될 수 있다.

인식지능과 같은 위치에서 에너지를 '나'에게로 전달해주는 지능이지만 인식지능의 독특한 파이프와는 달리 사고지능은 그 모습 그대로를 직접적으로 보내준다. 상대방이 어떻게 말을 해도 받아들이고 믿어준다. 믿어주는 것만큼 사람을 성장시키는 것은 없으며, 사고지능은 어디서든 격려와 사랑과 가르침으로 사람을 성장시키고 교육시키는 직업스타일로 살아간다.

10. 인식지능Cognition intelligence : 偏印

1) 인식지능認識知能의 정의

　편인의 추리를 잘하는 능력은 평소에 생각을 많이 해 두는 여유에서 나온다. 물론 무조건 생각을 많이 한다고 추리를 잘하는 것은 아니고 추리는 자기만의 독특한 생각법이 있기 때문에 할 수 있는 일이다. 편인의 직관력은 촉이다. 촉은 외부 세계를 잘 관찰하는 마음에서 나오고, 남들이 못 느끼는 것을 느낄 수 있는 능력을 의미한다. 추리와 연결된 직관력은 오묘한 색이라서 같은 것을 보고도 참 기발하게 느끼고 생각한다.

　인식지능이 발달한 아이는 혼자 생각하면서 혼자 울고 웃는다. 글쓰기를 좋아하지만 책상 앞으로 가는 데 시간이 한참이나 걸리는 아이라서 정말 쓰고 싶어야만 쓰기 시작한다.

　인식지능과 사고지능은 에너지가 직접적으로 나에게로 가는 방향이라 언제나 마음이 풍요롭고 항상 누군가가 나를 보살피고 있다는 안정감을 준다. 그래서 조금은 게을러 보이기도 하고 여유도 있어 보인다.

　인식지능은 사고지능과 달리 나에게로 유입되는 에너지의 파이프를 내가 차단할 수도 있고 고를 수도 있기 때문에 매우 독특한 생각의 세계에서 예술적인 감각도 키울 수 있으며, 종교적, 비현실적, 추리적인 세상을 창조해낸다.

편인(偏印)	인식지능	
자기의식	인식과정의 결과로서, 넓은 의미로는 인간 지식의 총체를 말하며, 좁은 의미로는 일정 범위의 대상에 대한 지식	
선천지식	직관적, 순발력, 개인적 과정중시, 공상, 추리력, 종교적, 초현실적 예술성, 선별적 수용성	
사회성향	추리력, 순발력, 상상력, 종교성, 자율성, 심리성, 예술성이 우수한 소유자로 자신의 기분 위주이며 개인적이고 재치와 추구적 성향이 강함	
우수능력	재치 있고 순간발상이 뛰어나며 풍부한 공상 및 상상력을 갖추고 있다. 대상과 사건에 대한 추리능력과 가설능력이 우수	
지능명칭과 직업스타일	예술과 철학적 수용능력 인식지능(認識知能) (Cognition intelligence)	문학가 스타일
지능특징	추리와 직관력으로 여러 정보를 인식하는 지능으로 이해력, 암기력, 직관능력, 순발력, 창조적, 주관적으로 대표되며 추리력, 영성적, 초현실적 예술성, 현실성 중시 등이 주요 특징	

2) 인식지능의 성격과 행동심리

의심 많은 아이, 4차원 아이, 상상하다 혼자 웃는 아이

의심이 많다는 것은 믿고 싶다는 강렬한 기원에서 나오는 것이다. 하지만 믿어도 되는지 확인하다 보니 독특한 생각의 세계를 창조해낸다. 가끔은 엄마도 진짜 우리 엄마가 맞는지 의심하기도 한다. 그래서 장난이라도 어디서 주워왔다는 농담을 하면 큰일 난다.

4차원이라는 것은 남들에겐 보이지 않고, 느껴지지 않는 것을 보고 느낀다는 의미이다. 그래서 남들이 보기엔 4차원이지만 본인은 지극히 정상이라고 생각한다. 또한 상상하다 혼자 웃는 것은 진짜로 재밌는 생각이 들기 때문이다. 상상과 공상 속에서 만나는 나만의 행복한 세상은 인식지능에게 있

어 정신적 양식이 되어주는 것이다.

　인식지능이 뛰어난 아이는 자기 세계에 심취한 전문가이다. 수다스럽진 않지만 어쩌다 한마디씩 하는 말이 톡톡 튀어 개성이 흘러넘친다. 생각이 참 특이하고 같은 얘기를 들어도 다르게 생각하는 자기만의 남다른 세계를 가지고 있다.

　그리고 인식지능이 발달한 아이는 의심쟁이라서 모든 걸 확인해 봐야 직성이 풀린다. 이것저것 확인하고 번갯불에 콩 볶아먹듯 생각이 빛의 속도로 움직이다 보니 한꺼번에 여러 가지가 머릿속에 가득하다. 또한 기본적으로 머리가 좋아서 자기가 알고 싶고, 하고 싶은 분야만큼은 똑 부러지게 해낸다. 그러나 인식지능이 너무 발달하면 자기 생각에 빠져 지나치게 주관적일 수 있다. 그러므로 다른 사람들이 무엇을 하는지 관심을 가지게 해주는 것이 정신건강에 좋다.

　인식지능이 발달한 아이는 하나를 들으면 두 개를 더 생각한다. 그런데 그 두 개 뒤에 두 개가 또 숨어 있다. 한마디로 인식지능이 강한 아이는 자신의 기분을 최우선으로 생각하기 때문에 개인적일 수 있지만, 재치가 뛰어나며 한 가지에 몰두하는 타입의 전문가적 기질이 농후하다.

3) 인식지능 200% 활용하기

　인식지능은 세상을 잘 받아들이지만 자기만의 필터가 매우 독특하다. 그래서 같은 책을 읽어도 다른 사람과는 영 다른 느낌을 갖는다. 그래도 논리가 분명하기 때문에 공감이 가기도 한다. 엄마나 아빠 그리고 친구들이 이상하다고 놀리면 속으로 속으로만 숨어버리는 내성적인 면이 있으니 재미있을 때는 정말 재미있다고 표현해주어야 한다. 겉으로 보기보다 쑥스러움도 많기 때문에, 어려서부터 책을 읽는 습관을 들이고, 독후감 같은 글쓰기를 많이 시키면 그런 내면적 감성을 잘 해소해줄 수 있다.

또한 인식지능은 자기 스스로 앞에 나서지는 않지만 누군가가 분위기를 띄워준다면, 세상에 둘도 없는 개그맨이 되기도 한다. 그 순간에 딱 맞는 재치와 순간 발상은 견줄 데가 없다. 하지만 그렇게 해서 다른 사람들을 즐겁게 해주고는 자기는 혼자 딴 생각을 하게 되어, 결국은 자기만의 상상의 세계로 빠져버리곤 한다는 것이 문제이다.

4) 인식지능의 직업능력

인식지능은 문학가 스타일이다. 독특한 정신적 세계와 정서적 공감대 형성 그리고 언어능력 중 글쓰기 능력이 우수하므로 문학적 소질이 매우 높다. 에너지의 흐름이 수용적이므로 상상만으로도 좋은 글을 써낼 수 있지만, 다양한 경험과 생생한 체험을 통한 글에는 더욱 힘이 실리게 된다. 상상력과 경험을 독특한 글로 풀어낼 수 있기 때문에, 문학비평, 추리소설, 대하소설을 쓰거나 나만의 독특한 미각을 즐겁게 해주는 음식탐험 그리고 음악비평과 같은 글에 더욱 뛰어나다.

인식지능은 내가 필요하고 내가 좋아하는 것만 보고 듣기 때문에 목표를 정확히 정해주는 것이 중요하다. 수용적이고 조용한 지능이므로 어떤 지능을 만나느냐에 따라 직업적 활용이 매우 달라진다. 생각해서 글로 쓴 다음에 가르치느냐, 생각하고 컨설팅을 해서 서류로 작성해 주느냐, 생각하고 글로 써내는 전문가가 되느냐 하는 목표와 그 조화에 따라 너무나 다양한 직업의 세계가 펼쳐지게 된다.

PART 14

뇌와 명리학습코칭

1. 뇌brain의 이해
2. 뇌와 정보처리
3. 뇌 정보의 변화와 액션
4. 십성에 따른 심리 및 학습전략

1. 뇌brain의 이해

오늘날 인류의 어마어마한 진화를 이루게 한 것은 바로 신경계神經系의 발달이라고 한다. 신경계를 관장하는 기관이 뇌腦이며 인류는 뇌 활용이 발달하면서 초월적 진화를 하게 된 것이다. 이와 같은 동물의 중추신경계를 관장하는 기관인 뇌는 척추동물의 발달과 함께 뇌도 커지고 기능이 복잡해지면서 할 수 있는 일들이 더 많아졌다. 원생동물 시절부터 회상해 본다면 놀랄만한 변화라고 할 수 있겠다. 특히 모든 동물 가운데 뇌가 차지하는 비중이 가장 높은 인간은 논리적인 사고력과 상상력을 지녔으며 그로 인해 종교, 철학, 예술 같은 다양한 문화 산물을 남기며 많은 발명을 해내고 있다.

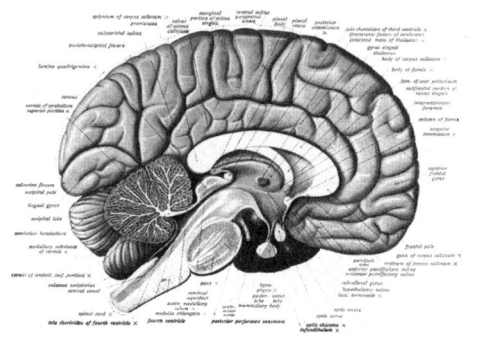

뇌는 크게 보면 생각하는 대뇌大腦, 운동을 조절하는 소뇌小腦, 생명을 유지하는 뇌간腦幹으로 이루어져 있다. 인간 뇌의 4분의 3을 차지하는 대뇌는 좌우 두 개의 반구로 되어 있으며 간뇌를 포함시켜 말하기도 한다. 감각感覺 정보를 분석하고 기억記憶을 저장하며 사고思考하는 기능을 담당한다. 고등 동물일수록 크게 발달되어 있고 인간의 뇌는 특히 어떤 동물보다 크고 표면에 주름이 많은 것을 볼 수 있다. 대뇌피질은 위치에 따라 전두엽, 두정엽, 측두엽, 후두엽으로 구분한다.

머리의 뒤쪽에 있는 소뇌는 약 150g정도로 감각 인지의 통합과 운동근육의 조정과 제어에 중요한 역할을 한다. 평형기관에 전달된 정보를 바탕으로 몸의 균형을 유지한다. 운동선수들이 빠르고 정교하게 움직일 수 있는 것은 훈련 시 골근육의 활동조절작용을 하는 소뇌도 함께 발달하기 때문이다.

생명을 유지하는 뇌줄기인 뇌간은 대뇌와 간뇌, 소뇌를 제외한 나머지 부분을 말하는 것으로 대뇌와 척수脊髓 사이를 연결한다. 뇌줄기는 호흡과 소화, 혈액 순환 등 무의식적인 생명유지 기능을 담당한다. 다양한 운동과 감각정보를 매개하는 신경핵들이 집중되어 있다.

우리가 인식하지 못하는 사이 이렇게 복잡하게 연결되어 있는 뇌를 통해 우리가 행동하고 말하고 느끼는 모든 것이 일어난다는 것은 매우 중요한 일이다.

2. 뇌와 정보처리

뇌腦는 모든 정보情報를 저장한다. 그리고 그 저장된 정보를 각자 독특하게 가공하여 다르게 처리한다. 즉, 개인성향, 학습내용, 이해관계 등에 따라 똑같은 정보라고 해도 각각 다르게 해석하고 처리한다. 그러므로 같은 교실에서 같은 수업을 받은 학생들조차 똑같은 정보처리 결과가 나타날 수 없는 것이다.

그리고 자신이 지닌 가치관과 부합되는 정보는 잘 수용하지만 날카롭게 충돌하는 정보는 극단적으로 거부하게 된다. 우리의 뇌에는 '폐쇄적 자기강화 메커니즘'이 있기 때문이며, 다른 사실, 다른 해석과 논리 등으로 아무리 상대를 이해시키려고 해도 결코 받아들이지 않는 사람들이 있다. 그들의 뇌에 기존의 정보가 지워지고 새로운 정보가 저장되어야만 다른 사실, 다른 해석과 논리를 거부하지 않을 수 있으나 뇌에 있는 기존의 정보는 생각만으로 결코 쉽게 지워지지 않는다.

새로운 결심을 해도 삼일이 지나면 포기하게 되는 작심삼일作心三日의 이유는 간단하다. 뇌에 저장된 기존의 잘못된 정보를 그대로 둔 상태에서 새로운 정보를 넣고 행동하게 되니 약 삼일이 지나면 기존의 고착화된 강한 정보가 다시 뚫고 나오기 때문이다.

사주분석상담을 하면서 '당신은 현재의 운이 하락되어 있으니 개업하지 마라', 또는 '투자하지 마라', '당신은 현재의 직업에 만족해야 한다' 등등 수없이 많은 조언을 해도 실상 그것을 지키는 사람은 소수에 지나지 않는다. 왜냐하면 이미 그의 뇌에는 이것저것 알아보는 과정에서 여러 사람들의 성공신화 정보가 먼저 입력되어 강하게 고착되어 있기 때문이다. 그래서 상담자의 해석과 논리적인 조언에 대하여 충돌되고 있으니 거부하게 된다는 것을 알 수 있다.

어린아이들도 마찬가지다. 어떠한 이유에서 부정적인 정보가 뇌에 고착되어 있으면 타이르고 설득하는 말들이 아이가 이미 가지고 있는 정보와 가치관과 충돌하므로 설득을 받아들이지 않고 거부하는 것이다.

그렇다면 아이의 뇌에 저장된 부정적인 정보를 모두 지우고 0점 상태로 만든 다음 새로운 긍정적인 정보를 넣어줘야 한다. 그렇게 되면 아이는 새로 입력된 정보를 가공하여 행동하고 말하여 그것은 습관이 된다. 그 좋은 습관이 곧 사람을 바꾸어 놓게 되어 성공하는 것이다. 물론 이와 같은 뇌의 정보를 교체하는 것은 어른도 마찬가지다.

그렇다면 우리의 뇌에 이미 저장되어 있는 부정적인 정보는 어떻게 지울 수 있을까? 그것은 부정적인 정보를 상쇄할 수 있는 강력한 긍정에너지가 있을 때 가능하다. 운동선수가 시합에 임하며 우렁차게 기합소리를 내거나, 잠시 눈을 감고 에너지를 모으거나 하는 것도 시합의 두려움을 상쇄시키고 상대를 기선제압하기 위한 액션이다. 이와 같이 변화에는 강력한 긍정에너지를 필요로 하게 되는데 긍정에너지의 발현은 긍정적인 정신과 함께 무엇보다 어떠한 액션으로부터 발현된다.

모든 운동과 체조, 요가 등은 그러한 차원에서 정신일도하사불성精神一到何事不成의 근간이 되는 것으로 볼 수 있다.

사주상담에서 분석된 결과를 놓고 운명론적 잣대로 추상적인 설득과 충고하는 식의 상담은 내담자의 문제에 많은 변화를 줄 수 없고 특별한 대안이 없는 명리상담은 거대한 상담시장의 문턱을 넘지 못하는 괴리감에서 탈피할 수 없다.

명리상담은 사주를 다양한 방법으로 분류하고 판단하지만 과학적이고 실현가능한 현실적인 처방을 내리지 못하고 있다. 그러므로 가장 좋은 상담재료를 가지고도 일반적인 동의를 받지 못하는 것이다. 이것을 해결하는 팀이 미래 명리상담시장의 주인공이 될 것이라고 생각한다.

명리상담이 진정한 인간중심의 상담이 되기 위해서는 무엇보다 뇌의 정보를 바꿔줄 수 있는 수준 높은 상담기법과 함께 사주구조에 따라 행동의 변화를 이끌어낼 수 있는 효과적인 방법론이 계발되어야 한다.

즉, 다시 말해서 빛나는 전통 자평명리의 학문과 기능적 시스템에 과학적 메커니즘을 형성시켜 인간의 선천적 고유성을 수준 높게 분석 및 해석한 다음 그 결과에 따라 내담자를 변화시킬 확실한 대안을 제공할 수 있는 고급상담학으로 진화시켜야 한다.

이것이 미래 과학명리시대의 고부가가치를 주도하게 될 새로운 패러다임이다. 그동안 필자의 행적은 온통 그러한 패러다임 가치를 추구하여 왔으며 뇌과학적으로 바라본 인간이해와 인간본성의 고유성에 대한 연구가 선천적성연구이다.

3. 뇌 정보의 변화와 액션

우리의 뇌 정보를 변화시키기 위한 가장 핵심적인 방법은 액션이다.

삶의 과정에서 어느 순간 죽음 앞에 직면했었거나 커다란 충격을 경험한 사람들은 공통적으로 그동안 욕심을 부렸다거나 집착했거나 증오한 것들을 대부분 용서하거나 마음에서 내려놓게 되었다고 한다. 또한 상상할 수 없었던 기쁨, 환희, 감격 등을 경험한 후에도 새로운 사고와 행동을 하게 된다. 즉, 그러한 여러 가지 충격적인 경험의 과정에서 이미 뇌에 고착되었던 정보가 지워지게 된 것이다. 그렇게 기존의 정보가 비워진 뇌는 과거와 같은 방식으로 정보를 가공하지 않는다. 자기 성찰과 배려하는 마음으로 가공되어 out put되니 새로운 행동을 하게 된다.

우리는 땀을 흘리며 운동을 하고 나면 몸이 풀어져 시원하고 스트레스가 풀린다. 그리고 답답했거나 부딪치던 주변들에 대한 배려나 관용의 마음이 생긴다. 운동을 통한 사고의 전환이며 뇌 정보의 변화이다.

예컨대 사주에서 인수印綬가 많다면 일차적으로 순리적이며 정적이고 생각이 많을 것이다. 그러나 상상과 공상의 구별이 안 되는 상태에서 자기 생각이 강하게 고착화되어 있다면 '폐쇄적 자기강화 메커니즘'으로 타인의 설명이나 설득을 받아들이려고 하지 않을 것이다. 그렇다면 이 사람을 쉽게 설득하거나 변화시킬 수는 없다.

그러나 액션을 취할 경우에는 변화가 가능하다. 등산이나 운동 등 몸소 실천하게 되면 에너지의 변화가 발생하고 강력한 에너지는 뇌에 있던 기존의 정보를 바꾸어 놓을 수 있으니 비로소 변화는 가능하다. 또한 운동과 같은 액션으로 몸과 정신이 건강해지므로 육체와 정신의 사이에 있는 의식이 살아나 건강하게 된다. 건강한 의식이란 육체와 정신 두 가지가 모두 건강할 때만 존재하게 된다.

아리스토텔레스가 말했듯이 우리 삶의 궁극적인 목적은 행복하게 사는 것이다. 행복하게 산다는 것은 개개인마다 다르겠지만 아마도 좋아하는 일을 하면서 경제적으로도 심리적으로도 만족하고 여유로운 삶을 말할 수 있을 것이다. 그렇다면 좋아하는 일만 찾으면 모든 것이 해결될 수 있는 것일까? 단지 좋아하는 일을 찾는 것뿐만 아닌 그 일을 잘하는 것이 더 중요할 것이다.

요즈음 공중파에서 방송되고 있는 영재발굴단이라는 프로그램을 보면 어린아이들이 암기, 수학, 언어, 미술, 음악, 체육 등 다양한 분야에서 타고난 저마다의 재능을 보이며 두각을 나타내고 있다. 그런데 이 영재들에게는 한 가지 공통점을 발견할 수 있다. 그것은 많은 시간을 투자하여 노력한다는 것이다. 타고난 재능에 노력까지 더하니 이건 바로 성공으로 가는 첫 번째 지름길인 것이다.

그렇다면 타고난 것이 없으면 성공하지 못한다는 것인가? 아니다. 노력보다 더한 성공은 없으니 타고나지 않았지만 꾸준히 노력한다면 그것이 바로 두 번째 지름길이라고 할 수 있다. 타고난 것은 있는데 노력하지 않는 것보다 훨씬 멋진 삶을 살 수 있기 때문이다. 마지막으로 타고난 것도 없고 노력도 하지 않는다면 그것이야말로 대책 없는 삶이라고 볼 수 있겠다. 그리고 가장 좋은 것은 재능에 노력이 더해지는 것이다.

일부를 제외하고 우리 부모님들은 아이들의 타고난 소질을 잘 계발시켜 주지 못하고 있다. 아이가 타고난 소질이 있음에도 불구하고 계발하지 못하는 것은 대부분 부모의 관념과 의식 때문이다. 타고난 소질과 더불어 중요시 할 것은 학습 유형이다. 학습 심리학자들의 견해에 따라 약간 다르지만 일반적으로 개인의 심리적, 행동적 패턴에 따라 형성되고, 학습 및 주변 환경 학습훈련에 따라 영향을 많이 받는다고 한다. 그러므로 우리는 아이의 타고난 재능에 그 아이에게 맞는 학습 유형으로 훈련하여 좀 더 효과적인 결과와 자기주도 학습이 되도록 훈련 및 교육하는 것이 필요하다.

학습은 우리의 뇌와 밀접한 관계가 있다. 최근 뇌에 대한 다양한 연구와 함께 뇌의 학습 원리에 대한 연구도 많이 진행되고 있는데 원리 중 한 가지는 각 개인마다 뇌의 프로파일이 다르다는 것이다. 사람들 얼굴이 모두 다른 것처럼 뇌의 크기 및 뉴런의 연결 방식 등이 각자 독특성이 있다는 얘기다. 그러므로 각자 성향에 맞는 학습 유형이 다르게 나타나며 그에 맞는 전략으로 접근해야 가장 효과적인 결과를 얻어 낼 수 있는 것이다.

좌뇌는 언어를 정보로 받고 우뇌는 에너지로 정보를 받는다. 뇌가 정보를 선택하면 (우주)에너지로 정보를 받는다. 뇌가 무섭다는 정보를 선택하면 두렵고 무섭게 느껴진다. 즉, 두려움의 에너지를 받는다. 주변사람들도 같이 느낀다. 바로 공명하는 것이다.

진리眞理가 있고 진리의 그림자가 느낌이다. 뇌가 궁금해지면 답을 준다. 좌뇌는 자기가 받은 정보, 아는 범위에서 답을 찾고 우뇌는 에너지로 받기 때문에 자기가 가지고 있는 정보 외에 새로운 에너지로 답을 찾는다. 그래서 새로운 것을 받아들이고 창의적이 된다. 그러므로 명상도 우뇌가 작용한다. 결국 우주가 답을 준다. 신神을 받아들인 무속인들은 낮은 수준의 공명을 하는 것으로 볼 수 있다.

사주명리학적으로 보자면 사주구조가 재성-관성-인성으로 이루어진 코스는 좌뇌의 성향을 보이므로 정보를 언어로 받을 것이며, 반대로 비겁-식상-재성으로 이루어진 코스는 우뇌적 성향으로 정보를 에너지로 받을 수 있다고 본다. 또 정관, 정인, 식신, 정재는 좌뇌로, 편관, 편인, 상관, 편재는 우뇌일 가능성이 크다.

우리가 생각하는 모든 것은 우주에 답이 있다. 그러므로 뇌와 명리학습 코칭의 핵심은 내가 선택의 주체가 되어 자신감을 갖게 하는 것이다. 아이들은 물론 성인들까지도 감정感情에 수반되는 필연적인 약점을 보완하는 방법이 바로 자신감을 갖게 하는 것이다. 그러므로 사주구조를 분석하여 주관과 객관, 이성과 감성체계로부터 필연적인 약점을 찾아내고 학습유형을 파악하여 자신감을 부여하고 변화할 수 있는 학습 및 교육방법을 제공하여야 한다.

앞으로 젊은 명리학자들이 연구할 주제 중에 명리학습코칭분야가 가장 빛나는 연구가 될 것이다. 다음은 필자의 저술서 '사주심리치료학,' 명리직업상담론' 등의 내용을 참고하여 십성의 심리와 학습전략을 제안한다.

4. 십성에 따른 심리 및 학습전략

십성은 각기 고유한 기질을 가지고 있어 사주를 통해 개인의 심리, 성격, 학습 유형 등을 볼 수 있다. 각 십성의 강약에 따른 심리에 따른 학습전략과 양육방법이 다르게 나타나므로 잘 활용할 필요가 있다.

1) 정인의 심리 및 학습전략

① 성격심리

정인의 기본 바탕은 순수함과 순종이다. 항상 정리하며 계획하는 것을 선호한다. 정인이 강할 경우에는 정리정돈하며 순서에 따라 일이 진행되어야 편안함을 느끼게 된다. 정인이 약할 경우 정리정돈과 순서에 취약하며 계획하는 것이 부족해 계획성 없이 행동하는 성향이 나타난다.

② 시간관리

정인이 강할 경우 주변의 상황이나 시간에 무관하게 순서대로 차분하게 일을 진행하는 성향이 나타난다. 주변 환경과 시간의 영향을 받지 않으므로 정확한 업무 수행에는 매우 유리하다. 그러나 생각이 많고 결정력이 약해 시간적인 개념에 대해 보완점이 필요하다.

그러나 정인이 약할 경우는 시간에 맞추어 결과의 오차를 줄이기 위해 일의 순서와 절차에 따라 시간 관리를 해야 한다. 반면, 융통성이 필요한 경우에는 순서와 관계없이 일을 처리하는 장점이 될 수도 있다.

③ 학습유형

정인이 강할 경우 학문을 순수하게 수용하고 계획성 있게 학습하는 유형으로 지식의 습득 자체에 관심이 많다. 또한, 타인에게 학문적 가치를 인정받고 싶어 하고 꾸준히 노력하는 유형으로 융통성은 다소 부족하나 글쓰기와 정돈, 기록하기를 좋아한다.

정인이 약할 경우 학습된 내용이 장기 기억으로 남기 위해서는 이해 및 기록과 정리하는 과정이 필요하므로 힘들더라도 훈련이 수반되어야 한다. 또한 배움 자체에 대한 순수함보다 목적과 필요성이 분명해야 학습이 잘되는 성향이 있다. 스스로 학습계획을 세우고 시간 관리를 철저히 할 수 있도록 노력이 필요하다.

④ 양육방법

정인이 강할 경우 순서대로 진행되어야 하는 사람이므로 이해가 되지 않으면 다음 단계로 넘어가지 못하는 경향이 있으므로 너무 얽매이지 않도록 하는 것이 필요하다. 부진한 과목이 있어도 인격을 존중하여 격려하는 것이 무엇보다 필요하며 이론으로 익힌 내용의 활용성에 대한 응용력의 배양이 필요하다.

정인이 약할 경우 우선순위를 두어 학습계획을 세워 학습하도록 해야 한다. 중요한 요점은 반드시 외우도록 하는 것이 중요하며 학습준비와 과제해결은 미리미리 하는 습관을 갖도록 하는 것이 중요하다.

2) 편인의 심리 및 학습전략

① 성격심리

편인은 독특한 상상력의 동시다발적 발상이다.
편인이 강할 경우 생각이 다소 독특하고 종교적 성향이 있으나 개성이 강한 분야에서 전문성으로 강하게 나타난다.

약할 경우 수용적인 자세를 보이나 반발이 있고 전문분야를 추구하는 성향은 있으나 정보수집에 약한 면을 드러낸다.

② 시간관리

편인이 강할 경우 순발력 있게 생각의 전환을 잘하며 적절한 타이밍과 기획포착에 능하다. 그러나 나만의 생각에 빠져 주관적 성향으로 결정을 하게 되는 경향이 있어 객관성을 유지할 수 있도록 하는 것이 필요하다.

편인이 약할 경우 계획성이 부족하고 과정까지 세밀하게 생각해보는 면이 부족하므로 항상 생각하고 시작하는 시간관리 능력이 필요하다. 긍정적인 면은 생각지 못했던 사안에 대해서 오랜 시간 심사숙고 하지 않는 면이 있어 일이 느려지지 않는다는 것이다.

③ 학습유형

편인이 강한 사람은 현실적인 분야에 관심이 높고, 전문적인 실력을 갖추고자 노력한다. 그러므로 가장 효율성 있는 능력개발을 통한 자기만족감을 중요시 여긴다. 편인의 특성인 직관력과 추리력이 우수하고 순발력 있게 문제 해결 능력을 갖춘다.

편인이 약한 경우 자신이 목표한 분야에 분명한 목적의식을 가지고 꾸준히 노력하는 것이 필요하다. 또한 관심 있는 분야에 대하여 순발력 있게 익히고 활용하는 능력을 배양하는 것이 좋다. 부족한 추리력을 키워 문제해결 능력을 갖추는 것 또한 훈련해야 할 항목이다.

④ 양육방법

편인이 강한 아이는 계획성은 좋으나 다소 즉흥적인 성향이 있으므로 진지한 태도가 요구된다. 자존심이 강하므로 지속적인 격려가 필요하다. 현실성이 강하므로 이론보다 구체적인 결과에 대한 칭찬이 좋다.

편인이 약한 경우는 용두사미가 되지 않도록 시작이 적극적인 만큼 마무리도 잘 하도록 도와주어야 한다. 앞서 언급한 중요한 내용은 반드시 암기하고 기록하는 습관을 들이도록 하고 우선순위를 고려한 학습 계획 및 과목별 전략을 세우는 것도 필요하다.

3) 비견의 심리 및 학습전략

① 성격심리

비견의 기본 심리는 협동과 동지애 주관과 추진력이다.
비견이 강한 경우 자기 스스로를 과신하는 경향이 있으며 자기주장 또한 강하다. 그로 인해 일에 대한 추진력도 강하다.
반면 약한 경우 자기 존재감이 약하여 타인의 의견에 따르는 경향이 나타난다.

② 시간관리

비견이 강한 경우 모든 중심이 자신이 되는 주체적인 시간관리 유형으로 자신이 정한 목적을 향해 매우 저돌적으로 시간을 활용한다. 그러나 아쉬운

점은 그런 저돌성으로 인해 조급하게 진행하여 시간을 여유 있게 관리하지 못하는 경우가 있다. 조금 여유를 갖고 즐기려는 노력이 필요하다.

비견이 약할 경우는 나의 주체성을 키워 내가 원하는 대로 시간을 관리할 수 있는 능력을 갖춰야 한다. 타인의 의견대로 했을 경우 남들에게 겸손해 보이는 장점이 될 수도 있으나 내가 없으면 아무것도 존재하지 않는다는 것을 명심하고 자신감을 키울 수 있는 훈련이 필요하다.

③ 학습유형

비견이 강한 아이는 에너지가 넘쳐 자신과 타인에 대한 관심이 많고 자신이 닮고 싶은 모델을 제시해 주는 것이 좋다. 모방욕구로 인해 학습 태도가 긍정적으로 변화하는 성향을 갖게 된다. 긍정적 영향을 주는 곳에 소속해 있도록 하는 것이 중요하다.

비견이 약할 경우는 주관을 가지고 자신감 있게 학습에 임하는 자아존재감이 약하므로 에너지를 높이기 위해 놀이 활동이나 운동을 병행하는 것이 좋다. 자기 자신에 맞는 수준의 학습내용을 파악하고 스스로 계획을 세워 실천하게 하는 것이 중요하다.

④ 양육방법

비견이 강할 경우 경쟁보다 포용력을 기를 수 있는 환경이 중요하다. 역사나 전통 문화와 같은 교양 교육이 항상 수반되어야 하고 자신의 특기를 장점으로 살릴 수 있는 교육이 도움이 된다.

비견이 약할 경우 체험학습을 통해 행동하고 그에 따른 결과에 대해 배울 수 있도록 하는 것이 필요하다. 자신감을 고취시키기 위해 영웅전, 위인

전, 성공전기 등의 서적을 읽게 하는 것도 도움이 된다. 성취감을 맛보는 것이 중요하므로 작은 성공 경험들을 느낄 수 있도록 한다.

4) 겁재의 심리 및 학습전략

① 성격심리

겁재의 기본 심리는 집요한 의지 및 측은지심 둘 이상의 관계에서 서로 겨루는 강력한 목표의식이 있다.
겁재가 강한 경우 지나친 경쟁력과 승부욕이 있고 주어진 일에 책임을 다하려 하는 책임감과 측은지심이 있고 바른말을 잘하고 아부하는 것을 싫어하는 경향이 있다.
반면 겁재가 약한 경우 타인의 의견에 쉽게 동조하고 자기 존재감과 경쟁력이 부족한 경향이 있다.

② 시간관리

겁재가 강한 경우는 강력한 추진력으로 시간을 효율적으로 활용하지만 경쟁심과 조급한 마음으로 시간에 대해 압박을 받으므로 시간적 여유를 갖는 것이 필요하다. 주객이 전도되지 않도록 자기 자신과 다른 사람들의 중요함을 인식하기 위해 노력해야 한다.
겁재가 약할 경우 자신감을 갖고 자신의 믿음과 결정대로 시간을 잘 활용해야 한다. 일을 진행하는 과정에서 자신의 이득도 챙길 줄 알고 경쟁력 있는 사람이 되도록 훈련과 노력이 필요하다. 반면 다른 사람들에게는 자신을 낮추는 예의 바른 사람으로 보일 수 있는 장점도 있다.

③ 학습유형

겁재가 강할 경우 경쟁심과 성취 자체에 대한 만족감이 중요한 유형으로 성취감에서 오는 만족을 즐기므로 적절한 목표를 제시해 주는 것이 좋다. 강한 승부근성과 경쟁심이 있어 학습량도 책임감 있게 달성하려는 자세를 가지고 있다.

겁재가 약한 경우 원하는 것은 반드시 해야겠다는 의지가 약하므로 근성을 키울 수 있도록 훈련하는 것이 중요하다. 학습 목표를 달성하여 성취감 느끼고 작은 성공경험이 쌓여갈 수 있도록 노력해야 한다.

④ 양육방법

겁재가 강한 아이의 경우 자기만족만을 우선으로 여겨 지나친 경쟁의식에 빠지지 않도록 하는 것이 필요하다. 결과지향주의로 정서적인 면을 등한시할 수 있으므로 정서적인 면을 항상 고려해야 한다. 목표의식이 강하므로 학습에 대한 목표의식을 심어주면 학업 성취도가 좋다.

겁재가 약한 경우는 스스로의 결과에 대해 성취감을 느낄 수 있는 가장 효과적인 방법으로 칭찬과 격려를 하는 것이 좋다. 스스로 약속을 지킬 수 있도록 하는 것이 중요하며 또래 집단과 함께 교육하는 것이 좋다. 존경하는 인물이나 롤 모델을 통해 삶에 대해 바라보며 학습목표를 뚜렷하게 세울 수 있도록 도와주는 것이 필요하다.

5) 식신의 심리 및 학습전략

① 성격심리

식신은 친화의 대명사이며 깊게 연구하여 나만의 노하우를 만든다.
식신이 강할 경우 사교적이며 감성적인 특성으로 인간관계에 매우 치중하며 형식에 얽매이는 것을 싫어하며 말하기를 좋아한다.
식신이 약할 경우 사교성이 부족하여 말과 행동에서 자연스러움이 부족하고 사람들과의 관계 맺음이 다소 어색하다.

② 시간관리

식신이 강한 경우 시간에 얽매이는 것을 싫어하여 매우 느긋하고 여유롭게 시간을 활용하는 경향이 있다. 객관적인 시간관리 개념은 약할 수 있지만 재미있는 일에 몰입하여 시간 자체를 즐길 줄 아는 사람들이 많다.
식신이 약할 경우 순리대로 따르는 것이 가장 편하다는 것을 알 필요가 있다. 대체적으로 자신만의 속도로 일을 진행하므로 시간에 대한 여유를 찾아야 된다. 때로는 긴급한 상황에서는 이런 면이 장점으로 작용하기도 한다.

③ 학습유형

식신이 강한 아이는 연구하고 기술을 습득하는 능력이 우수하고 자율적이며 능동적인 학습유형을 선호한다. 모든 행동변화는 자신 스스로 결정에 바탕을 두고 이루어지므로 스스로 관심이 가는 한 분야에 몰입하여 만족하여 진행하는 것이 학습효과가 가장 좋다.

　식신이 약한 경우는 편안하고 여유 있게 학습에 임하는 자세가 부족하다. 실제적인 문제풀이나 충분히 이해하는 내용으로 학습을 내면화하는 과정을 반드시 거쳐야 하고 자신만의 노하우를 기르기 위해 내면화된 내용을 다양하게 응용할 수 있는 능력을 배양해야 한다.

④ 양육방법

　식신이 강한 경우 타고난 적성과 흥미가 진로와 관련지어 계발될 수 있도록 안내가 필요하다. 규칙적인 것을 불편해 할 수 있으므로 넓은 시야를 가지고 규칙적인 학습 활동을 통해 생활 습관이 될 수 있도록 하는 것이 좋다. 사회 활동 시 자격증을 갖추는 것이 유리하므로 개인의 노력이 필요하며 지속적인 이론 습득을 할 수 있도록 해야 한다.

　식신이 약한 경우 활동적이면서 다양한 학습방법을 시도해 보는 것이 효과적이고 학교와 교사에 대한 신뢰와 긍정적인 생각을 하도록 하는 것이 중요하다. 학습 동기 유발이 중요하므로 부모의 안내가 필요하다.

6) 상관의 심리 및 학습전략

① 성격심리

　상관의 기본 기저는 모방을 통한 창조이고 멋과 사교의 아이콘이라고 볼 수 있다.

상관이 강할 경우 자신을 화려하게 보이고 싶어하는 성향으로 고정관념을 깨려는 기질이 강하고 호기심이 많다.

상관이 약할 경우 자기 자신의 감정을 잘 표현하지 않는다.

② 시간관리

상관이 강한 경우 매우 개인적인 기준으로 시간을 활용하므로 순간의 발상과 기분에 따라 유동적으로 관리한다. 감정의 흐름이 시간의 흐름이라고 볼 수 있다.

상관이 약한 경우 시간을 효율적으로 관리하지만 과거의 모습이 모여 현재의 나를 만들고 내 인생이 된다는 것을 명심해야 하고 그 인생에는 즐겁고 재미있는 시간들도 포함되어 있어야 하는 점을 기억해야 한다. 때로는 시간이 나를 위해 기다려 준다는 여유를 부릴 필요도 있다.

③ 학습유형

상관이 강한 아이는 학습의 근원이 호기심이므로 다양한 분야에서 흥미 유발이 중요하다. 스스로 결정에 맡기는 것이 매우 중요하고 언어표현력이 뛰어나고 응용력과 창의력을 활용하는 능력이 좋다.

상관이 약한 경우는 학습 목표의 성취보다 학습과정 자체를 즐기는 여유로움이 필요하다. 표현력이 약하므로 충분한 준비와 연습을 통해 발표 학습을 훈련할 수 있도록 하는 것이 필요하다. 응용력을 키우기 위해 철저히 이해하고 다양한 문제해결능력을 키워 보완해야 한다.

④ 양육방법

상관이 강할 경우 선천적인 적성과 흥미를 살려서 본인의 고유한 특기를 갖도록 교육하는 것이 좋다. 학습의 결과로 자격증을 취득할 수 있는 것이 효과적이며 자기표현 욕구가 강하므로 활동적이고 체험적인 학습이 좋다.

상관이 약할 경우 응용력이 약하므로 학습 후 반드시 문제해결능력을 키울 수 있도록 하는 것이 중요하다. 발표력 향상을 위해 자신의 생각을 분명하게 표현할 수 있도록 훈련하는 것이 좋다. 스트레스에 취약할 수 있으므로 운동, 취미 등 본인만의 해소법을 마련해 두는 것이 필요하다.

7) 정재의 심리 및 학습전략

① 성격심리

정재의 성격 발현의 기저 심리는 보장된 안정성 추구, 꼼꼼함과 정교함 그리고 확실한 믿음이다.

정재가 강할 경우 매우 꼼꼼하고 섬세하며 현실적인 이해득실을 잘 헤아리게 되어 과민하게 반응 할 수 있다.

반면 정재가 약할 경우는 섬세하며 꼼꼼함이 없고, 자신의 것을 챙기려는 욕심이 적어 현실적인 이득에 대해 민감하지 않다.

② 시간관리

정재가 강한 경우 결과가 분명한 일에 자신의 시간을 투자하려고 하는 성향이 있다. 시간적인 순서와 절차가 명확한 것을 좋아하며 매우 꼼꼼하게 시간 관리를 한다.

정재가 약한 경우 분명한 목적과 결과를 염두에 두고 시간 활용을 해야 한다. 무엇이든지 과정도 중요하지만 결과도 좋을 때 더 만족할 수 있기 때문이다. 장점으로는 이득 없이도 본인의 시간을 할애해 주는 인간적인 모습일 수 있다.

③ 학습유형

정재가 강한 아이일 경우 논리에 강하고 계산력도 우수하고 스스로 할 일을 계획하고 실행해 나가는 유형이다. 구체적이며 현실적인 계획도 잘 세우고 실행하며 실천력도 좋다. 수리력이 우수하고 꼼꼼하여 학습에도 장점이 될 수 있고 계획적으로 학습한다.

정재가 약한 아이는 아주 사소해 보이는 면과 구체적인 내용까지도 짚어 보고 검토하고 점검하는 습관이 필요하다. 꼼꼼하게 계획하고 실천하는 능력과 직접 실행하고 그에 따른 성취도를 점검하는 것이 병행되어야 한다. 논리력과 계산력이 다소 부족할 수 있으므로 향상을 위해 꾸준한 노력이 따라야 한다.

④ 양육방법

정재가 강한 경우 기대한 학습결과에 대해 지나치게 집착하지 않게 하는 것이 중요하다. 또한 수리능력의 우수함을 칭찬하여 자신감을 갖게 하고 학습의 결과로 자격증이나 구체적 보상이 따를 것이 효과적일 수 있다.

정재가 약할 경우 진단 평가를 수시로 진행하여 수준별 학습을 할 수 있도록 하는 것이 효과적이다. 노력한 결과가 만족스럽지 않더라도 과정에 대해 또 결과에 대해 스스로 인정하고 받아들일 수 있는 자세 배양이 필요하다. 동기부여 차원에서 때때로 독서실이나 그룹지도를 이용하는 것도 좋다.

8) 편재의 심리 및 학습전략

① 성격심리

편재의 기저 심리는 도전과 의욕으로 활동적인 동시에 변화와 개혁 및 적응력이 우수하다.
편재가 강할 경우 기분파적인 기질이 강하고 물질적이면 자신만의 공간을 갖고자 하는 욕구가 강하다.
반면 편재가 약할 경우 가치 판단력이 약하여 자신이 활동한 결과에 대해 만족감이 다소 떨어질 수 있다.

② 시간관리

편재가 강할 경우 목적의식과 결과물이 분명한 때에는 매우 빠르게 일을 진행하고 적절한 기회 포착능력이 있는 장점이 있으나 결과가 불확실하게 판단되는 때에는 시간 활용 능력이 다소 떨어지는 경향이 있으므로 항상심을 유지하도록 노력하는 것이 필요하다.
편재가 약할 경우 공간 지각능력 및 가치 판단력이 약하여 사물과 공간에 대한 평가와 결과를 얻기 위해 신속성을 키워야 한다. 적극적으로 일을 대하는 태도와 신속함을 배양하여 시간 관리를 좀 더 효율적으로 할 수 있어야 한다. 반면 이해득실을 따지지 않는 것이 장점으로 활용될 수도 있다.

③ 학습유형

편재가 강한 아이는 기분파적인 경향이 있고 확실한 결과가 있어야 학습이 더 효율적이다. 좋은 결과뿐만 아니라 자신이 돋보이는 것에도 관심이 많다. 뛰어난 수리력과 신속한 가치 판단력을 바탕으로 학업을 진행하는 속도도 빠를 수 있다.

편재가 약한 아이는 목표를 정하고 목표의식을 가지고 도달하는 습관을 길러야 한다. 자신이 노력하여 신속한 결과를 내고 그에 만족감을 얻는 경험이 반드시 필요하다. 수리력을 향상하기 위해 꾸준히 노력해야 하며 유연한 사고방식을 길러 신속한 결정을 할 수 있는 습관을 길러야 한다.

④ 양육방법

편재가 강할 경우 학습 결과에 집착할 수 있으므로 과정도 중요시 할 수 있도록 지도가 필요하다. 우수한 수리 능력을 격려하여 학습 동기를 일으키는 것이 좋다. 즉흥적이면 감정적이므로 진지한 학습 태도를 가질 수 있도록 훈련이 필요하다.

편재가 약한 경우 지속적이며 계획성 있는 생활과 학습이 필요하다. 작은 결과에도 칭찬하고 노력한 모습을 인정할 수 있도록 하는 것이 중요하다. 학습내용에 대한 명확한 이해가 필요하며 그에 맞는 수준별 학습이 좋다.

9) 정관의 심리 및 학습전략

① 성격심리

정관의 성격발현의 기저 심리는 존경과 공점함의 평판이며 건전한 문화시민의 표상으로 지키고 싶은 마음이다. 정관이 강한 경우 원칙주의자로 모범적이며 규칙을 지키려는 마인드가 강하여 주어진 틀대로 살려고 한다. 정관이 약한 경우 규범을 준수하려는 마음이 취약하므로 원칙을 지키고 스스로 절제하는 자세가 필요하다.

② 시간관리

정관이 강할 경우 지키고자 하는 마음으로 시간을 지키고, 조직과 규칙을 중히 여겨 약속을 꼭 지키고자 한다. 사회를 지탱하는 매우 모범적이고 훌륭한 태도이지만 정해진 규칙 및 시간보다 더 소중한 사람을 잃지 않도록 융통성 있는 마인드가 필요하다.
정관이 약할 경우 공적인 신뢰를 얻기 위해 약속된 시간은 반드시 지키는 훈련이 필요하다. 그러므로 시간관리 개념을 강화하는 것이 좋다. 시관관리의 여유로움은 개인적으로 매우 느긋하고 여유로운 장점으로 작용되기도 하지만 객관적으로 보여지는 면도 중요하다.

③ 학습유형

정관이 강한 아이는 책임감도 강하고 스스로 노력하는 경향도 강하므로 자율적인 학습이 가능한 유형이다. 타인에게 보여지는 자신의 모습과 스스로 자긍심을 가지려는 욕구로 학습 성취도가 높은 편이고 본인이 원하는 방향으로 목표를 제시해 주면 모범적인 태도를 보인다.

정관이 약한 아이는 책임감이 다소 부족하므로 스스로 정한 학습 목표를 달성하겠다는 의지력 향상이 필요하다. 정의적인 면을 키워 존중받는 사회인의 모습을 갖추도록 해야 한다. 학습의 결과가 공적인 활동에 도움이 되는 것을 체험하게 도와주는 것이 좋다.

④ 양육방법

정관이 강한 경우 학습공간이 안정적이어야 하고 자극을 피하도록 하는 것이 좋다. 스스로 피해의식을 갖기 쉬우므로 학습 성과에 대해 칭찬을 많이 하는 것이 필요하다. 정확한 원칙주의자로 학습과정에서 융통성을 갖게 하는 훈련이 필요하다.

정관이 약한 경우 매우 주관적이므로 학습의 이유와 동기 유발이 자율적이어야 좋다. 규칙을 지키는 것을 어려워하므로 학습 시 바른 자세와 인내심을 길러 줄 수 있도록 훈련하는 것이 필요하다. 개별 지도에 의한 학습 효과가 더 좋을 수도 있다.

10) 편관의 심리 및 학습전략

① 성격심리

편관 성격 발현의 기저 심리는 이상을 꿈꾸는 카리스마와 강력하고 과감한 실천력에 있다.

편관이 강한 경우 의리를 중요시 여기고 행동력이 있고 결단한 바는 반드시 실행해야 하는 기질이 있다.

편관이 약한 경우는 결단력과 실천력이 부족하여 용기 있게 진행하는 기질이 약하다.

② 시간관리

편관이 강한 경우 결정력이 있어 신속하게 일을 잘 추진하므로 목표 지향적으로 시간을 활용하고 단체 활동을 중요시 한다. 한 사람의 시간보다 전체를 더 고려하여 다수의 사람들의 시간을 존중하는 것은 중요하지만 간혹 인간미를 잃지 않도록 주의가 필요하다.

편관이 약한 경우 판단력과 결정력 결여로 중요한 사안을 결정할 때 시간이 지연될 수 있어 타이밍을 놓칠 수 있으므로 판단력과 결정력을 키울 수 있도록 해야 한다. 깊게 생각하고 다양한 국면을 고려해 보는 것은 필수 조건임을 잊지 않도록 해야 한다.

③ 학습유형

편관이 강한 아이는 책임감이 강하므로 학습에 있어서도 책임 있게 완수해 나가는 유형이다. 암기력이 우수하고 실천력과 결정력이 탁월하여 놀라운 성취도를 보인다. 사회에서 인정받을 수 있고 타인의 이목이 집중될 수 있는 목표설정이 더욱 효과적이다.

편관이 약한 아이는 결정력과 추진력이 약하여 상황에 맞게 효과적인 학습 방법을 도입하여 활용하는 것이 필요하며 융통성과 더불어 결정력, 추진력을 향상시켜야 한다. 또한 암기력이 약하므로 암기력을 향상시키는 훈련이 필요하고 학습내용에 대한 이해력을 증진시키는 것이 좋다.

④ 양육방법

편관이 강한 경우 명예욕에 근거한 경쟁심이 강하게 나타날 수 있으므로 선의의 경쟁을 할 수 있도록 해야 한다. 심리적인 안정이 중요하므로 학습공간이나 분위기가 중요하다. 피해의식을 갖지 않도록 칭찬을 많이 해주는 것이 좋다.

편관이 약한 경우 학습시 약간의 통제도 효과적이며 행동에 절도가 있도록 하는 것이 중요하다. 공동체 속에서 자존감을 잃지 않도록 잘하는 과목이 있도록 돕는 것이 좋다. 학습 동기를 지속적으로 부여하여 인내심이 자연스럽게 길러지도록 하는 것이 필요하다.

PART 15

선천적성검사 AAT

1. 위대한 과학명리 AAT의 탄생배경
2. 선천적성검사 AAT
3. AAT 검사결과

1. 위대한 과학명리 AAT[175]의 탄생배경

선천적성(先天適性)		
先	먼저 선 : 나아가다. 옛날	선천의 국어사전적 의미는 태어나면서 몸에 지니고 있다는 것을 의미한다. 바로 타고난 적성이 있다는 의미가 된다.
天	하늘 천 : 천체. 천체의 운행. 태양	
適	갈 적 : 가다. 이르다. 도달하다.	
性	성품 성 : 성질. 생명. 목숨	

1) 명리학의 연구활용가치

진로에 영향을 주는 변인들에는 태어난 순, 대뇌반구, 타고난 자질, 가족 가계도, 적성·흥미, 가치, 민족이 주는 진로유산, 체면 등이 있다고 하였다. 진로선택을 앞둔 대학생들은 자신에게 적합한 직업적성을 찾기 위한 노력으로 전술한 여러 가지 진로변인들의 영향과 노력을 하고 있다. 특히 성격·적성, 흥미검사 등을 여러 차례 실시한 결과 등을 참고한 진로 결정이

---

175) Apriority Aptitude Test(선천적성검사)

이루어진다. 그럼에도 불구하고 왜 노동시장으로 전이된 4년제 대학을 졸업자 중 40.6%는 자신의 전공과는 무관한 직업을 갖고 있으며(한국직업능력개발원, 2013), 직업인의 49%는 적성과 맞지 않아 이직을 생각한다고 하는 것일까? 윤명희 외(2010)는 이러한 원인에 대해 경기불황과 정부의 정책, 기타 다양한 사회적·구조적 이유들이 있으나, 개인적 차원에서 볼 때, 스스로에 대한 이해 부족과 잘못된 진로의식, 특히 명확한 인생목표를 가지고 스스로의 결정에 의해 직업·진로를 선택할 수 없는 교육환경 등에서 원인을 찾을 수 있다고 하였다.

필자는 그러한 진로교육의 원인과 함께 또 하나 우주라는 거대한 사이클 속에서 발생하는 에너지氣가 생명체들에게 미치는 영향으로부터 인간도 자유로울 수 없는, 어쩔 수 없는 운명적運命的 존재라는 것임을 간과해서는 안 된다고 생각한다. 왜냐하면 인간은 누구나 삶 속에서 운명적이라는 것을 경험하게 되고, 운을 말하고 있으며, 우주가 사이클을 이루며 돌아가는 그 운(에너지의 흐름) 속에 생존하고 존재하고 있기 때문이다. 그러한 우주의 기운을 받고 태어난 인간의 본성적 특성이 체질화된 것 등을 선천적先天的으로, 살아가는 동안 영향을 받게 되는 것이 운運이라고 볼 수 있다.

즉 '선천적'에는 개인이 타고난 성격과 흥미, 재능, 직업정신과 체질 등이 내포되어 있으므로 '선천적성' 또는 '선천재능'이라고 표현할 수 있다. 우리는 흔히 주변에서 누군가 남다르거나 잘하는 것을 보고 "너는 체질이야", "타고 났어"라고 하는 것이 그것이다. 개인별 차이는 있으나 누구나 자기만이 잘할 수 있는 어떤 특정한 분야의 적성을 가지고 태어난다는 것에 일반적으로 동의하고 있다. 그렇기 때문에 '타고난 자질(선천성)'을 간과하고 대학생들의 진로문제를 진로교육과 정책에서만 찾으려고 한다면 여전히 통쾌한 해결책이 나오지 않을 수도 있다는 견해이다.

최근 선천적 재능의 중요성에 대하여 많은 학자들이 언급을 하고 있다.

Peter Drucker(2003)는 "여러분이 실제로 재능이 없는 분야에서는 아무리 열심히 일을 해도 그리고 상당히 유능한 사람이 되려고 자기 관리를 한다 해도 그 분야에서 최고가 될 수는 없을 것이다. 만약 당신이 당신의 강점 분야에 속해 있다면, 그리고 당신의 강점을 개발하려고 노력하면, 최고가 될 수 있을 것이다"라고 타고난 재능의 중요성을 말했으며, Lyubomirsky(2008)는 "행복을 결정하는 요인으로 유전적 요인 50%, 환경적 요인 10%, 의도적 활동에 의한 생각과 행동에 따른 결과가 40%"라고 하였다. 이는 타고나는 선천적인 50%의 요소를 바탕으로 어떻게 생각하고 행동하느냐에 따라 40%의 행복을 변화시킬 수 있는 가능성이 존재하므로 인간 내부의 선천적 잠재력을 적극적으로 활용할 경우 더욱 행복한 자아실현의 가능성을 말해준다.

또한 잭 햄브릭 미시간주립대 교수 연구팀[176]은 노력과 선천적 재능의 관계를 조사한 88개 논문을 대상으로 연구를 진행했다. 그 결과 "한 분야에서 최고가 되기 위해서는 꾸준한 노력이 필수적이지만 선천적 재능과 비교했을 때 대부분의 사람이 생각하는 것만큼 절대적인 요소는 아니다"고 설명했다. 이는 모두 어떤 분야든 선천적 재능이 없으면 아무리 노력해도 대가로 성공할 수 있는 확률은 그리 높지 않다는 결론이다.

이와 같은 연구결과들은 직업학에서의 진로예측변인으로 사주명리가 갖는 미래예측의 장점이 적용될 경우 대학생들의 직업직무선택의 과정에 효과적인 정보를 제공할 수 있다는 것으로 볼 수 있다. 즉, 진로교육을 포함한 직업·진로 등 다양한 분야에서 타고난 선천적 재능의 중요성은 말하고 있으나 개인의 출생정보로 주어지는 사주명리의 선천적 사실fact에 대한 접근은 하지 않았으며, 다양하고 구체적인 적용방법과 연구 또한 매우 부족한 상태이다.

---

[176] 미국 뉴욕타임즈 발표, 2014.7.17(목) 중앙일보 기사

질문지법 적성검사에 대한 신뢰도 연구의 일례로, 그동안 진로결정에 앞서 실시되어 온 성인직업적성검사를 활용하는 가운데 드러난 문제점은 크게 세 가지로 요약될 수 있다. 검사시간이 길다는 것과 전반적인 검사의 난이도 수준이 너무 높아서 성인 구직자들이 풀기에 적합하지 않다는 것과 긴 검사 실시 시간에 비해 검사결과로 제공받는 결과가 빈약하다는 것이다(이채희, 김명소, 김아영, 차정은, 한영석, 2002; 최성열, 2006). 이러한 문제점이 수반된다는 것은, 다양한 구직활동을 성공적으로 수행할 수 있을 것이라는 개인의 능력에 대한 믿음(Wanberg, Watt & Rumssy, 1996)을 자칫 좌절시킬 수도 있다는 우려를 낳는다.

이에 비하여 명리의 선천적성검사는 인지능력, 시간, 환경의 영향을 받지 않고 개인의 선천적성을 탐색할 수 있는 장점이 있다. 그러므로 기존의 개인의 사회적 환경이나 심리적 특성, 태도 및 인지적·정의적 요인을 다루던 수준에서, 이보다 상위에 있는 개인의 선천적 자질, 즉 타고난 성격personality이나 타고난 적성(재능)aptitude 등에서 그 해답을 찾아야 한다.

안타까운 것은 그와 같은 개인의 선천적 재능은 현대과학으로 검사해낼 수 없다. 예컨대 첨단과학인 MRI검사, DNA검사 그리고 혈액검사 등으로 나타나지 않는다. 그러나 놀랍게도 개인의 출생연월일시정보(사주)에는 개인의 선천적 고유성에 담긴 타고난 성격이나 재능방향에 대한 해석이 가능하다는 것을 수많은 임상을 거쳐 확인하였다.

그 후 필자는 사주명리학과 심리학, 교육학, 직업학, 경영학 등을 융합하여 신이 인간에게 내린 위대한 선물과 같은 사주명리에 대한 신비주의의 껍질을 벗기고 누구나 객관적으로 활용할 수 있는 적성검사방법을 개발하였다. 오랜 연구 끝에 2008년 5월 27일 '사주를 이용한 성격 및 적성검사방법'의 발명특허를 취득하였으며, 이 시점을 과학명리의 출발점으로 삼았다.

〈사주를 이용한 성격 및 적성검사 방법 발명특허증〉
2008. 5. 27. 김기승

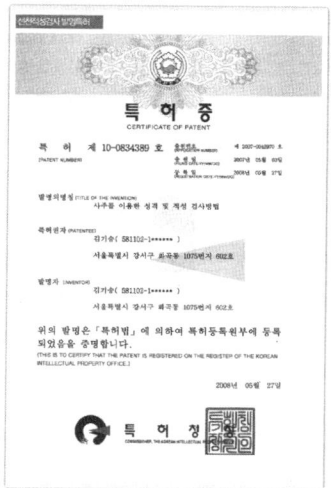

〈 '명리이론을 활용한 선천적성검사 도구개발에 관한 연구' 〉
교육학 박사학위 논문(김기승, 2010)

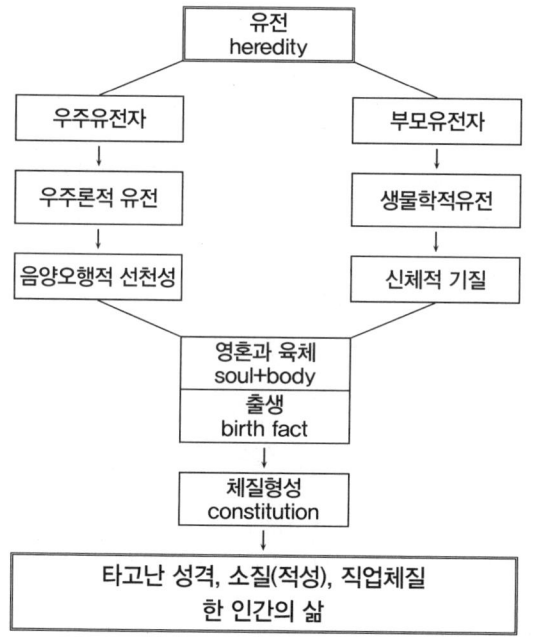

유전遺傳에는 부모의 생물학적 유전이 있으나 우주가 형성하고 있는 강력한 에너지가 인간에게 미치는 영향을 배제할 수 없다. 즉, 우주공간의 엄청난 에너지가 아기가 탄생하는 순간부터 미친 영향으로 인하여 형성된 체질적 정보가 잠재 능력을 소유하고 있으며 그것을 선천재능이라고 한다. 바로 개인의 고유성을 분석해내는 사주명리학의 과학적 증명이다.

〈대학생의 명리직업선천성과 진로탄력성, 진로결정 수준의 구조적 관계〉
경기대학교 대학원 직업학 박사학위논문(김기승, 2014)

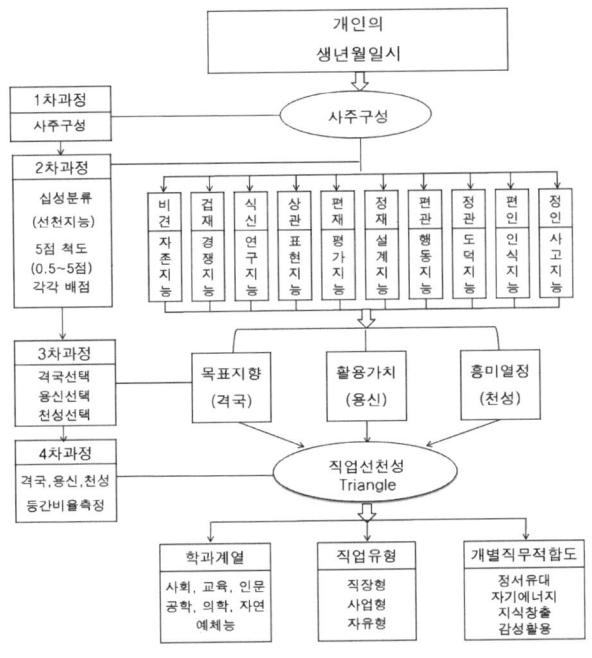

개인의 출생정보로 구성되는 사주도구 내의 음양오행 분포에 대한 매커니즘Mechanism을 플로차트에 따라 계산식으로 구현되는 과정으로 선천적성검사 변인인 선천지능, 직업적성삼각구조, 직업유형 단계의 선천적성검사의 과정의 일정부분이다.

〈선천적성검사 도구를 적용한 석사 및 박사학위 논문들(2015년 12월까지)〉

박사 논문	김병삼(2015),	'중학생 사주와 부모애착 및 진로성숙도의 관계연구', 국제뇌교육종합대학원.
	함혜수(2015),	'감정노동 종사자의 직무적합성 평가를 위한 사주 명리학적 연구', 국제뇌교육종합대학원.
	이문정(2014),	'초등학생 성공지능 개발을 위한 성격강점과 선천 지능의 관계연구', 국제뇌교육종합대학원.
	김기승(2014),	'대학생의 명리직업선천성과 진로탄력성, 진로결정 수준의 구조적 관계', 경기대학교 대학원.
	김기승(2010),	'사주명리이론을 활용한 선천적성검사 도구개발에 관한 연구', 국제문화대학원.
석사 논문	이종훈(2014),	'대학생의 사주와 학습시간 효율성과의 관계 분석', 국제뇌교육종합대학원.
	남효순(2014),	'사주구조와 내. 외재적 직업가치의 관계분석', 국제뇌교육종합대학원.
	장준이(2014),	'여중생의 사주유형과 외모가치 및 외모관리소비 행동의 관계에 관한 연구', 국제뇌교육종합대학원.
	유도상(2014),	'보육교사의 자격증 활용 및 직무만족도와 사주 십성의 관계', 국제뇌교육대학원.
	신순옥(2014),	'사주 구조 유형과 Holland 진로 유형과의 상관성 분석', 국제뇌교육종합대학원.
	김기승(2009),	'대학생의 명리직업선천성에 다른 진로자기효능감과 위험감수준의 관계', 경기대학교 대학원.
	함혜수(2008),	'사주의 격이 개인의 직업목표에 미치는 영향', 경기대학교 대학원
	이명재(2008),	'명리의 선천직업적성과 실제 직업유형과의 상관성 연구', 국제문화대학원.
	이문정(2007),	'명리이론을 활용한 초등학생 생활지도와 학부모상담', 국제문화대학원.

2. 선천적성검사 AAT

1) 선천적성검사 종류

① AAT 개인 종합검사 : 아동-학생용, 성인용
② AAT 개인 및 단체검사 : 선천직무적합성검사

2) 선천적성검사 특징

- 선천적성검사 AAT는 개인별로 타고난 선천지능(선천적 다중지능)을 과학적으로 검사하여 자신만이 잘 할 수 있는 흥미와 재능을 파악하고 성공가능성이 높은 학과 적성과 직업적성을 제공한다.

- 적성검사의 필수요소인 성격심리검사는 내면에 잠복된 심리와 전이성의 이원화 심리까지 분석해내어 행동발달에 적용할 수 있는 방향을 제공하며, 특히 학생들을 위한 맞춤형 학습전략 및 교육방법, 양육방법 등을 안내한다.

검사 결과에 대한 상세한 내용은 직접적인 상담을 통해서 가능하며, 아래 프로파일에서 그림과 간략한 설명을 통해 각 항목별로 선천적성검사에 대해 알아보도록 한다.

3. AAT 검사결과

선천적성검사 AAT는 개인의 생년월일시를 프로그램에 입력하면 아래와 같은 검사결과들이 도출된다(아동-학생용).[177]

1) 선천적성검사 요약보고서

검사결과에 대한 전체적인 내용을 살펴볼 수 있으며 상담과정에 대한 대략적인 맥락을 소개한다. 검사결과를 간략히 안내하면서 내담자가 어떤 부분에 더 주목해야 하는지와 상담을 통해 심화된 안내를 할 부분을 강조한다.

---

177) 김기승(2008, 특허 제10-0834389호) '사주를 이용한 성격 및 적성검사방법' 프로그램 출력 결과물

2) 선천다중지능

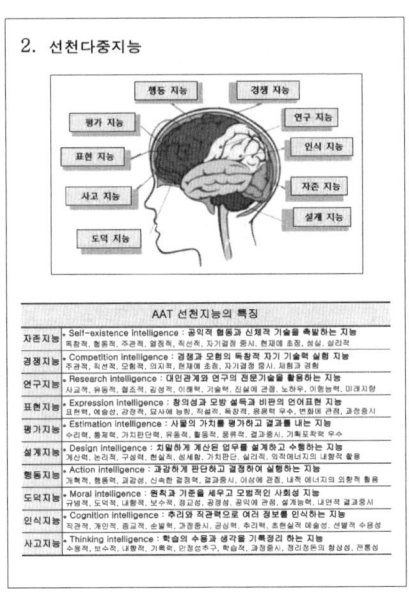

선천다중지능은 다중지능과 같은 개념으로 출생 당시에 이미 타고난 지능이라는 점에서 매우 특별하며 내담자의 성격과 행동적 성향 및 직업체질을 잘 알려주며 성격심리분석이 가능하다. 발달된 지능은 성격적 기질을 강하게 나타내고 흥미와 가치관에도 영향을 주지만, 지능은 한 사람에게 한 가지가 아니라 여러 개가 동시에 작용하므로 다중지능이라는 개념으로 볼 수도 있지만 다중적성이라는 것이 더 알맞은 개념이다.

선천다중지능을 10개의 지능으로 나누어 설명하지만 이 지능들은 '나'와 동일시되고 기준으로 삼을 수 있는 자존지능, 경쟁지능을 중심으로 에너지의 흐름이 시계방향으로 이루면서 서로 관련되어 존재하면서 모든 지능이 누구에게나 있는 것이 아니고, 어떤 사람에게는 없는 것도 있을 수 있고 강하거나 약한 것도 있을 수 있는 등 그 패턴이 모두 다르다.

3) 선천지능검사

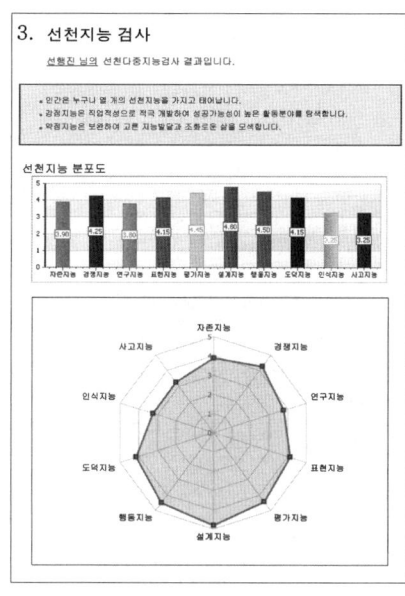

① 선천지능검사 그래프

막대 그래프가 높게 발달된 1~3개 지능들이 조합되어 그 사람의 성격이나 학과적성 및 직업적성, 직업체질을 이룬다. 각 지능은 각자 특유한 자기만의 직업성분이 포함되어 있으며 다른 지능과 상대성을 이루며 여러 가지 복합적 직업성향을 갖게 된다. 방사형 그래프를 통해 지능의 발달 정도와 치우친 지능을 알아볼 수 있는데, 낮은 지능이 문제가 있는 것이 아니라 발달된 지능을 장점으로 활용하여야 한다.

② 선천다중지능의 활용

지능의 특징이 보다 구체화되어 상담에 활용되는 부분으로 높은 지능을 중심으로 발달된 직업스타일과 선호활동을 설명하면서 내담자의 실제 선호활동과 비교할 수 있다. 우측 막대그래프가 1~3개로 표기되며, 3개가 가장 발달된 지능이다.

4) AAT 성격검사

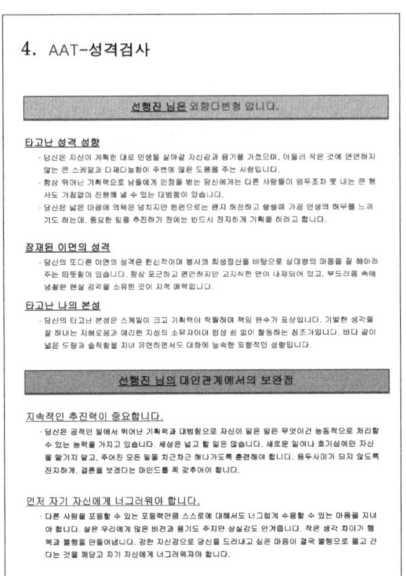
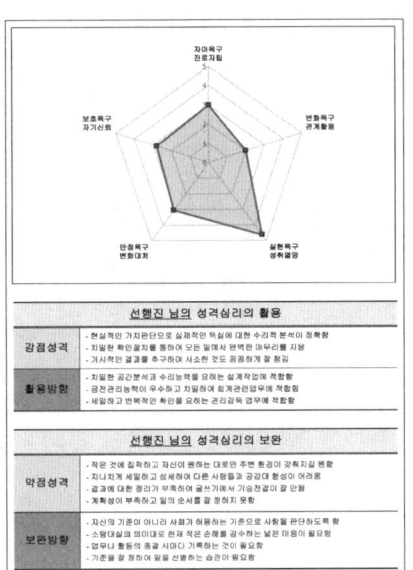

AAT 성격 검사는 앞의 선천지능에서 보여준 성격적인 특성이 포함되어 있는 동시에 오행의 분포와 일주 등의 복합적인 작용에 의한 결과로 성격에는 흥미와 적성, 가치가 포함되어 있으므로 적성을 검사하는 데 있어 매우 중요한 부분이다. 본 선천적성검사에서는 그런 개인의 성격적 특성이 모두 포함되어 분석되어진 검사결과가 나오게 된다.

인간의 성격은 모두가 이중적이며 누구나 외향성과 내향성을 동시에 가지고 있다. 단지 외부적으로 무엇이 많이 드러나는가의 차이일 뿐이므로, MBTI처럼 내향형과 외향형으로만 구분지어 버리는 것은 위험하다.

본 AAT 성격검사는 의식적인 성격과 함께 이중적인 내면의 성격까지 측정하고 분석하여 설명해주며, 그럼으로써 잠재적인 성격파악이 가능하다.

5) 계열별 적성검사

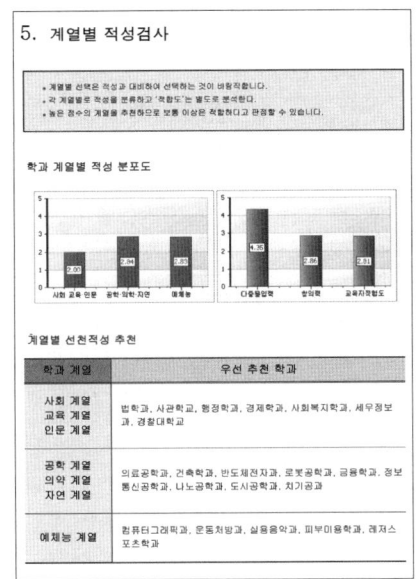

문과, 이과와 같은 분류는 근래 그 구분이 모호해지는 추세이며, 나아가 학문융합이라는 시대적 변화와 함께 계열 추천은 매우 조심스럽게 다루어야 하는 부분이다.

즉, 경제학이나 경영학은 사회 계열로 구분되더라도 수리영역과 동종적성이 될 수 있다. 예체능은 이과와 문과에서 벗어난 별도의 적성이라기보다는 중복되거나 경계선에 있는 경우가 많다. 선천적성검사에서는 그러한 점을 참고하여 어떤 계열이 적합한지 분석한다.

6) 선천 직업체질 유형 검사

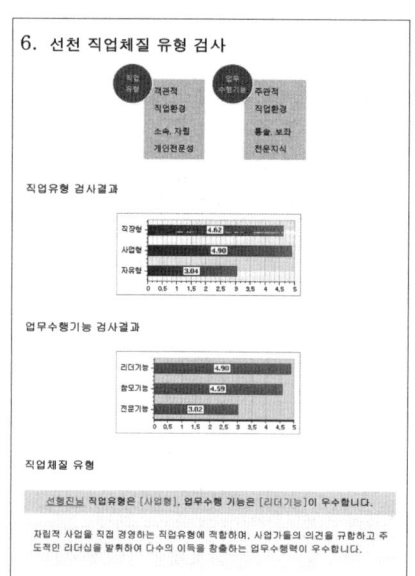
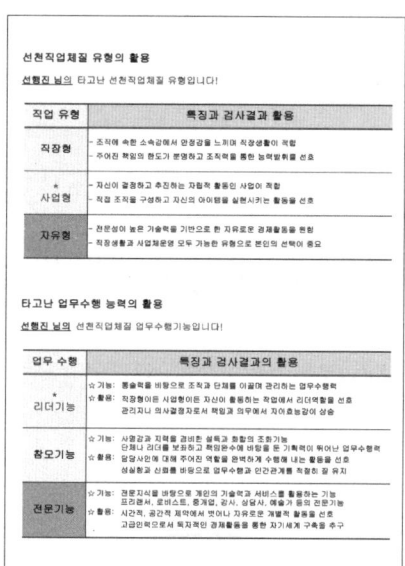

직업체질 검사는 AAT만 검사해낼 수 있는 특별한 검사다. 직업체질 검사에는 직업유형검사와 업무수행기능검사 2가지가 있으며, 세밀한 직무분석에서 반드시 다루어야 하는 검사이다. 직업유형 3가지와 업무수행기능의 3가지로 나타나며 3×3=9로 아홉 가지의 직업체질로 분류된다.

직업유형검사에서 나오는 직장형은 in-course, 사업형은 out-course이며 자유형은 두 가지 코스가 혼합된 유형이다. 업무수행기능에서 리더기능은 지도자형-course이며 참모기능은 in-course에 해당이 되나 직장형과 다소 구별되는 세밀한 기준이 부여된다. 전문기능은 전문가-course에 해당한다.

직업체질검사는 각 코스별 특징과 함께 선천적성검사에서 가장 많은 비중을 두고 상담이 이루어지는 항목으로 각 코스에 대한 충분한 이해가 필요하다.

7) 선천 직업적성 검사

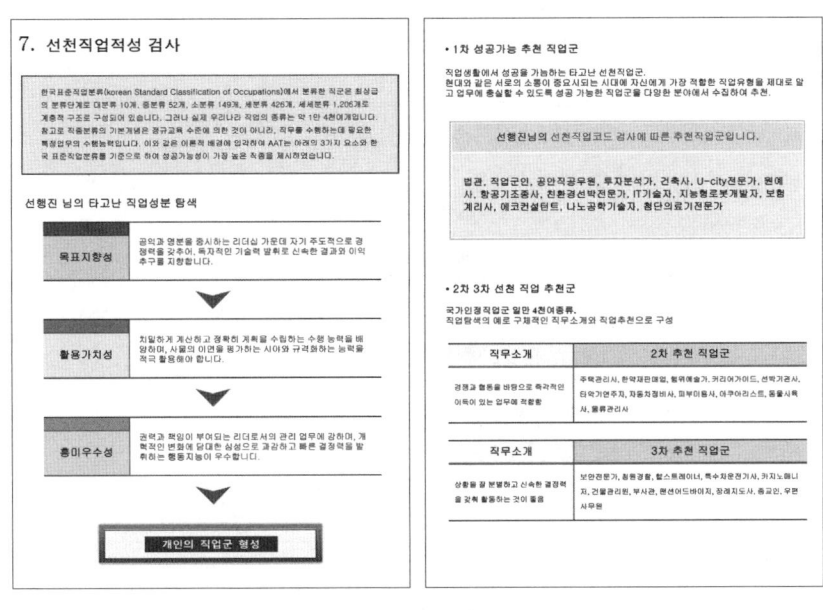

선천적성검사 AAT의 직업적성 분류 방법인 트라이앵글(triangle) 기법을 활용한 검사결과로 개인이 지향하는 목표성, 보완되어지고 강화되어야 하는 활용성, 강력한 흥미를 유발하는 흥미성을 제시하며, 더 잘할 수 있는 성공 가능성이 높은 직업군을 추천, 소개한다.

1차 직업군은 어린이와 중·고등학생 및 대학생들에게 적합하여 적성에 근접한 선택을 할 수 있는 가능성을 더욱 높일 수 있으며, 2차, 3차 직업군은 은퇴설계자 또는 성인들의 직업변화 시 적용할 수 있다.

또한 발달된 지능과 직업체질이 무엇인가를 반드시 참고하여 제시된 직업 중 가능한 직종과 유사한 직종이나 직무를 안내하고 설명할 수 있다.

8) 개별 직무적합도 검사

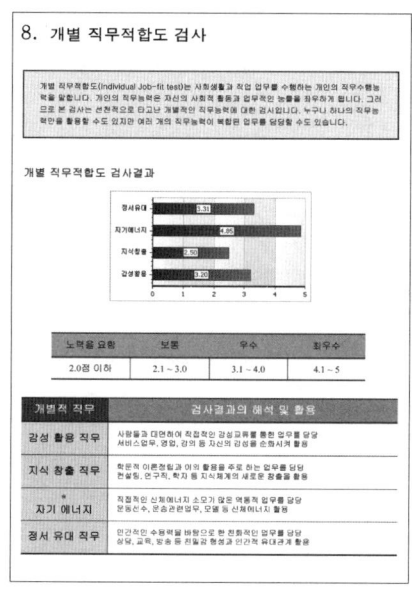

개별 직무적합도는 사회생활과 직업 업무를 수행하는 개인의 직무수행능력을 말하며, 개인의 직무능력은 자신의 사회적 활동과 업무적인 능률을 좌우한다. AAT의 개별 직무적합도 검사는 직무 중심으로 적합도를 검사한 항목으로 직업의 다양화와 세분화의 시대에 맞게 구체적으로 활용되는 개인적 능력을 4가지 분야로 분류하여 적합도를 설명한다.

개별적 직무 그래프를 살피고 그 결과에 따라 검사결과의 해석을 참고하여 잘 활용되거나 활용해야 하는 직무와 접근해서 유리한 직무를 구별하고 안내하며 발달된 직무적합도가 타고난 선천적 재능의 구성을 이끄는 작용과 원동력이 될 가능성이 크다.

9) 직업 선택 위험감수수준 검사

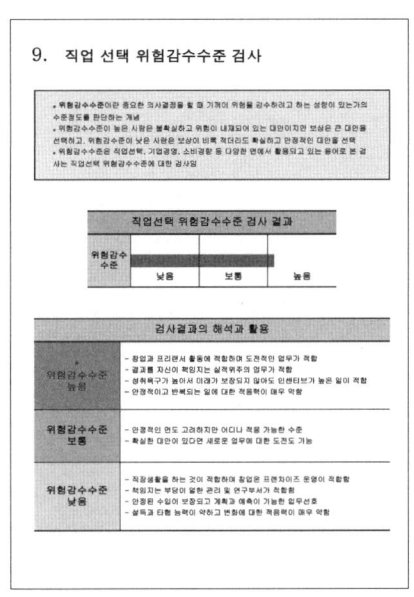

위험감수수준은 중요한 의사결정을 할 때 기꺼이 위험을 감수하려고 하는 성향이 있는가의 수준 정도를 판단하는 개념으로서, 위험감수수준이 높은 사람은 불확실하고 위험이 내재되어 있지만 보상은 큰 일을 선택하고, 낮은 사람은 보상이 적더라도 확실하고 안정적인 대안을 선택한다. 위험감수수준은 직업선택, 기업경영, 소비경향 등 다양한 면에서 활용되고 있다.

안정추구 성향인지 변화추구 성향인지 혹은 예견된 환경에 대한 적응을 선호하는지 도전적이고 혁신적 환경을 선호하는지에 대한 분석으로 위험감수 수준의 높고 낮음이 좋고 나쁜 것을 결정하지 않는다. 직업의 종류를 탐색하는 데 활용하기도 하지만 무엇보다 직무분석에서 적용되는 항목이다.

10) 학습전략과 교육 컨설팅

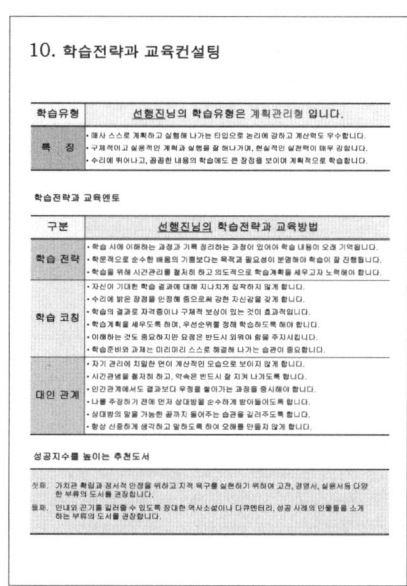

학습전략과 교육 컨설팅 항목은 특히 학생들을 위한 검사항목으로 학부모를 위한 자녀 양육방법과 학습유형, 학습전략, 학습방법 및 친구관계 개선을 위한 인간관계를 소개한다.

각 선천지능별 특징에 착안하여 강한 지능, 약한 지능을 중심으로 긍정적인 면과 보완점까지 제시하여 준다.

지식수용형, 흥미유발형, 모델제시형, 결과지향형, 계획실행형, 자기만족형, 흥미지속형, 책임감당형, 자아존중형, 성취만족형의 10가지 학습유형으로 상세하게 분류한다.

11) 강점지능 활용하기

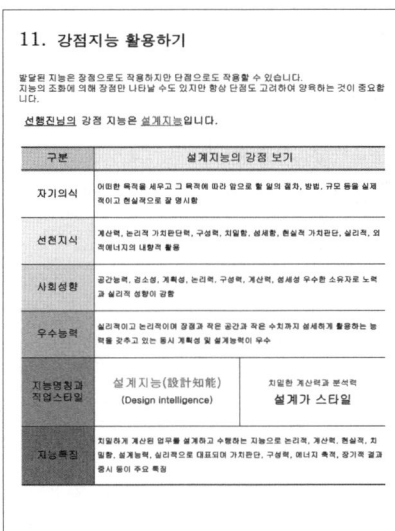
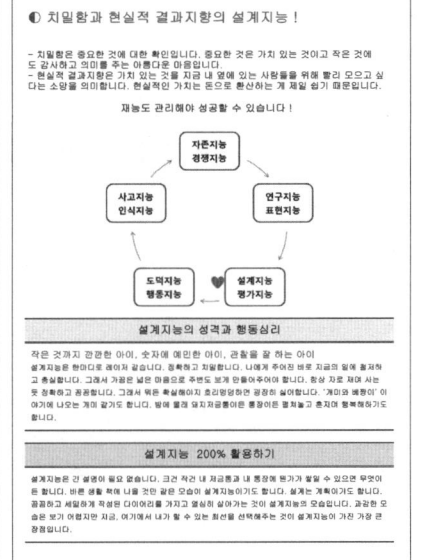

발달된 지능은 장점으로도 작용하지만 단점으로도 작용할 수 있다. 지능의 조화에 의해 장점만 나타날 수도 있으나 항상 단점도 고려하는 것이 중요하다. 주요 지능들이 만나서 이루는 작용은 한 개인에게 독특한 능력을 부여하고 사람마다 다른 적성이 있게 되는 요인이 된다. 지능이 바로 재능을 의미하는 것은 아니며, 또한 지능이 재능이나 성공으로 이어지는 것도 아니다. 진로방향을 정해 지능을 활용함으로서 보다 값진 삶을 설계해야 한다.

AAT는 가장 발달된 강점 지능을 비롯한 10개의 지능을 사회적이고 직업적인 측면에서 활용하여 제시해 주며, 타고난 기질과 성격, 흥미가 조화를 이루며 발현되는 재능을 발견하고 키워주는 역할을 수행한다.

12) 자녀와 부모의 지능궁합

12. 자녀와 부모의 지능궁합

☆ 잘못된 육아법은 짝사랑일 뿐이다!!!

육아는 엄마의 입장에서 자신의 장점을 살리고 단점에는 주의를 기울이면서 해야 합니다. 그리고 아이의 발달된 지능에 대하여 엄마의 발달 지능이 어떤 작용을 일으키는지에 대하여 미리 알고 있으면 서로에 대해 훨씬 더 이해할 수 있고, 아이는 자신의 발달된 지능을 더욱 장점으로 살릴 수 있게 됩니다.

아이의 지능		평가지능이 강한 엄마
**	자존지능	엄마와 아이의 성격 궁합 면이 서로 잘 맞아서 타인의 때문에 부모를 일반 적으나 엄마는 아이를 다른 아이와 비교하지 말 하고 아이는 자존심이 강하므로 이 점만 주의하면 될 듯
**	경쟁지능	자존지능의 아이와 비슷하나 아이가 더 경쟁심이 강하므로 비교는 될 대 금물이며 잘할 수 있게 우회적으로 격려하는 것이 좋음
*	연구지능	성격이 급하고 빨리 결과가 나오기를 바라는 엄마에 여유 있고 항상 즐겁게 공부 연구지능의 아이는 시간의 속도가 너무 차이나는 문제가 있으므로 엄마는 기다려주어 항상 함을 가져워야 해야 함
**	표현지능	엄마와 아이 모두 새로운 것을 호기심이 많아서 재미있게 지낼 수 있고, 엄마의 결과 지향적 기질로 아이를 평가하려는 점만 조심하면 좋은 관계 유지 가능
***	평가지능	같은 기술에 서로 생각이 강하고 결과 지향적이므로 공통점이 많이 있으며, 서로 같은 기질로 한 방향으로 생각하므로 반대되는 점은 설득해 주기나 방향을 전환시켜주는 가족의 환영하는 게 좋음
***	설계지능	결과 지향적이라는 것은 나를 하면 능률이 있어야 한다는 생각이며 둘 다 결과지향적인 것은 비슷하여 좋으나 꼼꼼한 아이는 엄마가 대강한다고 보일 수 있으므로 그 차이를 서로 존중해야 함
***	행동지능	서로 빠르게 행동하고 빠르게 결정하는 기질이 매우 유사하여 좋으나 아이는 상대방을 내가 원하는 방향으로 이끌고 가려하므로 이런 기질이 긍정적으로 발휘되면 엄마의 평가지능으로 방향 잡아주기가 필요함
**	도덕지능	엄마의 신속함과 아이의 차분함 사이에서 엄마가 아이를 이해해주고 배려하는 여유가 항상 필요함
*	인식지능	엄마의 신속함과 분출, 아이의 차분함과 여유 사이에서 합의점을 찾아가는 것이 중요. 엄마는 아이의 시간에 맞추어 주는 배려가 항상 필요
*	사고지능	독특한 면을 추구하는 기질은 비슷하나 아이의 상상력을 맞추는 이야기나 생각을 비현실적이라고 무시하지 말고 개성으로 인정해주는 것이 필요함

잘못된 육아법은 자녀에 대한 짝사랑일 뿐이다. 사랑과 정성으로 키우는 것은 당연한 일이지만 그것만으로는 제대로 키웠다고 할 수 없다. 어떻게 해야 자녀와 조화를 이룰 수 있는지, 혹시 나만의 생각으로 아이를 힘들게 하는 것은 아닌지 살펴보는 것이 중요한데, 부모의 일방적인 양육태도라면 분명 자녀와의 관계에서 트러블이 생길 수밖에 없으며 이로 인해 올바른 양육의 혜택을 받지 못한다면 이 또한 올바른 부모의 양육이라 볼 수 없다.

부모에게도 성격과 기질이 있으며, 부모의 발달된 강점지능을 미리 충분히 살펴보아야 하며, 자녀의 발달된 지능에 대하여 부모의 발달 지능이 어떤 작용을 일으키는지에 대하여 파악하는 것이 중요하다.

13) 강점 지능을 높이는 현장체험학습

13. 강점 지능을 높이는 현장체험학습

현장체험은 'see'보다는 'do'를 통한 입체적인 지능계발이 가능합니다. 다양한 프로그램을 경험하는 동안 우수선천지능(★표가 2~3개)을 적극 개발합니다.

추천정도	선천다중지능	현장체험학습 추천장소
★★	자존지능	등산, 공원묘지, 아이스링크, 모델라, 도공예전시장, 템플스테이, 수목원, 카지노
★★	경쟁지능	스포츠경기관람, 스포츠카경주, 산악등반, 번지점프, 모델하우스, 경매장, N타워
★	연구지능	식물원, 동물원, 임업시험장, 생태계교육관, 어린이박물관, 수목원, 낚시체험학습
★★	표현지능	연극관람, 불꽃놀이, 영화제작소, 국립오페라, 발레, 꽃 박람회, 카지노, 만화박물관
★★★	평가지능	우주박물관, 로봇 전시장, 천문대, 자동차전시장, 창업전시장, 공룡박물관, 국립과천과학관
★★★	설계지능	한국은행, 건축박람회, 조형아트전시관, 그래픽전시관, 수원 화성, 화폐금융박물관
★★★	행동지능	청와대견학, 국회, 조각공원, 자연농원, 교회, 사찰, 전쟁기념관, 서대문형무소 역사관
★★	도덕지능	중앙청사, 기차박물관, 헌법재판소, 대법원, 사관학교, 카지노, 수목원, 템플스테이
★	인식지능	국립예술관, 문화관, 만화박물관, 미술관, 독서체험, 국립중앙박물관, 테마 여행
★	사고지능	국립예술관, 문화관, 만화박물관, 미술관, 독서체험, 국립중앙박물관, 테마 여행

현장체험은 'See' 보다는 'Do'를 통한 입체적인 지능계발을 가능하게 해준다. AAT는 분석을 통해 어떤 현장체험이 자녀가 가진 강점 지능을 높여줄 수 있는지를 제시해 준다.

현장체험을 통한 학습은 나이가 어릴수록 효과적이며, 새로운 동기부여가 가능하고, 또한 한 인간의 인격 및 능력을 형성하는 데 있어 가장 중요한 요소 중 하나인 환경적인 요인을 제공해 줌으로써 개개인의 능력을 계발할 수 있는 토대를 마련해준다.

14) 지능 발달을 위한 추천활동

14. 지능발달을 위한 추천활동

낮은 점수의 지능도 어느 정도 보완되어야 조화로운 사회생활이 가능합니다. 다음과 같은 활동은 보완이 필요한 선천지능을 개발합니다.

선천 다중지능	직업스타일	추천 활동	개발 활동
** 자존지능	운동가 스타일	운동, 무용, 모형 만들기	추리력, 사물지각력, 기계능력, 집중력, 협응능력
** 경쟁지능	모험가 스타일	극예술, 무용, 운동경기	사물지각력, 추리력, 상황판단력, 기계능력, 협응능력
* 연구지능	연구가 스타일	조립, 요리, 일기쓰기	언어능력, 추리력, 사물지각력, 선택적 집중력, 상황판단력
* 표현지능	발명가 스타일	단어찾기, 인터뷰하기, 시낭송	행동 조절력, 언어능력, 추리력, 사물지각력, 세치지각력, 협응력
*** 평가지능	사업가 스타일	미로찾기, 물건 분류하기, 퍼즐	범주화하기, 수리능력, 추리력, 사물지각력, 상황판단력
*** 설계지능	설계가 스타일	퍼즐, 바둑, 양산	수리능력, 추리력, 사물지각력, 상황판단력, 집중력
*** 행동지능	정치가 스타일	봉사활동, 보드게임, 암호활동	행동지각, 추리력, 사물지각력, 기획능력, 조직 및 통찰력
** 도덕지능	공직자 스타일	규칙익히기, 물건정리, 명상	논리적 분석력, 행동지각, 사물지각력, 기호능력, 집중력
* 인식지능	문학가 스타일	감상활동, 글쓰기, 독서	언어추리력, 사물지각력, 집중력, 읽고 분석하기
* 사고지능	교육자 스타일	글쓰기, 독서, 역사공부	언어능력, 상황판단력, 사고유창력, 읽고 이해하기

조화로운 사회생활을 위해서는 강점 지능만이 아니라 낮은 점수의 지능도 어느 정도 발달 시켜 보완하여야 한다. 이 항목은 앞의 13항목 '강점지능을 높이는 현장체험학습'에서의 체험과 같은 동기부여나 성장 환경에서 제공되는 개인의 인식과 발달을 돕는 것과 같은 맥락이다. 지능별로 발달 가능성이 높은 활동을 참고로 하여 발달 가능성이 낮은 직업스타일과 관련된 활동을 제시하여 조화로운 성장이 가능하도록 한다.

15) Happy Life 를 위한 AAT의 조언

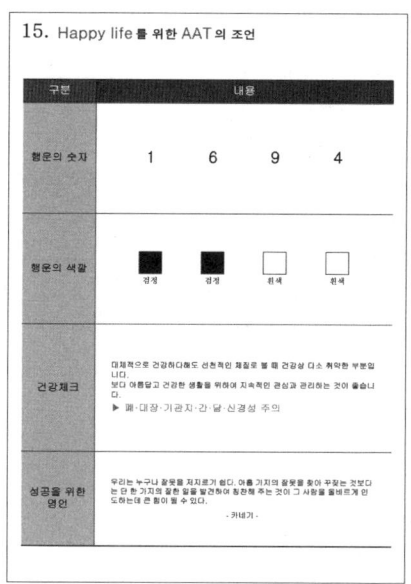

행운의 숫자, 행운의 색, 간단한 건강 체크로 가볍게 상담을 마무리하는 항목으로서, 행운의 숫자와 성공을 돕는 색깔은 개인에게 분포되어 있는 오행 중에 오행의 고른 배합을 통한 소통의 원리에 입각 부족한 오행의 숫자와 색깔을 제공한다.

[상담후기] 김OO님 29세 여 - 2014년 8월 AAT상담
솔직히 사주로 검사한다고 해서 반신반의하며 AAT검사를 신청했습니다. 그런데 검사결과는 놀라웠습니다. 단지 생년월일시만 알려드렸는데 저만의 타고난 지능과 직업체질이 분류되고, 더욱 놀랍게도 그동안 진로계획에 전혀 없었던 작은 취미가 가장 잘 맞는 추천 직업이라는 결과는 저를 흥분시켰습니다. …… 성격분석 또한 정말 정확했고 보완점까지 제시해주니 믿음이 갔습니다. 저는 자신감을 얻고 선천적성검사가 제시한 방향으로 과감히 도전할 수 있었습니다. 지금은 하루하루가 신나고 행복합니다. 제게 새로운 삶을 선물해준 선천적성검사! 감사합니다.

■ 주요 참고문헌

〈원서 및 번역서〉

金秀吉, 尹相喆 譯(1998), 「五行大義」, 대유학당
다케우치미노루(2006), 「중국지식」, 이다미디어
「大巡典經」 제생 43절, '고견원려왈지'
「大巡典經」 교운 2장 42절, '陰陽經'
「道典」 2偏
「東醫寶鑑」
班固, 「漢書」, 鼎文書局
武田考玄(2007), 「未來豫知學としての四柱推命學入門」, Tokyo : 秀央社
萬民英(208), 「三命通會」, 中央圖書館藏本, 育林出版社印行
徐升 編著(2011), 「淵海子平評註」, 武陵出版社
徐樂吾(2005), 「子平眞詮評註」, 臺灣, 武陵出版有限公司
徐大升, 「評註淵海子平」
許愼撰, 段玉裁注(2006), 「說文解字注」, 浙江古籍出版社
董仲舒, 「春秋繁露」
蕭吉著, 「五行大儀」
鍾肇鵬編, 「春秋繁露校釋」
鍾肇鵬編(2005), 「春秋繁露校釋」, 河北人民出版社
司馬遷, 「史記」, 宏業書局
沈徐孝原著, 樂瞻吾平註, 朴永昌 譯(1998), 「子平眞詮評註」, 신지평
徐子平著, 「淵海子平」
徐升, 「淵海子平評註」, 武陵出版有限公司
蕭吉(2001), 「오행대의 제팔론합」, 제기출판집단 상해서점출판사
蕭吉著, 김수길·윤상철 譯(1998), 「五行大義」, 대유학당
水繞花堤館主(潘序祖)(1985), 「命學新義」, 臺北: 宏業書局
梁啓超(1993), 「陰陽五行說의 歷史」, 「음양오행설의 연구」, 신지서원
劉安 著, 安吉煥 譯(2001), 「淮南子(上)」, 明文堂
劉溫舒, 「素問入式運氣論奧」, 國立中央圖書館, 影印本
劉熙撰, 「釋名」, 國立中央圖書館, 影印本
任應秋, 李宰碩 譯(2003), 「운기학설」, 동문선
任鐵樵(1997), 「滴天髓闡微干支總論」, 臺灣, 武陵出版有限公司
陳煒湛저, 李圭甲 외 3인 譯(2002), 「甲骨文導論」, 學古房
오가와히토시 저, 이용택 역(2013), 「哲學용어사전」, 미래의 창
리처드 니스벳 저, 최인철 역(2004), 「생각의 지도(the geography of thought)」, 김영사
마이클 뉴턴 著, 김도희·김지원 옮김(2015), 「영혼들의 여행」, 나무생각
마이클 조던 著, 강창현 역(2014), 「신 백과사전」, 보누스
프레드 게팅스 著, 강창현 역(2014), 「악마 백과사전」, 보누스
Dave Phillips(2000), 'Neanderthals are still Human' ICR, Impact No. 323

Mark R. Rosenzweig/Arnold L. Leiman著, 張鉉甲 譯(1987), 『生理心理學』, 교육과학사
Stephen W. Hawking저, 전대호 역(2006), 『시간의 역사』, 까치

〈단행본〉

공주대학교 정신과학연구소(2010), 『사주명리학총론』, 명문당
구경회(2013), 『적천수강해』, 동학사
구중회(2010), 『한국명리학의 역사적 연구』, 국학자료원
구중회(2013), 『명리학의 첫걸음』, 국학자료원
김기승(2003), 『명리학 정론』, 창해
김기승(2012), 『사주심리치료학』(개정증보), 창해
김기승(2009), 『명리직업상담론』, 창해
김기승(2010), 『놀라운 선천지능』, 창해
김기승(2013), 『타고난 재능이 최고의 스펙이다』, 다산글방
김기승(2013), 『격국용신정해』, 다산글방
김배성(2006), 『사주심리와 인간경영』, 창해
金碩鎭(2005), 『대산주역강의1』, 한길사
김의숙 저(1993), 『韓國民俗祭儀와 陰陽五行』, 집문당
박재완(1999), 『명리요강』, 역문관서우회
박주현(2007), 『마음을 읽는 사주학』, 동학사
세계미술용어사전(1999), 월간미술.
宋成大(1994), 『文化地理學講義』, 法文社
대유학당(1998), 『五行大義』
『점성학』, 고려원
오종림(1997), 『나는 역술을 이렇게 본다』, 솔
유승국 저(1983), 『동방철학사상연구 』
이용준역(2007), 『정선명리약언』, 청학출판사
이은성(1985), 『역법의 원리분석』, 정음사
이현덕(2002), 『하늘의 별자리 사람의 운명』, 동학사
李鉉淙(1992), 『東洋年表』, 탐구당
이목영(2014), 『사주명리학과 동양천문학의 만남』, 북랩
한국학중앙연구원(2010), 『한국민족문화대백과』
한동석(2005), 『우주변화원리』, 대원출판사
『원불교대사전』

〈논문 류〉

강은순, 임동호, 동양육임학과 서양점성학의 비교연구, 한국사상문화학회, 〈한국사상과 문화〉 73집, 2014
김기승(2010), 명리이론을 활용한 선천적성검사 도구개발에 관한 연구, 국제문화대학원대학교 대학원 박사
  학위논문.

김기승(2014), 대학생의 명리직업선천성과 진로탄력성, 진로결정 수준의 구조적 관계, 경기대학교 대학원 박사학위논문.
김미석(2014), '신살의 연원 및 재해석에 관한연구', 국제뇌교육종합대학원 박사학위논문
김승택(2010), 남반구 출생자의 사주구조와 직업관계 분석. 국제문화대학원대학교 석사학위논문
김학목(2015), 命理學, 미신인가 학문인가?, 사단법인 퇴계학부산연구원, 〈퇴계학논총〉 25권,
나정선 · 고유선 · 이현정(1999, 재인용). 타고난 陰陽五行의 목(木)기운이 건강체력 요인 유연성에 미치는 영향. 숙명여자대학교 건강 생활과학연구소(학회저널)
박왕용(1997), '五行學說에 對한 研究', 慶熙大學校 박사학위논문
박영창(2011), 진로지도에 있어서 명리학적 보완가능성에 관한 연구, 공주대학교 박사학위논문
(사)한국포도회지, 2006년 가을호 회보.
소재학(2006), 陰陽五行說에 관한 研究. 원광대학교 동양학대학원 석사학위논문
연제진(2010), 四柱命理學 主要理論論点에 關한 韓 · 日間 比較研究, 국제문화대학원대학교 석사학위논문
尹暢烈(1987), '干支와 운기에 관한 연구', 慶熙大學校 大學院 박사학위논문
尹暢烈(1996), '十干과 十二支에 對한 考察', 대전대학교한의학연구소 논문집8
이문정(2014), '초등학생 성공지능 개발을 위한 성격감정과 선천지능의 관계 연구', 국제뇌교육종합대학원 대학교 박사학위논문
이성우(2008), 「사주가 개인의 정서적 안녕에 미치는 영향」, 경기대학교국제문화대학원 석사학위논문
이해경(2014), 명리 심성론과 MBTI 유형론 간의 상관성 연구: 심뇌지도 모형 제안과 관련하여, 공주대학교 대학원 박사학위논문
曹圭文(2001),「十干十二支의 命理的 이해」, 원광대학교 동양학대학원 석사학위논문.
최한수(2014), 십신 개념의 연원과 성격, 원광대학교 대학원 박사학위논문
함혜수(2014), 감정노동종사자의 직무적합성 평가를 위한 사주명리학적 연구, 박사학위논문

〈인터넷 및 언론〉

네이버 지식백과, 「인체와 기후」(기상백과).
네이버 두산백과
네이버 지식백과
네이버, 한국민족문화대백과사전
매일경제(2008.08.19.), '자메이카 · 케냐 육상 왜 강한가?'
위키백과
중앙일보
헤럴드경제 자매지 캠퍼스헤럴드
뉴욕타임즈
EBS다큐멘터리, 동과 서
Sciencetimes, November 29, 2015.

철학적 사고와 과학적 원리로 풀어낸 명리학의 진화

과학명리

春光 김기승

약 력

경기대학교 직업학박사
경기대학교 직업학석사
국제문화대학원 교육학박사
연세대학교 법학전공 석사
현) 국제뇌교육종합대학원 명리전공 교수
현) 글로벌사이버대학교 동양학과 겸임교수
전) 국제문화대학원대학교 교수
전) 경기대학교 국제문화대학원 동양학과 교수
현) 사단법인 한국작명가협회 이사장
현) 한국선천적성평가원 원장
현) 과학명리학회 회장

저 서

영어이름 짓기 사전, 손금과 적성, 자원오행성명학, 격국용신정해,
타고난 재능이 최고의 스펙이다, 놀라운 선천지능, 명리직업상담론,
사주심리치료학, 사주심리와 인간경영, 명리대경, 명리학정론,
톱Top만세력, 성공하는 이름짓기 사전, 적천수강독

시집 – 봄 햇살, 별의 그리움, 꿈꾸는 시간, 들꽃향기

연락처

이메일 kbs4984@hanmail.net   선천적성평가원 www.aatest.co.kr
재능분석TV www.aatedu.co.kr   한국작명가협회 www.koname.or.kr

철학적 사고와 과학적 원리로 풀어낸 명리학의 진화

과학명리

초판 1쇄 발행 2016년 2월 18일

지은이 김기승
펴낸이 방성열
펴낸곳 다산글방

출판등록 제313-2003-00328호
주소 서울특별시 마포구 동교로 36
전화 02) 338-3630
팩스 02) 338-3690
E-mail dasangulbangl@paran.com

ⓒ 김기승, 2016, Printed in Korea

이 책은 저작권법에 따라 보호받는 저작물이므로 무단전재와 무단복제를 금하며,
이 책 내용의 일부 또는 전부를 이용하려면 반드시 저작권자와 다산글방의 서면동의를 받아야 합니다.

ISBN 978-89-94384-51-1 03150

이 도서의 국립중앙도서관 출판예정도서목록(CIP)은 서지정보유통지원시스템 홈페이지(http://seoji.nl.go.kr)와 국가자료공동목록시스템(http://www.nl.go.kr/kolisnet)에서 이용하실 수 있습니다.(CIP제어번호: CIP2016001650)

잘못 만들어진 책은 구입하신 서점에서 교환해 드립니다.
책값은 뒤표지에 표시되어 있습니다.